网络化企业管理

主　编　胡昌平

副主编　邓胜利

余世英

胡　潜

高等学校电子商务专业教材

电子商务

WUHAN UNIVERSITY PRESS
武汉大学出版社

图书在版编目(CIP)数据

网络化企业管理/胡昌平主编;邓胜利,余世英,胡潜副主编.—武汉:武汉大学出版社,2007.9
高等学校电子商务专业教材
ISBN 978-7-307-05814-9

Ⅰ.网… Ⅱ.①胡… ②邓… ③余… ④胡… Ⅲ.计算机网络—应用—企业管理—高等学校—教材 Ⅳ.F270.7

中国版本图书馆 CIP 数据核字(2007)第 143270 号

责任编辑:严 红 夏敏玲　　责任校对:程小宜　　版式设计:詹锦玲

出版发行:**武汉大学出版社** (430072 武昌 珞珈山)
(电子邮件:wdp4@whu.edu.cn 网址:www.wdp.com.cn)
印刷:湖北省通山县九宫印务有限公司
开本:720×1000 1/16 印张:25.125 字数:489 千字 插页:1
版次:2007 年 9 月第 1 版 2007 年 9 月第 1 次印刷
ISBN 978-7-307-05814-9/F·1077 定价:31.00 元

内容提要

本书立足于信息化、网络化和经济全球化环境，从企业网络化经营和创新发展的实践出发，围绕网络化企业管理的基本理论与方法，构建了网络化企业组织运行与管理体系，讨论了包括虚拟企业在内的网络化企业设计与建设、供应链与物流管理，生产流程与生产管理、营销组织与客户关系管理、资本运营与财务管理以及基于网络的知识创新管理等方面的现实问题，在实证中明确现实问题的解决方案。本书可作为电子商务、企业管理、市场营销、信息管理与信息系统等专业教材，也可供相关人员参考。

目　录

前 言

社会信息化与国际互联网环境的形成和经济全球化的加速，在为企业带来挑战的同时，创造了新的机遇，基于信息化的自主创新和竞争与合作格局的改变，在电子商务发展和核心知识创新能力提升中，提出了企业网络化的问题。可以说，企业业务的网络化、企业组织的网络化和企业运行的网络化，已成为企业进步的一个象征。在信息化背景和电子商务环境下基于企业再造的企业作业联盟、知识联盟和虚拟企业的实现，不仅凝聚了基于网络的企业合作优势，而且在制度上构建了一种新型的企业关系，从而极大地促进了创新型企业的发展。

现代企业与互联网的结合而产生的网络化企业，尚处于初期发展阶段，各方面支撑，特别是制度的完善，需要一个较长的发展过程。然而，就实践而论，网络企业的存在与不断完善，已是一个不争的事实。与电子商务、企业创新和全球化同步，网络化企业管理理论正日趋成熟。基于此，作为电子商务、信息管理与信息系统和相关专业的重要课程，《网络化企业管理》的开设已成必然。

本书作为本科生教材而编著。全书分为 11 章，从企业信息化与经营网络化和企业创新发展战略分析出发，围绕网络化企业管理的基本理论、原则与方法，构建网络化企业组建、运行、管理体系，结合案例和实证，对网络化企业的设计与建设、供应链与物流管理、生产流程与生产管理、营销与客户关系管理、资本运营与财务管理、基于网络的人力资源管理以及网络化企业的信息沟通、知识创新与知识管理等问题，作了系统讨论和归纳。同时，虚拟企业作为网络化企业的重要形式，在书中突出了其地位和运作管理。

本书由胡昌平、邓胜利、余世英、胡潜等编著。胡昌平任主编，邓胜利、余世英、胡潜任副主编。其中，第 1、3、4 章由胡潜撰写，第 2、11 章由胡昌平撰写，第 5、6、9、10 章由邓胜利撰写，第 7、8 章由余世英撰写。另外，汪会玲、王林、周朴雄、谷斌参加了本书中有关企业知识管理和门户组织的研究，其成果在本书中作了归纳，在此予以说明。

本书的出版得到了中国电子商务协会、中国科技信息研究所、国家信息中心和许多企业的关注、支持和帮助。电子商务系主任张李义教授在作者承担的本科课程《网络化企业管理》开设中，提供了全程帮助，并参与了教材大纲定稿工作，李枫林副教授参与了全书的讨论，提出了许多好的建议。武汉大学出版社严红老师在本书的写作和体例安排上，给予了指导，同时对本书的审订付出了辛苦的劳动。对于以上单位和同志，特表感谢。由于网络化企业尚处于不断发展之中，加之作者的研究限制，书中的疏漏，乃至失误之处，请读者、专家指正。

胡昌平

2007 年 2 月 27 日于武汉大学

1 企业信息化与经营网络化

社会生产力的快速发展使得当今世界处于不断变革之中，作为企业经济发展三个基本要素的物质、能源和信息的关系正在发生转化，从而形成了以信息化为依托的现代企业发展格局，体现了企业组织形式的网络化、经营全球化、管理知识化的发展趋势。在这一背景下，传统企业正面临着信息化的机遇与挑战，由此决定了企业运营网络化的发展基础。

1.1 信息化中的企业竞争与合作

现代企业的发展愈来愈依赖于社会化信息服务平台的提供和网络的进步，基于信息化建设的企业发展已成为现代企业竞争与合作中所要面对的关键问题。

1.1.1 社会信息化与企业经济发展

人类在从原始时代、农业时代、工业时代向现代社会发展的过程中，经历了几次重大的变革。不同形态的社会发展阶段有不同的特点。社会形态一旦发生变化，一个社会技术经济发展阶段便宣告结束，新的社会发展阶段随之开始。工业社会的基本范畴和社会规范的变化将导致新的社会运行模式的产生。①

近 20 年来，国外一些学者通过研究社会信息现象，提出了“信息激增”、“信息危机”的论点，用于说明当今的信息、知识已经影响到科学技术、国民经济和社会的发展。面对这一现实，人们在利用信息的过程中不得不探求新的社会运行模式。新模式的探索可以归纳为新技术革命影响下的信息革命。

当前，数字电子技术的迅速发展，为企业广泛而有效地使用信息开辟了新的途径。现代计算机技术和通信技术不断完善，进一步将信息技术推向一个全新的发展阶段，使之与新的社会形态相适应。

在人类社会发展中，物质、能源和信息三要素在不同的社会发展阶段具有不同的地位和作用。原始时代起作用的主要是物质，当时的主要矛盾是满足人类自下而上的物质需求。农业时代的到来，使人们走向以社会为依托的组织发展阶

① Martin, W. J. The Information Society. Aslib, 1988: 50

段，除了依赖于物质外，能源和信息的作用也十分突出。西方文艺复兴时代开始的科学革命，解放了社会生产力，科学上的巨大成就应用于社会生产，导致了工业时代的开始。在工业社会中，物质和能源是不可分割的两大社会因素，而信息通过物质和能源发挥愈来愈关键的作用。①

20 世纪中期以来，随着一系列新技术领域的开辟，社会生产力以前所未有的速度向前发展。以计算机技术、通信技术为中心的一系列现代信息技术的出现，进一步适应了这种变化着的社会形态，从而使人类开始进入依赖于信息的社会。这一社会发展阶段在西方被称为后工业化社会（Post-industrial Society），即继工业化社会之后的社会。与物质、能源相比，信息更具有开发意义，因此人们又将它称为信息化社会或信息社会（Information Society）。

后工业化社会与信息社会，虽然表述不同，但含义基本一致，都是表示一种新的社会经济体制，只不过前者强调的是新社会是在工业化之后发展起来的，后者明确强调了社会的信息机理。

20 世纪 60 年代被认为是美国信息化社会的起点。美国著名的未来学家柯恩在 70 年代初断言，美国正进入信息社会，日本在 10～15 年以后也会进入信息社会。美国预测学家奈斯比特在《大趋势——改变我们生活的十大趋向》一书中指出："信息社会已经不是什么新概念了，而是目前存在的现实，信息社会始于 1956 年和 1957 年，这正是美国工业势力最强盛的年代。""1956 年，在美国历史上从事技术、管理和事务工作的白领工人人数第一次超过蓝领工人人数。美国的工业社会要让位于一个新社会，这个新社会是有史以来第一次出现，大多数人要去处理信息，而不是生产产品。"美国社会发展预测家托夫勒在《第三次浪潮》一书中进一步阐明了新技术革命浪潮冲击下的社会模式的变化，指出了新社会模式的信息本质。由此可见，美国信息社会概念的提出，绝不是一种理论探讨，而是美国现实的总结。

在日本，人们对信息社会也做了大量调查和研究。松田木津在《信息社会》专著中分析了信息社会的涵义和基本特性。社会经济学家小松崎等人于 1982 年指出："日本今天到达了高度信息化社会的入口处，与其他国家相比，也一直在先进的信息政策指引下，顺利地发展了信息化。"社会学家境屋太一以"新社会模式"为基础，阐明了信息社会有别于高度产业化社会的基本特征和机制。日本财团法人电气通信综合研究所从 1981 年开始，着手信息社会中的社会产业和信息产业研究。这些情况表明，日本已对本国的信息社会模式进行了综合探讨。

面对新技术的挑战，法国学者诺拉等人对法国状况进行了深入调查。1987 年，诺拉就他负责的"促进对社会信息化的方法进行探讨"的研究项目，提交

① Home, E. E.. The Infrastructure of an Information Society. North Holland, 1982: 15

了一份研究报告。该报告由法国政府以《社会的信息化》为题发表。① 在书中，诺拉等人分析了社会信息化的机理、挑战、支点和对策。该书的出版在法国引起了很大反响。

关于现代社会的信息化机理，国外许多著名学者从不同角度进行了系统性研究。在西方国家，逐步形成了具有代表性的“信息社会”理论，其中马丁的《信息社会》一书颇具综合性。

20世纪80年代以来，西方国家对“信息社会”理论的应用给予了高度的重视。继美国率先研究信息化社会问题并取得实质性成果后，日本最先注意美国研究成果的应用。他们结合本国情况将其用于日本的社会研究，为日本制定信息化政策和战略决策服务。随后，西方各国普遍开展了信息化对策研究并注重借鉴他国的经验和理论。这一情况应引起我国的重视。

社会信息化是现代社会发展的趋势，是以社会生产力的提高以及经济、科技的进展为前提的，即有一定的条件；另一方面，社会信息化必然极大地促进社会经济、科技、文化的发展和社会物质、精神生活水平的提高。西方的研究结果表明，信息化是可以通过社会的努力而加速的，并可以在一国实现，这可以类比于国家工业化进程。鉴于“信息社会”理论已成功地揭示了社会信息化的总趋势，那么，我国完全可以利用这一理论解决目前的有关信息化中的企业管理问题。

值得指出的是，社会信息化不仅体现在社会的知识化、信息服务的社会化发展之中，而且体现在以企业信息化为基础的信息经济的发展上。早在1962年，在普林斯顿大学执教的经济教授马克卢普就提出了“知识产业”问题，明确了在一国经济中“知识信息”的意义；继马克卢普以后，波拉特于1977年发表了他的“信息经济”研究成果。经济是社会发展的基础，信息经济的迅速发展与社会信息化密切相关，因而上述研究成果奠定了信息化理论的经济学基础。

对于“信息经济”研究成果，美国著名社会学家贝尔给予了高度评价，他借鉴了当时的研究结果，从社会学角度对社会结构和机制进行了系统分析。贝尔认为，现代社会中，科学技术知识完全融进人们的经济和社会活动领域，信息将发挥其关键作用。继贝尔之后，托夫勒、奈斯比特等人从科学、技术革命出发研究了现代社会的趋势，确定了“信息社会”的概念和研究范畴。关于社会信息化过程及其“信息社会”发展，柯恩、马苏达曾作了预测。此后，英、法、日等国于20世纪80年代进行了多方面的社会调查，他们的研究从理论与实践相结合的角度进一步丰富了“信息社会”理论。

社会信息化的必然结果，是生产力迅速提高，社会产业结构迅速变化，社会商品物质加速流通。这些因素的综合作用将导致社会经济新的增长模式的形成和

① 诺拉等著；施以芳译．社会的信息化．北京：商务印书馆，1985：22

基于信息化的企业经济发展上。

从宏观上看，企业信息经济的发展改变着社会的经济结构和状况，它体现在产业之间的关联作用上。经济产业关联分析是20世纪40年代作为经济计划的工具而发展起来的。著名经济学家里昂列夫曾用它进行了美国第二次世界大战后经济的综合发展研究。这里，我们介绍波拉特将其用于信息部门与经济产业关联分析的结果，通过分析可以了解信息过程中的社会经济情况。

信息化社会的基本标志之一是信息产业在国民经济中的总值迅速增长，而信息产业发展又以信息资本投资为重要标志。为此，波拉特研究了信息投资增长情况下的产业关系。

假设总投资一定，增加对信息资本产品的投资将对经济产生怎样的影响？在这种情况下，产业投资必然从非信息资本撤回，而转移到信息资本方面。下面的讨论将以3个假设为前提：①作为补充产品而移动的某种资本忽略不计；②与信息资源相关联的外部效益忽略不计；③在计算中不考虑技术的变化。

信息产业与非信息产业不同，属于知识劳动集约型产业。根据美国情况的调查，信息产业部门每产出1美元所增加的就业，是非信息产业部门每产出1美元所增加就业的1.5倍。信息产业与非信息产业的产出比例与就业比例相比，具有明显的优化效益（约为20%）。可见，信息产业的发展对经济的影响是巨大的。

就信息产业本身而言，由于基于计算机技术、人工智能及远程通信技术的信息网络的利用，极大地提高了企业效率，从而，减少了信息产业部门（如银行业、保险业、邮政部门、安全部门等）的就业人数。这一效果将与信息产业发展导致就业人数的增加相综合，使信息产业就业增长慢于信息产业的发展。

随着信息产业的不断扩大以及技术的不断更新，社会就业将处于综合平衡的状态，即在不增加人员的情况下使信息产业的投入和产出不断增长。信息产业的良性增长不仅为社会经济发展奠定了良好的基础，同时也提供了新的机遇，其结果必然大幅度提高社会生产力和经济发展的速度。①

信息化将带来信息处理技术的巨大变化，其直接效果是工业企业管理的数字化、网络化，这一影响将波及国民经济体系中的所有企业。

首先，信息化社会中完善的信息流通方式与渠道将导致社会经济竞争加剧，而竞争又需要信息技术发展作保证。法国学者诺拉和孟克指出："由于竞争的压力，法国工业将趋向于愈来愈多地安装机器人和生产线，新的信息处理技术的发展使企业能够自由选择计算机用于生产管理。"西方大多数国家的企业经理表示，无须增加人员，只要增加信息处理设备就可以实现生产的增长。由此可见，从制造业看，信息活动随着生产的发展将加强。

① 胡昌平．评西方的信息社会理论．国外情报科学，1992（2）

在商品流通和贸易部门，信息化对经济活动的影响更为直接。商品销售是刺激生产的关键之一，作为国际商品交易的国际贸易则是一个国家生产发展的结果和刺激新的经济增长的因素，在社会日益信息化的时代，十分畅通的信息网络使得贸易双方或多方能够迅速地甚至自由地获取对方相关的环境信息。计算机辅助的智能型贸易决策模式将帮助贸易者作出准确的判断。这说明，贸易中偶然失误因素的影响日趋减小，即在商品交易中唯一起作用的是产品质量、结构以及对需求市场的满足。这些基本因素是产品生产中就已经具备的，这种新的商品流通模式决定了商品生产和贸易工作的一体化。在一体化过程中，信息始终起着重要的作用，在信息作用下，企业围绕物质、能源和社会环境组织经济活动。

由于生产能力的提高，社会经济竞争的加剧，全球信息网络使得世界经济联成一体，致使世界经济趋于平衡发展。信息化导致产品结构的变化，传统产品需求下降，以往以低标准生活方式生活的社会阶层和成员转而提出新的物质需求以及对教育、卫生、文艺、体育等公共生活方面的需求，从而促进社会向经营和生产型发展。

信息化的结果，将使世界资源（包括物质、能源和信息）的开发利用趋于平衡。信息的高效率利用使得经济投资更为合理，其结果将推动国际投资的发展。国际经济合作的开展，物质资源的日益贫乏，导致自然资源价格上升，这一情况有利于发展中国家的建设。这意味着，在信息交流普遍化的情况下，物质资源流通将趋于合理。

新社会环境、新技术革命与信息化，对于所有发展中国家，既是一种挑战，又是一种机遇。我国于20世纪80年代初就开始了对策研究。几年的实践表明，这一工作是非常及时的。

与发展中国家相对照，发达国家进入了经济稳定发展阶段。诺拉通过对法国社会信息化的分析，指出了法国经济存在着的就业机会、竞争、潜力、资源开发和管理等方面的危机，提出了在信息化过程中的经济挑战对策。在信息化社会中，从理论上看，持续的经济增长模式可以使一些问题的解决变得更为容易。

1.1.2 企业信息化发展中的竞争与合作

信息化作为社会生产力发展的阶段性产物，如同过去的农业化和工业化一样，将对社会发展产生多方面的作用，从整体上改变社会的经济结构和运行状态。由此可见，可以从分析社会发展与“信息化”的关系出发，研究社会信息化中的企业经营特征。

就总体而论，企业在信息化发展中必然面对以下几个方面的挑战：

①科学技术作为一种生产力，是当代社会经济发展中的最活跃的决定因素之一。当代的新技术革命使科技与经济有机结合，逐步形成了科技与经济整体化发

展模式；高科技产业的发展不但改变着技术经济的面貌，而且使科学技术的进步更加迅速；反映科技成果的知识信息因此而成为现代社会的重要资源。

②信息技术已成为当代社会的核心技术。过去200年，在经济发展中起主导作用的是能源、动力和材料技术等，这是建立当代工业体系的技术基础。一旦基础形成，其核心技术必然向其他方面转移，并构成新的基础。现代社会经济发展的实践表明，信息技术已成为现代技术的关键，信息处理与通信技术的结合和应用关系到各领域的未来发展。

③社会经济结构与产业结构的变化。就经济结构而论，科学活动和信息活动的比例愈来愈高；就社会产业结构而言，信息基础设施与产品的生产行业、信息服务行业以及科学研究、文化教育和其他知识产业增长迅速；在某一个企业（或经济实体）中，从事研究开发、管理和信息活动的人员增多，经济投入和产出增加。

④社会的互助关系日益加强，信息交流日益广泛。随着现代社会的发展，在社会分工高度专门化的同时，人们愈来愈依赖于与行业相关的社会部门。从总体上看，行业之间的联系以及行业内的各种合作、互助关系得到加强。反映在社会交往上，便是人们信息交流的日益广泛和复杂，由此引起交流方式与系统的根本变化。

⑤信息活动已成为从事各种职业工作的关键。在高度发达的社会，职业工作的信息需求与利用模式正在发生变化。信息需求的满足作为开展职业工作的前提而具有普遍的社会意义。由于信息活动已贯穿于职业工作的始终，从宏观上看，表现为非信息职业与信息职业工作的界限日趋模糊，人们的信息活动与其他活动呈现出整体化趋势。

⑥社会信息量的激增与流通的加速并存。现代社会的信息量激增已被人们所公认。值得指出的是，由此而导致了社会信息流通的加速和信息处理的大量化，逐步形成了网络化的社会信息加速流通模式，这是社会发展的任何阶段都不具备的，必然引起社会信息机制的深层变革。

⑦社会信息形态的变化及其对社会各方面的特殊作用。随着社会的进步，社会的信息形态（包括信息生产、传递、控制与利用等方面的形态）正在发生深刻的变化，由此而产生信息资源分配、信息费用支付等方式的变化。社会化的信息交流将引起法律、国家安全、公众权利等方面的综合变化和新的社会秩序的形成。

信息化的结果将使世界经济趋于平衡。信息流通的国际化必然加速经济产业的国际化。各国交互投资的结果、信息通过对市场的控制、就业不足以及新的生产领域的开辟，将改变世界经济的格局。然而，值得注意的是，资源贫乏的第三世界国家面临着发展中种种资源不足所造成的困难。在这些国家的经济中，信息产业的发展应作为资源的“补充”，因此，在自然资源与能源开发的同时，信息业的发展在这些国家是极为重要的。

社会的信息化将带来新的经济机制，为此各国竞相加速本国信息化进程。社会信息化的需要必然导致信息技术日益高级化，在这方面美国早已在20世纪50年代就予以足够重视。由于意识到信息处理原料的特殊性，美国政府将技术的发展列入战略计划。随后，日本在激烈竞争中建立了严密的保护主义制度，开始了大规模的发展计划。德国一开始就与美国协作，在获取基本技术后便开始了产品“德国化”工作。英国奉行的则是一种多样化的政策，从多方面激励电子产业的发展。法国在推行柯培尔主义政策的过程中，致力于信息技术的全面发展。在激烈的竞争中，美国占有优势地位。美国信息技术的领先，也是它先于其他国家进入“信息化社会”的一个因素。以高信息技术为中心，目前各国正展开高科学技术产业的发展竞争。这说明技术密集型产业在国民经济总产值中的比例将持续增长。围绕新技术的开发，各国力求建立新的技术经济体制。

在信息化社会中，人们需求的多样化和多变性必然导致产业结构的加速变化，信息的加速流通使得产业变化与市场变化趋于一致，二者的效应时差将愈来愈小。这表明，信息市场将调节社会经济结构，由于信息渠道的高度畅通，社会产业出现了一种新的互助机制。

在新的产业互助中，产业对社会需求的适应能力迅速提高，因此信息化社会的产业将是一种社会适应型的产业经济。总之，社会信息化中的经济是面向未来的经济，人们所强调的是，从社会反应出发，着重于产业结构的社会调整，即根据社会环境的变化向信息化、网络化经营方向发展。

对于信息化环境中的企业而言，企业间的竞争与合作模式正在发生新的变化，这种变化体现在资源、技术和市场等竞争与合作目标要素及关系的变革之中。

①资源。传统企业的竞争与合作围绕物质资源进行，包括资金投入、原材料供应、物质流通和人力资源等方面的竞争与合作。对于现代企业，除这些有形资源外，信息资源和知识资源已成为关键资源。以信息和知识组织为核心的竞争与合作组织，旨在充分发挥物质资源的综合效益，构建可持续发展的资源基础。

②技术。信息化环境中的企业，技术的开发与应用愈来愈依赖于知识创新，特别是依赖于具有独立知识产权的生产技术和经营管理技术创新，传统企业的“技术引进”模式也因此而发生变化，在企业技术创新竞争与合作中，要求确立新的关系，建立有利于发展的动态化、组织化的技术竞争与合作体系。

③市场。传统的“市场”系指商品变换的场所，它受时间、空间和条件的限制，因此在市场经营中，企业一般按区域市场、国内市场和国际市场等范围加以组织。信息化环境中的企业，其市场是跨时空的，围绕市场经营的竞争与合作

关系因此而发生变化。当前，面对国际经济一体化的挑战，基于全球网络的市场竞争与合作是现代企业必须引以高度重视的问题。

以上变化说明，信息化中的企业在组织竞争与合作中，应突破传统的企业竞争与合作模式，通过竞争与合作提高企业的核心能力和基于核心能力的生产、经营和管理能力，构建持续发展的基础。

1.2 企业经营管理网络化及其形式演化

当前，互联网的信息交流、组织与利用平台的发展给企业经营管理提供了一个新的发展机遇，改变着企业的生产组织、市场经营、物资流通和运行状态，使企业经营管理由相对封闭走向基于网络的开放。随着网络技术及网络的发展，以网络为依托的企业管理模式由此而发生了深刻的变化，从而在整体上适应了社会信息化和经济全球化发展的环境。

1.2.1 企业经营管理的社会背景

在社会经济发展中，企业处于不断转型和变革之中，大体上经历了20世纪以前的依托于自然资源的发展时期，20世纪初期至中期依托于资本经营的发展时期以及20世纪末开始的依托于信息和知识的发展时期。表1-1反映了不同时期的企业组织形式和管理运行方式。

表1-1 企业的转型和发展

发展时间	依托资源	管理特点	组织形式	经营范围	转型发展
19世纪至20世纪初期	以自然物质资源为依托进行产品生产和经营	面向对象的管理：按产品进行生产、仓储、配送和销售组织，按企业活动的对象（原材料、技术、产品、资金、人员）进行分工管理	以企业的职能结构、分部结构等传统形式进行企业组织	生产、经营在一定地域、国家进行，有实力的企业在产品销售、原材料供应上进行国外市场开拓	传统企业制度建设与行业发展
20世纪初期至中期	以资本、市场为核心进行企业活动	面向过程的管理：如资本过程管理、供应链管理、生产流水线管理、产品营销管理、研发过程管理等	企业组织形式创新、扁平化、综合化、柔性化、跨国经营发展，企业集团经营	以物流经济为特色进行跨地域、跨国家经营，企业生产、经营多元化、多样化、综合化	以企业组织结构变化、制度变革、市场为导向的转型

续表

发展时间	依托资源	管理特点	组织形式	经营范围	转型发展
20世纪末至21世纪初期	以知识信息为核心资源、以人力资源为中心开展企业活动	面向关系的管理：如基于竞争与合作的管理、客户关系管理、联盟企业管理、供应链关系管理等	企业网络化与虚拟化发展、电子商务拓展、企业流程重组、企业再造、准时生产、精益生产方式的出现	经济全球化发展中企业战略管理的实现，企业经营管理的开放化	现代企业制度创新、适应网络经济和社会信息化的发展

企业是构成社会的微观经济单元，其经济发展构成了社会发展的经济基础，同时，企业的进步与转型又依赖于社会经济、科技与文化发展。二者交互作用，形成了一定社会环境和条件下的企业模式。

19世纪至20世纪初，企业发展所依赖的核心资源是自然物质资源，由于物质资源的匮乏和生产手段与水平的限制，企业目标的最大化是充分占有自然物质资源和能源，生产出社会需要的产品，以形成社会的物质经济基础。处于这一时期的企业管理是一种面向对象的管理，围绕社会所需的物质产品进行运作，由此而出现的行业体现了企业按产品组织生产、经营活动的基本特征，与此相适应的企业制度反映了单个企业自主发展和促进自然物质资源充分发掘、利用和分配的要求。

20世纪初期至中期，随着科学技术的进步和生产能力的提高，产品生产、经营与销售密切结合，使得市场的范围和规模日益扩大，与此相对应，企业发展中起核心作用的不再是自然物质资源，而是资本和市场。企业在经营发展中，充分的资本积累一旦完成，必然以市场为依托，致力于自然物质资源的深层开发、技术的拓展、商品生产水平的提高，以此提升企业能力。在管理上，推进分工、合作的科学化，实现从面向对象的管理到面向过程管理的转变，创造包括生产流水线、物流组织、供应链在内的流程管理模式，进行以资本、市场为核心的企业集团和跨国、多国公司的组建，致力于企业扩大发展。由此可见，这一时期，企业组织结构、经营形式的社会化变革和以人为中心的管理体制的改变是企业进步的必然趋势。

进入20世纪末期，以资本市场为核心的物流经济逐步向知识、信息经济发展，企业面临着信息化的机遇与挑战，在客观上呈现出国际经济一体化和以“知识”、“信息”为核心的发展格局。处于信息化环境下的企业，知识和信息的资本价值得到迅速提升，企业创新已成为资本增值和自然物质、能源连锁利用的核心。在这一前提下，企业管理正实现由面向过程的管理到面向关系的战略管理的转变，企业的组织形式由集团组织迈向跨企业组织的发展阶段。信息网络的迅速发展，改变了企业管理、经营的时空结构和竞争合作关系，作为现代企业经营形式之一的网络化企业随之产生。网络化企业的形成不仅改变着企业模式，而且对企业制度的变革提出了新的要求，预计今后 10 ~ 15 年，这种变化将体现在企业活动的各个领域。

从企业发展的阶段变化可以看出，一定的社会背景和条件决定了企业的组织、经营模式。在企业的信息化和网络化发展中，这种影响进一步体现在网络化企业组织与企业网络化经营的条件上。

1.2.2 企业网络化经营条件

企业网络化是企业信息化发展的产物，网络化企业是在信息化环境下利用互联网和信息技术，以面向关系的管理为中心的一种新的企业运作方式和组织形态，其实质是企业管理经营的网络化和企业组织的网络化。其中，企业网络化经营条件是网络化企业构建和运行的保障。

企业网络化经营条件不仅包括网络和信息技术等方面的支撑与保障条件，而且包括企业自身发展条件和经营业务条件，二者缺一不可。这两个方面交互作用，形成了企业网络化经营的基本条件。

(1) 信息技术与网络条件

现代企业的流程再造和组织创新离不开信息化环境下的信息技术支撑，网络化企业的产生前提是企业业务流程的信息化、金融电子化和管理数字化。现代数字化信息组织、处理技术和传播技术的发展，为网络的形成和发展奠定了基础，信息网络的全球化实现为企业网上业务的开展和管理的网络化创造了条件，体现了信息化环境下的网络经济的形成与发展。从网络化企业的组建上看，数字信息技术条件和信息网络组织条件决定了发展进程。

①数字信息技术条件。网络化企业运行与管理的首要条件是企业业务管理的信息化，即实现企业的数字化运作。显然，数字信息技术的发展决定了企业数字化运作与管理的水平，这是实现企业网络化的必要的基本技术条件。当前，数字化技术的发展使得计算机技术和通信与信息媒体技术的融合成为必然。在融合技术条件下，企业可以克服传统单据传递中的障碍，实现经营业务的数字化，可以克服时空限制，在广域范围内进行业务管理信息的数字化转化和适时处理，借助于数字存储与交换技术，实现跨地域、跨部门的业务组织目标，从而改变传统的业务组织方式。在企业网络化发展中，数字信息技术决定了网络化企业的组织、经营和运作形式，这一形式将随着数字信息技术的发展而逐步迈向高级化。

②信息网络组织条件。网络化企业运行取决于网络的构建和使用。局域网络技术的应用使企业信息系统上升到整体互联水平，为以市场为导向、以客户需求

为前提、以技术与产品研究为依托和按需调配人力资源的生产经营创造了必要的条件，从而使企业向准时型、精益型、效益型和创新型转化，互联网的成熟和更新进一步扩展了商业组织业务，改变了企业之间的关系，导致了企业间合作的时空转变。当前，互联网技术的不断发展，使企业处于不断变革之中，为基于网络的企业重构和业务拓展创造了不断优化的条件。

（2）信息化的社会条件

信息化是网络化企业组建与发展的基本社会条件，尽管数字化信息技术得以充分发展，网络得以充分普及，如果社会运行与信息环境脱节，继续维持传统的制度水平，企业的网络化也难以实现。世界和中国经济发展的实践表明，网络化企业既是信息化中企业发展的必然产物，网络化企业的组建与发展又促进着社会的信息经济增长。在未实现工业化的国家或地区，可以通过信息化的实现带动工业化建设，走新型工业化的道路。这里的新型工业化有利于传统工业化，是基于信息化环境的工业化。在我国的社会、经济与企业发展中，国家十分注重信息基础设置、信息网络与信息资源的建设，强调为企业构建信息化的发展空间。与包括美国在内的发达国家的信息化建设的同步发展，是我国信息化建设的重要战略。我国的信息网络建设、服务组织和企业信息化平台建设，强调政府的主导作用，采取多元主体参与的发展策略。1997 年召开的全国信息化工作会议确立了我国信息化建设“统筹规划，国家主导，统一标准，联合建设，互联互通，资源共享”的方针。这是我国关于政府在信息化建设中作用问题的集中表述，其中，“国家主导”集中体现了政府在信息化建设中所起的作用，即以政府为主导，由政府统一领导、规划、组织、协调。

我国的网络化信息服务的组织方针与原则是由我国国情和我国所处的国际信息化环境决定的。在国家信息化领导小组领导下，我国的网络化服务基础不断加强，特别是经过近 20 年的发展，已经初步建立了我国的社会化、网络化信息保障体系。在这一基本条件的保障下，我国企业网络化发展具有广阔的前景，处于这一环境下的企业完全可以通过网络化形式实现面向全球经济一体化的发展目标。

（3）企业的发展基础与条件

企业本身的发展基础与条件是企业网络化的又一前提，一个依赖于传统技术，采用传统模式的企业，不仅无法实现网络化，而且难以适应信息化和网络化的发展环境，经营管理的封闭和手段的落后必然导致企业的消亡。这一基础条件，目前已纳入企业信息化建设的轨道。

企业的信息化建设是现代企业建设的重要基础，在企业面临新的机遇与挑战时，必须结合自身的行业、组织和业务情况，利用计算机技术、网络技术、数据库技术、集成化管理和智能决策技术，建立适合于企业经营、管理和发展业务的集成信息网络，将管理信息系统升级为基于信息网络的集成信息系统，以实现企业的开放发展的需要。在近 20 年的发展中，企业的计算机辅助设计（CAD）、计算机辅助创造（CAM）、计算机集成制造系统（CIMS）、在线业务处理（OLTP）、柔性创造系统（FMS）、企业资源计划（ERP）、战略信息系统（SIS）等起着重要作用。从企业信息化基础看，建设的基本点在于：企业信息处理系统发展；企业信息网络组建；企业网络化平台建设；企业信息保障的全面实现；企业集成和跨平台重组的信息支持等。

企业发展基础和条件还包括，社会制度变革中的企业管理创新及其制度安排，企业战略管理的全面实现，企业流程重组和电子业务的推进等。

1.2.3 企业网络化经营形式及其演化

信息网络化环境下的企业，其网络化正处于由初级形式的网络经营业务的开展，向组织结构网络化、基于知识联网的网络企业发展和虚拟企业的组建变革之中。由于各国的信息化水平差异、条件的不同，加之企业行业结构和类型的影响，其网络化形式具有多样化特点。

在互联网走向成熟的今天，企业优势的形成无不以充分利用网络手段和资源为前提。按网络利用的程度，可区分为传统企业在网络环境下的变革、企业的网络化改造和网络与虚拟企业的建设等不同形式和类型。

（1）传统企业的优势与其在网络环境下的业务发展

传统企业的优势集中体现在：①具有成熟的制度保证和完善的组织结构，其制度的规范性和组织结构的稳定性有利于企业的独立运行和经营；②较少受外部环境影响，由于传统企业的自主经营和独立运作，与外界的关系清楚、业务范围明确，因而可以保持其惯性运作模式；③风险性易于预测和控制，如对于资源型生产企业，可以掌握资源利用关系，实现平稳发展；④传统企业的管理具有相对简单、明确的特点，其职能部门结构决定了管理方法的适用性；⑤具有完整的采购、研发、生产、营销、服务以及运行保障体系；⑥在网络条件下可以有限度地利用网络手段进行业务变革。鉴于传统企业的优势以及对环境的应变能力，可在充分发挥优势的情况下进行改造和发展。

传统企业虽然有着自身的优势，然而也存在着发展上的劣势。主要有：①组织形式上的落后，传统的金字塔层次组织形式与信息化环境下基于关系管理的企业发展不相适应；②在制度上不利于数字化信息技术和网络资源的充分利用，与信息和知识经济发展脱节；③业务发展受传统企业固有的经营模式制约；④无法实现企业对外部环境的应变和持续发展的需要，特别是限制了与外部环境的交互作用；⑤难以进行信息化环境下的动态管理和基于知识联网的创新发展；⑥在战略上往往处于被动地位，企业应变能力和核心能力培植受到限制。

传统企业的优势决定了基于优势的网络经营业务的开展，传统企业的劣势提出了基于网络的企业变革要求。这两个方面的结合导致了传统企业网络化业务的拓展，其变革体现在：①传统企业的网络营销与商务活动的开展；②传统企业管理信息系统的网络化发展与基于网络信息利用的管理变革；③传统企业组织结构的变革与适时生产的组织；④传统企业的知识创新与基于创新的企业发展等。

(2) 企业的网络化改造与发展

企业网络化改造的目的在于，充分利用数字信息技术、网络和信息资源的优势，进行企业信息系统的变革和基于系统的业务关系变革，实现企业的流程改造和基于网络的研发、生产和经营活动的组织，在企业结构调整和信息化基础上，拓展企业的网络经营业务，构造新的企业发展空间，全面开展电子商务、网络物流、网络客户管理和服务业务，实现企业的网络化转型和信息化发展目标。

企业的网络化改造实质是，将效率型企业转变为效益型企业，将静态管理的企业转变为动态管理的企业，将独立运作的竞争企业转变为集竞争、合作为一体的企业，实现企业与网络发展的同步。

企业的网络化改造，在目前阶段主要是网络化经营业务的推进，按企业业务流程，大致包括以下活动：

①基于网络的采购与物料供应。采购与物料供应是指企业购买产品或服务并安排最终使用的全部活动，传统企业的采购一般采用常规手段，进行订货、支付、运输、仓储、验收、配给和利用，其采购范围、速度和质量往往受到限制。在适时、适量生产的情况下，企业必然要求实现采购与物料供应的变革。因此，基于网络的采购与物料供应方式已成为企业获取原材料的主要方式。事实上，高新技术行业（包括电子、汽车、机电等）的物料供应业已进入全球化时代，即通过全球化的电子采购满足其不断更新的物料需求。

②基于网络的金融活动。作为企业投资、资本运营、市场营销中心的银行业、保险业和证券业，其业务组织已进入电子化阶段。其行业活动，如果离开了网络将无法开展。另一方面，接受银行、保证、金融服务的工业企业、商业企业、交通企业和农业企业等，出于自身发展的需要，必然对基于网络的金融服务提出更高的要求，力求通过网络实现金融活动与财务管理的电子化。

③基于网络的技术与产品研发。企业的技术与产品研发需要多个单位的合作，同时应有客户参与，如何利用网络手段进行数字化研发已成为其中的关键。数字化研发的最终目的是缩短技术与产品研发周期和新技术产品与用户的距离，实施要点是通过网络将企业、客户和研发合作单位联成一体，进行适时的研发项目组织，实现客户要求、技术与产品发展的同步。

④基于网络的生产组织。20 世纪初期至中期，企业为了降低产品的成本，获取更大的经济利益，纷纷把大批量生产作为主导的生产方式。如今，制造业的

市场背景和技术背景发生了根本性变化，产品科技含量的提高和需求的动态性使大批量生产模式逐渐失去了存在的基础，代之而起的是"准时生产"的推行。在这一背景下，基于网络的柔性生产和快速反应的生产协作与重组已成为一个行之有效的方式，其主导形式包括大规模可定制生产和柔性生产的跨企业实现等。

⑤基于网络的市场营销。网络营销是通过网络进行企业产品信息发布、推销产品和组织服务的形式，网络营销的发展导致了电子商务形式的最终形成。然而，对于未能实现电子商务的企业来说，网络营销又具有更普遍的意义。就营销业务而论，不仅包括电子商务的必备条件支持下的业务，而且包括企业本身营销网络的构建和基于网络的代理商、分销商和零售商的业务协调。

⑥基于网络的客户关系管理。网络以其巨大的优势和潜力，在客户关系管理中得到了普遍应用，在激烈的市场竞争环境下，企业客户关系系统的建立处于核心位置。当前，客户关系管理的构架（CRM）已成为企业的重要支持系统，CRM 良好的扩展性和渗透性，使其处于不断变革和发展之中。

目前，企业的网络化改造呈现出多元化发展格局，其发展趋势是，以网络业务拓展为目标实现企业管理、经营的网络化、数字化和开放化。

（3）网络与虚拟企业建设

网络与虚拟企业的建设是企业网络化改造的新发展，是网络化经营的延续，网络与虚拟企业建设，不仅在业务层面上，而且在组织层面上实现了网络化企业的制度变革，从而确立了一种基于网络的全新的企业模式：

①网络与虚拟企业以数字信息技术与网络为依托，进行企业组织结构的重构；②网络与虚拟企业以企业联盟方式进行，以协作分工和经营效益的目标最大化为发展前提；③网络与虚拟企业具有动态性，企业的各部分具有重组性和可分性，一个旧组合完成其使命后，可以由一个新的组合所取代；④网络与虚拟企业以自适应控制为运作保证，因此具有对环境的适应性和经营管理时空上的延续性。

20 世纪 90 年代初，面对 21 世纪的制造业发展，美国学者首先提出了网络与虚拟企业的组织问题。10 余年中，网络与虚拟企业建设的关键问题包括组织结构优化，面向生命周期的虚拟企业的构建技术开发，支持虚拟企业运营的信息系统设计等。如：Bernus 提出的基于 Agent 的虚拟企业组织设计方法和集成结构模型；Mezgar 针对中小规模企业（SME）的虚拟企业协作运营框架；Katzy 提出的设计虚拟模型的概念模型以及以瑞士的中型制造企业（ELEKTROAG）为例进行的实证研究。其中，美国的 NIIP 项目耗资 6 千万美元，用以示范和传播用于虚拟企业的关键支撑技术；欧盟在 ESPRIT 计划框架下，面向虚拟企业的基础结构开展研究，实施了 LogSME、X-CITTIC、MARVELOUS 等项目。

在商业领域，虚拟企业作为一种新型组织和管理运作模式，得到了广泛的应用。如利用虚拟企业运作模式，日本 Sharp 和 NMB 公司共同开发了快速闪存芯片；运动鞋制造商 Nike 在全世界范围寻求合作伙伴，进行网络化生产经营。当前，网络与虚拟企业的形式日益成为网络化企业发展的主流。①

1.3 基于网络的企业再造与网络化企业建设

企业的网络化发展和网络化企业的构建是基于网络的企业发展产物，是利用数字信息技术与网络管理技术对企业再造的结果。与传统企业相比，网络化企业作为一种新兴的企业形式，其组建原则、组织结构设计、运行制度安排具有不同的特征。这一特点，可以集中归纳为基于网络的企业再造与业务组织的实现。

1.3.1 企业再造中的网络化企业构建目标与原则

充分满足客户的需求，适时采用先进技术，进行产品的多样化、个性化和适时化开发、生产与服务，是企业取得效益的关键。因此，利用网络优势，采用先进的准时生产、精益生产、敏捷制造和柔性化经营的模式已成为企业发展的必然趋势。这说明，网络化企业的构建目标应该是，适应快速多变的客户与市场反应，通过整合企业流程和供应链，充分利用企业内外部资源，进行基于网络技术与手段的企业重组，以期发挥人员、技术、资金、信息的综合作用，在优势集成的前提下，实现可持续发展的协同目标。

在网络化企业构建中，企业的管理视野拓宽了，资源组织的内涵得以深化，外延得以延伸，企业在业务空间重构中实现内外部资源的及时整合，从而在企业竞争与合作关系重构中进行优势互补，使之得以与环境协同发展。为了实现网络化企业的目标，在企业的网络化发展中，包括美国 IBM 公司、日本丰田公司、中国海尔集团等大公司在内的企业和各行业的中小型企业，纷纷采取对策，在网络化和协调发展中不断取得成功。

网络化企业的构建原则可集中概括为如下几个方面：

①时空拓展原则。网络化企业的构建，首先应考虑网络作用的充分发挥，即利用网络处理信息的及时性和传递信息的大容量，联系有关的企业部分或组合，沟通与客户、供应商、合作者的交往，为企业业务的网络化拓展创造新的条件。因此，处于全球经济一体化中的我国企业，应充分利用网络，缩短与国际合作的距离，取得其发展地位。

②最佳组合原则。网络化企业应有最佳的组合，特别是在基于联盟的企业发展中，不仅要使网络企业的发起者利益最大化，而且也要注意加盟的企业组织和

① 王林．虚拟企业知识管理模型研究．武汉大学博士学位论文

人员的利益最大化，使其在共同利益目标的驱动下，实现技术、资金、人力、市场的优化组合，只有这样，才能保证网络化经营目标的实现。

③协调发展原则。网络化企业的协调发展，一是企业内部的各部分协调，二是企业间协调，三是企业与包括客户、合作与竞争者在内的环境协调。网络化企业只有在协调中，才可能构造一个有利于持续发展的环境，实现企业与环境的互动。

④动态规划原则。网络化企业的组建具有生命周期，如基于企业间合作的网络企业，一定时期内，构成网络企业的部分，无疑是合作者，然而，合作目标实现后，出于客户、市场、资源等方面的原因，其合作者有可能加盟另一网络化企业，而成为其竞争对手。所以，在网络企业构建中应充分注意到这一变化。同时，网络化企业的环境也会随技术、经济、社会的发展而变化，因此应采用一种有利于发展的动态设计理论。

⑤系统兼容原则。网络化企业的运作依赖于网络的信息系统，在网络化企业组织中，应力求系统兼容，有利于操作的实现。另外，系统的兼容还包括系统应用和业务处理的互通性。这一问题，在网络化企业的系统设计中应加以明确，其总体原则是实现系统的标准化。

⑥与网络同步发展原则。网络的建设与发展是组建网络化企业的基础，网络化企业功能只有通过网络才能实现。这说明，网络化企业应充分利用数字信息技术和网络技术的进步，不断优化功能，开拓经营业务。如果网络化企业的总体技术水平滞后，将导致优势的丧失。据此，在网络化企业规划中应明确基本的网络平台，不断创新支撑网络业务的实用技术。

⑦与信息化结合原则。网络化企业是企业信息化的组织形式之一，在网络化企业的规划中理应将其纳入企业信息化建设轨道，以此促进企业的开放化、社会化和全球化发展。与此同时，网络化企业作为一种新的企业组织形式，其网络化水平必然依赖于信息化平台。所以，在宏观管理上，应将二者结合。

⑧创新发展原则。网络化企业的形式多样，且处于不断完善与发展之中，因此在企业构建上应立足于组织结构、业务模式、管理方法和手段上的创新。在创新中，应注意网络在企业重组和流程优化中的作用，以便在发展中面对新的问题，更新管理理念，取得实际效果。

1.3.2 网络化企业的组织结构设计

网络化企业的组织结构不同于传统企业，它具有以下特点：

①组织结构的多维化。网络化企业的组织结构，出于多主体经营业务的多方面发展需要，企业运行关系与流程优化决定了按多维模式进行企业重组。因此，在设计中应彻底改变传统组织的单一结构的构建思想，体现组织结构上的关联性

和各部分的交互作用性。

②组织结构的柔性化。传统的企业组织结构是一种刚性结构，各部分组成相对固定，且界限分明，这种结构适用于固定、稳定的环境。网络化企业组织，由于任务、项目的变化，其经营组织具有柔性化特点。柔性化设计可采用组织的组合设计方式进行关系网络的构造。

③组织结构的动态性。网络化企业强调快速的市场反应和灵活的运行方式，能够在与环境的作用中进行自我调节。这就要求采用动态结构模型，将环境作为组织结构的关联部分对待。

④组织结构功能的完整性。传统企业依赖于权力结构的分配和管理，网络化企业强调的是知识权力配置和科学管理的推进，因此在组织结构中应体现结构的自我适应和功能的自治性，使之能在总体目标下协同运行。结构功能的完整配置要求采用功能—结构方法进行设计。

网络化企业的组织结构设计与传统企业组织设计的主要区别如表1-2所示。

表1-2　**传统组织结构设计与网络化组织结构设计的区别**

	传统组织结构设计	网络化组织结构设计
设计时间	组织成立之时或目标、任务发生变化之时进行	在组织运行过程中的任何时间进行
设计思想	将组织结构作为一种相对固定的静态结构对待，强调各要素的结构化组合	将组织结构作为一种动态结构对待，在设计中强调各要素的关联作用和关系网络的形成
设计目标	形成的组织结构保证现有目标的实现和任务完成	组织结构设计更注重于企业对未来变革的适应性和开拓发展
设计依据	根据组织环境以及构成组织的各要素，在一定条件下进行设计	不仅依据组成组织的要素作用，而且根据组织内的要素对外部因素的作用进行设计
设计内容	往往限于组织结构设计本身，一般不包括相关的设计内容	不仅设计组织结构，而且设计组织的网络支撑系统，作为网络化组织，与所依托的组织关联设计十分重要
设计方法	一般依赖于传统方法进行设计	更强调动态设计、系统方法、智能模拟方法的应用

企业组织结构设计，经历了从早期职能结构设计到系统结构设计和再造结构设计的过程，网络化企业组织结构设计是一种系统结构和再造结构设计的结合，网络化企业的组建，在很多情况下依赖于构成网络化企业的原企业，是这些企业基于网络运行的组织结构再造。网络企业的组织结构具有功能的完整性和独立运行特征，因而又是一种区别于传统企业的组织结构。网络化企业组织结构设计有以下一些形式：

①以任务为中心的组织结构设计，其要点是围绕某项业务的开展进行结构安排和关系调配；

②以流程为中心的组织结构设计，强调网络化企业的业务流程，形成基于流程价值链的结构体系；

③以要素组合为中心的组织结构设计，从要素的优化组合开始，进行资源配置，安排相应的机构；

④以关系为中心的组织结构设计，要求在网络空间中构成业务关系系统，安排相应的组织部分，规范业务。

在网络化企业组织结构设计中，按模块功能和组合设计的思想进行组织构建已成为普遍适用的手段。结构模块设计应考虑的基本问题包括：①模块构成，如在产品研发和生产环节中，构造独立的操作模块，规范功能和在网络化企业中功能实现；②模块组合设计，即按模块之间的关系进行组合规则、方式和模型设计；③模块调整，其要点是按模块构成和组织的基本关系进行模块衔接，使之成为一个整体；④模块使用，要求根据模块使用的完整性和可组合性，在动态结构中合理使用模块。

覃征等在《网络企业管理》一书中，根据网络企业的构成归纳了目前国内外的“模块”设计与应用情况，提出了以下设计应用问题:①

①机械模块和有机模块。这是由伯恩斯和斯托克提出的最新的组织结构设计模块理论，随后在系统环境下，人们又将其称为封闭的稳定性机械式模块和开放的适应性有机模块。伍德霍德在技术型生产企业产生以后，考察了企业的运行及其模块使用情况，认为单一产品生产、小批量生产和连续生产的企业组织运用有机模块，批量和大批量生产企业适合采用机械模块，事实上，“机械”和“有机”只是两种极端的模块组织形式，网络化企业的组织模块设计更多的是将二者结合，进行互相融合的设计。

②固定模块和活化模块。组织结构模块具有动态性，在企业运营中，模块的动态性虽然存在，但并不能在组织的各职能部门及各组织层面体现出来。这说明固定模块的使用往往受到限制，代之而取的是固定与活化的结合。事实上，网络

① 覃征，汪应洛等．网络企业管理．西安：西安交通大学出版社，2001：252～253

化企业组织结构模块设计，应充分考虑组织模块的可变性，然而可变的模块又包括了不可变的固化部分和可变的活化部分。在活化模块中，又存在必然活化模块和非必然活化模块。前者由任务性质决定，在生命周期内有效；后者需要一定的先决条件，是在组织变革时建立的模块。关于模块固化和活化的问题，在组织结构设计中应有统一的规划和使用规则。

③组织内部模块和组织外部模块。网络化企业的组建与发展具有动态性和可组、可分性，企业存在频繁的并购问题和集团化活动的虚拟联盟与动态联盟问题。因此，在组建网络化企业中应突破组织内、外界限，实现各种要素的交换。相应地按模块设计，某一企业如果与其他一个或一个以上的企业组建网络联盟，而这种联盟又动态可变，那么该企业必须对模块进行区分；其内部模块作为加盟网络化企业的实现基础，外部模块则是其他企业必须提供的必要条件。这两方面的模块，按功能、任务或分工，应统一规范，互动运行。

1.3.3 网络化企业的人员组合与企业运行设计

网络化企业结构设计只是组建组织的基础，结构功能的发挥和整个企业效益的取得必须以其运行作保证；同时，人员安排与运行设计保障具有不可分割的联系，这两方面的问题同时构成网络化企业的业务运作基础。

（1）网络化企业的柔性化群体组合

R. 科斯（R. Coase）认为，企业是通过社会化管理从事生产、经济活动的组织形式，信息化环境下基于网络的业务组织，是企业所出现的有别于传统的一种业务协调机制（即市场导向契约机制），其结果，直接导致了网络企业的产生与发展。网络化企业作为一种新型的企业组织，可以使企业以一种有序的合作方式来完成其固定工作，确保企业追求网络化规模效益及利润目标。

网络化企业是一个复杂的复合体，在企业中占有更重要的地位，加之企业具有有限理性组合和机会发展的特征，其群体（如工作小组、作业小组、联盟部分等）结构趋于灵活化和动态化。这意味着，按功能模块的人员组合形式已成为企业活动的基础。

网络化企业中的工作群体是一种有效的模块单元，具有以下群体分类：

①作业操作群体。作业操作群体是指组织中从事实际业务工作的人员所组成的群体（如生产班组），在企业运行中是具体操作工作的承担者。

②专门业务群体。专门业务群体系指企业中一批具有专业特长的群体，如物流人员组成的物流管理群体等。

③职能工作群体。职能工作群体是指按职能分工而形成的从事业务职能管理活动形成的群体，如投资管理市场管理、供应管理群体等。

④复合组织群体。复合组织群体是以某种产品生产或完成某种任务而形成的

人员组合，这种组合具有综合优势，可以完成具有复杂性和专业性的工作任务。

⑤知识创新群体。它主要是指从事技术创新、产品研发的群体，群体中成员具有专门的知识技术，可以承担企业创新项目的任务。

⑥管理监督群体。管理监督群体包括管理决策实施与管理业务监督群体，在网络企业中，承担企业组织、运行、协调等方面的管理监督任务。

⑦运行保障群体。运行保障群体是企业运行的支撑群体，从事支持性工作，如信息管理人员组成的信息保障机构，物流人员组成的物流保障群体等。

在网络企业组建与运行中，上述工作群体来自构成网络化企业的各单位，甚至是属于不同企业的联盟，因此存在着群体重组和协作的问题。同时，在网络化企业的动态运行中，群体具有流动性，因而也是一种动态性组合。这两方面的问题，将在制度上予以保证。

（2）网络化企业运行设计

网络化企业运行模式是一种基于流程与关系的业务组织与推进模式，动态性、灵活性与组合性为其基本特征。根据企业运行管理的基本要求和网络化企业目标，运行设计包括以下几方面内容：

①规划设计。规划包括为将来做准备的所有管理活动安排，应由网络化企业的核心管理层完成，设计内容包括：规划任务设计，规划目标设计，规划流程设计，规划方法设计，规划战略设计，规划执行与监督设计等。规划设计的规范性是网络化企业的一个突出问题，只有目标、任务、程序和方法规范统一，才能保证设计的科学性和合理性。

②组织权力设计。网络化企业是原有企业的发展，在管理权力上，不可能照搬原有的模式，而应有新的权力组合。在权力设计中，一是明确网络化企业管理权力与原有企业管理权力的关系；二是从以职能权力为中心转变为以任务、目标与项目管理权力为中心；三是根据网络化企业组织结构，进行权力配置，使之能够支撑网络化企业的运行与发展。

③运行关系设计。在网络化企业运行中，应明确基于价值链和流程管理的各部分关系，这是组织结构基础中的业务安排和协调运行的基础。在运行设计中，应坚持目标控制、流程优化的原则，使其有最佳的运行关系结构。

④资源配置设计。网络化企业运行需要相应的资源配置作保障，资源配置设计包括资源配给方式设计、程序设计、管理设计，设计对象包括人力资源配给设计、投入资源配给设计、信息资源配给设计以及外部资源开发利用设计。

⑤投入与分配设计。网络化企业的投入往往是一种各部分的协调投入，因此投入管理和分配显得十分重要。投入与分配设计包括投入与分配关系设计，资金流动设计、盈利分配设计、人员报酬设计（含固定报酬与激励报酬）等。

⑥运行控制设计。网络化企业运行中的控制设计包括控制中心的设立和控制

活动的开展设计，主要工作领域有资金投入控制、研究发展控制、市场控制、质量控制、物流控制、利润控制等。控制内容综合化和网络组织复杂化之间的矛盾的解决，是其中的关键所在。

⑦运行制度设计。网络化企业的运行制度包括运行中所涉及的各方面制度，如人员管理制度、激励制度、财务制度、分配制度等。由于运行涉及网络化企业的各部分，所以必须考虑网络化企业制度与原有企业制度的衔接。

⑧信息系统设计。网络化企业的运行需要有完善的信息系统作保证，因此信息系统设计是运行设计的重要内容。在设计中应采用集成技术，将运行业务信息与管理信息进行整合，以实现基于网络的企业业务发展目标。

1.4 网络化企业的协调管理

网络化企业是企业打破传统的组织结构和业务分工界限，突破企业间竞争合作的关系限制，实现面向客户和市场的动态性企业组织。从构成和运行上看，网络化企业与所依靠的企业之间、构成网络的部分之间以及网络企业和环境之间存在着多种协调关系。这就要求进行全方位的协调管理，在总目标原则基础上进行企业运行控制。

1.4.1 网络化企业的关系管理与运行协调

网络化企业运行中的关系管理和协调，是网络化企业取得效益和发展的关键，从实质上看，其协调主要包括文化关系与文化协调、作业关系与运行协调、环境关系与环境协调。

(1) 文化关系与文化协调

企业文化作为一种企业的上层建筑，对企业发展具有基础性作用，网络化企业作为一种新兴的企业形式，其全球化、虚拟化发展，需要企业进行超越自身的文化合作与协同。

企业文化有广义和狭义之分。广义的企业文化是指企业所创造的具有企业特色的物质和精神财富的总和；狭义的企业文化则是企业在经营发展中所形成的独特的思想、理念、道德、责任、意识形态，以及与此相适应的组织制度、体系的内部反应与外部体现。无论是广义，还是狭义，企业文化一旦形成，必然对企业行为规范和组织经营模式产生制度性作用。总体上看，这种作用包括：

①企业发展观与经营宗旨。在经营管理层面上，企业文化决定了企业的发展观念和战略构成，其理念上的作用影响着经营宗旨和方向。

②企业价值观与价值取向。企业的价值观体现为企业对其外部作用、责任和成功的认识，不同的企业，由于发展轨道、基础和环境不同，有着不同的价值取

向，可区别为物质价值取向、精神价值取向、创新价值取向等类型。

③企业道德与行为准则。企业道德是企业生成与发展的精神基础，社会的道德、法律规范对行为具有约束作用，在这种约束下，企业根据自身的实际情况，又有着其经营行为准则规范。

④企业愿景与学习模式。企业文化从基础层面上作用于企业中的各类人员，从而形成了对于未来的一种愿景。这种愿景又决定了环境变革中的企业学习模式。当前，学习型企业的建设与网络联盟的知识团队活动，充分体现了学习型企业的组建与发展特征。

在企业中，文化建设在于利用先进文化，统一企业人员的认识，形成不断发展和完善的经营理念。网络化企业由于构成企业成分的群体往往来自不同地域，不同国家和不同环境，文化背景的差异是难免的，即使是同一环境下的企业，其文化也存在多方面差别。因此，网络化企业的文化建设处于十分重要的地位。网络化企业文化建设，从总体上看，拟从两方面进行：其一，企业网络化中的文化协调；其二，基于文化协调的共建发展。

网络化企业的文化协调，在于充分认识构成网络化企业的各方面文化差异，在寻求共同发展理念的基础上，进行跨企业的文化管理，使各部分能够相容、互补。同时，网络化企业的文化协调还在于创造新的网络化企业文化，重塑企业形象。网络化企业文化形象设计拟在三个层面上进行。

①企业形象层面（CI)。企业形象设计层面是以企业的外部形象为中心的文化设计，即 CI 设计。CI 设计强调的是外界对企业的形象化认识，集中体现为企业经营理念、发展态势、市场实力及其外部影响。通过形象设计，不仅可以使企业客户与企业有关联的社会组织或成员直观地了解企业，而且可以使企业组成部分和员工能够以“形象”的规范要求来调节、控制、约束自身的行为，使之与企业经营、发展愿景相吻合。

②企业服务层面（CS)。企业的服务对象是客户和其他社会主体成员，基于服务理念的企业文化设计强调的是客户满意和企业的信誉度，因此以客户关系管理中的客户忠诚度为指标，以提高从产品研发、物料供应，到生产组织和营销服务的客户与市场认可度。这种文化设计，突出客户满意与社会认可的市场化导向，以适应社会文化发展与精神文明的建设，提高物质生产与服务的组织效益。

③企业价值层面（CV)。现代企业，特别是网络化企业，其价值不仅体现在企业本身的发展上，而且体现在对社会的作用上。现代条件下的企业价值提升，是以知识创新为基础的，网络化企业的最大优势也在于基于联盟的创新发展。由此可见，网络化企业价值设计中的至关重要的问题是创新文化设计，以创新为主线，协调各部门和人员的关系构成了其中的主要内容。

网络化企业文化设计的三个层次具有其内在联系，其中价值层面的设计是文化基础，服务层面的设计是一种基于企业价值的经营行为约束，形象层面的设计则是一种文化的外在表现规范。因此，在网络化企业文化建设中应进行三个层面的有机整合，以实现基于文明的企业发展目标。

（2）作业关系与运行协调

网络化企业是企业基于网络的业务重构和流程重组的结果，其组织结构以基于关系的调整和运行为基础，这种业务流程重组和结构优化的导向，最终必然反映在作业关系的调整和运行的协调上。从总体上看，作业关系包括网络化企业组织关系、流程关系、分工关系和利益关系。

首先，组织关系的协调旨在解决构成网络化企业各组成部分（如网络联盟的成员企业）之间的相互配合和支持网络化运作的组织结构关系障碍，实现作为有机整体的运作目标。其次，流程关系决定了各组成部分的安排和在网络环境下的运行实现，流程关系的协调还包括协调网络化企业流程与关联流程的关系，分工关系则是指网络化企业中心分工与合作关系。合理的分工是实现业务目标的保证，然而分工又必须相互配合，且具有对任务变化的灵活性和柔性，这就需要强调分工合作和动态调节。最后，网络化企业的利益关系集中体现在其企业成员的经济利益、收益和发展上，其中利益关系的协调应从利益均衡出发，寻求各方面共赢利益分配模式。

在网络化企业的作业关系管理与运行协调中，以下几方面问题值得专门重视：

①以流程管理的转变为前提原则。网络化企业是对企业业务流程的重构，其最终目的是实现管理职能的流程化，要求面向流程进行管理，实现基于网络的岗位调整和人员配置，使基于职能管理的纵向关系转变为包括横向与纵向联系的流程管理关系，以消除原有企业或部门之间的界限，提高管理效能，适应组合发展的需要。

②以组织运行的网络化为条件原则。传统的组织管理从现有的组织结构出发设计业务流程，即从职能出发组织流程业务，这种管理的弊端使二者难以有效地协调。基于流程重组的网络化企业运行管理，要求组织结构因流程而定，即在流程重组的基础上，根据流程需要设立部门、调整关系、压缩管理环节和层次，使组织结构的网络化服务于运行网络化。

③以供应链观念为指导原则。网络化组织竞争已不再是单一组织之间的竞争，而是一个供应链与另一个供应链之间的竞争。在网络化企业业务流程重组中不仅要考虑组织内部的业务流程，而且还应对外部供应链的业务流程进行重组，以实现组织业务流程与社会环境的相互适应、相互作用，使组织与社会发展同步。

④以提高运营效率为目标原则。网络化企业重组的业务流程必须是一种优化

的流程，否则与原流程相比，将不具备应有的优势。这种优化是从组织运营整体目标出发的优化，因此，要求利用系统工程原理，在业务流程分解的基础上进行任务、资源与人员流程的系统化整合，使各流程环节彼此协调，从全局上达到绩效优化的要求。

⑤以发挥人的作用为核心原则。在网络化组织业务流程重组的过程中，具有创造性、能动性、可塑性的人始终起着关键性的作用，这就要求在企业业务流程重组中树立以人为本的管理理念，重组后的网络化企业流程就是一种以业务为基础、以人为主体的组织协调流程。

⑥以信息技术为基础原则。网络化企业业务流程重组不是业务流程的简单改变，而是以现代信息技术为基础的组织、人员、流程的重组和集成。其中的基本要求是充分发挥现代信息技术的优势，以信息流管理取代传统物流管理模式，以便在全方位信息沟通的情况下，实现资源共享，为企业的持续发展创造条件。

（3）环境关系与环境协调

管理学家安索夫（H. I. Ansoff）特别强调“组织”、“战略”、“环境”三者之间的相互适应和协调一致。他认为，战略性行为是组织改变内部资源配置的行动方式，在网络化企业的运行中，只有实施“组织”、“战略”、“环境”三要素协调一致的战略才会实现既定的目标，反之则会降低目标的实现率。安索夫把上述三要素组合分为五种类型，即稳定型、反应型、先导型、探索型、创造型。他进一步研究了它们之间相互协调、相互适应的关系，认为：环境是稳定型的，如果采取创造型战略，必然失败；又如，组织是反应型的，突然采取创造型战略，会遭到组织的抵制，亦会失败。创造模式战略，只有在环境和组织也都是创造型的情形下，才能发挥威力。①

就网络化企业的环境与战略选择的关系而言，我们也可以将它们之间的组合分为五种类型：稳定型、反应型、先导型、探索型、创造型（见表1-3）。

时代的发展，网络化企业与环境之间的关系日益复杂，其环境影响力也愈来愈大，也就是说环境影响企业组织的力量愈来愈大。在企业与环境影响关系模型中，稳定型环境下的战略决策几乎没有任何风险；创造型的环境是技术、社会和经济等因素急剧变动的环境，其动态环境下的决策具有风险性，因此应采用科学的方法，进行适应性决策。在新的环境中相应的发展模式也可以按五种类型划分：稳定型发展仅维持企业业务活动的现状；反应型发展要求进行一些改革，但只是被动地适应环境变化；先导型模式意味着向有联系的领域扩张；探索型模式则超越过去范围，寻求新的发展机制；创造型模式即开拓模式，旨在开发新的业务领域。

① 王方华，吕巍．企业战略管理．上海：复旦大学出版社，2002：26

表 1-3　　网络化企业与环境的关系

	稳定型	反应型	先导型	探索型	创造型
环境影响企业	现有战略可以适应环境	稍微调整战略可以适应环境	提前进行战略调整可以适应环境	重新选择战备才能适应环境	创造战略管理才能适应环境
企业影响环境	企业业务变化不大，在网络化运行中对环境影响有限	网络化运行对具体环境有一定影响，如改变客户关系、竞争关系、合作关系	网络化运作对环境影响甚大，将改变环境中的某些部分，影响相关联的企业	在全球化发展中，网络化企业的发展会影响未来的企业模式和关系	环境的互动不仅影响企业本身，而且影响社会、经济、文化、科技发展

在企业对环境的影响中，环境的不同类型使企业产生不同的反应，因而存在对环境的不同影响和作用，表 1-3 同时也反映了这一作用。由此可见，网络化企业与环境的作用是相互的。

作为企业方，如何处理与环境的关系，实现与环境建设的互动，是环境协调的重点。具体说来，拟强化以下几个方面的协调工作：

①利用网络化优势，实现与相关机构的合作。网络化企业在结构上具有多元成分，既有生产企业加盟，也有供应商、研发机构和其他主体参加，而且这些主体与社会各部门又具有竞争与合作关系，因此可以在网络化企业运作中扩展合作渠道，实现基于网络的多元主体的协调发展。

②在网络化企业运行中，主动实现与网络环境的互动。网络化企业依赖于网络环境，企业基于网络的业务开拓和发展又促进着网络建设，这说明二者具有相互作用的关系。在企业与网络的互动发展中应协调网络化信息构建与网络化企业运行的关系，建立正常的环境秩序。

③通过企业的网络化构建与运行，创造全球经济一体化的新环境。网络化企业的国际发展，将改变企业的国际合作的竞争格局，据此可以通过企业重组，实现与区域性经济发展的互补，为社会经济、文化、科技发展创造新的条件。

④通过网络化企业构建的差异化战略实施，促进多元经济的发展。网络化企业应有差异，各国、各地区的企业应有自身的特色，其差异化的经营组织必然为各类企业的发展营造共存的新环境。这就要求在网络化企业制度建设、权益保障和条件支撑上予以关注。

1.4.2 协同环境与计算机支持协同工作

德国斯图加特大学的理论物理学教授赫尔曼·哈肯（Hermann Haken）在20世纪60年代研究激光理论的过程中，形成了所谓“协同学”的基本理论和观点，并在1977年发表了《协同学导论》（Synergetics—An Introduction），正式确立了协同学的理论框架。赫尔曼·哈肯还把协同学的思想扩展到计算机科学和认知科学，在1991年发表了一本重要的著作《协同计算和认知——神经网络的自上而下》（Synergetic Computers and Cognition—A Top-down Approach to Neural Nets），这一新兴研究领域的出现可以说是协同科学在信息化和数字化时代的新发展，同时它也为系统科学和系统工程的研究提供了强有力的支持手段，具有极其广阔的应用领域和应用前景。

“计算机支持协同工作”这一概念最早是在1984年由美国MIT的Irene Greif和DEC的Paul Cashman等在描述他们所组织的有关如何用计算机支持来自不同领域与学科的人共同完成某一课题任务时提出来的，称为CSCW。从它出现开始，CSCW就被认为是一个全新的领域。

由于信息技术的进步，特别是计算机技术和通信技术的发展，由协同学和计算机科学融合而产生的计算机网络技术及其应用的发展，给协同理论的应用提供了强有力的支持。“计算机支持协同工作”（Computer Supported Cooperative Work）也可以说是协同科学在信息化和数字化时代的新发展，作为信息化中的组织手段，具有极其广阔的应用前景。

CSCW可以简单地描述为：在计算机技术支持的环境下（即CS），特别是在计算机网络环境下，一个群体协同工作完成一项共同的任务（即CW），它的目标是设计支持协同工作的应用系统。①

CSCW的核心问题包括：

①人—机交互和人—人交互的实现。人—机交互和人—人交互是实现企业信息化管理的基本条件，现代信息系统中，人们已可以利用网络技术和多媒体数字技术有条件地实现人—人交互的群体活动，同时人—机交互可以实现跨系统操作。这些问题的解决为网络化企业的计算机工作创造了新的环境。

②共享信息与协同工作空间拓展。在CSCW应用系统中，信息由群体发出并为群体所用，群体在网络中的分布决定了信息的分布式特征，因此在分布环境下实现信息共享是协同工作的基本前提。目前，CSCW系统的应用大多集中在基于应用程序级的共享，对于底层信息共享的实现，要求开发有效的系统支持平台，由此拓展支持协同工作的共享空间。

---

① 覃征，汪应洛等．网络企业管理．西安：西安交通大学出版社，2001：9，29

③信息交流与协同通信的实现。网络化企业群体成员之间的协同工作必须通过相互的信息交流来实现，这就需要进行协同通信。传统的管理信息系统依赖于简单的数据通信，在群件中，协同通信要求时间上的适时性和空间上的融合性，力求实现信息交流的同步和适时通信，以此出发构建有效的协同通信机制。

④实现冲突协调控制。协同工作是多人跨地域参与的群体配合活动，在活动组织中，由于各方面的限制，冲突发生难以避免。这种冲突表现为数据冲突、信息缺失冲突、业务沟通冲突等。对于冲突的解决，要求冲突各方进行协调控制，同时从信息规范的角度对网络系统作出处理，在 CSCW 中进行技术实现。

CSCW 能够为参与协同工作的对象（人）提供群体通信支持服务，其工作模型可以区分为工作流模型和过程模型。其中，工作流模型包括根据 Petri 网发展起来的信息控制网（Information Control Net）模型和根据群体行为过程描述阶段（准备、洽谈、执行、认可）的循环模型。另外，过程模型根据任务的实现来描述，在过程模型中，一个任务被分解成几个组件，一个组件又可以分解为小组件等，其实现涉及抽象行为模型的建立，其要点是通过角色作用进行过程描述。

在网络企业运行中，协同工作环境的构建处于重要的位置。协同工作环境除了为 CSCW 应用提供分布运行开发环境外，而且提供协作参考模型来规定协作功能和协同关系。

如图 1-1 所示，协同工作环境功能的发挥以异步协作功能为主，同时也兼顾同步协作功能。协作功能建立在数据仓库的基础上，数据仓库用于存储协作中的共享信息对象，为协作中用到的数据提供一个逻辑上的集中存储场所，这些数据分布在网上的多个计算机上。主机系统可以是现有的群件，数据仓库一般运行在三级结构的数据库层面是协作的基础。在数据仓库基础上的基本服务包括文件管理、用户安全、消息管理和业务交流等。文件管理包括访问功能的实现和控制，安全管理包括用户鉴别、文档加密、数字签名、数据保护等，消息管理包括消息传输管理、交流组织、业务商讨等。扩展服务利用基本服务功能对协作过程进行管理，同时提供任务管理、日程安排、讨论组织、Web 集成等实用协作工具。协同工作环境中的服务既为最终的网络用户提供服务，又为其他对象和应用层提供服务，还可以开发新的协作功能，或将现有软件集成到环境中，提升协作的功能价值。

协同环境与计算机协作工作依赖于信息技术的发展，网络与信息技术的进步不仅改变着信息载体的状况，而且决定着网络化企业信息流的组织与信息资源利用。因此，应围绕网络化企业协同管理的实现，进行专门性研究，以构建不断完善的协同工作系统。

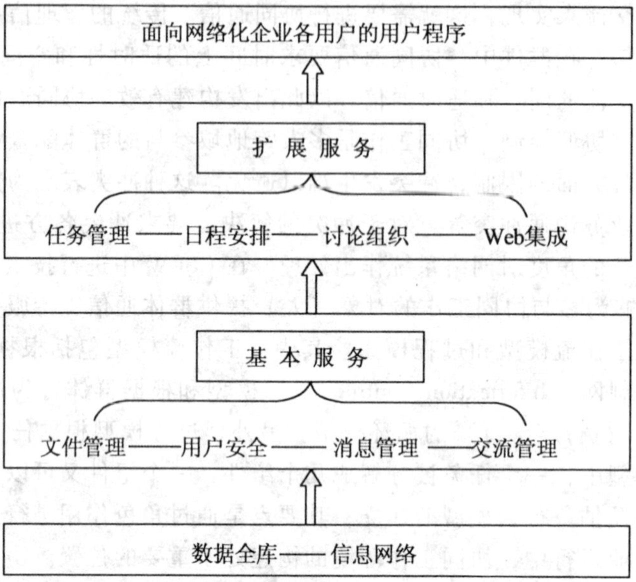

图 1-1　协同工作环境及其功能

1.5　网络化企业运行的门户构建

网络化企业门户不仅是企业的窗口，而且是企业的业务信息集成系统，因而其门户建设在网络化企业运行中具有十分重要的地位。信息化环境中的网络化企业创新发展，提出了以知识管理为中心的门户构建问题，作为企业运行的一个重要环节，网络化企业应十分重视知识门户的组织和实现。

1.5.1　企业集成知识门户的构架

网络化企业门户的重要特点是其知识化和集成化构架方案的实现，对于门户的开发，可根据企业运行管理目标进行定位。一般说来，企业门户平台的功能可归为三大类：其一是整合企业的信息资源，构建企业一体化的信息资源组织与应用体系，为企业管理目标的实现提供信息支撑；其二是为企业构建集成化的协同工作平台，是促使企业各应用系统的整合，为企业员工、管理者及其企业的合作伙伴、客户提供一体化的协同工作支持；其三是为门户用户提供一体化的信息服务平台，平台的主要功能是根据用户的个性化需求，为门户用户提供信息查询、资源定制、智能推送等一体化的服务，以充分发挥企业门户的作用。基于此，我们构建了企业门户的实现模型（如图1-2所示）。

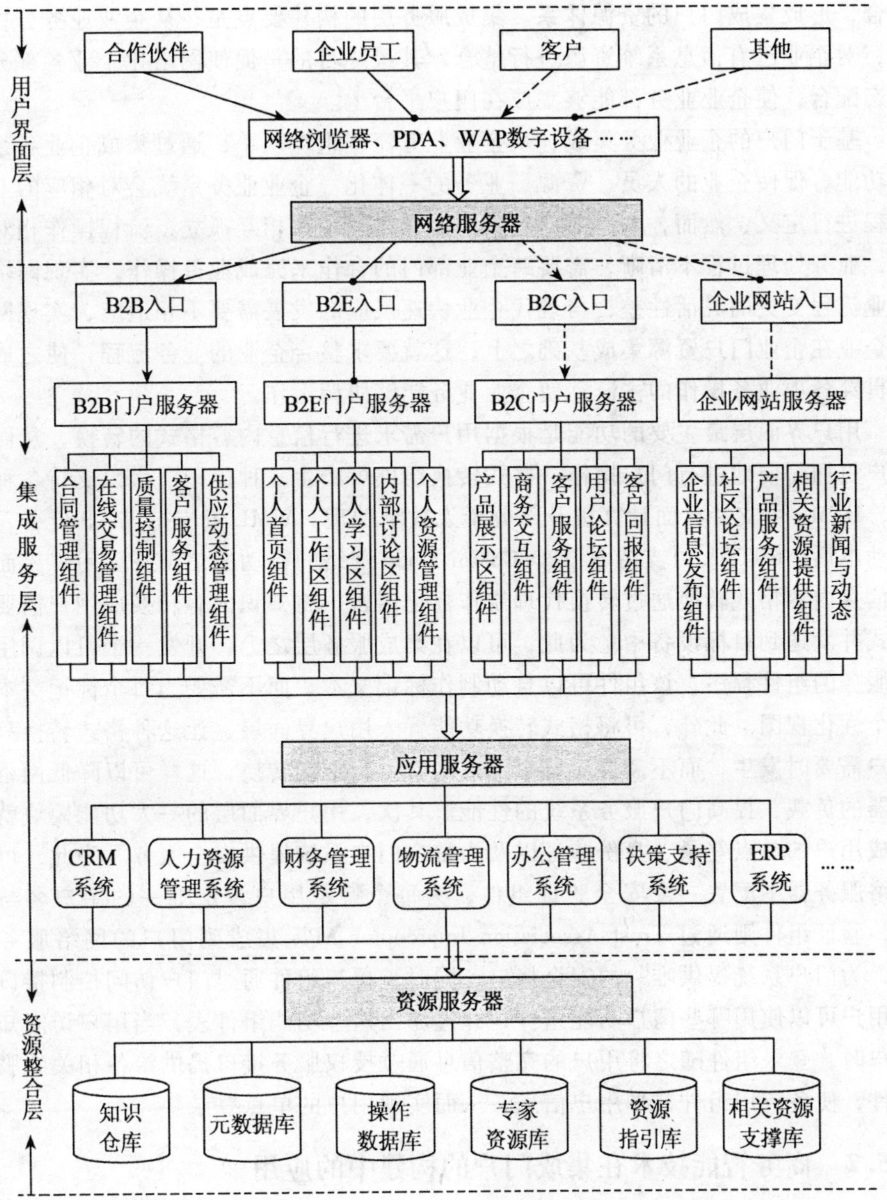

图1-2 网络企业集成门户构架模型

如图1-2所示，集成门户构建层面包括用户界面层、集成服务员、资源整合层三个层次。其中，资源整合层是整个集成门户体系构建的基础，集成服务层则是企业门户功能实现的窗口，这两部分是集成门户构建的核心组成部分。

资源整合层的构建，在于利用信息资源组织管理技术对企业已有的资源进行整合，形成集成门户的资源体系。集成服务层的构建要点是，从企业业务分析入手，对企业已有信息系统资源进行整合，其最终目的是促使网络化企业各部分的动态配合，使企业业务都能够集成在门户平台上。

基于门户的企业业务集成，从企业业务流程组织入手，通过集成企业各系统的功能，促使企业的人员、资源、业务的一体化。企业业务系统会对相应的业务流程进行定义，然而，这些面向对象的流程之间往往相互孤立，流程操作相对固化，业务处理过程不清晰，需要跨企业部门的合作来完成业务操作，实现网络化企业流程变更的灵活性差，与现代企业快速反应的发展需要不相适应，实现网络化企业在企业门户资源集成基础之上，这就要求整合企业的业务流程，使之成为其贯穿各项业务操作的主链，使企业业务能够协调运作。

用户界面层最主要的功能是根据用户需求进行信息内容格式的转换，从而使用户更加简便地进行门户操作。格式转换组件可产生三种标记语言以支持各种设备，HTML 可支持桌面计算机及部分个人数字助理；WML 可支持 WAP 设备，如移动电话；cHTML 可支持 NTT DoCoMoi Mode 网络的行动通信设备。用户界面层的信息内容格式转换通过转换代理制作标记语言，将知识内容转换成用户需要的格式并发送到目标设备中。为此，可以在集成服务层之上，开发一个可以调用转码服务的组件程序，该组件可以自动制作标记文本，而不需要为每个标记文本设置个性化视图。此外，可将格式转换功能置入用户界面层，让这种格式转换只在用户需要时发生，而不需要对整个门户内容进行格式转换，这样可以降低网络服务器的负载，提高门户服务系统的性能。其次，用户界面层的一大功能模块就是完成用户的单点登录、身份验证以及为整个门户系统提供安全服务。为此，可在网络服务器中配置一个安全验证组件，为每个特定用户设定唯一的用户名与密码，验证组件则通过 Trust Association Interceptor APls 集成到门户的网络服务器中，为门户系统提供唯一的安全接口；同时，授权组件通过门户访问控制接口确定用户可以使用哪些门户功能组件，并过滤出这些功能组件表，当用户访问知识门户时，登录组件随之将用户的完整信息通过授权服务接口提供给各相关的服务组件，使各应用组件共享用户信息，从而实现用户的单点登录。

1.5.2 商务智能技术在集成门户的构建中的应用

现代企业广泛使用商务智能技术，是因为商务智能可以帮助企业解决很多实际业务问题，商务智能技术对网络化企业的促进作用主要体现在以下四个方面：

①理解业务。商务智能可以帮助网络化企业更好地理解企业业务发展中的各种问题，帮助企业认清发展趋势，发现非正常情况。

②衡量绩效。商务智能可以帮助企业随时掌握网络化企业组织和员工的业务进度，帮助企业跟踪并管理其绩效。

③改善关系。商务智能可以为顾客、员工、供应商、股东和客户提供关于企业及其业务状况的信息，改善企业利益相关者的关系；利用商务智能，企业完全可以在问题变成危机之前很快地加以识别和解决。

④创利机会。充分掌握与利用商务智能技术的企业可以迅速调整企业的发展方向，并从中获取更大的发展空间。

商务智能的技术主要由数据仓库（DW）、在线分析数据处理（OLAP）以及数据挖掘（DM）三部分技术组成。

数据仓库是商务智能的基础，许多基本报表可以由此生成，为进一步的数据分析提供支持。所谓数据仓库（DW），就是面向一定主题的、集成的、稳定的、跨越不同时空的数据集合，其主要作用是支持经营管理中的决策制定过程。多维分析和数据挖掘是最常见的例子，数据仓库为网络企业的运营提供全面的、一致的数据支持。

在线分析数据处理（OLAP）技术，帮助分析人员、管理人员从原始信息中提取有用的数据，并转化为能够真实反映现象本质特征的知识；OLAP通过对数据仓库和企业业务操作数据交互地访问，帮助企业分析业务数据，进而更准确地展示企业的发展。

数据挖掘（DM）是一种决策支持过程，即按企业既定业务目标，对大量的业务数据进行搜索和分析，揭示隐藏的、未知的规律，并进一步将其模型化的技术。数据挖掘主要通过人工智能处理，自动地分析企业数据，作出归纳性的推理，辅助企业作出正确的决策。

在网络化企业的门户中，商务智能技术主要用于对企业已有信息资源的管理和挖掘，从而为企业运行提供支持，图1-3反映了这一过程。

如图1-3所示，企业门户中商务智能技术的应用包括：首先，商务智能技术与其他门户技术相互融合，共同为门户构建服务；其次，商务智能技术的底层构建为企业门户系统平台资源整合提供支持；再次，基于商务智能技术的知识挖掘与决策支持应用于企业门户中的企业业务分析、企业市场分析等领域，促进企业门户系统的智能化发展；最后，商务智能技术与商务绩效评估，将提升企业管理的智能化水平和评估的合理性。

通过网络化企业门户，可以开展基本的网络业务，如企业间的订单处理和业务运行。

企业与企业之间的订单处理流程主要包括用户订货、接收用户订单、形成生产计划、结账与发票处理等四个阶段（如图1-4所示）。

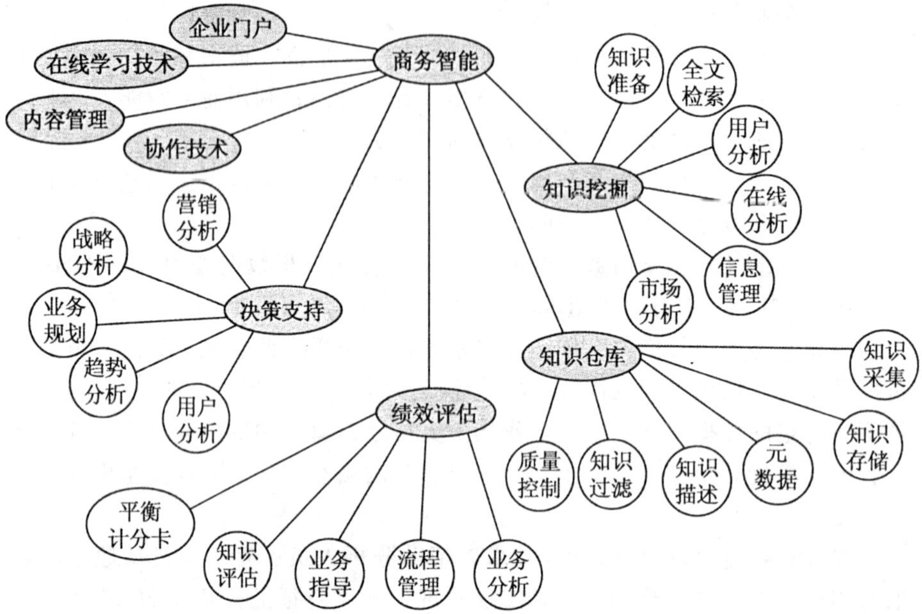

图 1-3　企业门户中商务智能技术的应用

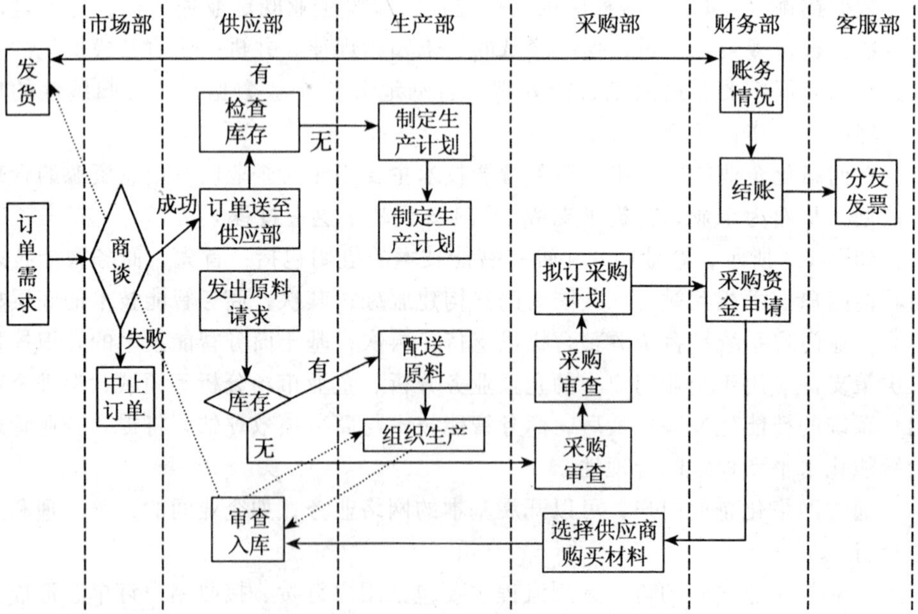

图 1-4　现代企业与企业之间订单处理流程

从目前企业订单处理流程的实际情况看，订单需求（如提出某种订货）的产生主要通过两种方式：其一是企业营销人员通过市场预测与市场调查反映到用户的订单需求；其二是客户或者中介主动与企业联系，将需求信息传递给企业。接收到用户订单需求信息后，企业市场人员首先对客户所需产品或服务的类型、数量、价格、交货期限等与对方进行落实，签订交易合同并将合同交供应部处理。然后，供应部查看企业的产品库存情况，如果有货则直接给用户发货，并交财务部门做结账处理，否则，根据需求给生产管理部门下达具体的产品生产任务单，生产管理部门在接到供应部下的生产任务单后，制定生产计划，并根据合同要求向库存管理下达原料需求单，安排具体生产任务。库存管理在接到原料需求单之后，查看库存情况，若有则直接配货，否则，向采购部发送购买请求。采购部在接到购买请求后，从众多供应商中选取合适的供应商并发出采购订单，购买后的原材料要重新经过供应部审查入库，再由生产部领取进行生产并将完整的产品交由供应部发给用户。①

由此可见，一个简单的订单处理流程要经过多个组织部门，需要多个系统的数据支持，这就要求各部门进行有效配合，保证集成化业务管理的实现。

1.5.3 基于集成门户的企业业务交往组织

企业之间的交互业务可以通过基于集成的信息门户来实现，如企业将面向上游供应商的采购业务和下游代理商的销售业务，通过集成门户有机地联系在一起，从而降低彼此之间的交易成本，提高满意度。② 对于一个具体的网络化企业实体来说，要处理的企业与企业之间关系主要包括两种：其一是上游企业（如供应商）接收来自下游企业（如生产商、分销商）的订货需求，即服务供应商与服务接收商之间的关系；其二是下游企业（如生产商、中转商、分销商）向上游企业（如供应商）提出的供货需求，即服务接收商与服务供应商之间的关系③。如果将企业间这种服务与被服务关系看成一个完整价值链的话，企业自身在这一价值链中兼有两个角色：对于上游企业，它是服务提供者；对于下游企业，它又是服务接收者。因此，网络化企业为处理好企业之间的关系，应着重解决好两个接口问题：其一是对于上游企业的服务输出接口和对于下游企业的服务输入接口问题，集成门户可以从信息保障与服务功能优化两个方面帮助企业解决

① 马士华著．供应链管理．北京：机械工业出版社，2003：375～399

② Yu E. Zheng, H. Joseph Wen, David C. Yen. CRM in B2B e-Commence. Information Management & Computer Sercurity, 2003 (11)

③ 杨莉，宁宜熙．基于 Wed 服务的 B2B 集成系统的设计．机械制造与自动化，2005 (3)

接口问题。在基于集成门户的B2B服务业务流程实现中，服务提供商和服务供应商之间通过集成门户实现资源共享，每个企业在整个价值链中承担不同的责任，完成各自的核心业务。这样，一方面减少了中间环节，提高了服务效率和质量，另一方面信息的获取与提供更及时，使敏捷制造与敏捷供应成为可能。

集成知识的B2B入口为企业的合作提供了个性化的服务接口，并对主体企业与各合作伙伴之间的业务流程、应用系统、知识资源等进行了梳理与整合，使企业及其合作伙伴均能够即时获得各种相关信息并通过集成门户予以回应。① 集成门户通过整合企业对外的业务流程及内部的业务流程，实现企业业务流程的一体化，各流程组件通过集成门户服务总线进行业务交互，从而减少相互之间的交互环节（如图1-5所示）。

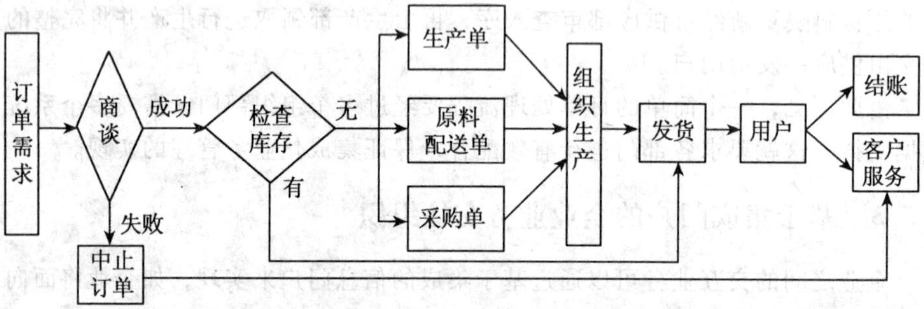

图1-5　基于集成门户的企业间业务处理流程

在集成门户环境下，企业之间通过网络共享相关信息资源，如货物库存量、原料消耗速度等，在此基础上建立较为稳固的战略合作伙伴关系，每个企业在战略合作团队中承担不同的任务，完成各自的核心业务，以赢得相应的利益。由于集成门户为企业合作伙伴提供了标准的服务接口，同时也设计了专门的服务组件，合作企业可以通过这些服务接口或服务组件直接参与主体企业的相关工作流程，动态跟踪企业相关业务发展，提前预测相关产品、原材料、服务的供应情况，据此提前安排生产任务。以企业与企业之间的订单处理为例，一般来说，供应商企业总是在接到企业的订货要求后，再进行供货准备，这样一环一环地进行，必然导致产品生产周期的增长，而在集成门户服务环境下，供应商企业可以通过服务接口了解提供给制造商配件的消耗情况，在库存量即将达到临界点时，就可以在接到制造商要货订单前提前做好准备，从而大大缩短供货周期。另外，

① Richard M. Kesner. Building a Knowledge Portal: A Case Study in Web-Enabled Collaboration. International Journal

企业也可以通过网络，访问合作伙伴门户，及时掌握合作伙伴生产进度信息，从而动态调整其生产和服务计划。

集成门户环境下企业之间的业务流程还整合了企业内部的工作流程。集成门户面向业务的服务流程调整，使原本串行的业务流程通过共享信息资源得以并行运行；从而大大提高了企业的工作效率。如以上的订单处理流程，通过应用集成门户实现企业内外业务信息资源共享，企业、人员、资源都可以围绕业务流程进行动态配置。订单处理流程负责人可以在订单合同签订后，直接通过集成门户掌握企业的库存信息、生产部门生产情况和供应商的货物供应情况，并据此一次性下达生产单、原料配送单以及采购单，删除以前各部门之间烦琐的派单、请求、审查程序，提高企业的工作效率。

基于集成门户的企业间业务流程优化，还得益于集成门户整合了企业各应用系统及合作伙伴的部分应用组件，减少了很多过去必须通过人工处理的业务环节。在实践上，可以加快处理速度，使流程处理更及时、更准确，业务处理效率也随之提高。例如，上述的企业与企业之间订单处理流程，流程负责人在确定库存原料不够时，可以通过集成知识门户直接搜索最好的合作伙伴并按照事先订好的合作协议，通过订单服务组件直接填写采购单传给对方，而不需要再通过电话咨询、传真，或派人订购等复杂的人工程序。

由此可见，基于集成门户的企业间业务重构，通过提高与合作伙伴的实时业务流程整合度，有效提升了企业及合作伙伴的整体竞争力。对于上游的服务供应方来说，提高了对业务流程的控制、反应速度，相应地降低了成本；对于下游的服务需求方来说，由于资源共享，提高了对需求方的响应速度，企业也因此更能得到需求方企业的青睐。对于企业自身来说，通过集成门户，与合作伙伴共享生产计划和库存数据，能够在保证充足供应的基础上大幅度降低库存，提高了生产设施的利用率。

2 企业网络化发展的战略管理

战略管理（Strategic Management）是指制定、实施和评价使组织能够达到其目标的综合性决策与控制方案的科学过程。信息化环境下的企业，在微观运行上，其组织方法与管理技术已经完善，然而在企业的发展决策管理上却显得困难，特别是在企业的网络化发展上，环境的动态性和社会、经济、科技文化的交互影响，导致网络化企业组织与运行上的不确定性，由此提出了网络化企业发展中的战略管理实现问题。

2.1 网络条件下的企业战略管理理论发展

网络条件下的企业发展具有愈来愈多的来自外部的机遇（External Opportunities）和愈来愈大的外部威胁（External Threats），这两个基本方面在经济、社会、文化、人口、环境、政治、法律、政府和技术层面影响着企业的发展，网络化企业形式的产生正是这两个方面综合作用的结果。在战略上，网络化企业性管理的宗旨是充分利用外部机遇，回避外部威胁，通过基于网络的企业战略重构和运行，不断取得发展。这意味着，有必要寻求网络条件下的企业战略管理理论，明确理论的应用。

2.1.1 企业网络化发展的战略思想

网络化企业的组建与发展，以发挥优势、克服劣势、实现预期目标为前提，由此制定其网络化战略。按优化的战略模型运行战略制定、实施与评价。

在战略管理中，企业的网络化发展战略研究因环境、组织、任务和目标的不同而存在着思维模式和战略组织方法上的差异。网络化企业组建的特殊性和信息环境的变化，决定了特有的企业发展战略思想。

①网络化企业发展战略是一种渐进型战略。发展战略管理的思维模式有渐进型和突发型两种，二者的主要区别在于对整体与部分的强调程度不同。渐进型战略首先强调战略的整体性，力求从整体发展出发，确定总体战略，然后细分为各个部分或方面；突发型战略则从部分或方面出发，针对环境的变化和管理的需要，适时制定反应战略，然后形成整体的战略思想。显然，采用何种战略思想，

应由组织本身的特征和环境决定。对于网络化企业而言，其战略由企业和社会发展所决定，企业的稳定发展和相对完善的体系结构决定了发展战略有长期稳定性和变革上的渐进性，因而必然采取渐进型战略模式。事实上，网络化企业发展战略应体现企业长期发展方向和目标，发展战略的制定和实施是一个不断迭代的过程，需要采取渐进的方式来应对环境、任务、目标的变化。相反，突发型战略思维必然导致企业发展的不稳定和波动。

②网络化企业发展战略是一种主动战略。传统的战略相对于环境而言是被动的，对于经济组织而言，往往是针对技术、管理、市场等环境要素和竞争对手的策略变化而制定的。企业发展是国家创新与发展的重要支撑和保障，应具有应对未来发展的超前性，它在战略制定中不仅要适时掌握影响企业发展的诸要素变化和宏观目标的调整，更重要的是主动地分析环境和引导环境的方向，根据信息化环境下企业发展基础和目标环境的变化，确立主动发展战略体制，从而改变被动应付局面的状态。主动战略思想是面向未来的发展战略思想，要求在战略制定和实施中建立完善的战略信息保障机制，构建网络化企业发展战略管理预测系统，以保证战略的前瞻性。

③网络化企业发展战略是一种全局性战略。在信息化建设中，企业不仅关系到知识创新工程的推进，而且关系到科技、文化与经济的发展，因而需要将其纳入社会信息化战略的全局。在构建网络化企业发展战略中，首先应考虑影响企业发展的诸要素，如社会经济要素、科学技术要素、信息投入与产出要素、社会需求要素、客户结构要素等，在分析要素结构中，明确各要素的相互作用关系，从而从整体上确立综合各要素的发展思路。另外，社会发展、国家创新是进行网络化企业建设的基本保证，在社会发展中，基于创新的产业结构调整和行业结构的变化，导致了企业组织体系的变革。因此，应在总体框架下按目标控制原则构建网络化企业发展体制、体系。

④网络化企业发展战略是一种基于共同愿景的战略。"共同愿景的管理"是美国学者彼得·圣吉于 1990 年在《第五项修炼——学习型组织的艺术与实务》一书中提出的一种学习型组织战略管理理论。愿景从含义上看包括两层意义：一是"愿望"，二是"景象"①。对于网络化企业来说，它指被企业成员共同认识的目标和实现目标的发展前景认识，包括对发展使命、未来发展规划、发展手段的共同认识和基于共同认识的结果期望。网络化企业战略发展的共同愿景是国家部门、社会公众、具体的客户以及企业内的各部分所共识的使命、目标、手段和结果。这些方面的共识决定了共同发展战略。企业发展中基于共同愿景的学习型组织形式的确立、企业内外各系统的沟通，各种模式的互动和协调，是基于共同

---

① 彼得·圣吉．第五项修炼——学习型组织的艺术与实务．上海：三联书店，1994：6

愿景的战略构建基础。

⑤网络化企业发展战略是一种复杂性战略。网络环境下的企业发展并不完全取决于企业本身，而在于企业在服务于国家可持续发展过程中的自身价值。可见，国家创新和社会发展机制决定了企业战略。另一方面，企业网络化发展战略内容复杂，既有人文层面、技术层面的，又有经济层面和资源层面的。从战略实现看，其组织战略、业务战略、服务战略的交互作用决定了企业的发展战略体系，因此需要应用复杂性科学方法来分析战略问题。值得指出的是，复杂性战略管理理论在网络化企业发展战略管理中的应用，应立足于现实问题的解决和战略的协调构建。

在以上原则基础上的企业网络化发展战略管理还应立足于企业基础结构的分析。企业网络化的社会基础结构和形态从两个方面制约着企业发展，这里的基础结构是指企业网络化的客观条件和物质基础，形态则是指物质基础在社会形态上的体现，是各种关系的综合。关于这一问题，应从社会的信息基础、经济基础和网络化基础分析出发进行宏观战略发展定位。

2.1.2 企业网络化发展的战略理论模型

研究和实施企业网络化发展战略的最好方法是采用理论模型，每个理论模型不仅代表了某种过程，而且展示了其应用范围、条件和方法。适当的模型选择是战略成功的重要保证。网络化企业发展的战略理论模型由企业网络机制决定，因此以下模型具有广阔的应用前景。

(1) 综合战略管理模型

企业网络化发展由外部因素和内部因素决定，内、外部的综合作用决定了网络化发展的组织模式。

外部因素包括：经济因素，社会、文化、人口、环境因素，政治、法律、政府因素，信息技术与网络因素，竞争与合作因素。外部因素的变化影响着企业组织形式、技术、产品、经营与服务，这些变化不仅改变着企业本身的网络化发展，而且改变着企业间的往来、竞争与合作机制，当今的商务环境在信息化推进中日趋复杂化，表现为诸多国家的实力迅速增强并积极参与多元化的全球市场活动。处于动态环境下的企业不得不多方考虑利用网络平台，在重组中拓展其发展空间，在具体的战略制定中寻求基于网络的外部联合问题。

内部因素包括：企业经营与发展因素，企业资本因素，企业组织运行因素，企业文化因素，企业影响力与竞争力因素。这些因素不仅决定了企业的发展实力，而且关系到网络化发展基础和组织模式。具体说来，内部因素是企业网络化的依据，企业只有在网络化因素具备的情况下，才可能推进网络化经营、管理的发展（见图 2-1）。

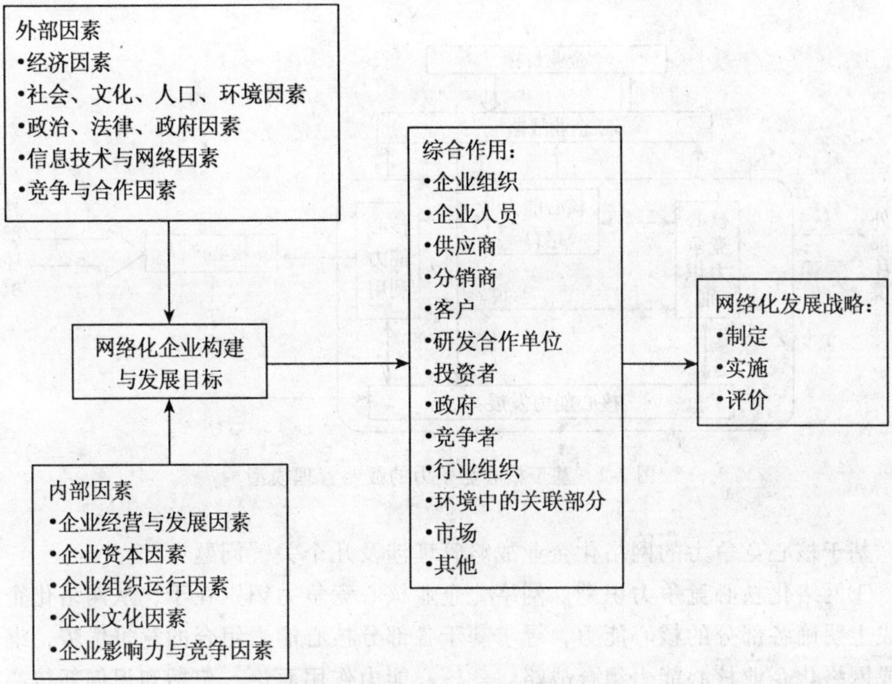

图 2-1 网络化企业的综合战略模型

企业在内、外部因素综合作用下，根据企业组织、企业人员、供应商、分销商、客户，以及研发合作单位、投资者、政府、竞争者、行业组织、环境中的关联部分、市场和其他要素的作用，进行网络化企业发展的战略目标选择和定位，由此形成基于综合发展的战略制定、实施与评价模式。

(2) 核心竞争力战略管理模型

网络化企业，无论是企业自身的网络化改造和基于网络的业务发展，还是企业网络联盟的组成或虚拟企业的组建，都离不开主体（或主导）企业核心能力的提升。这说明，网络的企业是依赖于实体企业而建设的，脱离了企业实体，也就谈不上企业网络化。网络化企业作为一种先进的企业组织形式，其发展需要有核心竞争力基础，核心竞争力战略管理理论就是基于这一现实而形成的。

企业能力可以分为核心能力和支持能力两类。核心能力从本质上看，就是一种战略能力，网络环境下的核心能力本身，就可以带来网络化竞争优势。图 2-2 在 K. J. Purcell 和 M. J. Gregory 的核心能力管理框架基础上，归纳了网络化企业核心竞争力战略管理模型。①

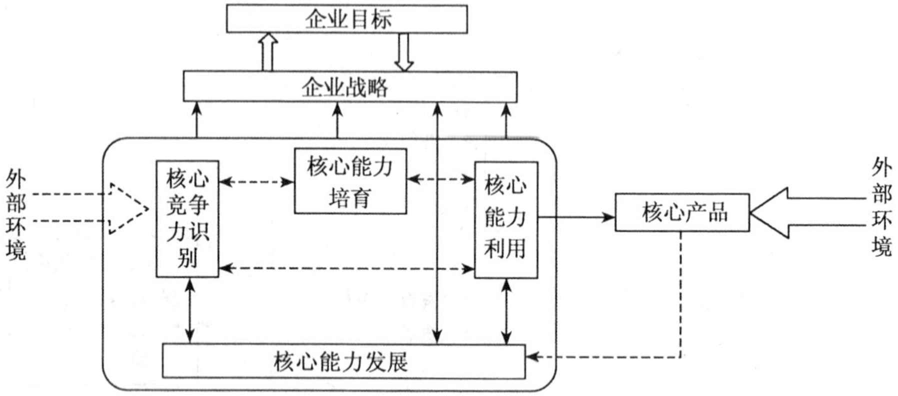

图 2-2　基于核心竞争力的战略管理模型

基于核心竞争力的网络化企业战略管理涉及几个关键问题：

①网络化核心竞争力识别。网络化企业核心竞争力识别在于，从网络化企业组成上明确各部分的核心能力，寻求基于各部分核心能力组合的竞争优势，继而形成网络化企业核心能力组合战略。就核心能力作用而论，包括知识创新核心能力、资本运营核心能力、市场运作核心能力等，因此应围绕企业的网络化运行进行核心能力的辨别和企业核心能力评价。

②网络化核心能力培育。企业经营网络化是现代企业全球战略的重要组成部分，然而只有具备核心能力，才有可能实现基于网络的组合。这说明，网络化核心能力的培育，首先应充分利用企业的网络化竞争优势，提升竞争实力，形成自身的特色；其次，在组建网络化企业的过程中应进一步凝练属于“核心”的能力，实现基于核心能力的企业发展目标。

③网络化核心能力利用。企业培育核心能力之后，就要充分利用核心能力，形成发展优势。企业网络化组建实现后，原有的各部分核心能力必然以新的形式得以重组，重组后的核心能力的利用，包括各部分的协调和整合，旨在进行以效益为中心的企业战略管理。

④网络化核心能力发展。网络化核心能力随着网络化环境和企业内外部因素的变化而发展，这就需要不断发展核心能力。核心能力发展不仅包括依赖现有的核心能力组合形成新的发展优势，而且包括核心能力的维护、监控和新的核心能力的发掘。这方面的需求提出了网络化企业创造力与知识管理的实现问题。

① 覃征，汪应洛等．网络企业管理．西安：西安交通大学出版社，2001：6～7

(3) 基于价值链的战略管理模型

在流程管理中，美国学者迈克尔·波特（Micheal Porter）从价值分析的角度构造了价值链（Value Chain）模型。网络化企业的组建，将组成企业的各组分按价值链关系，连接成相互支持的关系链，从而实现如图 2-3 所示的从管理决策到网络化运行组织和条件保障的有序结合。网络化企业运行，体现了从采购、供应、研究发展、生产、营销，到条件支撑的业务关联，从而保证了从原始输入到增值输出的目标实现。

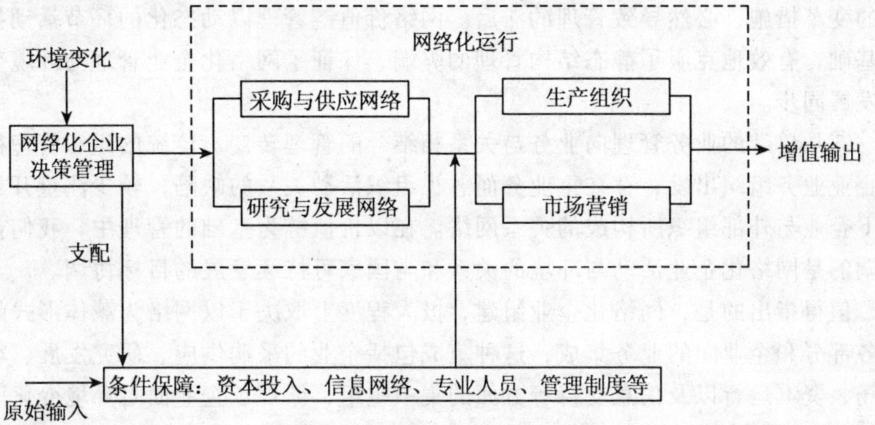

图 2-3　基于价值链的网络化企业运行

基于价值链的网络化企业战略构建，着重于以下基本问题的解决：

①从部门管理战略向环节管理战略转变。传统的企业战略管理以职能为基础，这种管理虽然涉及企业运行的各个方面，但战略管理的实施难以在总目标控制下实现各环节管理的协调，甚至有些目标计划在实施过程中还存在部门冲突。基于价值链的战略构建，要求确立基于网络流程的管理体系，这一变化有利于各环节的协调和各部门工作的配合，从而为网络化企业的整体发展创造条件。

②从面向对象的管理向面向过程的管理转变。传统的战略管理以面向对象为主，通过对象管理过程，这样往往难以实现过程的优化，甚至难以有效地控制组织运行的全过程。企业运行中的传统管理对象是承担各种任务和执行业务操作的人员，其作用机制是通过管理人控制工作过程。如果说，在组织内部这种管理具有层次分明、控制严格等方面优势的话，那么，对于网络化企业的整体经管理却无法实现最佳组合，由此提出了按过程管理环节确定基于过程优化的战略模式问题。

③从以效率为中心的管理向以效益为中心的管理模式转变。传统的企业战略

管理追求效率与效果，未能与社会需求或企业发展的社会作用效益有效结合，难以做到组织管理与环境的协调。价值链管理将客户作为一个支配其他环节的关键节点，通过流程的反馈形成以客户需求为导向的战略管理控制体系。这在管理实施上，构建了以价值链为主线的效益控制系统，是对过程调节控制理论的发展。

④从静态结构的管理向动态结构的管理转变。传统的企业管理具有固定的模式，管理体系与体制的确立往往以组织结构为基础，在组织结构不变的情况下，其管理方式不会发生根本的变化。然而，由于网络化企业组织结构本身的可调节性和一定的抗干扰性，往往存在结构变化滞后于环境变化的情况，如果不采取相应的变革措施，必然导致管理的滞后。网络价值链管理以动态化的环节活动控制为基础，有效地克服了静态结构管理的弊端，保证了网络化企业管理与环境变化和发展同步。

⑤从单纯的业务管理向业务与关系相结合的管理转变。传统的组织管理往往从企业业务组织出发，存在重业务而忽视组织活动关系的缺陷，较少注重开放环境下企业与外部组织所构成的关系网络。在以价值链为基础的管理中，我们首先强调的是网络化企业活动与环境的关系和与国家可持续发展的目标协调。

值得指出的是，网络化企业组建，极大程度上取决于以网络为载体形式的企业各部分和企业间的业务集成，这种集成包括企业的采购供应、研究发展、客户市场、资本运行以及信息支持等方面的集中重组，体现了企业面对环境变化而采取的信息资源整合战略，即通过信息资源整合，实现网络化和企业各部分的集成管理。信息整合应从以下几方面进行：

①数据集中。数据是组成信息的基本要素，各种原始数据的积累与集中是企业开展业务的底层基础，只有当各种内外数据达到面向业务环节的集中标准时，才会有利用的价值。

②资源整合。资源整合强调对信息资源的整体规划与管理，这不仅包括对信息资源的整体架构、信息人员的配置、业务流程的安排，而且包括在此基础上面向服务的资源集成。

③机构融合。对网络化企业而言，其内部信息资源是可以控制的，而外部信息资源则难以控制，因此需要对此进行机构间协调和融合。

2.2 网络化企业的战略目标选择与定位

从客观上看，企业发展必须符合社会发展的目标原则，需要在社会的经济、科技、文化、制度的大平台上进行。当前，创新型国家的建设、信息化环境下的企业经济制度与关系的改变，决定了网络化企业战略目标的选择与定位。

2.2.1 物流和信息流环境对网络化企业战略目标的影响

社会的物流和信息流状况是决定现代企业组成的重要因素，处于网络环境下的企业，也必须考虑其物流和信息流组织目标，从而才有可能将企业融入知识与信息经济发展的大系统。

从网络企业的构成上看，采用网络化企业形式的组织不仅包括生产企业、流通企业、供应企业、文化企业，而且包括产业化的科技开发企业和一切从事经营、市场活动的组织。在自然资源经济发展时代，这些组织以创造物质资源财富为中心；随后，市场经济的跨地域发展，导致了以物流为中心的企业经济跨越式发展；现代社会的信息化、知识化以及信息流和知识链作用，对企业的发展提供了新的动力，创造了网络化实现条件，由此提出了基于信息流和知识链的网络化企业战略目标选择与定位问题。

恩格斯在论述社会发展时指出："生产以及随生产而来的产品交换是一切社会制度的基础。"① 恩格斯所说的生产，在现代社会中不仅包括物质产品的生产，也包括知识产品的生产（如科技成果、文化艺术产品）。按通常的说法，我们将它区别为生产、科研和其他活动形式。

在组织社会生产中，物质、能源和信息是必要条件，管理是必要的保证；生产者只有在利用必要的物质、能源、信息时，在有效管理的前提下，才可能生产出供社会消费的物质产品和知识产品，才可能提供相应的社会服务，实现"产品"交换。这是社会运行的基点，其运行机制如图 2-4 所示。

如图 2-4 所示，社会运行中物质、能源和信息的利用是以其组织、流通为前提的，即支撑物质、能源和信息的社会利用的是物质流、能量流（统称为物流）和信息流。一方面，信息流起着重要的联系、指示、导向和调控作用，通过信息流，物质、能源得以充分开发利用，科技成果和其他知识成果得以转化、应用；另一方面，伴随着物质、能源和信息交换而形成的资金货币流反映了社会各部分及成员的分配关系和经济关系，物流和信息流正是在社会经济与分配体制的综合作用下而形成的，即通过资金货币在社会、市场和环境的综合作用下实现物质、能源和信息的交流与利用。基于此，图 2-4 中省略了对资金货币流的表达。

物流作为一个专业术语，其定义虽然不尽一致，但世界各国对它的解释却基本相同。美国物流管理协会认为："物流是使产品从生产线终点到消费者的有效转移以及从原材料供应地到生产线起点所需要的广泛活动，其要素有：货物运输、仓储保管、装卸、工业包装、库存管理、工厂和仓库的地理选择、发货处

① 社会主义从空想到科学的发展．马克思恩格斯选集（第 3 卷）．北京：人民出版社，1995：740

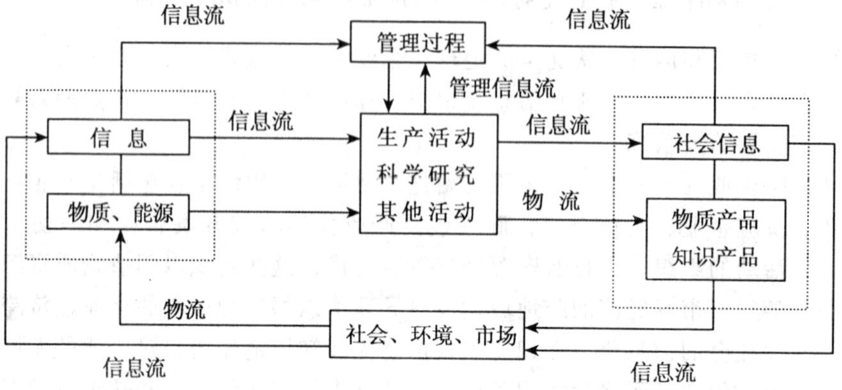

图 2-4 社会运行中的物流与信息流

理、市场、顾客服务。”日本通产省对物流概念的表述是：“物流是产品从生产者到需求者（消费者）的物理性转移所必需的各种活动。”① 除物质外，物流还包含了各种能源（电能、热能和物质化的化学能等）的转移使用流动。能源类似于物质流，是社会生产、生活不可缺少的要素。据此，人们往往将其归并到物流中加以研究，即将物流定义为包括物质和能源流动在内的物资与能源流。

信息流是指各种社会活动和交往中的信息定向传递与流动，就流向而言，它是一种从信息发送者到使用者的信息流通。由于信息不断产生，在社会上不断流动和利用，因而我们将其视为一种有源头的“流”。研究社会运动不难发现，社会的物质、能源的分配和消费无一不体现在信息流之中；社会信息流还是人类知识传播、利用以及实施社会管理的必然结果。信息流伴随着社会生产、科研和其他活动而产生，不仅反映了物流和社会活动状况，而且维持着社会的有序运行和管理活动。可以认为，一切社会活动都是通过信息流而组织的。信息的作用机制是社会运行机制的集中体现，我们可以由此出发讨论其中的基本关系。

对于现代生产企业来说，网络化的物流和信息流不仅存在于生产、经营活动之中，而且贯穿于管理的全过程。例如企业管理围绕生产、经营活动进行，通过决策、计划和调节，保证企业的正常运行。这里的物流是指从原材料、能源的购入及技术的引进，到成品的输出、产品营销而发生的“物质运动”过程；网络化信息流伴随网络化企业物流活动和生产与经营管理活动而产生，反映了物流状态，控制和调节物流的流量、方向、速度，使之按一定的目的和规则流动。在生产活动中，物流是单向不可逆的，而信息流要求有网络反馈，管理者通过指令信

① 郑英隆．市场经济信息导论．西安：西北工业大学出版社，1993：138

息和反馈信息进行控制和管理。

由于生产、经营活动是在社会中进行的，与社会信息的全面利用息息相关，所以信息流是沟通组织内、外活动的产物。正因为如此，信息流的组织旨在最大限度地满足组织内外联系的畅通和组织的正常运行。

在具体的业务工作中，网络企业内各部门之间以及企业与外部组织和有关人员之间通过信息流进行联结，以此支持业务工作的开展。例如，在某产品生产经营中，企业输入顾客订单、原材料、能源及生产技术，输出成品发货单等；各部门为了有效地生产产品、进行经营而从事各种业务活动。在图 2-4 所示的结构中，网络化企业业务部门之间进行信息流动与反馈，经营管理部门通过管理指令信息流对企业活动进行全面管理。可见，生产企业信息流围绕主体活动（生产、经营）组织，由此发挥信息的应有作用。生产企业的基本信息流程也概括地反映了商业企业、金融及其他组织的信息作用机制，所不同的是这些组织的输入、输出、业务过程和内部机构等方面与生产企业不尽相同，它们因而存在着信息流内容与形式上的差异。

对于科学研究机构和其他知识产品生产组织来说，在各自的研究工作和业务工作中也存在着物流与信息流。这是由于科学研究中的“知识”生产也要一定的物质、能源作保证（如科学研究中的仪器、设备供给、能源消耗等），这方面的物流和信息流与生产企业没有本质的区别。包括科学研究在内的知识生产与物质生产的区别在于，知识生产的主要输入是知识信息，在生产活动中只有充分利用现有的有关知识、掌握最新信息，才可能生产出具有创造性的新成果和新知识。这说明，信息流是知识生产的主流。

由此可见，对于经济、科技、文化和其他社会活动来说，信息流的作用都是关键的。这种信息流对社会各部门工作的作用可以概括为信息的微观社会作用机制。值得指出的是，随着社会的进步，网络化企业的信息流量及流向必然发生新的变化。例如，网络化企业组织信息处理量，随着企业经营环境的变化、技术的发展、产品的多样化、市场变革的加速和企业应用技术开发周期的缩短而加大，由此对信息服务提出了新的变革要求。

值得指出的是，在信息网络化发展中，其信息流的组织已成为支持网络化企业发展的关键，由此构成了基于网络的从“事件”到“智慧”的价值链。

20 世纪 80 年代末，美国情报学家德本斯（A. Debons）提出从人的整个认知过程的动态连续体中理解信息的观点，将认知过程表达为：

事件→符号→数据→信息→知识→智慧

这个连续统一体中的任一组成部分，都产生于它的前一过程，例如，“信息”源于“数据”，又是“知识”的来源。

德本斯的思想影响深远，被广泛引述。20 世纪 90 年代末，IBM 公司高级商学院的斯蒂芬、赫克尔等人在美国信息研究所的第五期年度报告中，进一步分析了信息的结构（也称为思维模型的“概念”、“范式”、“格式塔”等）以及由此形成的等级。

我们将组织的“学习循环”过程归纳为：感知——解释——决策——行动的循环往复，由此可以简单地将信息等级结构和“学习循环”结构对应起来。事实可以被感知；信息和智力对于解释事实之间关联是必不可少的；知识的产生是科学决策的保证；而在智慧引导下的行动必然是优化的选择，尤其是把一个学习循环的各个过程联结成一个自我增强型循环的时候，这种优化尤为重要。从宏观上看，基于网络信息流等级结构的，以创新为实质内容的，从事实到智慧的价值链决定了网络化企业组织的发展定位。

2.2.2 基于网络化发展的企业目标选择和组织定位

企业的网络化发展目标既应符合其主观的战略目标要求，又应具有实现目标的可行性，这两方面的作用决定了网络化企业组织目标的定位。

从战略管理角度看，网络化企业的组织目标是企业网络化活动所期望得到的结果，是网络化运行的最终指向，可以作为标准来衡量组织绩效的最终体现。

网络化企业组织存在多方面的发展目标，而且，组织内部还存在组织总体目标、各部分目标和具体的业务目标的不同主体形式；对于管理职能的行使而言，网络化企业目标还可以区分为不同时期的总体目标、具体目标以及定性目标和定量目标等。

对于网络化企业的管理而言，其目标可以从以下几方面进行划分：

①企业的总体目标和具体目标。一定时期的总体目标和各项具体目标是组织及其成员所要达到的最终目标。网络化企业的总目标构成企业的总体发展纲要，为了实现总体目标，企业的各个部分必须围绕总体目标制定自己的各项具体目标，使之与总体目标一致，从而构成网络化企业的目标系统。对于一项网络流程活动而言，总体目标为流程的终极目标，具体目标则为流程各环节的操作目标。总体目标由具体目标有机结合而成，或者说，具体目标是总体目标按企业活动分解的，二者最终是一致的。

②企业的定性目标和定量目标。定性目标是指网络化企业所要达到的一种状态或结果的概念化要求，如通过某种活动实现增强组织凝聚力的目标，对网络化企业成员创造性能力发挥的目标，企业成员关系改善目标等。定性目标具有一定的灵活性和模糊性，是一种大致的水平要求。定量目标则是一种量化的结果，它表现为各种指标体系，如资源建设目标、研发功能实现目标、经营效益目标等。

③部门目标和企业目标。部门目标是指网络化企业组织中的部门所要达到的状态和行为结果的期望与要求；企业目标则是网络化企业整体期望的状态与结果

要求，它是企业中所有部门相互作用的产物。从具体内容上看，部门目标虽然在不同程度上体现了企业目标；但是，由于部门利益行为与组织利益行为的差异，使得部门目标与企业目标难以完全一致。网络化企业组织中的部门目标与组织企业的一致性，在很大程度上取决于企业及其部门的协调。

除以上划分外，目标还可以区分为网络化企业结果目标和阶段性目标，确定性目标和模糊目标，全局目标和局部目标，物质性目标和精神性目标等。这些区分可以在前述三方面划分的基础上，根据网络化企业战略管理的需要进行。

从战略组织管理角度看，目标具有以下一些重要特性：

①目标的层次性。一方面，任何企业都需要设计一个总体目标，它是网络化企业通过努力，可以实现的最后结果；另一方面，总体目标需要子目标来支持，即需要企业的部分（部门）目标来支持，或者说，企业的总体目标分解为多个部门的目标，各部门目标的有机结合和协同工作，共同实现企业的总体目标。因此，企业的目标是一个具有明显的层次性的目标体系，它与网络化企业组织结构的设计相适应。目标的层次结构从广泛的目的到特定的部门目标，体现了两个方面的宗旨：一是社会宗旨；二是企业宗旨。任何情况下，企业目标都可以分解和转化为不同组织层次的具体目标。

②目标的网络性。从垂直方向看，网络化企业组织目标具有层次性，但从水平方向考察，组织目标的网络结构亦可以清楚地显示出来，因为企业组织的任何部分目标之间必须相互协作与支持才能实现总目标。由于企业组织中各部门或部分的联系是纵横交错的网络联系，其目标也必然是一种网络式的关联目标体系。从企业组织活动和运行看，多个目标之间的作用是实现目标化管理的基础，决定了从企业组织的网络结构和流程网络化出发的网络管理模式。

③目标的现实性。企业组织部分或个人在确定目标时，必须考虑的是目标应该具有实现的可能，即它们要达到的最终结果必须是可以实现的。因此，在目标设置时，应避免实现难度超出网络化企业组织的能力范围。虽然有证据表明，比较困难的目标通常导致更高的业绩，但是，在企业组织中，人们一般倾向于制定网络化经营比较容易达到的目标，然而如果目标太低，也不利于企业发展。

④目标的多样性。从企业组织的目标层次与目标网络可以看出，企业追求的目标不可能是单一的，在众多的组织目标中，必定有一个是主要目标。主要目标处于表面，比较明显地被网络化企业组织成员认识和发现；而次要目标则往往隐藏得深一些，容易被忽视。但是，当多个组织目标之间发生冲突时，如何协调与管理组织目标便成为管理决策的重要任务。

目标管理（Management By Objectives，简称 MBO）亦称目标管理法，是1954年美国著名管理学家德鲁克在《管理的实践》一书中首先提出的。德鲁克在论述“目标管理和自我控制”时认为，一个企业的“目的和任务，必须转化为目标”。

对于目标管理的定义，美国管理学家哈罗德·孔茨在其《管理学》中指出：目标管理是一个全面的管理系统，它用系统的方法，使许多关键管理活动结合起来，有效地实现组织和个人目标。

孔茨的说法，较好地概括了目标管理的实质。目前，目标管理作为一种管理方法，已成为现代管理理论的重要组成部分。这表现在：一方面，目标管理方法注重激发组织成员的协作意愿，强调组织基层在形成组织目标过程中的决定作用；另一方面，它把组织成员的协作行为纳入组织正式的信息系统沟通轨道。

网络化企业目标管理的重要意义在于：

目标管理作为一种“工具”，其应用将产生企业网络化所导致的直接结果，管理者对于目标管理“工具”的掌握，可以明确网络化企业战略要求，使企业的组建与运行具有方向性，同时有利于提高管理效率。

目标管理作为一种手段，在网络化企业战略管理推理中，使构成企业的新组合能够相互配合，形成一个相互支持的体系，有利于根本利益的一致性协调和局部矛盾的处理。

目标管理作为一种技术，在网络化企业管理中可以简化管理关系在系统目标控制前提下的优化组合，其结果是实现效益最大化。

值得指出的是，在网络化企业中，往往存在着目标管理模糊的情况，美国学者 F. R. 戴维（Fred R. David）将其视为“没有目标的管理”，他归纳为如下几种情况：①

靠外推法进行管理。坚持“如果不出事，就不要去改变它”，其理由是，既然事情进行得很好，那么就继续用同样的方式做同样的事。

靠危机进行管理。这是基于这样一种理念，即优秀战略制定者的真正本领在于具有解决问题的能力，由于每个人和企业都要遇到大量的危机和问题，战略制定者应将其时间和创造力用于解决当前最紧迫的问题。靠危机来管理实际上只是对事物做出反应而不是主动采取行动，是让外部事件决定何时采取何种决策。

靠主观意愿进行管理。其思想基础是：不存在普遍适用的、解决做什么和如何做这类问题的一般性计划，只管尽力去做你认为应当做和能够做的事情。简言之，“做你自己的事，你知道如何能做得最好”（这种方法有时被称做“神秘决策法”，因为它使基层人员可以自己去思考正在发生的事情及其原因）。

靠希望进行管理。其事实依据是未来充满着不确定性，如果试一次没有成功，那么应该坚信第二次（或第三次）尝试将会成功。之所以这样决策，是因

① 弗雷德·R. 戴维著；李克宁译．战略管理（第 8 版）．北京：经济科学出版社，2001：177

为我们相信它会有效，而且好时机就在眼前，尤其是当机遇在我们一边时。

显然，在网络化企业战略管理中，应尽全力避免这些情况发生。网络化企业战略目标管理涉及组成网络企业本身所依赖的系统、网络支持环境以及物流与信息流目标管理等。因此，存在着目标体系构建问题。图 2-5 归纳了目标内容，显示了目标体系的形成与各主体目标的关系。

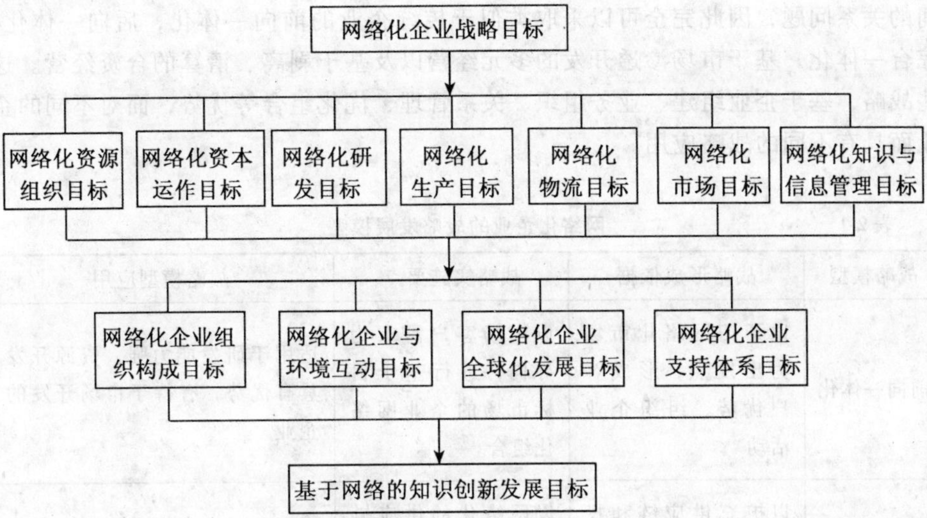

图 2-5　网络化企业的目标体系结构

图 2-5 所示的关系说明，网络化企业的战略目标选择与定位管理，应强调目标手段的系统性，要求按网络化管理的各个方面、组成网络企业的组织成分、网络化环境建设以及基于网络的知识创新发展，进行综合发展的目标定位，以保证网络化企业组建与运行的可控性和对未来的适应性。

2.3 网络化企业战略管理的实现

美国学者戴维在《战略管理》一书中，详细分析了现代企业面临的环境和发展战略的制定、实施与评价①。这里，我们应用戴维的战略模型和战略管理理论，结合网络化企业组织运行的实践，进行战略模型选择与战略的实现方案分析。

① 弗雷德·R. 戴维著；李克宁译. 战略管理（第 8 版）. 北京：经济科学出版社，2001：178～208

2.3.1 网络化企业战略发展模型

戴维在展示传统企业在信息化条件下的重构和发展中，进行了企业与供应商、开发商、合作者、竞争对手、客户以及环境的关系分析，提出了如表2-1所示的战略类型。

事实上，在网络化企业的战略发展中存在着构成网络企业的网络动态联盟之间的关系问题，因此完全可以采取类似于传统企业的前向一体化，后向一体化，综合一体化，基于市场渗透开发的多元经营以及基于剥离、清算的合资经营。这些战略，基于企业组建、业务组织、关系管理、优化组合等优势，面对不同的企业而具有不同的战略应用。

表2-1 网络化企业的战略发展模型

战略模型	战略形成依据	战略实施要点	战略模型应用
前向一体化	以开拓网络化市场为出发点，形成客户优势、组织企业活动	以市场客户需求为导向，进行基于目标市场的企业网络化组合	适用于研发能力强，资源开发具有优势，有待于市场开发的企业
后向一体化	以扩充供应链和投入资源来源为出发点，形成资源优势，组织企业活动	以网络化的供应链优势和资源优势为基础，致力于企业的网络化发展	适用于客户关系好，具有市场发展前景，然而比较缺乏供应优势和资源支撑的企业
综合一体化	以调整竞争与合作关系为起点，实现企业联盟	充分利用网络化优势形成强强联盟，在全球化发展中拓展空间	适用于竞争性强的企业，特别是高新技术企业，在竞争合作整体发展中形成新的动态优势
多元经营	以市场渗透、交叉、开发、产品研发和拓展功能为起点，进行经营组织	利用敏捷的市场反应，依托资源和资本优势，进行网络化的经营开发	适用于市场渗透经营发展的企业，市场与产品开发优势企业的集中化、混合化、横向化经营
合资经营	以企业调整和重组为起点，进行企业间的合资，构成网络化企业	在网络化企业联盟的合资构建中，进行部分资产剥离、清算、组建基于剥离的新企业组织	适用于因环境变化，不得不改变现状的企业或主动适应环境、应对新的挑战和寻求新的机遇的企业

表 2-1 根据戴维的战略管理模型，针对网络化企业的组建和发展，作了修改和重构。

(1) 前向一体化

前向一体化战略是指生产企业在面向市场与客户的网络化发展中，将分销、代理商或客户直接纳入其网络化体系，使之成为基于网络的整体。当前，愈来愈多的企业正通过互联网建立起集生产、经营、服务为一体的网络化经营实体。这些实体一般依托于生产企业，从而形成了以市场为导向，以经营、生产企业联合为基本形式的前向一体化发展战略。虽然在发展初期，这种战略一度在企业中导致了“混乱”，但在矛盾处理中仍然得到广泛应用。例如，戴维分析的一些公司的前向一体化发展案例就是如此。

家庭用品公司（Home Depot）一度警告其供应商不要通过网上直销与其进行竞争。很多制造商不愿因网上直销而得罪其经销商（零售商），但由于网上直销相对于零售来说销售成本较低，因而前向一体化战略对很多供应商十分具有吸引力。制造商乔·博克瑟公司（Joe Boxer）在梅西公司（Macy）的网站上销售内衣，这种供应商与分销商之间合作的（在美国网上）销售额从 1999 年的 180 亿美元增加到 2003 年的 1080 亿美元①。又如，供应商的网上直销使 L. L. Bean 公司的市场份额下降，可能正是这一原因，促使 L. L. Bean 公司开设了 1987 年以来的第一家销售其全部商品的商店，L. L. Bean 公司因此而实行前向一体化网络发展战略。

沃尔玛、Sharper Image 和 Right Sart 等传统零售商也都通过商店及网络的多渠道促销回击纯网上商店的挑战，许多传统商店纷纷通过增加销售和提供拍卖交易而进一步扩大其销售网络。www. Wal-Mart. com 网站正在努力成为领先的网上折扣商店，安利公司也在 Quixtar 网上销售本公司及其他公司的产品，公司总经理肯·麦克唐纳（Ken McDonald）强调：“我们正在寻求 40 年以来的最大机会。”

这些实际例子表明，前向一体化已成为生产企业与代理、分销企业的一种融合战略模式。戴维指出，适合于前向一体化战略的网络化企业包括：

企业现在利用的销售商或成本高昂，或不可靠，或不能满足企业的营销需要；

可利用的高质量销售商数量很有限，采取前向一体化的公司将获得竞争优势；

企业所参与竞争的产业明显快速增长或预计将快速增长，当企业主营产业发

---

① 弗雷德·R. 戴维著；李克宁译. 战略管理企业（第 8 版）. 北京：经济科学出版社，2001：179

展受限时，前向一体化会降低企业进行多元经营的成本；

企业具备销售自己产品所需要的资金和人力资源；

当稳定的生产对企业十分重要时，通过前向一体化，可以更好地销售自己的产品；

现在利用的经销商或零售商有较高的利润，这意味着通过前向一体化，企业可以在销售自己的产品中获得更高的利润，并可以为自己的产品制定更有竞争力的价格。

（2）后向一体化

在企业经营中，生产企业和销售企业都需要从供应商方得到原材料、技术、知识产品或其他商品，后向一体化战略充分考虑到网络化过程中企业供应物流的新模式，从而将后向供应纳入其网络化的业务范畴。这一战略旨在解决供应成本高、供应保障不力的问题，实现适时适量的供给保障。

戴维在分析美国企业的经营情况，特别是汽车行业和制造业经营时指出：美国的一些产业（如汽车和制铝业）正减少采用在历史上曾实行的传统战略。与拥有供应商的做法相反，公司与数家外部供应商进行采购谈判，如福特汽车公司与克莱斯勒汽车公司所需要的零件中有半数以上的由外部供应商提供，包括TRW公司、伊顿公司、通用电气公司和约翰逊控制器公司（Johnson Controls）等，这说明，相应的分解化战略（Deintegration）对于可在全球得到产品供应的公司来说是合理的。在信息化背景下通过外购（Outsourcing），企业可以利用供方间的竞争得到最优惠的价格，这种做法在广泛采用的过程中逐步发展成为后向一体化的联盟模式。同时，Arrowhead Steel Company 和沃辛顿钢铁公司（Worthington Steel Company）等一些小型钢铁企业，也通过互联网实行其后向一体化，进行基于网络的供应采购重组，使之向网络化经营管理方向发展。在我国，通过电子商务形式与现代物流管理的结合，企业完全可以实现与国外企业的互联互通，特别是汽车产业，可以直接进入全球采购系统，实现设计、制造企业与技术供应、零部件企业的后向一体化。

在对照前向一体化战略基础上，戴维作了后向一体化发展的战略总结，指出适合于后向一体化战略的情况有：

企业当前的供应商或供货成本高，或不可靠，或不能满足企业对零部件、组装件或原材料的需求；

供应商数量少，而需求方竞争者数量多；

企业所参与竞争的产业正在迅速发展，有必要通过后向一体化战略，提高企业进行多元经营的能力；

企业不具备自己生产原材料所需要的资金和人力资源；

价格的稳定性至关重要，通过后向一体化，企业可稳定其原材料的成本，从而稳定其产品的价格；

现在依托的供应商利润丰厚，这意味着它所经营的领域属于十分值得进入的产业；

企业需要尽快地获取所需要的资源，形成资源优势。

(3) 综合一体化

综合一体化战略也可以称为横向一体化战略，它打破了企业供应、研发、生产、营销、服务的有序性组合和以生产力为中心的单纯竞争限制，实现无分工或有分工的横向网络化组合与运行。横向一体化的无分工战略实施，在生产同类产品或具有相同业务的企业之间进行，通过业务的共同组织，扩大范围，增强实力；横向一体化的有分工战略实施在于按分工原则实现以供应、研发、生产、营销到服务环节的企业重组，实现整体发展目标，因此又称为混合一体化。

横向一体化战略最先应用于企业兼并发展之中，例如，电子商务促使全球电信公司进行兼并，以便通过横向一体化而获取竞争优势。早在 1998 年至 1999 年，典型的电信兼并案有：MCI 世界通信公司（MCI WorldCom）以 1272.7 亿美元收购斯普林特公司；SBC 通信公司以 723.6 亿美元收购阿梅里特克公司；贝尔大西洋公司以 713.2 亿美元收购 GTE 公司；沃得福集团（Vodafone Group）以 659 亿美元收购天空接触通信公司；Qwest 通信公司以 484.8 亿美元收购美国西部公司（US West）；好利获得公司（Olivetti）以 347.6 亿美元收购意大利电信公司（Telecom Italia）；以及曼内斯曼公司（Mannesmann）以 300 亿美元收购 Orange 公司等。

网络环境下，企业经营的灵活性和业务的多元性，改变了企业之间的竞争与合作关系，为非兼并的企业合作提供了发展空间，在这一情况下，企业可以通过横向一体化的网络合作或部分业务的网络化重构，进行网络化实体或虚拟体的整合管理，实现新的横向一体化合作。

横向一体化战略适用于以下一些企业：

同行业的优势企业实现横向一体化的联盟，促进行业经济的快速发展，共同强化优势地位；

企业发展良好，需要迅速扩大产业规模；

企业经营业务复杂，往往难以集中本身优势，而需要供应、研发、生产、经营、服务多方面的集成；

企业受到严重挑战，需要进行重组式发展；

企业面临新的发展机遇，需要实现横向联合等。

(4) 多元经营

多元经营战略是企业从单一业务扩展到多种业务的经营发展战略，传统的多元经营，如我国生产经营单一产品的电视机厂商，在形成一定优势以后，实现包括电视机、电冰箱、洗衣机、空调、小家电、计算机等多元产品的研发、生产和营销。在战略实现中，“多元经营”既可以在半产品中进行扩展，又可以进行企业兼并、收购，进行集团化重组发展。网络化环境下的企业，多元经营战略具有更丰富的内容和更完善的形式，可以通过网络化企业的组织形式，实现企业的网络联盟（同行或跨行业联盟），以形成新的发展优势。戴维的案例表明，当今的确有一些公司以自己是多元化经营的企业集团而感到自豪，这些公司包括小型公司 Pentair 公司、Blount International 等。在这种态势下，一些大公司，如 Textron、联信公司（Allied Signal）、埃默森电气公司、通用电气公司以及维亚通信公司，也纷纷采取措施，以扩大基于网络的联盟。其中，哥伦比亚广播公司通过多元经营，已成为一个价值 800 亿美元，拥有多种资产的公司，其业务范围包括广播、有线电视、电影、主题公园、网站、录像、出版以及广告等。

网络化的多元经营特点是，可以实现基于网络的集中管理。实行这种战略的例子之一是，美国电话电报公司以1 200亿美元收购有线电视公司，以使美国人通过电缆等多种形式上网，公司的集中化多元经营战略还促使其与美国在线公司的网络化业务合并开展。

多元化经营战略适用于以下企业的发展：

企业从事的产业属于传统产业或增长较慢的产业；

企业已形成一定的产业优势，可以通过多元化在相关产业行业取得发展；

企业的创新能力强，可以通过多元化经营未整合相关的产业企业，取得产业的多元化优势发展地位；

企业生产与经营具有周期性、季节性，可以通过多元化，进行产业结构调整；

企业通过多元化，有效地延伸其产业链；

企业与其他企业具有互补性，可以实现多元化发展等。

(5) 合资经营

当两个或更多的企业结成基于网络的联盟时，合资经营战略是一种有效的选择。通常的做法是，两个或两个以上的企业在资本清算的情况下，剥离出一部分资金，与其他企业共同组建一个网络化的独立组织，实现投资的增值，从而促进所依承企业的跨步发展。其合资经营包括：合作研究开发，互相特许经营，交叉投资发展，共同投资开拓业务等。

关于合资经营战略的案例，戴维作了系统研究。如：福特汽车公司与微软公司近期进行了合资经营，这使得福特公司可以根据网上订单生产汽车。这一合资经营集中体现了电子商务如何向传统的商务活动方式提出挑战，以及如何将高技术与制造产业结合在一起。福特需要借助于高技术更新其分销系统，减少成本与库存，以及广泛获得网上汽车用户。微软公司则希望促进其网上购车网站

CarPoint 以及 MSN 门户网站的经营。通过合资，福特公司还可以更好地了解购买者如何在网上选购汽车以及他们实际上愿意购买何种汽车。通用汽车还与 Sun Microsystems 公司组建了类似的网上售车的合资企业，www. carsdirect. com 是一个出色的购车网站，该网站在全美国每月可售出3 000余辆汽车。美国在线与德国传媒公司贝塔斯曼公司组成了名为 AOL Europe 的合资企业，企业在网络接入服务方面与各欧洲公司进行竞争。Freeserve 是英国最大的网络接入服务商，德国电信是德国领先的网络服务商，而 AOL Europe 则以新的服务项目 Netscape Oneline 争夺英、德两国市场。

合资经营战略适用于以下一些企业基于网络的发展：

企业的跨国投资和合作发展；

合资各方通过网络形式实现业务重构，开拓新的发展领域；

合资双方或多方可以很好地进行优势互补；

合资项目具有良好的盈利前景，有关企业可以通过项目组建合资组织，实行网络化经营盈利；

面对强大的竞争对手，小型企业可以通过合资形成联合体；

需要综合各方面优势资源的企业，可以在资金上进行联合投入，通过合资支撑业务拓展。

2.3.2 网络化企业的战略实施

关于网络化企业的战略实施，可以采用戴维提出的普遍适用的现代企业管理战略实施理论。对此，可以结合网络化企业的战略发展进行基本问题的分析。

按网络化企业的战略实施要点，我们将其分为如表 2-2 所示的三个阶段。

表 2-2 网络化企业的战略实施要点

战略实施阶段	战略实施内容	战略实施方法应用
第一阶段：网络化企业战略实现分析	网络化企业内、外部因素分析，竞争态势分析，战略框架构建	外部因素分析评价矩阵，内部因素评价矩阵，竞争态势矩阵分析
第二阶段：网络化企业战略匹配与战略推进	寻求发展机会，确立战略目标、路线，根据战略实施中的匹配原则进行战略组织	威胁—机会—劣势—优势分析，战略地位与行动综合分析，内部—外部作用分析，战略综合分析
第三阶段：网络化企业战略实现的目标控制	在战略实现中进行实时决策分析、跟踪预测，控制战略实现效果	定量化战略实现目标分析，战略计划矩阵分析，综合控制分析

(1) 网络化企业战略实现分析

网络化企业战略实现应建立在内、外部因素综合作用的基础之上，根据竞争态势决定实施策略。

在内部因素评价（IFE）和外部因素评价（EFE）中，拟采用矩阵方法进行。内、外部因素的评价反映在竞争态势（CPM）上。因此，在战略实现分析中，可以将三方面因素分析综合起来，从网络化企业的组成、外部环境和竞争实力出发，分析战略的可行性及实施结果。

在企业网络化发展中，网络化企业的组建往往在竞争者之间进行，英国学者戴维对此进行了系列案例分析①：

例如，洛克希德公司与英国航空航天公司（British Aerospace PLC）联手，在开发下一代美国战斗机方面与波音公司竞争；洛克希德公司与盈利的空中客车公司（Airbus Industries）的合作，在欧洲国防工业一体化的进程中进一步促进了更加广泛的洛克希德公司与欧洲的联合；英国公司的短程起飞和垂直降落技术、系统集成以及低成本设计和制造等领域向洛克希德公司提供专有的技术。又如，佳能公司向柯达公司提供复印设备技术；法国汤姆森公司（Thomson）与日本FVC公司共同生产摄像机；西门子与富士合作；通用汽车与丰田共同组装汽车等；意大利汽车制造商Piat公司与俄罗斯的Gorky汽车厂组建了为俄罗斯市场年产15万辆汽车的合资工厂，微软公司、戴尔计算机公司、莱科斯公司（Loycos）以及家中乐趣公司（Excite At Home）为了与电子港湾公司（eBay Inc.）进行竞争，以便建立新的网上拍卖业务而进行了联合。其中，电子港湾公司相当一段时间内主导着网上拍卖业务，其拍卖产品达400余万种，它的网上拍卖业务甚至使其著名的竞争者雅虎（Yahoo）公司和亚马逊公司相形见绌；为了夺取该公司的市场份额，这些竞争公司随之进行了网上联合。

由此可见，网络化企业的组建，很多情况下往往在竞争者之间进行，因此在战略实施中尤其应注意以下问题的解决：①进一步明确战略目标、方案和组成网络的各部分战略合作关系；②通过战略实现分析，弄清各自的责任、利益和要做的工作；③规范网络化企业组成成员的行为；④进行有效的信息沟通和互联，形成业务支持网络；⑤规定网络化企业运作时效和企业生命期。

(2) 网络化企业战略匹配与战略推进

网络化企业战略匹配是指网络化企业与原有企业之间的战略衔接和支撑。网络化企业就形成而论，是原有企业面对威胁、机会，通过战略地位与行动后果分析，在内、外因素综合作用下采取的组织变革与重组战略。因此，在战略匹配

---

① 弗雷德·R. 戴维著；李克宁译．战略管理（第8版）．北京：经济科学出版社，2001：114～115

中，应通过这些问题的深层分析，从企业的宏观、中观、微观层面上推进网络化企业发展战略。

就企业的宏观战略来说，更多的是采用 PEST 进行宏观环境的分析和战略决策的制定。PEST 分析也是对政治（Political）、经济（Economic）、社会（Social）、技术（Technological）环境因素的决策影响分析，由于 PEST 分析主要用于总体环境分析，所以在企业宏观战略决策中经常用到。在应用 PEST 分析时，通常采用矩阵式方法，即在平面坐标中分成四个象限，如从社会和经济两个角度考虑，在企业环境和经济环境都不理想的情况下，就不能发展网络化形式，如有利则快速发展。

中观相对于宏观与微观而言，指的是多层系统的中间层次，这个中间层次在系统中起着承上启下的作用。中观战略是一种战术性或技术性的战略，它把宏观决策进一步具体化，并且为微观决策提供指导。具体说来，宏观决策解决的目的和概念性质的问题，中观决策则要解决一系列“做什么”、“谁做”、“什么时间”、“什么地点”、“怎么做”等问题。中观决策需要掌握大量的数据，不仅要掌握反映系统内部状况的数据，而且要获取系统环境数据；不仅要掌握现状数据，而且要掌握预测未来的数据。企业中观战略决策方法的应用，既要从供应链的角度来考虑其价值链，也要从行业之间的竞争角度考虑其面临的竞争环境，同时还要从潜在的竞争者的角度来考虑某个行业的发展，进而作出科学判断，为中观战略管理服务。

关于具体行为及实施操作方案的选择决策属于微观战略，在网络化企业中则指系统的基层操作系统。微观层次的问题一般都是具体的和现实的问题，这个层次的决策必须善于了解细节和把握动向。了解细节，就是要熟悉影响行动或操作的每一个具体因素。把握动向，就是要判断各种具体因素的变化趋向。不了解细节，微观决策就会偏离现实，从而也难以实施。不把握动向，微观决策就会落后于现实发展，从而发生决策失误。微观决策不能偏离宏观决策的方向、也不能撇开中观决策的协调与指导，因为微观决策毕竟只是系统基层的局部具体战略决策，离开了高层决策的指导就会陷入盲目性。微观战略决策的基本任务在于解决具体问题，因此不能仅仅依靠高层战略行事，重要的是根据具体情况决定采取的措施。对于微观决策者来说，首先要有全局、整体观念，其次对具体情况要有充分的掌握，最后还要具备随机应变的主观能动性和创造性。

（3）网络化企业战略实现的目标控制

在网络化企业战略的实施中，应保证预定目标的实现，这就要求进行适时的战略计划分析，进行战略实现控制和保证。网络化企业战略实施中的目标分析可以采用大战略矩阵分析方法进行，图 2-6 反映了具体应用。

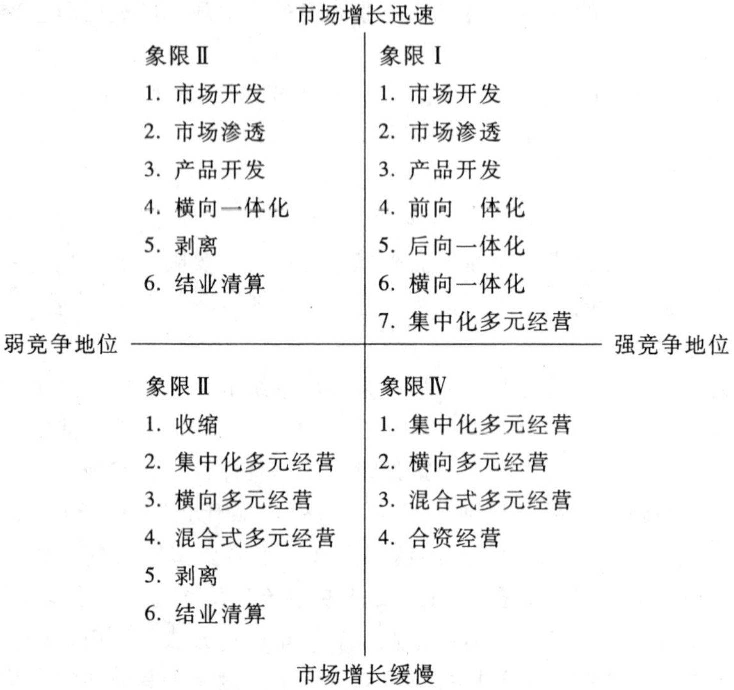

图 2-6　大战略矩阵分析①

如图 2-6 所示，在分析中可以进一步明确网络化企业组建和运行中的问题，采取相应策略，使之尽可能处于最佳的发展状况（图中的第Ⅰ象限），避免处于劣势状态（图中第Ⅱ象限）。

网络化企业战略实现的目标控制还可以采用 SWOT 分析方法，针对现有的问题，及时进行战略调整，以期达到理想的状态。

2.4 网络化企业战略评价

网络化企业战略对企业发展的持续作用和决定性影响决定了战略评价的重要性，战略评价包括考察企业的战略基础，进行实际结果与战略预期结果的比较和基于评价结果的战略调整。在战略评价中，战略评价的组织、评价方法的选择与应用和评价后的战略实现控制处于关键位置。

① 费雷德·R. 戴维著；李克宁译．战略管理（第 8 版）．北京：经济科学出版社，2001：234

2.4.1 战略评价标准与评价过程

在网络化企业战略评价中，鲁梅特（R. Rumelt）的企业战略评价标准具有现实意义，表2-3归纳了一致、协调、可行、优越这4条标准的含义。对于网络化企业来说，这4条评价标准的采用，对于发现网络化企业不一致、不协调、不优越、不可行的问题，同样适用。因此，这4条标准可以理解为企业网络化战略评价的一般性原则，即只有一致、协调、可行、优越的战略，才可能通过实施获得优越的企业网络组合。

表2-3　网络化企业战略评价标准①

一致
一个战略方案中不应出现不一致的目标和政策。组织内部的冲突和部门间的争执往往是管理失序的表现，但它也可能是各战略不一致的征兆。鲁梅特提出如下帮助确定组织内问题是否由战略间的不一致所引起的三条准则： 尽管更换了人员，管理问题仍持续不断，如果这一问题是因事发生而不是因人而发生，那么便可能存在战略的不一致。 如果一个组织部门的成功意味着或被理解为另一个部门的失败，那么战略间可能存在不一致。 如果政策问题不断地被上交到最高领导层来解决，那么便可能存在战略上的不一致。
协调
协调指在评价战略时既要考察个体趋势，又要考察组合趋势。经营战略必须对外部环境和企业内发生的关键变化做出适应性反应。在战略制定中将企业内部因素与外部因素相匹配的困难之一，在于绝大多数变化趋势都是与其他多种趋势相互作用的结果。例如，网络化重新技术企业迅速增长便是多种变化趋势共同作用的结果，这些趋势包括科技、经济、社会、文化等方面的变化以及变化对企业带来的影响。因此，尽管单一的经济或社会趋势可能看上去多年保持不变，但各种趋势的相互作用却一直在发生着巨大的变化。
可行

① 弗雷德·R. 戴维著；李克宁译．战略管理（第8版）．北京：经济科学出版社，2001：326～327

续表

一个好的经营战略必须做到既不过度耗费可利用资源，也不造成无法解决的派生问题。对战略的最终的和主要的检验标准是其可行性，即依靠网络化企业自身的物力、人力及财力资源能否实施这一战略。企业的财力资源是最容易定量考察的，通常也是确定采用何种战略的第一制约因素。但有时为人们所忘记的是，融资方法的创新往往是可能的。如内部财务公司、销售安排以及抵押与长期合同挂钩等方式，均曾被有效地用于协助在突然扩张的产业中获得关键优势。战略选择，在实际上更严格，定量性差一些的制约因素必须考虑。在评价战略时，重要的一点是考察企业在以往是否已经展示了实行既定战略所需要的能力、技术及人才。
优越
经营战略必须能够在特定的业务领域使企业创造和保持竞争发展优势。竞争发展优势通常来自如下三方面的优越性：资源、技能、位置。对资源的合理配置可以提高整体效能，位置也可以在企业战略中发挥关键作用，好的位置是可防御的，占据这一位置需要付出代价，只要基础性的关键内外部因素保持不变，位置优势便趋向于自我延续。因此，地位牢固的公司很难被搞垮，虽然并不是所有的位置优势都与企业规模相关，但大企业的确可以将其规模转化为竞争优势，而小企业则不得不寻求能够带来其他方面优势的产品或市场位置。良好位置的主要特征是，它使企业从某种经营战略中获得优势，而不处于该位置的企业则不能类似地受益于同样的策略。因此，在评价某种战略时，企业应当考察与之相联系的位置优势特性。

在网络化企业战略评价中，一致标准可以理解为网络化企业各部分之间的一致性，以及原有企业与网络化企业的目标延续性；协调不仅包括各要素的作用和关联协调，而且包括网络化企业战略推进中的关系改变是否与内、外部机构协调；可行性则是战略执行是否能达到预期目标，执行战略的条件是否具备等；优越性标准是一种相对性标准，可以通过战略方案执行前、后对比来确定。这 4 条标准往往相互关联，成为一体。

在网络化企业战略评价中，应从以下三方面进行分析：分析组织的内外部环境在战略制定和实施中是否发生了重大变化；战略实施过程中，网络化企业组织及成员是否向既定目标迈进；战略推进中是否找出解决问题的方法和纠正措施，以保证目标的实现。据此，战略评价步骤如图 2-7 所示：①

①审视组织内外部因素，检查战略的基础或根据。战略实施过程中，组织内外部环境处于不断变化之中，如果这些变化是关键的、显著的，同原有的内外部

① 李兴山．现代管理学：观念·过程·方法．北京：现代出版社，1998：82～83

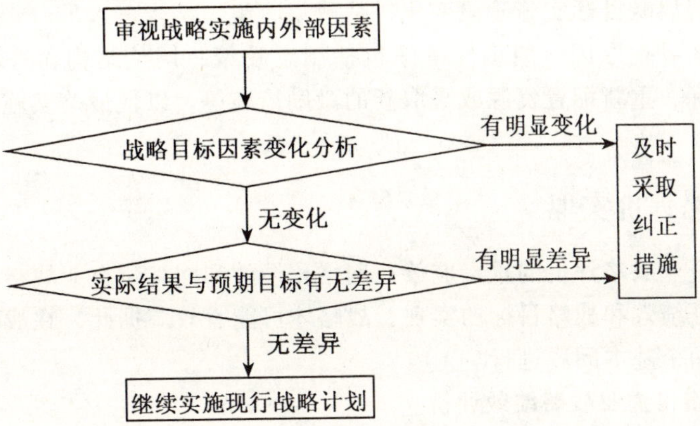

图 2-7 网络化企业战略评价过程

因素评价矩阵有较大差异的话，现行实施的战略则失去了执行依据，需采取及时的纠正措施，调整原有战略或重新制订新战略。战略管理者对各种因素进行判断，旨在注意哪些因素发生了变化，是否关键因素，何时发生的变化，是如何变化的，这些变化是否给企业带来了新的威胁或是新的机会。通过提出和回答以上问题，建立一个修改过的内、外部因素评价矩阵，然后与原有的内、外部因素评价矩阵进行比较，根据比较的结果，决定是否有必要对战略进行调整或彻底改变。例如评价网络化企业组建战略，就应该根据变化着的情况进行战略调整。从总体情况来看，可根据内、外部因素变化幅度，调整检查内、外部因素的时间、空间构成，注意观察关键因素的变化，当其变化幅度较大时，则需要对内、外部因素重新审视。

②比较战略实施的预期目标和实际结果。战略实施经常受到各种客观和主观因素的影响，可能会导致实施的实际结果与战略的预期目标有偏差，这就需要管理者了解目标实际完成情况，掌握实现目标与原订目标的差异等。考察战略目标实现情况时，涉及以下内容：目标值完成情况、目标完成进度、承担目标项目的各单位之间的协作情况、实现目标的措施和手段、目标项目的困难程度、完成项目的努力程度等。其中：目标值的实现分析是重点，目标的困难程度指实现目标项目所需付出的代价大小，目标的努力程度指目标执行过程中部门和成员发挥主观能动性的大小，它们综合起来以全面衡量实施绩效。目标值的评价要基于定性和定量两种标准进行。

③及时采取纠正措施。分析评价战略实施过程中的各种情况，旨在掌握组织内、外部环境因素的变化，找出预期目标和实际结果的差异，如果存在差异就应该找出这些问题出现的原因，准确及时地采取纠正措施。为了有效地制定及执行

纠偏方案，准确地发现问题十分关键。网络化企业组织管理者需要全面地收集各种信息，分解战略目标实施阶段变化，从政策、组织结构、人员、管理、目标等要素角度全面寻找原因。纠正性措施包括制定政策、调整结构、对部门进行调配、修改目标、重新配置资源或采取新的激励措施等，以使战略实施与战略目标方向相一致。

2.4.2 战略评价实现

网络化企业战略评价的重点应放在网络化绩效和网络化企业战略目标的实现上。只有保证绩效和战略目标的实现，战略才可能有效。据此，在战略评价实现上应围绕这两个基本问题进行。

（1）网络化企业战略绩效评价

网络化企业战略的量化评价大多基于绩效的评价，而绩效是通过一系列统计数据来衡量的，因此这种评价又称为统计评价。度量网络化企业战略绩效，关键是将预期结果与实际结果进行比较，分析实际结果对于企业战略计划的偏离。因此，战略计划应该指标化，且易于度量和调整。

网络化企业战略计划绩效指标，可以按照战略构建的几个方面来确定，美国学者 H. 诺威（H. Rowe）等人将其归纳为财务优势（FS）、竞争优势（CA）、环境优势（ES）和产业优势（IS）等 4 个方面，由此构成了战略地位与行动评价矩阵（SPACE）。表 2-4 是矩阵数据的归类描述。

表 2-4　**SPACE 矩阵数据描述①**

内部战略处境	外部战略处境
财务优势（FS）	环境优势（ES）
投资收益	技术变化
杠杆比率	通货膨胀率
偿债能力	需求变化性
流动资金	竞争产品的价格范围
现金流动	市场进入壁垒
退出市场的方便性	竞争压力
业务风险	价格需求弹性

① 弗雷德·R. 戴维著；李克宁译．战略管理（第 8 版）．北京：经济科学出版社，2001：224

续表

内部战略处境	外部战略处境
竞争优势（CA）	产业优势（IS）
市场份额	增长潜力
产品质量	盈利潜力
产品生命周期	财务稳定性
用户忠诚度	专有技术知识
竞争能力利用率	资源利用
专有技术知识	资本密集性
对供应商和经销商的控制	进入市场的便利性
	生产效率和生产能力利用率

显然，根据表2-4中的数据描述，可以从战略计划和战略实现绩效测评中获取相关数据，继而进行系统评价。当然，战略评价也可以采用其他测评指标进行，如采用费用效益分析法对战略实现费用与绩效进行量化对比，以确定战略实现的总体效应，从中寻求解决问题的方法。

(2) 网络化企业战略目标实现评价

在网络化企业战略评价中，合理的目标结构不仅包括结果性目标，还应包括原因性目标，这是由于战略实施最终的成效与得失和组织所有的各种相关业务之间存在着一定的因果关系。如果是结果性环节出问题，那么可以从处于其下端的原因性环节中查找问题，因此目标结构应涵盖因果链上的所有有关环节。对目标的评价将直接支持组织对内部薄弱环节的鉴定，由此发现工作改进的机会，指导组织的纠正行为①。目标组合将结果性目标和原因性目标联系在一起，利用现有企业机构常采用的综合评价方法，在战略实施评价中把各层次目标值都考虑进来，进行综合评分。目标组合评价方法的关键在于建立评价指标体系，综合运用定量和定性指标评价相结合的方法，对那些不易定量分析的问题用定性方法进行处理，而对那些可能量化的指标，尽量采用量化指标加以评价。对于各层次的指标体系按照经验法、成本比较法、专家评价法等方式给予权重度量，通过业务数据归纳、问卷调查、小组调查等多种方式获取评价分；最后计算每一层次评价指标的评分值，作为评价的参考。该方法的关键是建立评价目标体系，采用加权评价方式进行组合分析。

① 李东，宋志平．战略管理咨询．北京：华夏出版社，2003：147

①战略评价指标体系。战略评价的目标值是在战略目标制定过程中设定的，因此在战略实施中应首先确立战略目标评价体系，判断网络化企业组织内部存在的各种问题，按体系目标进行分解。如对网络化企业信息资源建设战略实施评估，其指标包括信息资源数量目标、质量目标、分布目标等，对此应按信息资源战略实施的几个层次来分解目标值，形成新的目标体系。我们把战略实施划分为以下三个层次：用户层、业务操作层、管理层，各层次再进一步细分。在设计各级评价指标时，注意尽量使用定量指标，无法用定量指标表示时，可以对定性指标赋值，如管理层面的指标。

②对组合目标评价指标体系进行加权处理，对 1、2、3 级类目根据不同的情况赋予不同的权重系数。如果评价指标设三级，第一级指标可采用 100 分为满分分值，二级和三级设权重，按权重来确定分值。各二级指标的分值是其下各三级指标实测分值乘以权重系数所得分值之和；一级类目的实得分值是二级指标的分值乘以权重系数所得分值之和。根据此方法计算出各层次评价指标的综合分值，可作为战略实施总效果的评价的依据。

2.4.3 基于适时评价的战略控制

战略控制是指监督战略实施进程，及时纠正偏差，确保战略有效实施，使战略实施结果符合预期战略计划的必要工作。战略控制是战略管理的一项重要工作，既包含对战略实施过程的即时控制，又包括根据战略评价的结果提出具体改进措施的结果控制。战略实施控制与战略实施的评价既有区别又有联系，要进行战略实施的控制就必须进行战略实施的评价，只有通过评价才能实现控制，评价本身是手段而不是目的，发现问题、实现控制才是目的。战略控制着重于战略实施的过程支配，战略评价着重于对战略实施的结果分析。

在战略实施中，如果其所在的内外部环境发生了新的变化，或者网络化企业制定的战略有缺陷或较为笼统，未能使战略目标达到预期目的时，这就需要机构加强战略控制，对战略进行修正、补充及完善，以使战略能够不断顺应变化着的内外部环境，确保战略实施效果符合战略的预期目标。战略控制活动涉及的内容广泛，若从战略实施的流程角度考虑，包括方针政策的执行、组织结构与战略的匹配、组织文化与战略的适应、资源分配的效率、生产活动的适时监控、社会效益的产出等方面问题。由于战略控制活动需要耗费一定的财力、人力等资源，因此每一机构不可能对所有实施过程进行控制，这就需要实现根据战略及其实施的情况，确定主要的战略控制对象，这样才可确保战略控制的实现。通常情况下，网络化企业战略控制针对人员和活动进行。

①人员控制。人员控制是以人作为战略控制的主要对象来开展战略控制活动的，它比较适合于战略实施过程中那些对人的行为要求较高，可能会因为人为因

素造成战略目标偏离的战略活动，因此把加强对人的控制作为控制活动的关键对待是必要的。人员控制内容有：选择或培训能胜任网络化企业战略实施的责任人；改变组织中所有人员的有关行为关系，使之了解并适合于新战略的要求，形成良好的氛围；建立有效的人员选拔、聘任、奖惩制度，激励成员行为，发挥他们的积极性；当发现人员行为出现问题时，实施人员培训计划，改善工作分配，提高关键岗位上人员的能力，协调员工之间的矛盾，增进相互理解，改进构成企业的各部分的沟通，形成内在凝聚力等。

②战略活动控制。具体活动控制在于把某一项具体活动作为战略控制的主要对象开展战略控制活动，通过对某一具体活动进行控制以确保其能够按照组织的期望进行正常运转。它比较适用于那些具有重要地位的网络化企业战略项目和活动，这种类型的控制对象比其他控制对象更为直接和具体，且更具有针对性。具体活动控制的主要内容有：在战略活动完成前采用直接监督、计划审查等方式，及时纠正潜在的有害行为，达到有效控制目的。

战略控制过程实际上是评价信息输入—转换—输出，经过反馈再全输入的循环过程。在战略控制中，网络化企业战略管理者将有关预防控制活动的信息进行发布、传递，有关人员接收到相关信息后开展业务活动，然后将有关活动绩效的信息再反馈给管理者，依此管理者再发布控制信息，以实施下一步控制活动。战略目标的实现需要适时的信息提供，战略控制决策需要正确的评价信息作为依据，没有迅速及时的信息反馈，也就没有真正的战略管理控制活动。因此，建立高度灵敏的信息流通与反馈系统，可保证网络化企业中的管理者获取准确的决策参考信息，这是确保战略控制活动正常运转的关键。我们可以从以下方面入手改善战略控制信息流的组织：减少管理层次确保评价信息准确及时地传递；强化民主化管理气氛，建立多途径的反馈渠道；及时获取来自机构及环境的信息，针对评价反馈信息分别采取相应的对策及纠正措施。

3 基于网络的企业运行与联盟活动

网络化企业的组建形式具有多样性，不仅包括企业的网络化业务组织、大规模定制的实现、企业业务联盟与知识联盟的组建，而且包括基于网络的虚拟化组织。

本章涉及的是企业业务的网络化组织和大规模定制和基于网络的作业与知识联盟；对于虚拟企业问题，将在第 4 章进行全面讨论。

3.1 企业经营业务的网络化组织

企业经营业务的网络化组织是网络化企业发展的最初形式，涉及经营的各个环节和方面，以下着重分析经营业务的组织机制和网络环境下的企业组织模式变革。

3.1.1 适时生产的网络化实现

在以客户市场为导向、研究与发展为基础、经营关系调整与流程重构为特征的企业管理中，适时生产的组织已成为一种趋势，表现为柔性制造（FMS）、准时生产（JIT）、精益生产（LP）、敏捷制造（AM）和 ERP 的实现等。这些新的生产经营组合的共同特点是充分利用现代技术，在适应外部环境迅速变化中，按集约经济发展模式组织企业活动，在推行关系与流程变革中实现组织的网络化。

图 3-1 归纳了多种形式的适时生产组织流程。如图所示，适时生产以企业利润和效益最大化为目标，以核心竞争发展能力提升为依据，进行适时订单处理，实现看板管理的生产组织形式在基于网络的生产、经营组织中，适时生产强调柔性化的组织结构和流程，其生产、经营平台建设包括资源供应平台、研发平台、生产平台、客户管理平台和市场服务平台。网络化的平台集约了企业内、外部的优势，构成了关系管理网络（如客户关系管理网络等）。

值得指出的是，适时生产的不同方式有着网络化组织上的不同特征：

柔性制造（FMS）按成本效益原则，以自动化技术为基础，以及时反应的方式适应产品品种的变化和生产技术的更新，通过生产的调节和加工制造系统的调整，进行新产品的适时投产。这种方式首先在英国产生，其生产组织技术随着信

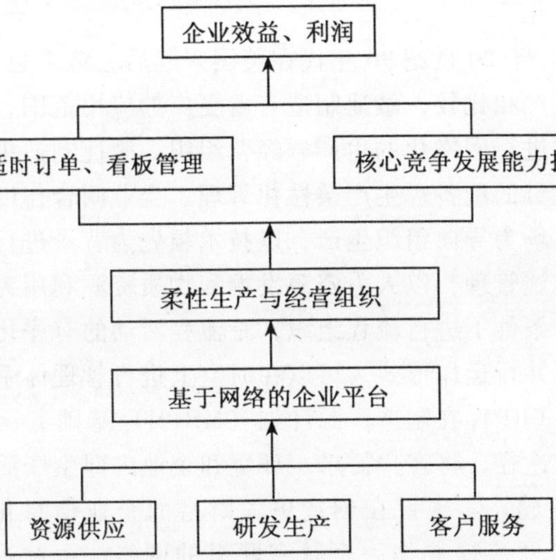

图 3-1　基于网络的适时生产组织

息化技术的发展而发展，目前已成为制造业进行适时生产和经营的一种主导方式之一。

准时生产（JIT）是日本丰田公司首创的一种具有现代特色的生产组织方式，经过 20 多年的发展和应用，已存在多种不同的组织形式。然而，就实质而论，各种形式的共同之处是：在生产组织上，强调适时适量，改大批量为小批量，甚至适应特殊需求的个性化；在流程组织上实现看板管理，按产品样板进行及时的生产调配、调节，实现生产均衡和“零库存”；在研发与生产上实现同步化，做到研发、生产、供应的准时，以发挥资源的最大效益；在资源供应上，要求标准化、全球化、网络化，力求资源的通用；在作业人员配备上，实现弹性化，即根据适时研发、生产、营销的需要组织进行人员流动；最后，在流程中，实现全面质量管理，以使质量、技术与需求相适应。

精益生产（LP）是美国企业在全面研究 JIT 方式的基础上，结合美国情况，于 20 世纪 90 年代推行的一种适时生产、经营管理方式。从原理上看，精益生产是准时生产的进一步提炼和发展，是集市场预测、产品研发、生产制造、质量控制、设备安全、物流组织与营销服务为一体的适时管理，要求在每个环节上进行协调和精益组织。它与准时生产的区别是：精益生产更强调专门化生产技术和独特的研发、生产、经营组合，由此构成组合式管理体系；在产品研发与生产上，突出网络化的客户合作，进行开发团队和企业内各方面力量的整合，使客户、供应商与合作者能够并列运行；在产品流通上，实现经营与服务结合，建立网络化客户经营系统；在人力资源的配给上，确立有别于传统的合作机制，打破原有界限，实现管理上的优化。

敏捷制造（AM）于20世纪90年代在美国兴起后，愈来愈引起人们的关注，与准时生产和精益生产相比较，敏捷制造有着更广的应用范围，几乎制造业的各行中都能利用该方式进行网络化的生产、经营组织。敏捷制造中的作业包括作业流程的组织、作业人员的配备、生产柔性化管理、企业间合作以及网络化的动态组合。敏捷制造以市场为导向组织生产，以技术领先为背景进行产品研发，以经营集约化为手段，实施管理，以人力资源发掘和物质资源利用为依据实现资源价值。敏捷制造在网络条件下进行流程组织，是流程活动的有序化和按产品生产流程协调各方面关系的并行运作形式，可以在时空上进行管理体系的重构。

企业资源计划（ERP）在制造资源计划（MRPII）基础上，以信息技术的运用和网络化的管理为途径，将客户需求、环境和企业内部生产活动以及供应商的供应链活动集合在一起，实现旨在创造更大财富的企业信息化资源管理平台。ERP将企业的生产经营流程看作一个紧密联系的网络，由此进行企业的再造，在信息化背景下，既强调企业各部门之间，企业与供应商、代理商和合作者之间的紧密协作，又根据企业的网络化发展战略目标对企业内、外部资源进行重新组合，从而使企业组织结构的动态化调整成为可能，使分布式网络化的虚拟企业成为现实。ERP的目标是使企业突破部门、组织、地域、时间的限制和信息系统的约束，实现以企业战略目标和客户最终需求为中心的协作。

3.1.2 企业客户服务的网络化组织

企业的网络化经营离不开客户系统，如ERP中的客户关系管理就处于十分关键的位置。事实上，在更一般的情况下，客户服务的网络化组织已成为企业网络化的一个重要的方面。鉴于企业门户的构建和使用，通过集成门户入口实现客户服务的网络化，已成为一个有效的途径和方式。

企业集成门户面向客户的应用，在于实现企业与客户的互动网络连接。客户可以通过集成门户入口自行查询产品目录、价格、订单状态，产品可供量及供货时间等信息，自行维护客户基本信息、查询合同信息并提出更新请求；客户还可以通过网络论坛的方式解决产品或服务使用过程中遇到的问题，直接通过客户商务模块下载订单等。这种基于集成门户的服务开展，不仅大大降低了客户服务成本，提高了效率和服务满意度，而且还可以动态跟踪客户访问路径，及时、低成本地获取传统手段很难得到的客户资源。①

---

① Lian Yan. Predicting Customer Behavior in Telecommunications. Intelligent Systems, IEEE, 2004（2）

ORACLE 公司从客户服务自主化管理中得到了发展，在公司实施客户自服务以来，ORACLE 的客户服务部门每星期大约要接到 5 万个客户请求，要求提供产品服务支持，处理此类请求的平均成本大约是 1.25 美元，其中有一部分要求相对重要一些，例如与高价产品有关的要求，其平均成本则高达 300 美元，这样算下来，ORACLE 每年用于处理客户请求的费用就高达 3.25 亿美元。然而，在实施客户自服务以后，很多问题都可以通过客户自服务解决，公司用于处理客户请求的其他费用却随之降低，① 更重要的是，许多客户服务人员因此而从繁杂的接待活动中解放出来，更多地投入到优化客户服务质量、为客户提供更贴切的服务等活动中去。

此外，基于集成门户的客户自服务组件在设计上充分考虑了客户使用的简易性及其个性化需求，能够为客户提供更准确、更周详的服务，客户服务效率及其客户问题解决率都能够有较大提高，客户满意度也随之提高了很多。

在客户服务的网络化组织中，其发展主要体现在基于集成门户的客户服务与企业资源库的协同、与企业人力资源管理系统的协同、与工作流程管理的协同、与销售及其产品质量管理系统的协同等。

①与企业知识资源系统的协同。基于集成门户的客户服务充分应用多客户资源及其相关的企业资源，如合同、方案、产品说明书、客户服务历史记录、最佳客户服务实践参考、相关服务业务情况等。门户用户可以根据自己的使用权限随时提取全部或部分有关的客户存储信息，从而在自己的个人服务知识库中使用，用户还可以在自己的权限范围内随时更新知识内容。一体化的企业知识资源整合库为集成门户 B2C 服务提供全面的支持，集成门户 B2C 服务与企业知识资源整合系统的协同对保持企业知识资源动态更新具有帮助。

②与企业人力资源管理的协同。集成门户 B2C 服务不仅实现与企业知识资源的有效协同，还要求实现与企业人员的协同。② 集成门户 B2C 服务的客户知识包含参与客户服务的每一销售人员的信息以及全部服务细节，客户和其他企业员工都可以访问这些服务信息，以更好地优化服务过程。

③与企业业务流程管理协同。通过集成门户，客户可以根据各自的权限通过参与企业的部分服务流程，进行业务处理和沟通，或直接参与企业知识库建设与更新活动，实现自己的相关经验的共享。此外，集成门户服务客户还可以实时提交各种有关请求，如需求、反馈、建议、技术支持要求等，并跟踪请求处理的全

---

① Barrenechea，M. J. 著；陈玲译．未来商务的 Oracle 模式．北京：机械工业出版社，2003

② G. Faustmann. Configuration for Adaptation—a Human-centered Approach to Flexible Workflow Enactment. Computer Supported Cooperative Work：CSCW，2000：413-434

过程。在集成门户服务与企业工作流程管理协同过程中，客户还可以实时表达自己的感受、要求和愿望，与企业相关人员合作共同完成项目任务。

④与企业销售及其质量管理协同。企业销售及其售后服务过程是集成门户B2C服务的主体组成部分，特别是对已销售的产品，集成门户系统将通过与销售系统的协同自动生成客户所购商品记录，服务人员也可以通过集成门户访问销售系统跟踪销售全过程，并及时向用户提供动态销售处理信息。此外，通过集成门户B2C服务与企业质量管理的协同，还可以直接将商品维修历史记录、产品缺陷记录、用户使用情况实时反映到商品质量管理系统中去，自动生成产品维修、升级服务单并对相关部门制定产品缺陷解决方案提供支持。

为实现基于集成门户的服务业务组织的一体化发展目标，可以构建集成门户服务业务组织的逻辑结构模型，如图3-2所示。

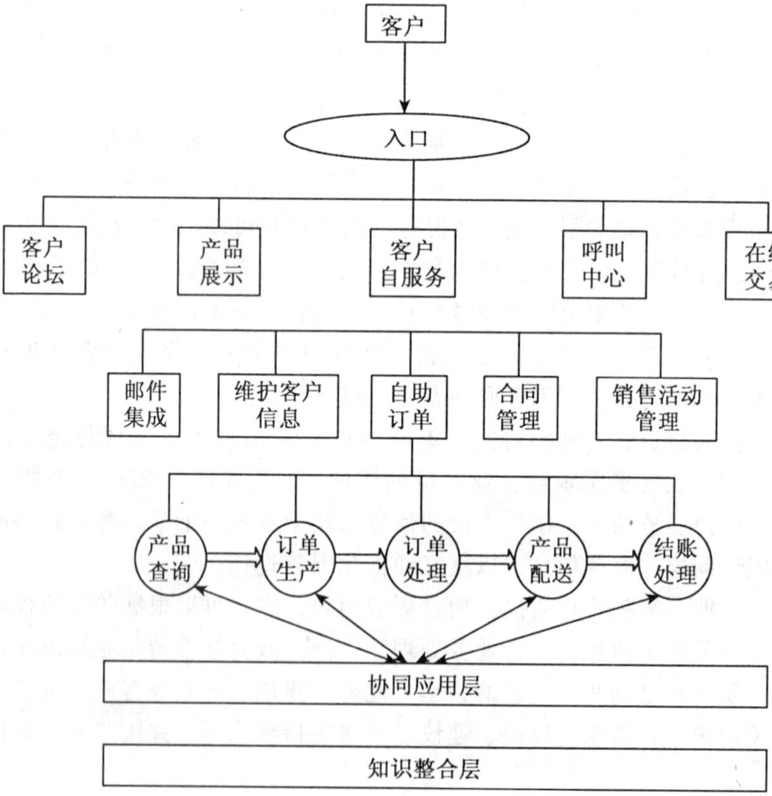

图3-2　集成门户服务业务组织的逻辑结构模型

图3-2反映了用户通过客户自服务模块进行自动订单处理的流程。通过流程

的逻辑结构模型，可以看出，客户通过自助订单服务组件可以轻松享受在线订购服务，而这些服务组件与集成门户协同应用层及其知识整合层之间的交互程序对于客户来说却是透明的，并且，客户在从知识整合层获取服务的同时，整合层的智能服务组件也在动态地跟踪客户应用信息，并从中总结客户个性化需求，据此为客户提供更加个性化的服务。

基于集成门户的服务主要是通过集成门户平台，为企业人员提供一个集成、协同的工作环境，使企业人员通过统一的集成门户入口，协同完成文档管理、市场销售、产品研发、人力资源管理与开发、流程管理等核心工作。集成门户的资源整合层及其协同应用层为服务业务组织提供了一个集成、协同、高效、便捷的办公自动化环境，使企业人员能够摆脱时间和地域限制，在全企业范围内实现协同作业与知识共享，提高企业资源利用率及业务工作效率，全面提升企业核心竞争力。

集成门户服务业务组织的协同化不仅体现在基于集成门户的人员工作自动化、一体化上，更体现在基于企业知识、人员、流程整合的企业业务流程动态发展上。企业的组织结构、人员结构、业务结构都会随着外部环境的变化而动态发展，可以说，集成门户服务业务组织为企业人员提供了一个开放的、灵活的、简便的业务流程自设计服务组件，使企业人员能够自行设计业务流程，为企业建立一个动态的、规范的、平滑的、高效的业务流程体系。

集成门户服务业务组织的个性化，通过智能分析企业人员的工作性质、业务需求状况、个人使用偏好、近期使用记录等，① 将人员所需要的知识主动推送到个人工作主页上，并实现知识的个性化展示，以实现更高效的运作、更体贴的服务和更人性化的管理。

3.1.3 基于集成门户的企业网络化业务推进

基于集成门户的企业网络化业务组织已成为网络化企业运作的一个有效途径，以下结合某地电信集团的情况，通过案例，分析其中的组织形式与业务推进内容。

某电信集团的门户集成架构在用户入口设置方面考虑到电信用户数量大、商业客户创造价值高的特点，为电信大客户、商业客户分别设置了专门的门户入口。电信网上营业厅往往通过统一的用户入口访问门户资源并执行相关操作，在新业务拓展领域对用户进行了划分，如个人用户入口、单位用户入口、VIP 用户入口等，商业客户及大客户服务没有凸显出来。然而，从电信目前的实际情况来

① F. Casati, Sastano, M. Fugini et al. . Using Patterns to Design Rules in Workflows. Software Engineering, 2000: 760-785

看，商业客户和大客户对于电信营业收入和利润的贡献是普通用户的十多倍，加之电信本身的用户数量巨大，需求变化快，商务客户与大客户很有可能混杂于普通用户之中，难以识别。于是，集团在 1993 年开始设立大客户服务中心，随后又推出商务领航项目，其商务客户、大客户服务已成规模，因此在电信集成门户架构上，为凸显电信大客户、商业客户的价值，为其设立专门的门户入口，如图 3-3 所示。

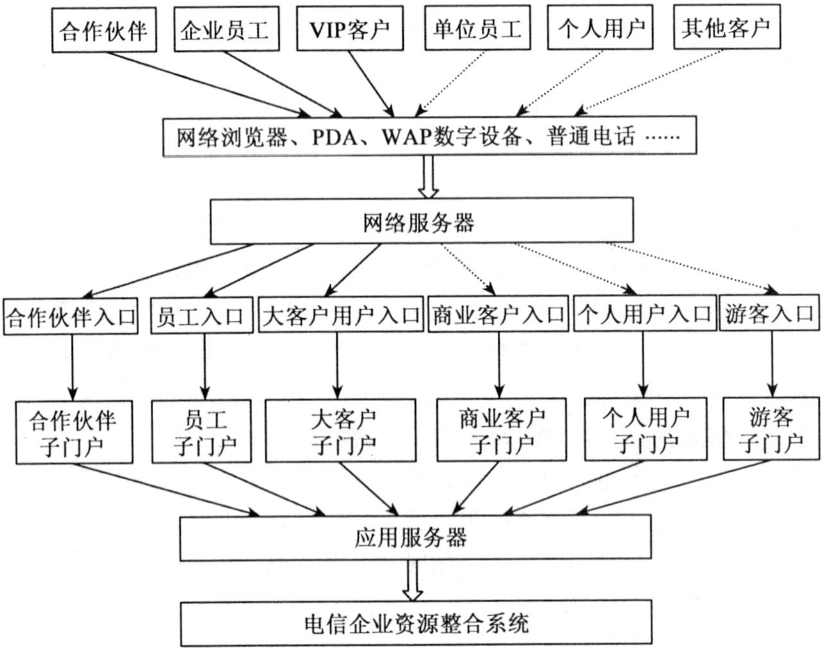

图 3-3　某电信集成门户架构模型

如图 3-3 所示，该电信集成门户主要由合作伙伴子门户、员工子门户、大客户子门户、商业客户子门户、个人用户子门户、游客子门户构成，不同的用户可以分别选择其中一个适合自己需求的子门户系统进入企业门户，访问门户系统并进行相关的业务操作。各子门户系统通过应用服务器实现与企业资源整合库之间的连接。集成门户用户入口设置，可以根据各用户的服务业务需求，组织相关资源与服务业务流程，以具体架构电信各子门户系统。

一般说来，基于集成门户的企业网络化业务组织应强调以下几方面的问题：

①多样化的用户注册、身份验证与登录方式。在用户注册方式上，普通用户不仅可以通过网络进行注册，还可以直接通过客户服务中心直接注册，以免除繁杂的用户注册程序；在身份验证方面，用户则可以直接通过用户名和密码进行身

份验证；在登录方式方面，集成门户在设计网络登录、用户个人数字设备登录的同时，应着重于用户利用其他方式登录集成门户的设计实现。

②智能化的服务业务跟踪。集成门户架构在企业一体化的资源整合体系基础之上，通过应用多种智能分析工具可以为用户提供贴切的服务业务跟踪与分析服务。该电信集成门户的智能化服务业务跟踪，首先体现在为企业提供决策知识支持方面，通过利用现代知识分析工具对企业知识库知识资源进行再加工、整理与应用；其次，集成门户智能化服务业务跟踪与分析体现在客户行为跟踪与智能分析上，涉及的客户信息包括客户档案管理、客户投诉信息、客户历史使用信息、客户自服务行为特征、客户反馈信息等。

③齐全的应用服务功能体系。基于资源与服务集成的企业门户系统通过服务业务体系构建，可以为企业人员、客户、合作伙伴提供全面应用支持。集成门户系统汇集企业的业务规划、业务部署、网络配置、网络管理、计费、账务管理、客户服务、客户管理、财务结算、客户营业、决策支持、内部协作交流等方面的信息，可以有效地对其进行控制与管理；集成门户资源系统还能及时、准确、完整、规范地集成企业生产、研发、经营活动等信息，建立合理的集成知识门户应用体系，为用户提供各类统计分析报表、图表等形式的应用服务。①

④多层次的系统安全设置。首先在人员访问安全管理方面，通过授权管理确保各种门户用户接触到系统的必要工作界面，匿名用户则只能查看系统新闻信息、业务情况介绍、资费情况介绍等，用户还可以通过网络为自己的服务业务设置相应的服务使用管理权限；其次，在系统资源管理安全方面，强调为各具体的资源库设置安全级别，确保信息的安全发布；最后，在集成门户系统运行安全管理上，提供日志记录和备份功能，一旦系统意外出错，维护人员可以依靠操作日志迅速找到问题，恢复损坏的数据，保证系统的正常运转。②

⑤简单的系统操作与维护。集成门户采用面向网络浏览器的架构方式，企业业务维护人员及网络、系统维护人员可以通过网络入口访问相关的系统信息，实现集成门户系统的远程监控，使系统的维护和管理方便、快捷；同时，集成门户的业务流程管理、业务规则定义均可以在前端实现并通过门户管理工具传输到服务端，这样可以使业务流程和业务管理延伸到前端，以适应业务流程和业务模式的变化。

企业的网络化业务经营应针对客户需求进行服务组织，如：电信的商业客户服务主要指为各企业单位及社会团体、组织提供宽带上网、视频点播、语音通话、视频电话会议等全面、便捷、智能化的通信服务。随着电信整体水平的提

---

① 电信企业解决方案. http://www.qzsoft.cn/products，2005-11-20

② AWS EAI 解决方案. http://www.cnetnews.com.cn，2005-12-05

升，大客户竞争越来越激烈，其盈利空间也越来越小，于是，各电信运营商纷纷将营销重点转移到商业客户市场争夺上。电信高度重视商业客户的通信服务，与普通电信用户相比，商业客户群体通信需求旺盛，对通信质量和效率要求高，为此，电信的商业客户部作为专门服务部门，对商业客户实施专业化分类服务。根据客户所处区域的不同以及所在行业的特性、规模和应用要求等，可以设计出不同的业务组织方案，以向商业客户提供规范化的全程专业服务。

图 3-4 反映了商业客户和大客户的服务组织渠道，从图中可以看出，商业客户、大客户不仅可以直接通过各区域商业客户服务分中心享受个性化的通信业务服务，还可以通过商客服务席或其他渠道接受服务。

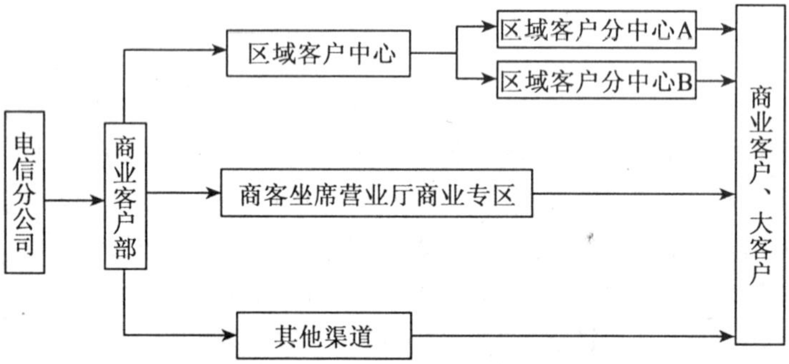

图 3-4　某电信企业商业客户服务渠道

从电信为商业客户和大客户提供的服务看，商业客户、大客户与电信之间的交互主要包括业务咨询、商谈签约、业务处理、事后服务、合同管理、业务使用查询等。① 其中的核心业务流程是需求处理流程，即由客户需求产生到需求得到处理的全过程，如图 3-5 所示。

根据以上的核心业务流程，我们可以对整个业务流程实现专项管理，如方案制定、商谈签约、客户服务等，以此绘出各专项事件所涉及的业务款目，如图 3-6 所示。

如图 3-6 所示，电信商业客户需求处理流程的方案制定包含的相关内容有方案制定规则、企业资源配备情况、对方相关配置情况、最佳类似方案、业务资费标准、用户需求报告等，这些内容可以从企业资源整合库中直接获取。专门业务由商务客户服务人员、企业其他工作人员（如技术人员）以及商业客户相关工作人员共同负责，主要工作包括实施方案制定、用户需求分析、相关商谈规划、

① 商务客户服务规范．武汉电信内部培训资料

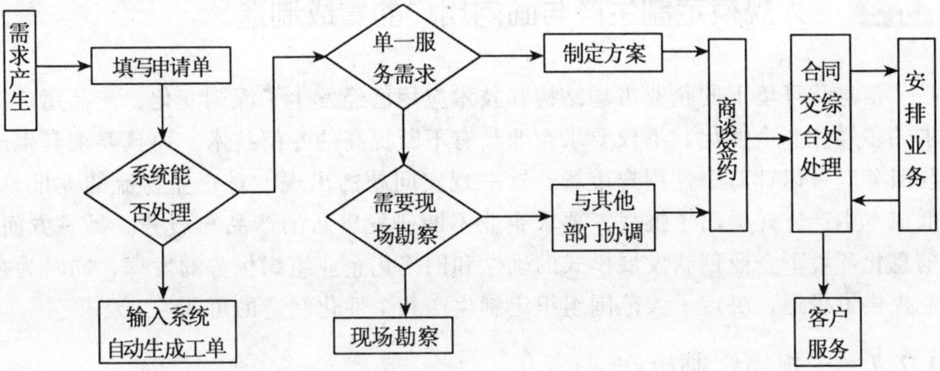

图 3-5 某电信商业客户、大客户服务流程

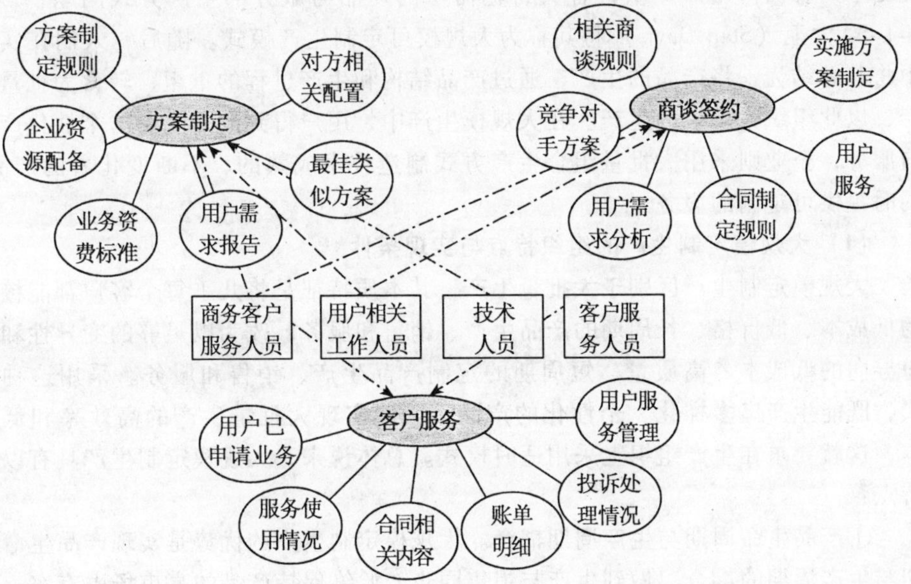

图 3-6 某电信商业客户、大客户需求处理流程专项管理

用户服务等。客户服务主要有用户已申请业务、服务使用情况、合同相关内容（如合同期限、其他相关服务要求）、账单明细、投诉处理情况、用户服务管理等，客户服务由商务客户服务人员与企业客户服务人员共同负责。

从以上案例分析中可以明确，基于集成门户的网络化业务的开展应针对企业及客户情况，在充分利用网络资源的前提下进行系统设计和业务组织。

3.2 大规模定制生产与面向用户的集成制造

信息化环境下的企业市场结构和技术应用已经发生了深刻变化，产品用户需求的多样化和个性化，不仅要求企业具有不断提高的专门技术，而且要求其生产与服务应可以针对个性用户市场。这一现实问题的出现，对企业物流的大批量、低成本生产方式提出了挑战，要求企业不断研发出新的产品与服务。另一方面，信息化环境下企业创新发展模式的确立和网络化企业组织优势的发挥，同时为企业提供了机遇，决定了大范围组织定制生产和个性化制造的可能性。

3.2.1 大规模定制生产

1970 年 A. 托夫勒（Alvin Toffler）在《未来趋势》（Future Shock）一书中提出了一种面向用户提供符合其特色需求的产品与服务的生产方式问题；1987 年，S. 大卫（Stan Davis）将其称为大规模可定制生产模式。随后，人们在实践中将其总结为：将产品的生产，通过产品结构和生产过程的重组，转化为批量生产，以此组织大规模的生产。在大规模生产中，用户得到的是定制的个性化产品与服务，企业则采用大批量组合生产方式制造技术成熟的、不断变化着的产品，同时提供可定制的服务。

（1）大规模定制生产的组织特点与实现条件

大规模定制生产区别于大批量生产，其本质特征是将几乎每个客户都能接受的低成本、低价格、长周期的产品生产、销售和服务，改为以足够的变异性和客户导向的低成本、高质量、短周期的定制产品生产、销售和服务。采用这种方式，既能生产出多样化、个性化的产品，又能实现大批量生产的高效率和低成本，这就要求在生产组织上采用适时模式。总体说来，大规模定制生产具有以下特点：

①产品生命周期与生产周期耦合。大规模定制生产的优势是实现产品生命周期与生产周期的耦合，做到生产与销售同步，始终保持产品的高市场占有率，其市场经营目标决定了产品研发、生产与营销服务之间的协调和同步，从而形成市场导向与技术支持的有效结合。

②以技术不断创新为依据的产品研发。要实现产品生命周期与生产和经营周期的同步，必须以不断创新的技术作保证。知识创新时代技术生命周期的缩短，使得产品更新日益频繁，这就要求在产品研发中适时利用最新的技术成果，进行产品的连续性开发。

③大规模经营与小批量生产。大规模定制生产必须利用大规模经营方式，这样才可能在规模市场上获利。然而大规模经营又必然以产品的产量为基础，这种

产量不同于传统的单一产品的大批量，而是多元化、多种定制产品的小批量，以便以多批量的研发与生产形成产业经营规模。

④生产组织上的分布化与管理上的集成化。大规模定制生产是相关企业伙伴在定制上的合作，由于适时的市场反应和技术更新，仅靠一个企业的力量难以应对复杂多变的市场与技术环境，因而存在着分布式生产的组合问题。在市场、客户导向下，以定制订单为基础，组成联合体，通过集成方式进行运作。

⑤标准化与个性化生产之间的均衡。大规模定制产品是以满足用户个性化需求为前提的，其个性化的生产组织导致了产品结构上的复杂性和产品的多样性，这种特殊需求与大规模生产必然产生矛盾。因此，大规模定制中必须强调产品零部件生产的标准化和技术研发的标准化，做到适当的沟通兼容。

⑥生产经营的动态化与柔性化。大规模定制生产具有生产上的动态性，其随用户环境、技术环境的变化而变化。在组织实现上，生产组合应是柔性的、可变的，一旦某些组合不能适应大规模定制的需求，必然会产生新的适应性组合，可见，基于网络的动态结构是大规模定制生产的重要组织保证。

⑦对企业信息化和技术创新的依赖性。大规模定制生产对企业信息化提出的需求体现为组织上的网络化和业务操作的信息化，同时，进行不间断的知识创新、建立核心知识团队，也是大规模定制生产的必要条件。由此可见，大规模定制生产企业必然是一种创新型企业。

大规模定制生产实施的基本条件包括企业组织条件以及环境、技术、人员和制度等，概括起来，主要有：

①企业组织条件。企业进行大规模定制生产，要求企业具有良好的机动性，其传统的金字塔式的结构应有相应的变化，企业应着重于组织变革，需要采用能够支持多层面的分布式大规模协同工作群体方式，由此出发进行专业化队伍培植。

②企业人员条件。实现大规模定制生产的企业，其人员应具有高素质和承担创新性专业工作的能力，在企业中应按学习型企业的要求进行人员培训，同时，应强调人员的合作精神，使之能够适应大规模定制生产的动态组织环境，发挥专门作用。

③企业核心资源条件。实现大规模定制生产的企业应具有核心资源优势，只有具有核心优势，才可能按大规模定制生产模式组建基于核心企业的定制网络。企业核心资源优势包括研发资源优势、物流资源优势和信息资源优势等。

④企业信息条件。实现大规模定制生产的企业必然是信息化程度高的企业，一般要求企业建立集产品研发、生产、供应、客户服务和市场为一体的信息系统，且与外部能够实现信息交流与共享，以此支持大规模定制的业务流程组织与运行。

⑤网络环境条件。可定制企业是一种基于网络组织的新型企业，是一种以核心资源优势为依据适时建立的具有合作关系的企业协作网络组织，因此必然依赖网络而发展。从某种程度上说，网络环境与技术决定了企业的发展水平，当前全球网络的不断完善和功能化扩展为可定制企业的发展创造了新的条件。

⑥社会文化与制度条件。大规模定制生产的实现，要求有相应的制度支持，其制度包括企业组织制度、资产所有制度、经营管理制度、信息安全制度、企业创新制度等。同时，制度的完善也离不开文化建设。

以上6个方面的条件具有不可分割的内在联系，从而构成了大规模定制的基础。

（2）大规模定制生产的实现

大规模定制生产的实现流程为：

①企业根据市场变化和技术支持的可能性，接受客户订单，开始进行满足客户需求的定制生产组织，将生产转入响应客户需求的定制轨道；

②按订单进行产品设计和研发，其产品开发设计及其下游活动由客户驱动，据此进行研发活动的规范，重新设计能充分满足定制需求的产品整体和零部件；

③按定制设计和研发成果，进行产品制造的调配与组织，在生产线调整和流程重构的基础上，将原有的零部件加以固化，同时生产新的零部件，这种制造是对原有制造线的提升；

④按产品设计需求和规范，在零部件生产和外部定制采购的基础上装配，生产出符合客户定制要求的产品与服务，通过全面质量控制，提供定制定向销售；

⑤完成定制产品的销售和服务，在销售中进一步征询客户的意见，在完善服务的同时，进行市场调研和技术调研，培养客户忠诚度，扩展客户范围，以寻求新的定制订单。

大规模定制生产的核心是尽可能向生产过程的下游移动，减少满足客户特殊需求的定制设计、研发、生产、流通与服务费用，同时在充分预测市场和技术的前提下，充分利用定制和全球化外部采购系统的优势，实现生产组织的网络化和规模化。

图3-7归纳了大规模定制生产的过程。①

图3-7描述了从客户提出订单需求到定制产品交付客户的历程，它包括设计、制造、装配和交货4个阶段，一般可采用过程模型描述；在研发、生产与交货组织上，将不同产品、部件或零件中相似的部分归并处理，以增大批量，一般可采用产品模型描述。

大规模可定制生产在流程上优化的关键是，企业在网络环境下对其产品设

① 覃征，汪应洛等．网络企业管理．西安：西安交通大学出版社，2001：159

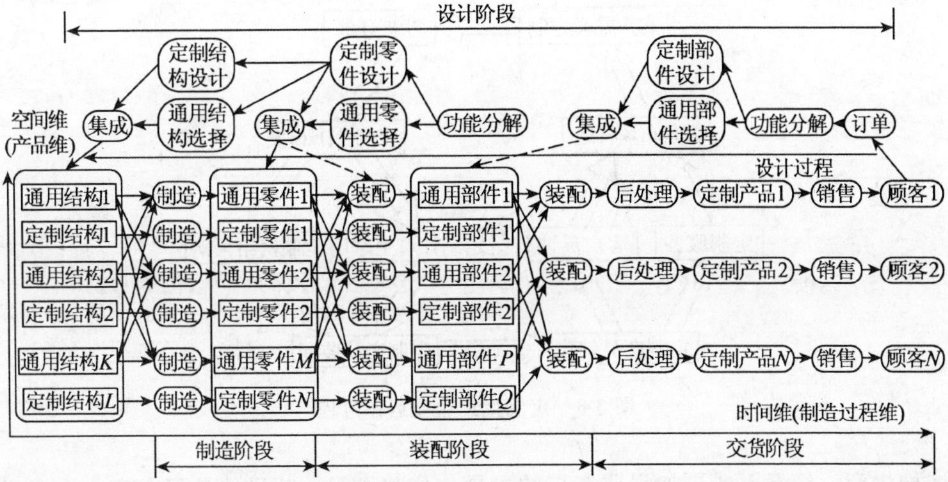

图 3-7　大规模定制生产的过程模型

计、制造和运输过程以及整个供需链的配置进行重组，通过时间上的优化，以最高的效率运转，以最小的库存满足客户的订单需求。

大规模可定制生产在业务组织上优化的关键是有效地扩大相似零件、部件和产品的使用范围，充分识别和利用零部件和产品生产的相似技术。显然，在一个地区或行业内推广实施大规模可定制生产要比仅在一个企业实施大规模可定制生产具有更好的效果。最理想的模式是在全球范围推广实施大批量可定制生产，而事实上，制造的全球化和专业化分工的目的也是促使大规模可定制生产在全球范围内的逐步实施。①

大规模定制生产还应注重产品信息处理的模块化、实现零部件高度标准化、产品开发适时化、生产组织网络化、销售与生产同步化。

在大规模定制生产组织中，许多企业开始在内部组建面向特殊任务的项目组，使产品销售与开发周期同步，以适应定制市场需求；在企业外部实行互联，将供应商、协作者、研发机构纳入大规模定制的组织体系。图 3-8 反映了这一组织方案。

3.2.2　面向用户的个性化制造

面向用户的个性化制造的实现是大规模定制生产向客户市场的进一步发展，

① 覃征，汪应洛等．网络企业管理．西安：西安交通大学出版社，2001：159

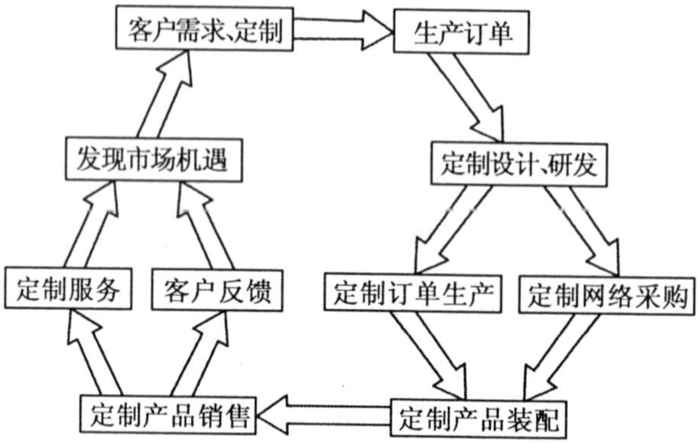

图 3-8 定制生产企业运作过程

这种生产、经营形式更加强调客户的主导地位和作用，其目的是面向客户生产出更加符合其个性需求的产品。这种方式一般用于产值高、技术含量大、结构复杂的产品，生产与供应，如大型计算机设施、专门工具等。

面向用户的个性化制造源于计算机集成制造。计算机集成制造（Computer Integrated Manufacture，CIM）是 1973 年由美国约瑟夫·哈林顿提出的，在随后的应用中不断发展和完善。在信息化进程中，随着计算机集成制造系统（CIMS）应用的深入，这一技术的优势愈来愈突出，在个性化集成制造方面，显示了广阔的前景。

图 3-9 反映了面向用户的个性化集成制造的基本流程。从总体上看，企业离开了用户参与就难以把握客观的个性化产品需求与用户服务要求；不能快速响应用户需求变化和服务的特殊要求，就难以适应激烈的市场竞争。因此，在产品定制中吸收用户参与，按其个性要求进行面向用户的产品设计，就显得十分重要。在用户参与的情况下，面向用户的个性化制造，由于其特殊要求，需要进行按需定制设计与专门的产品研发、生产。这种个性化设计与生产，不仅需要集成内部资源进行集约化制造组织，而且需要进行企业供应链的集成，以组织个性化产品的零部件供应。只有这样，才可能生产出符合个性要求的定制产品。在个性化生产与服务中，按集成制造要求，仍然需要用户配合，进行产品应用跟踪服务，从而为新的个性化市场的开发创造条件。

在个性化集成制造的组织实现中，网络与系统的建设不容忽视。覃征等在《网络企业管理》一书中，提出了以下 3 个方面的问题。①

① 覃征，汪应洛等．网络企业管理．西安：西安交通大学出版社，2001：168

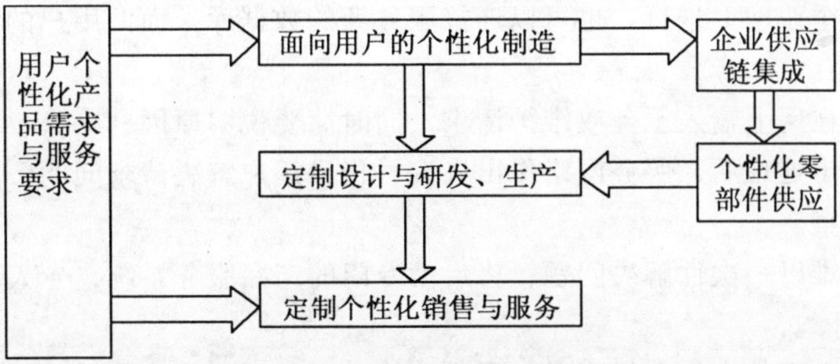

图 3-9　面向用户的个性化集成制造

(1) 面向用户的设计与定制

面向用户的设计与定制，在系统组织与实现上应解决 3 个层面的问题：

①通过对用户意见的收集和对产品使用与服务信息的分析，为产品更新设计提供参考依据；

②组织用户直接参与定制产品的设计，产品研发小组吸收用户参加，在产品功能实现、使用和维修方面，充分吸收用户建议；

③在产品定制生产与服务中，实现用户与企业之间的网络连接，具体方法是开发面向用户的产品配置器。配置器可以在企业内的服务器上运行，也可以安装在销售商服务器上，产品配置同时需要有专门的数据库支持。

面向用户的设计与定制要点在于：通过网络将订单传给企业的订单处理系统进行高效化的产品数据管理；用户在配置产品时可与企业沟通，以确定基于选配的零部件、产品外观造型、产品性能指标规定、产品技术要求以及产品价格范围和产品配送、使用、维护服务方式等。

(2) 面向用户的定制监督与更改

面向用户的定制监督与更改，是企业内部订单跟踪、监管向用户端的延伸，这在订单确认、生效后实现。在操作中，要求提供产品研发和生产信息查询服务，接受更改请求和进行程序化的处理。面向用户的定制监督与更改流程为：

①企业接受订单后，经订单处理，向用户反馈订单确认信息、编号及用户密码；

②用户在接受确认信息后，可以随时进行网上查询，进行定制过程监督；

③当产品有必要在设计、生产中作更改时，提出更改请求，企业处理后及时与用户沟通，进行定制调整。

(3) 面向用户的服务与维护

个性化定制的产品服务与维护具有针对性强的特点，与传统方式的售后服务不同的是，服务与维护具有定制性和及时性。用户可以通过网络与企业联系，其运作可以在企业网上进行，也可以连接服务商的数据库。面向用户的服务与维护操作过程为：

①用户在网上输入服务或维护请求，同时简要说明原因；

②经初步处理后，服务网络作出咨询，指导用户解决请求问题，提供工具和故障排除方案。

③如果难以一次性解决问题，将启动专门的产品服务系统，专人联系进行服务与维护保障。

以上三方面的工作密切联系，形成一体，通过现代集成技术，开展个性化集成制造业务。在此基础上，企业组织结构理应作相应的调整，使之适应个性化生产的环境。

3.3 企业作业联盟

企业作业联盟又称为作业小组联盟（Alliance of AOT），是现代制造业最有特色的组合。小组联盟是为实现某种生产方式，由多个独立的从属于不同企业的作业小组结盟形成的组织实体。在信息化环境下，作业小组联盟在企业间组建，以网络连接方式运行业务组织，因此它又是一种基于网络的企业间生产、经营的作业联盟，是网络化企业的一种重要形式。以下集中讨论的是基于网络的企业作业联盟组建和运行。

3.3.1 企业作业小组及其联盟发展

作业小组是企业中的操作性实体，如产品研发小组、零部件配送小组、维修小组等，在企业中以某项任务完成为目标进行运作。传统企业中，作业小组是固定的，如在生产流水线中固定完成某一工作环节的操作小组，其组织形式按金字塔管理结构进行，如在生产车间中固定组织班组，在供应保障中组成的采购小组等。然而，在柔性化的订单生产或组合生产中，其固定的小组形式往往难以实现工作目标，而需要一种灵活的作业组织方式，即按需进行作业的动态组织，按作业小组的组合承担可变的生产经营任务。

作业小组的独立组织和运作可以在企业内部进行，这种独立小组的组织具有以下固有的特性：

自治性。独立作业小组是一个相对独立的自治性单元，小组自成体系，可以独立完成某一任务或作业流程中的某一工序操作。

完整性。小组功能完整，作为一个操作实体，具有一定的抗外界干扰的能力，可以作为整体加入企业的操作工作。

集成性。独立作业小组由具有专业技能的人员组成，人员的有机结合，使之成为一个整体，从技能上看，集成了完成任务或承担流程工序操作的综合业务技能，作业上的集成性保证了小组可以独立工作，实现外部合作。

分布性。独立作业小组在企业中的作用，在于将传统的集中式生产计划安排和控制变革为分布式的节点控制，将固定组织生产模式改为具有灵活性和柔性的生产调配组合模式，独立作业小组的分布式结构，使跨流程的结合得以实现。

兼容性。值得注意的是，兼容性组合也受着环境及内部因素的限制，在小组联合中应保障其核心功能的发挥。

采用独立作业小组生产模式的车间，需要根据技术组合原则，将零部件按制造需要进行调配，在生产组织上进行小组作业划分，通过企业内联网实施管理调节。这种生产形式可以适用于批量订货的要求，也可以在新产品开发中进行灵活多样的独立小组组合。覃征等在《网络企业管理》一书中对独立作业小组的案例进行了分析，图 3-10 归纳了某厂泵体车间的生产管理和控制结构。

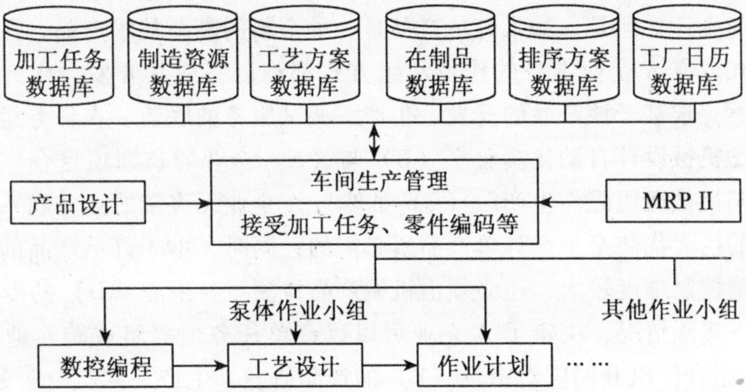

图 3-10　泵体作业小组的生产管理和控制系统结构

如图 3-10 所示：首先，车间生产管理系统接受 MRP Ⅱ 系统下达的加工任务信息，或直接输入加工任务信息，并从设计部门的 CAD 系统中调入零件技术图纸。然后，生产管理系统根据技术组合原则将零部件分类、编码，并按照零部件分类、编码的情况，将加工任务分配给相应的作业小组。最后，在车间及相应的作业小组内部完成工艺设计、数控编程、作业计划编制等任务，并生成、打印各种工艺文件。在系统方案中应有相应的数据库系统支持，例如加工任务数据库、车间（作业小组）资源数据库、工艺方案数据库、在制品数据库、排序方案数据库、工厂日历数据库等。独立作业小组通过车间生产管理系统接受 MRP Ⅱ 系统下达的加工任务，然后将加工任务按小组分派，从而进行作业计划控制。

上述案例说明，独立作业小组的组织形式在生产企业内是可行的，它以灵活的调度和计划控制方式分配任务，通过企业内联网组织操作。可以设想，如果某一按独立作业小组进行生产组织的企业，其有限的能力往往难以实现生产组合目标，这时不得不求助于其他企业，从而采用跨企业的作业小组联盟形式组织生产。这意味着，作业小组联盟的形式产生于企业间的联合作业。与独立作业小组对信息系统依赖的相类似，作业小组联盟必然依赖于企业外联网，即企业间网络。

在联盟结成前，独立作业小组处于分散独立的状态，由于分属于不同企业，小组之间没有必然的联系。在联盟体制下，作业联盟可以由一个企业发起或多个企业同时发起，组成跨企业的联合实体，以共同完成某项任务。当任务完成后，联盟可以解散，也可以共同争取新的任务而发展。

图 3-11 直观地显示了某机械制造企业的作业小组联盟的形成与运行过程。某机械制造企业（A）类具有综合研发、生产、经营机械产品的能力，且具有相当的企业规模，如果在市场中获得了某一专业机械的批量生产订单，即可组织产品的研制与生产。但是，如果订单产品是一种全新的高新技术产品，按传统的生产组织方式或靠 A 企业本身的作业小组方式都难以完成其开发、生产任务，那么企业必然寻求基于该产品的开发、生产、调试服务的联盟。在任务组织中，考虑到某大学机械设计自动化实验室（B）与（A）企业的长期项目合作关系和研发实力；某机械通用配件生产厂（C）虽然与 A 企业无直接的业务联系，然而其配件开发的巨大优势是生产订单产品所必需的；同时，由于订单产品的技术含量和生产质量控制难度较大，还必须由机械产品检测服务中心（D）的专门化小组介入。这一实际情况，决定了 A 企业可以以订单任务形式组成跨企业的 A、B、C、D 作业组合，以共同应对市场（E）的产品研发、生产、调试与服务需求。

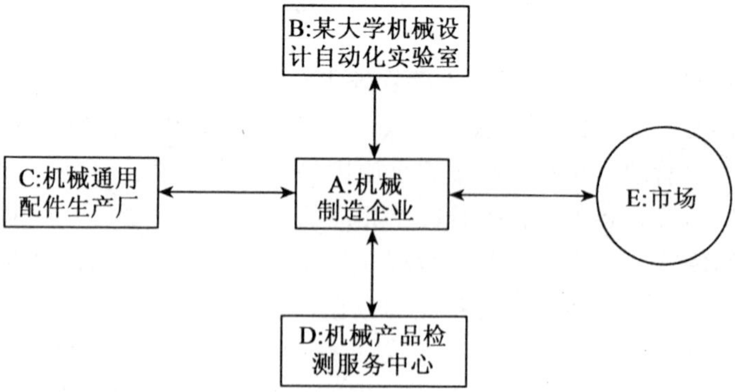

图 3-11　作业小组联盟构建

值得注意的是，这种企业间的作业联盟，通过各有关企业或其他组织的独立工作小组来完成。其组合是一种有机结合，在订单产品的研制、生产、调试与服务中，按各自的付出进行工作任务计量管理，同时以某主体企业（如 A 企业）为依托进行核算和收益分配。这种组合一经完成任务，便可以解体或进行新的组合。由此可见，企业作业联盟具有如下特点：

作业联盟的专业性。作业小组是专门化的小组，在从属的企业中，可以独立承担专业任务，参加本企业或外企业的专业任务组合。

作业联盟的目标性。作业联盟往往针对具体的产品订单或任务进行，其目标性以及各小组的作用，决定了联盟的构建，因此联盟可视为一种目标组合。

作业联盟的动态性。作业联盟可以是一种临时性的组织，它的存在并不改变各作业小组原有的从属关系，因而具有随市场、环境、任务而变化的特点。

作业联盟的异地性。作业联盟往往分布在不同的地点，小组之间的联系依赖于信息网络在企业间进行，这种异地性决定了管理空间的异地构成。

作业联盟的异构性。加入联盟的各作业小组所从属的企业，无论是组织结构，还是支持组织运行的信息系统，存在着异构的情况，因此需要实现基于异构系统的协调管理。

3.3.2 企业作业联盟的技术实现

企业作业联盟是一种操作性联盟，加入联盟的各企业独立作业小组在新的环境下必须形成一种新的管理关系，在异地情况下，其运作应通过网络和系统进行。从这一点看，作业联盟可视为基于网络的流程运行。

(1) 作业小组联盟的工作流程

作业小组联盟一旦组成，便是一个独立运作的整体，由此而形成跨企业的业务流程。其流程工作包括以下环节：

①获取订单。订单是主体企业通过市场获得的，由客户需求决定，在订单签订中，企业在充分考虑利润空间的情况下，必须明确订单生产的技术条件、材料供应、生产环节以及客户各方面的技术实现问题。

②设立项目。作业小组联盟是基于项目的联盟，项目是联盟存在的依据，在获取订单后，主体企业应提出项目方案，明确项目实施的条件，规范项目进程，进行项目投入—产出的预算。

③组建联盟。按项目的实现流程进行专业作业的安排，首先决定主体企业参加联盟的独立小组，对其实施目标管理；然后选择加入联盟的外部独立小组，通过与这些小组所在组织的合作，以合同方式完成作业联盟的跨企业组合，规定工作责任、条件、任务和相关的报酬、权利及收益。

④进行操作。在作业联盟组建的基础上，进一步明确联盟中作业小组的业务

工作与协作关系，进行业务操作设计；在操作设计的基础上，完成产品研发、制造、调试和服务任务。

⑤反馈改进。在作业小组联盟中进行及时的信息沟通，强化基于项目的集中管理，跟踪操作环节，根据跟踪结果和反馈信息，及时处理联盟运行中的问题，实现项目控制目标。

⑥运作保障。全面实现作业联盟运作保障，包括资源配给、资金投入与分配，特别注重信息组织保障和网络运行保证。同时，在条件保障中，强调联盟运行的安全性保障，以便排除干扰，实现联盟目标。

(2) 作业联盟的管理系统

企业作业小组联盟既对主体企业具有依赖性，又具有独立运作的特性，因此其管理系统是以主体企业管理为依托的独立工作系统。这意味着，在基于网络的管理实现上，既要考虑系统的功能完整性和独立操作性，又必须与主体企业以及联盟企业的系统接口。

在作业联盟的管理系统开发中，以下几个关键问题值得关注：

①系统能够支持分布、异构的环境。作业小组联盟是跨企业的联盟，在联盟管理上存在着各有关企业之间的系统环境异构问题，这就要求进行专门的联盟管理平台建设，使信息能够跨系统流通，信息处理能够实现系统兼容；另一方面，市场与客户环境的变化，也要求系统支持异构市场和用户系统。这两方面的问题，在系统设计中应充分考虑。

②系统具有较强的描述能力。作业小组联盟管理是一种基于工作流的管理，系统应对不同类型、不同复杂程度的工作流进行模型化统一管理，这就要求系统具有较强的流程描述能力。网络环境下，基于 Web 的分布式工作流程管理系统是实现作业小组联盟工作的有效途径，通过 Web 浏览器，客户和联盟小组成员均可以及时、方便地获取流程信息，进行工作协调。

③具有良好的系统互操作性。在作业联盟的管理中，各联盟小组应该设立有限的权限，查询主体企业和其他联盟企业及其独立小组的业务信息，以此相互配合工作。系统的互操作要求有良好的用户界面、可靠的操作方式和支持。在系统实现互操作中，要求实现信息资源的共享和业务流程的规范，互操作中还应进行适当的约束，以确保管理安全。

④具有管理上的开放性。管理系统是一个开放性系统。系统运行中，对联盟实现统一管理，同时对环境中的客户、产品分销代理商、供应链中的有关合作伙伴和行业、社会部门开放。为了实现开放性目标，企业作业联盟会依赖于原有企业，强调联盟的对外开放和互联。

为了实现管理目标，企业作业联盟的管理系统可以采用模块方式进行开发。模块作为具有某种功能的一组单元，具有可组合性，模块组合可以实现其综合、集成功能。在设计中，一是强调模块的标准化，二是科学地实现模块的功能分工，三是进行模块的合理组合，四是注重模块的专用性和可扩充性。

如图3-12所示①：基本功能是系统中基本的、经常重复的、不可缺少的功能，在系统中保持不变，相应的模块称为基本模块；辅助功能主要指实现安装和连接所需的功能，相应的模块称为辅助模块；特殊功能是表征系统中某种或某几种产品的特殊的、使之更完善的或有所扩展的功能，相应的模块称为特殊模块；适应功能是为了和其他系统或边界条件相适应所需的可以临时改变的功能，以满足特定的要求，相应的模块称为适应模块；用户专用功能是指某些不可预知的、由用户特别指定的功能，该功能由于其确定性和极少重复，需要由非模块化单元实现。

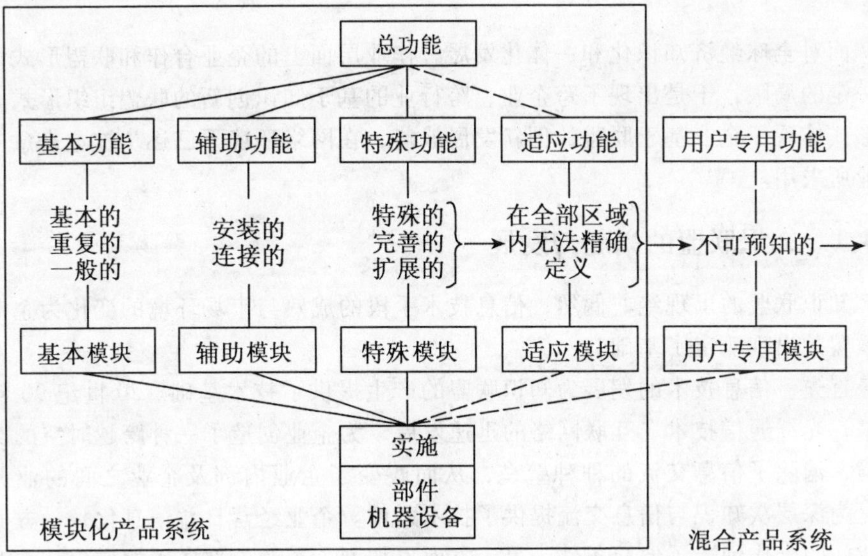

图3-12　模块功能和相应的模块类型

企业作业联盟的另一问题是作业小组联盟的并行运作。一个企业的某一独立作业小组可以加入一个项目业务运作联盟，但如果作业能力有富余，在圆满完成作业任务的同时，也可以加入另一个项目任务作业联盟。另外，组织联盟活动的主体企业，也可以同时组织另外的项目作业联盟体。这意味着，企业作业联盟可以采用并行方式运作。在并行运作管理中，应坚持以下基本原则：

①协调好独立作业小组加入多个联盟的工作关系，在任务不冲突的情况下，

① 覃征，汪应洛等．网络企业管理．西安：西安交通大学出版社，2001：56

安排业务工作；

②进行作业小组联盟并行运作的规范管理，协同好并行运作中的工作与利益关系；

③创造协同工作的作业小组联盟并行运作环境，实现联盟之间的互动；

④在作业小组联盟管理系统设计与建设上，采用并行模式和方法处理现实业务问题；

⑤进行全方位的管理沟通，建立良好的协同运行制度与秩序。

企业作业小组联盟随着信息化建设和网络的发展，必然发生新的变化。因此，应在实现联盟作业中不断创新管理机制，实现面向全球化经济的发展目标。

3.4 企业知识联盟

面对全球经济知识化和一体化发展，作业层面上的企业合作和联盟形式都存在一定的局限，于是出现了跨企业、跨行业的基于知识创新的联盟组织形式。这种形式体现了企业基于联盟的创新发展战略，在网络环境下已逐步被愈来愈多的企业所采用。

3.4.1 知识联盟的兴起与发展

知识联盟的出现绝非偶然，信息技术手段的成熟与市场环境的变化为企业知识联盟的出现奠定了基础。

首先，信息技术的发展为知识联盟的产生提供了技术基础。20 世纪 90 年代以来，光纤通信技术、互联网络的迅速发展，为企业创造了一种跨越时空的交流环境，消除了信息交流的种种壁垒，从而改变了企业内部及企业之间的业务联系，为深层次知识与信息交流提供了技术条件。企业经营日益信息化，一方面为企业间的合作创造了便捷条件；另一方面也加剧了企业外部环境的变化，企业产品的生命周期大大缩短，在客观上要求企业以新战略形态适应知识环境的变化。知识联盟伴随着知识经济发展而产生，其优势在于可以利用现有的外部知识资源，快捷、低成本地获得所需资源，可以根据客户个性需求，针对客户特定要求提供“解决问题方案”。知识联盟有利于避免企业在竞争压力下高度集中和无限扩张。在企业发展中，许多企业通过并购而发展的模式正得到改变。导致全球企业并购浪潮退落的原因有多种，其中一个主要的原因就是企业组织结构演化的虚拟化，特别是信息网络的发展为企业间以及企业与其他机构间的交流合作提供了便利，使知识传递的技术更加先进。因此，通过联盟可以将各合作企业的核心能力和知识资源集合在一起而形成一个动态的经营实体，即基于知识的联盟，由此获得补充性能力，共同完成产品开发和服务任务。

企业知识联盟，特别是围绕产品开发的知识联盟，通过对优势资源的有效利用和重新整合，可以形成新产品上的集成资源优势，从而提高产品开发的速度和效率。

知识经济条件下，一方面，知识已成为企业发展的关键资产，知识资本已超越其他传统资本，成为具有核心地位的生产要素；另一方面，市场环境的变化要求实施创新合作联盟战略，这是基于知识联盟的企业技术创新与发展的外源动力。

近20年，各国企业纷纷将经营的重点放在发展企业的技术核心能力上，而将其他非技术核心能力的技术研究与开发业务“外包”，在企业组织外形成“人才队伍”，即确立基于知识联盟的企业创新机制，甚至让消费者的知识进入企业的技术生产，影响管理决策，形成真正的客户导向，以此建立企业内部和外部联系知识网络。如IBM通过百余个在特殊领域里具有专长的公司结成知识联盟，使自己获得对方所具有的能力，逐渐由计算机（硬件）生产供应商转化为基于知识创新发展的创新型大企业。又如，欧洲汽车业联盟调查结果显示，世界上著名的汽车厂商近几年开发的环保型汽车，绝大部分是通过合作手段研制成功的。

近几年来，对多家跨国企业的调查表明，大部分企业的技术创新成果中，很大一部分归于企业知识联盟的技术创新，如政府发起和主导下的美国微电子和计算机技术知识联盟（MCC）、半导体制造技术联盟（SEMATECH）等。知识联盟在这些企业间形成相互学习机制，有利于一个企业与其专业能力相结合，从而创造出新的交叉知识。与美国类似，欧盟国家及日本的企业也从产品竞争力和技术统一性角度，建立了知识联盟，同时积极培育企业间合作关系，开展技术创新。如欧盟的欧洲信息技术开发战略联盟（ESPRIT）、日本的超大规模集成电路技术联盟（VLSI）等都取得了预期的成功。

在国家重大科技计划的资助和支持下，我国近年也陆续出现了一些关系国家发展的战略技术联盟。实践表明，战略技术联盟已成为加速技术创新的有效模式，这一点已得到企业的广泛认可。① 调查资料显示：

①对于是否有必要建立技术联盟问题，62%的企业认为很有必要，35.17%的企业认为有必要；

②对于参与联盟动机问题，45%的企业是为了取得新技术，23.14%的企业是为了开发新产品，23.19%的企业是为了获取资金；

③对于是否考虑合作风险问题，25.12%企业认真考虑过，63.18%的企业考虑过；

④对于已经合作项目所解决问题的统计，52.11%的项目解决生产技术问题，

---

① 钟书华．我国企业联盟现状分析．科研管理，1999（5）

39.14%的项目解决开发新产品的问题；

⑤对技术合作水平进行分析，13.12%达国际先进，48.17%达国内先进。

由此可见，企业不仅愿意组成知识联盟，而且对合作存在的风险也进行了一定的考虑；企业组成知识联盟主要为了技术创新；合作所取得的成果很大部分达到了国际先进水平。战略技术联盟作为典型的知识创新的动态联盟模式，在企业间推广具有可行性。

3.4.2 企业知识的网络性与知识联盟的基本形式

对于创新型企业来说，知识的流动是在一定的知识网络中进行的，所以企业技术创新过程具有知识网络性。知识网络性包括知识来源的网络性、知识生产的网络性和知识产品营销的网络性等。

①企业知识来源的网络性。企业创新的知识来源是创新的起源，从知识来源的构成看，企业创新的知识来源具有网络特征。企业技术创新的目标是实现企业知识的增值，最终表现为知识资源价值总量的增加。所以，企业一方面要挖掘内部的知识资源，挖掘知识的目的是让隐形的经验显现出来，让个人经验变为企业的共同财富；另一方面，企业又要适度地利用外部知识源，有效地弥补企业自身知识的不足，任何与企业有某种联系的个人和组织，如专家、高校、顾客、供应商、相关产品生产者、竞争对手等，都可能成为企业的知识利用对象。知识联盟的组建目的就在于形成知识网络，缩短产品研发周期，降低研发成本，提高竞争能力。网络化知识联盟被国外大公司所普遍采用，如通用与丰田建立联盟，共同开发汽车制造技术；IBM与法国电话公司建立伙伴关系等。

②企业知识产生的网络性。企业知识的产生可以有两种形式：一是外生，二是内生。所谓知识的“外生”与“内生”，是相对于知识过程而言的。所谓知识“外生”，即企业可以通过多种途径获取外在知识，如通过技术交易获得新的知识；所谓知识“内生”，即企业中以通过有目的、有组织的科学研究、技术发明等活动；在实践中积累经验，进而上升为理性化知识。企业知识产生既是外生的，又是内生的。从知识的外生可以看出，企业可以通过学习其他组织的知识来获取知识的外溢效应。从知识的内生上看，当今企业的实践活动，已突破了组织的边界。这一方面是由于信息技术所提供的便利使之成为可能，另一方面是由于市场或客户的需求变化使之成为必然。因而，其内生知识也具有网络性。

③企业知识产品营销的网络性。知识产品利用过程是其市场化的过程，根据波特（Porter）理论，企业可以通过比竞争对手更廉价或更出色的手段赢得竞争优势。一个企业不可能具有所有的优势，因而同其他企业合作所获得的外部资源应该成为企业竞争优势的重要来源。根据价值链分析，知识合作营销可以使企业之间共享价值链，实现优势互补，从而达到理想的效果。一般而言，一个企业往

往只具有某一或某些知识核心能力，如果几个企业将各自不同的知识核心能力集成，则可将各合作企业的价值链集成和重构，形成独特的能力和竞争优势。如对于以技术创新为核心的企业，往往需要迅速将技术转化为产品，通过与其他企业建立知识产品的合作营销关系，企业便可以实现资源共享，使更多的资源为我所用。

企业创新具有的知识网络性客观地说明，企业创新要建立在一定的知识网络上，这不仅包含企业的内部知识网络，更重要的是包含企业的外部知识网络。

知识联盟的形成可以从联盟动机入手进行分析。分析结果表明，以学习和创造知识为中心目标，通过企业与企业或其他机构的结盟方式，共同创建新的知识和进行知识转移是一种基本的战略联盟形式，其中学习和创造知识是联盟的基本宗旨。知识联盟以合作的期限划分，可分为战术知识联盟和战略知识联盟。战术知识联盟往往着眼于获得合作伙伴已具备的知识，使企业迅速形成新的知识能力。战略知识联盟往往着眼于与顾客、供应商和其他组织之间建立长期伙伴关系，实现优势互补，共同创造新知识。

以参与知识联盟的主体划分，联盟可分为企业与企业之间的知识联盟、企业与大学和科研院所之间的知识联盟。企业与企业之间的知识联盟又可以细分为纵向知识联盟和横向知识联盟。纵向知识联盟是企业与供应商或客户之间建立的知识联盟；横向知识联盟是竞争者之间的知识联盟。企业与大学和科研院所的知识联盟也称产学研联盟。

以地域范围划分，联盟可分为跨国知识联盟、国内知识联盟和区域性知识联盟。跨国知识联盟是不同国家的企业、大学和科研院所之间的知识联盟。国内知识联盟是同一国家内的企业、大学和科研院所之间的知识联盟，它形成区域性知识网络，对内合作竞争，对外协同发展，保持长久竞争优势。以联盟主体之间的联系划分，联盟可分为松散型知识联盟和紧密型知识联盟。松散知识联盟基于各种契约而建立；紧密型知识联盟通过股权而联合。

3.4.3 知识联盟企业核心能力的整合

在知识联盟的条件下，联盟企业的战略竞争同样体现在其核心能力竞争上。由于多个主体的参与，联盟成员的技术核心能力存在着一些差异，因此，知识联盟技术核心能力的整合因此而成为联盟战略的重要部分。

(1) 知识联盟核心能力构建

对企业核心能力的认识，可以归结为整合观、网络观、协调观、知识载体观等，如表 3-1 所示。

由表 3-1 可以看出，各种理论各有所指，每一理论难以满足对企业技术核心能力建设的全面指导要求，所以技术核心能力理论框架还需要进一步改进。在知识联盟的条件下，核心能力的形成更具有复杂性，由此提出了知识联盟技术核心能力的构建问题，如图 3-13 所示。

表 3-1　　知识核心能力理论的四种观点

理论观	关注焦点	优点	缺点
整合观	不同技能与技术的整合，企业核心能力在现有企业核心能力基础上集合而成	强调能力整合，便于组织内外的良好交流与沟通	可分解性差，层次性不强
网络观	通过技能网络，企业将各种技能。根据其相互关系所构成的网络；进行集成	可分解性强，直接深入知识技能层	未强调核心能力，对企业文化考虑不够
协调观	各种知识资产与技能的协调配置，企业能力是知识资产、认知能力、组织结构、行为能力的集中和协调	强调协调配置核心能力，适应外部环境	层次性不够，过多强调组织方面的因素
知识载体观	以知识载体为基础进行企业知识创新的组织，以此实现企业知识的联网管理，推进企业联盟创新	强调能力的知识特性，可以明确能力载体，具有可操作性	更多地强调能力的知识存量特性，对能力的动态性揭示不够

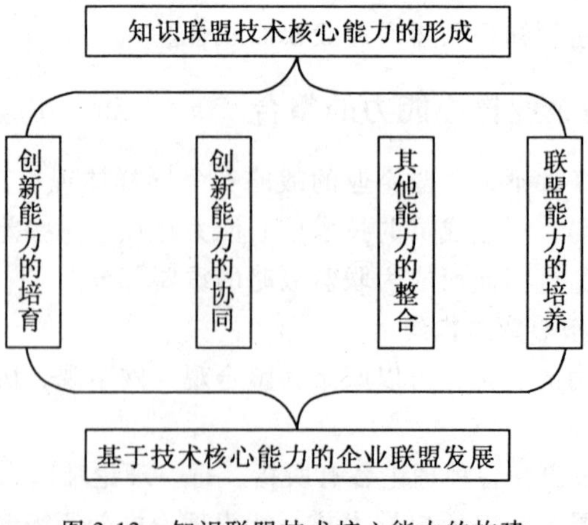

图 3-13　知识联盟技术核心能力的构建

由图 3-13 可以看出，知识联盟技术核心能力的构建可以从以下几方面进行：

其一是基于技术核心能力的伙伴选择。联盟企业要有明确的战略意图和目标，根据企业的整体战略目标，寻找在技术、市场等方面有能力与本企业优势互补、弥补知识缺口的合作伙伴为联盟候选对象是重要的。通过对候选合作伙伴的核心技术能力的兼容和投入考察，可以完成对知识联盟伙伴的选择。①

其二是知识创新能力的培育。知识创新能力是知识联盟技术核心能力形成的基础，没有创新的能力，核心能力也就无从谈起，在知识联盟条件下，整个联盟组织理应创造出有利于创造力发挥的环境和机制，提高跨组织的技术吸收能力和协调能力。

其三是知识能力的协同。协同管理是基于知识联盟的企业创新管理体系的重要组成部分，需要从知识能力、人力资源以及创新管理等方面进行协同。

其四是各成员企业知识联盟能力的培养。企业的知识联盟能力系指企业从事知识联盟的素质和潜力体现，企业知识联盟能力的培养可以从各成员企业自身的核心能力、动态能力以及学习能力等方面的培养入手。

最后是知识联盟企业的其他能力的整合，包括制造能力、营销能力、管理和决策能力等。这些能力作为核心能力的辅助能力，对知识能力的最终发挥起着重要的支持作用，在知识联盟创新的过程中同样需要加以整合。

建立联盟的具体方式有多种，包括水平联盟和垂直联盟。水平联盟包括潜在竞争对手之间就某些互补技术领域进行交叉技术许可、合作开发等方式的合作。水平联盟的基本目标是获得互补性技术和市场诀窍。垂直联盟包括供应链企业上下游之间的合作，目的是减少产品与技术开发成本。知识联盟成员的广泛性，决定了可供选择的伙伴的多样性，联盟的亲密性又决定了选择慎重性。联盟伙伴的选择可分为对内策略和对外策略。对内策略主要是指国内企业与本国的科研院所、高校之间的合作，也包括互补性企业之间的合作。对内策略的采用有助于提高国内企业的知识生产能力和学习能力。对外策略是指国内企业同国外企业之间的联盟，它有利于企业联盟的国际化发展和全球经济的实现。

无论是水平联盟还是垂直联盟，联盟伙伴的选择应强调核心能力的互补和组合，以此来选择联盟伙伴，如图 3-14 所示。在伙伴选择与联盟组织上，应着重于以下工作：

首先，要确立知识联盟目标。在对本企业资源、生产能力和市场潜力的优势和劣势进行分析的基础上，制定明确的知识联盟目标计划。有关调查表明，日本企业与美国企业建立联盟的主要原因就是为了获取新的技能，提高其技术水平，

① 李元旭，唐林芳．发展核心能力的有效途径——知识联盟管理．财经问题研究，1999（12）

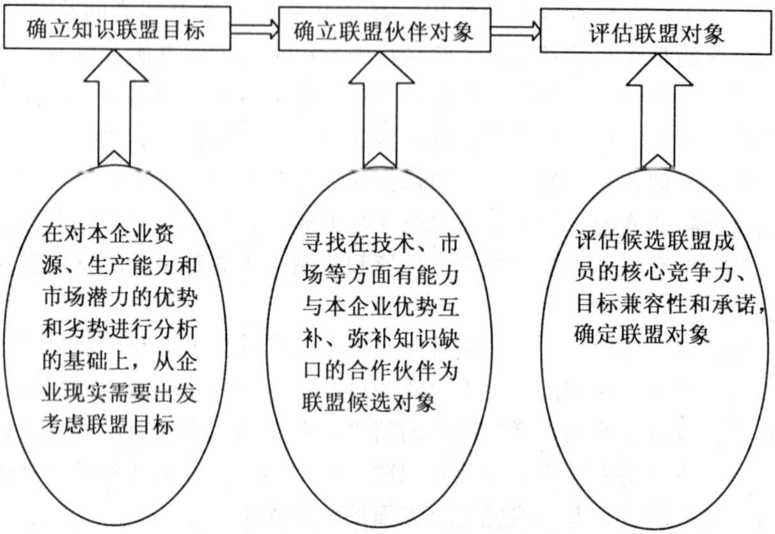

图 3-14　基于核心能力的知识联盟伙伴选择

而北美和欧盟公司寻求合作的主要目的是降低成本和风险。当前，跨国公司的先进技术与管理知识使国内企业作联盟伙伴选择时出现了外向偏好。这是发展中国家企业通过与先进跨国公司联盟，获取创新知识的一条渠道。另外，大多数企业建立知识联盟的目标都定位于共享和获取技术知识。

其次，确立联盟伙伴对象。根据知识联盟的整体战略目标，寻找在技术、市场等方面有能力与本企业优势互补、弥补知识缺口的合作伙伴为联盟对象。当联盟各方在技术、产品和市场各方面具有互补性时，成功的可能性将会大大增加，因为各方已具有在技术、产品和市场等方面进行合作的能力；但是，由于在技术、产品和市场方面的交互作用，各方发生潜在冲突的可能性也将大大增加。因此，企业在寻找联盟伙伴时，应尽量寻找在技术、产品和市场方面具有互补的对象。一个合适的联盟伙伴的基本条件是：能够带给本企业渴望的技术、技能与知识；能够创造风险分担和进入新市场的机会优势。联盟组建者需要寻找能够帮助企业克服自己弱点的合作伙伴，必须分析合作伙伴对联盟的贡献，在这方面，成功企业的做法是，既努力寻找关键的战略伙伴，也注重完成具体目标的短期合作伙伴选择。

最后是联盟对象的评估与联盟伙伴的确定。联盟的组建，要按照企业所追求和期望的外在优势标准，对可能的合作伙伴作出评估，在评估时应进行能力（capability）、兼容性（compatibility）和承诺（commitment）行为考察。对合作伙伴的评估可以分三步进行：评估候选联盟成员的核心竞争力，主要包括自主知识产权等；评估候选联盟成员目标是否与本企业相匹配；评估候选联盟成员的承诺。一般说来，通过综合评估，可以有选择地进行联盟的组织。

（2）联盟创新能力的培养

知识创新能力是联盟企业核心能力的重要部分，普拉哈拉德和哈默尔定义的核心竞争力的实质就是指知识创新能力。在知识联盟条件下，提升创新能力的目的就是使联盟企业赢得持续竞争优势。联盟的知识创新能力主要包括知识创造力、吸收能力和学习能力。所以，对于知识联盟的知识创新能力的培育应从以下三个方面着手：

①创造能力的培养。创造力是指在创造性活动中与严格的制度化管理活动之间达到均衡的能力，创造性活动结合人脑积累的经验在适应环境的变化中形成，创造力产生于个人，创造性的发现或构思往往难以预料。一般说来，计划性越强，创造程度越小。对于知识联盟来说，成员企业都具有一定的创造能力，成员企业的智力资源、人力资源共同构成了联盟的创造能力，而联盟的大环境和机制是激发企业创造力的决定因素。① 知识联盟要发挥其创造能力，就要整合各成员企业的智力资源，创造一个有利于创新的机制和环境。

②创新吸收能力的培养。吸收能力是个人或组织辨别、判断、理解并运用新知识的能力。知识联盟可以把成员企业或组织的专家知识汇集在一起，创造出一种协同吸纳知识的组织。联盟组织的知识可以储备，可以更有效地将外部知识为己所用。值得注意的是，知识联盟的创新吸收能力并不是联盟中每个成员吸收能力的简单相加，因为联盟内外的沟通交流情况会影响相关知识在各成员之间的转移与利用，由于转移与利用的效果和效率不同，联盟整体的知识吸收能力也会大相径庭，这就要求进行联盟的企业在知识吸收上的交互，以此提高各企业吸收知识的综合能力。

③学习能力的培养。知识联盟的核心能力实质是“组织中的积累性学习”，而学习的载体是人，核心能力只有通过知识联盟中人的学习才能获得，所以学习能力是构成知识联盟组织创新能力的基础。一方面，学习是对其他个体的模仿与超越；另一方面，学习亦表现为人们联合起来解决复杂的问题的机制与过程，是一种自我研究和探索的活动，因此，对知识联盟的管理重点在于对组织学习的管理。企业知识联盟中各企业的自主学习是企业知识产生与增长的动力，因而应强调知识联盟的学习能力培养和学习型组织的建设。

① 李志能．智力资本经营．上海：复旦大学出版社，2001：87～103

4 虚拟企业的组建与运作

20世纪90年代以来,随着科技进步和社会发展,世界经济发生重大变化。人们根据自己生产、工作和生活的需要,对产品品种、规格以及花色式样等提出了多样化和个性化的要求,企业面对不断变化的市场,为求得生存与发展必须具有高度的柔性和快速反应能力。为此,现代企业向组织结构简单化、扁平化方向发展,于是就产生了能将知识、技术、资金、原材料、市场和管理等资源联合起来的虚拟企业。虚拟企业是信息时代实施合作竞争战略并有共同目标的若干个企业间结成战略联盟,为共创市场而实施全方位合作的一种组织虚拟或地域虚拟运作模式。如国内最大的电话机生产企业TCL集团与香港长城公司以战略联盟方式形成虚拟企业,进军家电市场,仅用三年时间,它便跃居全国彩电行业市场占有率的第三位,成为仅次于长虹和康佳的名牌企业。国内外虚拟企业成功的实例举不胜举。

4.1 虚拟企业的基本形式与特征

在市场需求、信息技术、管理理念的推动下,虚拟企业这一新的经营模式和管理理论应运而生,并迅速得到理论界和实业界的广泛关注。经过近10年的发展,虚拟企业取得了长足进步,但仍然处于发展的初步阶段,学界对虚拟企业的认识也没有完全统一。虚拟企业在发展过程中,逐步形成具有自身特色的基本形式及运作模式。

4.1.1 虚拟企业的界定

虚拟企业的概念最早起源于1991年,美国艾科卡(Iacocca)研究所学者普瑞斯、戈德曼和内格尔为国会提交了一份题为《21世纪制造企业研究:一个工业主导的观点》的研究报告,在报告中富有创造性地提出“虚拟企业”的概念,即在企业之间以市场为导向建立虚拟企业,以便能充分利用整个社会的制造资源,在激烈的竞争中取胜。①

① Kenneth Preiss, Steven L. Goldman & Roger N. Nagel. 21st Century Manufacturing Enterprises Strategy: An Industury-Led View. Iacocca Institute, Lehigh University, 1991

1992 年威廉·戴维陶、迈克尔·马隆发表《虚拟企业：21 世纪企业的构建和新生》的理论专著，从产品角度出发，对虚拟企业的概念进行了探讨。该书指出新的商业革命将围绕一种新产品——虚拟产品或服务展开，这种产品的生产“费时短，且可以同时在许多地点满足不同的客户需要”。虚拟产品的建立必然要求企业对自身组织和管理模式进行较为彻底的“修改”，以增强对来自客户的、更加细致、复杂的信息控制并掌握新的组织和生产技能，因而在这一进程中必将产生一种全新的企业形式——虚拟企业。这种企业从外部看将表现为“几乎是无边界的，在企业、供应商和顾客之间具有可渗透的、可连续变化的界面或接口。从内部看，将是非定型的，传统的办公室、部门将根据需要进行不断的改革”①。

1993 年 2 月约翰·拜恩在美国《商业周刊》（Business Week）发表了名为《虚拟企业》的封面文章，首次明确指出：为追求最大的适应性，虚拟企业是多个企业快速形成的、暂时的公司联盟，以把握快速变化的机遇。在虚拟企业中，每个伙伴都贡献出自己最擅长的能力，并共享成本、技能和进入全球化市场②。该文总结性地给出了虚拟企业作为一种组织形式应具有的 5 大特点，为虚拟企业的理论研究奠定了坚实的基础。更为可贵的是，该文给出并反映了大量工业界人士对虚拟企业的意见，并由此成为虚拟企业研究中最为经典的一篇文献。

1994 年，普瑞斯等出版了《敏捷竞争者与虚拟组织》专著，对虚拟企业进行了较深入的研究，进一步扩展了虚拟组织（Virtual Organization）涵盖的范畴，并指出虚拟组织并非全新事物，而是使用了一个或多个现有的组织机制③。普瑞斯等人的著作标志着虚拟企业理论的形成，至此，有关虚拟企业的研究进入了一个新阶段。

蒙赫 1997 年认为，有关虚拟企业的定义，“缺乏一个普遍能被接受的定义，它正处于由计算机及其应用的影响所带来的知识流的汇集处”。同时，许多不同的词语被用于相似的组织形式，这都是为了“迎接即将到来的信息时代的挑战”。词语上的差异，表达了人们对全新组织形式本质特征的探索。这些词语与定义的共同点在于：独立组织的暂时结盟；合作伙伴间的动态互换；以最终用户的需求为出发点；把合作者的主要能力结合在一起；高度利用信息及通信技

---

① William H. Davidow & Michael S. Malone. The Virtual Corporation: Structuring and Revitalizing the Corporation for the 21st Century. Harper Business, A Division of Harper Collins Publisher, 1992

② John A. Byrne. The Virtual Corporation [J]. Business Week, February 8, 1993

③ Steven L. Goldman, Roger N. Nagel. Kenneth Preiss. Agile Competitors and Virtual Organization [M]. Van Nostr and Renhold, 1994

术等①。

按照1997年利普纳克、斯坦普斯的定义，所谓“虚拟团队”是指“为了一个共同的目标，通过相互合作、共同完成任务而彼此相互关联的一组人”，他们“在现代通信技术的支持下，超越时间、空间和组织来开展工作”。根据“虚拟团队”这一解释，阿胡贾和卡尔利1998年为虚拟企业下了定义：它是一种根据地理位置来划分的组织形式，其成员受一个长期目标和共同利益的约束，并且通过信息技术来交流和协调工作。有效地管理虚拟团队常常需要各种战略有机的结合和灵活运用，它们包括人才管理战略、关系管理战略、工作管理战略、知识管理战略和技术管理战略；此外，还必须具备客观衡量虚拟工作业绩的手段，如以生产率和成本为基础的衡量方法。②

国内有学者认为：虚拟企业是指两个或多个拥有核心能力的企业或项目组，依托信息网络资源，以业务包干形式独立完成策略联盟的某一子任务块，通过共享彼此的核心能力，使共同利益目标得以实现的统一体。在企业运作中，通过策略联盟和业务外包两种形式达到彼此核心能力的共享。这里的核心能力，是一种竞争能力，是知识经济下企业具有的与众不同和难以模仿的能力，是企业生产、技术、管理、销售、服务、商标和专利等技能或资产的有机融合。③

中国台湾《经济时报》认为：虚拟企业的基本精神在于突破企业的界限，延伸企业的企图，借用外部资源进行整合，倡导经理尽可能将所有的事分包给其他成员。企业将变得小型化、分散化，公司内部投资尽可能小，以适应对市场的快速响应，从而获得全球竞争优势。④

有关虚拟企业研究的应用也在全球如火如荼地展开。美国国家工业信息体系结构协议项目耗资6千万美元、涉及18个组织，其目的是为了发展、示范和传播用于工业虚拟企业的关键支撑技术；欧盟在ESPRIT计划框架下，主要面向虚拟企业的基础结构开展了一系列研究，如LogSME、X-CITTIC、MARVELOUS等项目。现阶段，作为一种新的组织与管理运作模式，虚拟企业已开始在实际中得到广泛应用⑤。如Cisco公司将自己的主要精力集中于新产品开发与产品销售两个基本流程，而把其他环节留给了其他企业或公司。如合同制造商负责从供应商那里拿到零部件，并将其组装成产品；而一个专门的物料管理公司将确保拥有正确、合适的库存，并负责将已完成装配的产品配送给最终客户。在大多数情况

① 李俊山．虚拟企业的概念．http：//www. vipservice. com. cn，2005-04-21
② 李俊山．虚拟企业的概念．http：//www. vipservice. com. cn，2005-04-21
③ 毕波．试论虚拟企业．中国工业经济，2001（5）
④ 毕波．试论虚拟企业．中国工业经济，2001（5）
⑤ 孙宇翔．国外关于虚拟企业的研究与应用状况．经济纵横，2004（12）

下，Cisco 公司是看不到客户最后所接收到的产品的。虚拟企业应用的其他例子包括世界最大的运动鞋制造商 Nike，它除拥有关键技术研究基地外，自己却不直接负责生产；Compaq 与 Microsoft 组成的虚拟企业联合体；London Associates 公司和由 8 家从事不同专业的、分布于美国各地的公司组成的 Shipbuilding Ventures 虚拟造船厂；Intel 利用虚拟企业运作模式和日本 Sharp、NMB 公司共同开发快速闪存芯片；在电信领域，EDS、Spint 和太阳微公司（Sun Microsysterns）共同组成一个联盟，为 1998 年世界杯提供安全、新闻、管理和公共信息服务；在航空服务领域，美国航空公司、西北航空公司、大不列颠航空公司和荷兰 KLM 皇家航空公司组成的联盟已开始联合进行代码共享（Code Sharing）和一站售票安排；在零售业，沃尔玛（Wal-Mart）销售点的信息系统直接与 WestBond 制造运作公司相连接，使 WestBond 能及时为沃尔玛提供所有产品 100% 的补充；在制造业，波音公司通过伙伴虚拟网络，共同设计和制造了波音 777 飞机；在计算机业，IBM、Apple 和 Motorola 联合开发了用于新一代计算机的微处理器。

由此可见，虚拟企业由几个有共同目标和合作协议的企业组成，成员之间可以是合作伙伴，也可以是竞争对手。这就改变了过去企业之间完全你死我活的输赢（Win-Los）关系，而形成一种共赢（Win-Win）的关系。虚拟企业通过集成各成员的核心能力和资源，在管理、技术、资源等方面拥有得天独厚的竞争优势，通过分享市场机会和顾客，实现共赢的目标，以便在瞬息万变、竞争激烈的市场环境中拥有更大的获胜机会。

综合国内外学者的观点，虚拟企业是指当市场出现新机遇时，具有不同资源与优势的企业，甚至同行的竞争对手，为了共同开拓市场，共同对付其他竞争者，充分利用各自的核心能力，广泛利用以 Internet 为核心的信息技术，以外包、合作协议、战略联盟、特许经营、成立合资企业等方式组织，建立在信息网络基础之上的共享技术与信息、分担费用、联合开发的互利型企业联盟体。

虚拟企业与一般企业的区别是，从物理结构上讲，虚拟企业是两个或两个以上的企业的部分或全部单元经过有机结合而组成的企业系统，也就是说各伙伴企业抽调自己企业内的核心资源形成任务小组参与到虚拟企业中去，这种企业系统从法律上讲不具有法人资格，不能对外承担民事权利和责任；从协调机制上讲，传统企业主要靠行政权利进行部门间的协调和控制，而虚拟企业主要靠合同、协议进行协调和控制，各伙伴以网络水平联结，各伙伴企业处于平等关系。

在信息技术的应用上，传统企业的产品设计多表现为产品图样，过程主要体现为生产经验，而虚拟企业则要求建立产品的数字原型和过程仿真模型；制造过程向自动化、智能化方向过渡；另外，在经营方式上，虚拟企业更加充分利用互联网来从事经营活动。虚拟企业和传统企业之间的主要区别如表 4-1 所示①。

表 4-1　　虚拟企业与一般企业的区别

考察项目	虚拟企业	传统企业
组织模式	横向一体化组织模式	纵向一体化组织模式
生产产品类别	基于产品，维持时间较短	产品品种较固定，维持时间较长
内部机构	松散合作关系	非合作或较固定的合作关系
风险/利益分配	建立再协议的基础上，正式运行过程中，还需采取协商的态度	分配关系简单，固定
企业发展方向	根据市场机遇和竞争状态动态组合而定	按一个线性的稳定的可预测的路线发展
信息机制	在合同基础上可共享信息	保密
营销柔性	大	小
社会分工程度	到了高级程度	一般
管理方法	需要显著创新	已形成完整的科学体系
延续时间	一般较短	一般较长
竞争观念	在合作中竞争，在竞争中合作	市场只有那么大，你成功就意味着我失败

4.1.2　虚拟企业的特点

从制造角度看，虚拟企业强调的是一种新的制造模式，即虚拟制造；从经营管理角度看，虚拟企业强调的是一种新的管理理念。因此，作为一种新的组织形式，虚拟企业具有与传统企业截然不同的特点，主要表现在以下几个方面：

(1) 技术的依赖性

虚拟企业作为一种管理模式由来已久，但只有在信息技术特别是网络技术发展以后，才蓬勃发展起来。企业通过因特网、电子数据交换、企业内部局域网等实现了企业内部以及与其他企业之间的信息共享和信息交流，形成了各组织之间的平等互利的合作关系和相互交流的纽带，这就是虚拟企业得以正常运作的物质

① 蒲实．虚拟企业的运作模式研究．四川大学硕士学位论文

基础。现代信息技术和通信手段使得沟通更为便利，采用通用数据进行信息交换，可以使所有参与联盟的企业都能共享设计、生产以及营销的有关信息，从而协调步调，保证较好的合作，使虚拟企业集成出较强的竞争优势。

(2) 结构的可重构性

虚拟企业不是法律意义上完整的经济实体，不具备独立的法人资格。虚拟企业的形成在时间上具有不确定性。虚拟企业是若干成员企业为共同获得某个市场机遇的优势而组成的联盟，它必须迅速、高效地抓住每个稍纵即逝的市场机会以获得最大的利益，因此它随着市场机遇的产生而产生，随着机遇的消亡而消亡。虚拟企业本身在完成一项指定的工程后就会解散，而其成员企业将继续加入到其他虚拟企业中去。虚拟企业的边界并不是固定不变的，为了利润最大化它随时调整内部的组织结构，吸纳先进企业，抛弃落后部门，是一种动态的有自适应能力的组织。虚拟企业的组织结构也不是一成不变的，它是动态的联合体，可能是临时性的，也可能是长期性的。其范围和规模可根据需要进行调整，一个成员单位可以同时或先后加入数家虚拟企业，成员加盟或退出手续简单，一般通过协商即可解决。同时，它不像传统企业机构调整时常有的任命或罢免程序，减少了来自“人”方面的障碍。因此，组织具有动态的规模可调能力，可以以最低的柔性成本对外部需求作出敏捷的组织变化，实现资源的最佳配置。

(3) 资源组织的有效性

虚拟企业是为了某个项目而组成的，因而项目就成为组织资源的依据，所有的人力、物力都是为了完成项目而组织起来的，从而实现了资源使用的最有效性。同时，各个成员组织都为虚拟企业贡献出各自的优势资源，共同构成了实现市场机遇所需的所有资源，形成了优势资源互补的统一体，产生了强大的资源优势和竞争优势。

(4) 管理的横向协调性

传统企业的管理强调纵向性和层级负责制。虚拟企业强调的是成员间的信息沟通和对信息的共同处理能力，虚拟企业成员间针对市场的风云变幻互通有无变得更为重要。随着视讯系统、电子商务和网络技术的发展，虚拟企业成员间的沟通变得简单、有效。对企业管理人员的综合知识和信息处理能力的要求较传统企业高。

(5) 响应市场的敏捷性

在新产品的实现过程中，传统企业一般遵循的是设计—开发—试制—投产这样一种顺序工作方式，由于时间的延误使得新产品在市场上失去了竞争优势。在虚拟企业中，各个团队将实时地通过计算机网络在一起按程序工作，进行协作而不是有顺序地工作。并行作业，而不是串行作业的工作模式，不仅节约了时间和成本，以此实现的相对独立的工作还促进了各参与企业发挥各自的核心竞争力，有效地配置自己的资源，使虚拟企业整体资源得到充分利用。这样可以缩短产品从构思到产出的时间，使企业在激烈的市场竞争中占尽先机。

（6）双赢性

虚拟企业是若干成员企业为共同利益而组成的有共同目标和合作协议的组织，它抛弃了以往企业之间残酷竞争的局面，取而代之的是“共赢”的关系。在复杂多变的买方市场情况下，任何一个独立公司已越来越难单独满足客户的要求，共享市场和顾客，共享制造和人力资源，已成为企业唯一的选择，为此企业必须克服传统的竞争观念，要共同营造一种坦诚合作的“虚拟企业文化”。各企业在虚拟企业中只专注于本企业中最具有市场优势的技术即核心竞争能力，把资金和精力只投入到最具有市场效益的某一个或两个方面，通过分享或互换市场获得比某单个企业奋斗更大的收益，从而实现共赢的目标。

从虚拟企业的上述特点可以看到，虚拟企业具有较强的适应市场能力的柔性与灵捷性，是一种很有前途的合作方式。由上述虚拟企业的特点可以看出，虚拟企业从本质上讲是以实现市场机遇为目标的合作竞争型的生产组织形式。它通过谋求各类优势资源，迅速响应市场机遇，从而更快、更好地满足市场需求，达到利益最大化。

4.1.3 虚拟企业的形成机理

虚拟企业是基于全球资源而设计，其核心思想就是及时、充分、高效地开发利用全球的资金、技术、人才、信息资源，实现资源的优化组合和最佳配置。因此，无论是资源聚集的时间、速度，或是资源聚集的频繁程度和并行性方面，还是在资源聚集的地域和成效方面都是传统信息机构所无法比拟的，从而呈现出其特有的优势。虚拟企业的形成反映了时间、成本、柔性、系统效应以及学习等方面的考虑。

（1）时间方面的考虑

在全球化多变的竞争格局中，企业格外重视信息资源开发的时间和速度。这一方面是激烈竞争的结果，另一方面也反映了现代生活的快节奏特征，以及人们对时间效用的新理解。时间正成为企业新的竞争重点。企业间竞争的焦点在于能否快速地对市场的需求做出响应，包括快速地研究开发和快速地生产出令顾客满意的产品并将其快速地交送到顾客手中。由于虚拟企业组织结构柔性化的特点，使其能够抓住机遇，并能根据项目迅速寻找合作伙伴构成联盟体。组织结构较之传统的信息机构其削减了纵向层次，增加了横向联系，大大减少了信息机构决策和行动之间的时间，从而达到快速响应社会信息需求的目的。虚拟企业正是适应快速的要求，基于市场机遇而组成的一种动态的组织形式。它的组成和运行体现了快速的原则：

"时间"是选择虚拟企业组成成员的一项指标。在虚拟企业内，承担某项任务的成员往往是在该领域具有一定优势的企业，它们能够更快、更好地完成该任务；

虚拟企业贯彻并行的思想，通过其网络结构实现时间、空间和作业三维的并行设计和生产，从而在最短的时间里满足市场对企业的要求。

(2) 成本方面的考虑

低成本始终是企业参与竞争和获取利润的一项根本要求，因为高成本的企业是不可能在竞争中取得优势的。虚拟企业这种联盟的形成反映了企业在激烈的市场竞争中追求低成本的要求：虚拟企业中，整体生产能力得到了最充分的利用。因为虚拟企业是根据市场机遇针对特定任务组成的实时联合体，其成员构成仅满足任务的需要，充分反映了精干的要求，对整个生产网络来说，有着极高的生产能力利用率；利用外部资源，减少投资，降低成本。市场需求变化很快，而具体企业的核心能力往往仅限于某些方面，并且某些生产能力或技术仅为某一特定产品所必需，面对自行添置和利用外部资源两种选择，后者的成本显然要低，并且响应也快；核心企业在选择组成虚拟企业时，"成本"是选择加盟企业的一项重要指标。外部企业不具备低成本优势，不可能被核心企业所吸纳；虚拟企业应用虚拟制造技术（VMT）、并行工程（CE）等先进的生产技术和思想，大大降低了整体成本。

(3) 柔性方面的考虑

市场需求的多变导致企业生产模式向多品种、小批量发展，这要求企业从组织上和技术上都具有充分的柔性。这里的"柔性"是指适应变化的能力和特性，用以度量从某产品的生产转向另一种产品的难易程度。1965 年美国 Molins 公司在研制"系统 24"时首次提出了柔性生产（FM）的概念，到 70 年代末这种生产模式迅速发展起来。柔性生产主要依赖具有高度柔性的制造设备来实现多品种、小批量生产。它在增强制造生产的灵活性和应变能力、提高设备使用效率、缩短产品生产周期和提高产品质量等方面具有明显的优势。而近 30 年的实践证明：尽管柔性生产极大地推动了制造业的发展，但它的实际效果却与人们的期望相差甚远。其原因在于：认为技术能解决一切问题，人们把主要精力放在技术的集成上，忽略了组织的变革和人的内因发挥；高额投资使单一制造企业难以支撑；有了柔性的设备，但柔性的组织和柔性的观念还没有形成。虚拟企业柔性的形成绝不在于对设备等的大量投入，而在于有效地利用和组合现有资源，利用各独立企业的柔性制造单元构成新的柔性制造系统。虚拟企业这种即时性的组织，其形成的根本动因是响应市场机遇并产出某一产品，产品完成后组织就宣告解散，这种组织形态本身就反映了充分的柔性。

（4）系统效应方面的考虑

虚拟企业是建立在联盟成员间相互信任、密切合作、资源优化配置基础之上互惠互利的组织。联盟成员有着共同的目标，在共享资源的前提下，联盟成员的核心资源通过有目的、有意识地比较、选择和优化，有机地融合为一个整体，从而使集成资源要素的优势得以充分发挥，更为重要的是使集成体的整体功能实现倍增或涌现出新的整体功能。简言之，就是产生了其成员单独存在所没有的功能和规律，即“整体大于孤立部分之和”。也就是说，对每个参与联盟的成员来说，借助资源的双向或多向流动，使资源获得某种质和量的放大效应，从而使参与者得到一种自身扩张的效果。就联盟整体而言，由于集成了联盟成员的核心资源，资源在运行中发挥效能，系统在运行中产生效应，这个效应大大优于个体效应的总和，而系统效应又恰恰是虚拟企业高效益的源泉。

（5）学习方面的考虑

联盟成员具有极其相似的知识背景，其相互之间既具有良好的交流和学习的基础，又具备较高知识学习的能力。因此，在虚拟企业运作过程中，由于信息知识的快速传递，使得联盟成员可以通过信息知识的学习，而获得其他成员新的知识、新的管理理念、新的信息技术等。通过学习加快获取知识的速度，提高学习效率，缩短学习周期，加速知识创新，从而达到事半功倍的效果。同时，通过成员间的学习，可以使其始终保持学习能力，使成员及时地消除信息资源开发中的知识障碍，不断地突破原有的知识极限，使得群体的智力保持持续发展的态势，从而产生巨大的、持久的创造力。从某种意义上说，建立虚拟企业的目的是通过学习而获得竞争优势，通过学习使可持续优势得以加强，核心专长得以扩展。由此可见，虚拟企业不但重视个人学习和个人智力的发展，更强调联盟成员的合作学习和群体智力的开发，从而不断地获取新的创意，使创新能力持续提高。

4.1.4 虚拟企业的基本形式

根据虚拟企业整合的目的，虚拟企业组织形式可分为基于项目的虚拟企业，基于产品的虚拟企业和基于服务的虚拟企业①：

（1）基于项目的虚拟企业

这类虚拟企业往往存在于大型建设项目之中，组建成员可以是单个的真实企业，也可以是另外的虚拟企业。目的在于共同承担高额投资，分散风险，降低成本。1994 年展出的新型宽体客机波音 777 就是一例。这架客机由美、英、法、加、日等国大公司 34 个工作小组共同完成，整个过程完全在网络上进行，依靠

① 郭长宇，李向阳．虚拟企业概念诠释．哈尔滨工业大学学报（社会科学版），2003（2）

网上信息的充分交流和计算机仿真技术的应用，各零部件之间拟合度十分地精确，组装中没有出现一次返工，既大大提高了功效，又取得了良好的质量效果。

（2）基于产品的虚拟企业

这类虚拟企业往往是由一个核心企业设计一种产品方案或对外承担一项产品任务，在对关键性资源进行控制的前提下，根据需要选择不同地区的企业共同完成。在整个过程中，实行并行管理。在高科技全球制造企业中，这种虚拟企业集成方式更显优势。如美国的耐克公司，作为一家生产运动鞋的厂商，它却连一家工厂也没有，而是集中公司资源专供产品设计和行销，生产则委托给人工成本较低的新兴国家代为加工生产，从而可以很快适应市场变化，保持高强性的竞争优势。

（3）基于服务的虚拟企业

服务业中的联合订票系统、联合导游系统、网络就诊系统等就是通过网络化组合发挥远程通信设施的功能，为社会提供各种信息产品或虚拟信息服务产品的，从而大大提高了社会服务功能，降低了服务成本和机会成本。另外，还有基于技术的联盟，基于资金的联盟，基于开拓市场的联盟等。但虚拟企业的盟主开始组建虚拟企业时，可根据所获得的具体的市场基于的情况选择合适的联盟组织形式。

4.1.5 虚拟企业的运作模式

虚拟企业的核心，就是在企业资源有限的情况下，为了取得竞争的最大优势，企业仅保留关键功能，而将其他功能通过各种方式借助外力进行整合。纵观各国虚拟企业的运作模式，形式很多，但真正运作成功的模式，主要有以下几种类型：

（1）虚拟生产

虚拟生产是虚拟经营的最初形式，它以外包加工为特点，是指企业将产品的直接生产功能弱化，将生产功能以外包形式交给其他企业去完成，而自己只留下最具优势并且附加值最高的开发和营销功能，并强化这些部门的组织管理。菲尔·耐克可以说是虚拟生产的最成功管理者。耐克公司的管理者不必为固定资产的折旧与更换而发愁，也不必为生产库存方式绞尽脑汁。耐克公司的经理们只是集中本部的资源，专攻附加值最高的设计和行销，他们来往于世界各地，把设计好的样品与图纸交给劳动力成本较低的新兴国家，最后验收产品，贴上耐克的商标在世界范围内销售。由于公司在生产上的虚拟化，避免了很多生产环节的管理，使本部人员相当精简又充满活力。这样，公司就有更多的精力关注产品设计和市场销售方面的问题。他们能够及时收集市场信息，反映在产品设计和市场规划上，然后快速由世界各地的签约厂商生产出产品。耐克公司以虚拟生产的方式成为世界上最大的运动鞋制造商之一。

国外著名的电器制造商近年来也采用了虚拟生产的模式，如日本的索尼、松下等电器公司，其在中国市场上销售的产品基本上是由马来西亚、新加坡、泰国等劳动力成本较低的国家生产的，而公司总部则集中进行新产品的开发和营销战略的实施。如波音，顶尖的飞机制造公司，却只生产座舱和翼尖；全球闻名的戴尔和思科公司都是外包出色的企业，它们都打算通过外包实现无工厂经营，达到百分之百的生产虚拟。美国可口可乐、德国大众等公司，通过合资、合作、委托生产等多种形式，最大限度地缩小本公司制造产品的规模，快速组织本公司以外的企业制造产品，不仅大量减少制造支出费用和资金占用，还能充分利用他人廉价劳动和要素投入，将产品制造中的质量、交货时间等风险分散到参加产品制造的企业，无论是市场经营效益，还是企业内部管理效率都大为提高。

以思科公司为例，思科公司向一级供货商授权的外包模式是生产虚拟的代表，它将80%的产品生产业务通过“生产在线”网站实行外包。其具体措施是，利用局域网将思科资源计划（ERP）系统与全球100多个一级供货商链接，一级供货商被授权用密码使自己的浏览器进入思科公司数据库，它们可与思科公司共享订单，得到具体承包供货的品种、数量和质量标准等说明；一级供货商需要的其他信息也可从思科公司数据库得到。一级供货商再将部分或大部分业务分包给大中小型分包商，一级供货商不仅能完成80%的局部装配工作，还能承担50%的总装任务，并定期将组装好的网络设备送到思科公司客户手中。这样，一级供货商就成为思科公司生产虚拟的关键环节（见图4-1）。

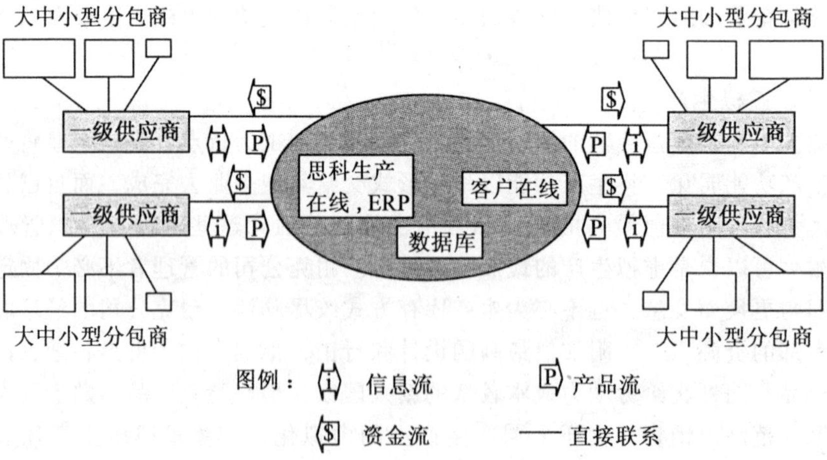

图4-1 思科公司向一级供货商授权的生产虚拟①

① 资料来源：Well, Peter. Place to Space: Migrating to e-Business Models, Boston, Harvard Business School Press, 2001

(2) 企业共生

企业共生是指当几家企业有着共同的需要，而其本身并不擅长这方面的工作，出于对技术保密或成本的考虑，针对不愿外包的部分，共同出资建立专业化的厂家来生产，并共同分享利益，负担成本。如银行并不擅长信息管理，不想外包，又不愿意独自负担培养专业人员的成本，于是，可由几家银行成立专门处理电脑信息业务的部门，因为合并后的信息业务足以达到规模经济，可以达到节省成本的目的。

(3) 人员虚拟

这是一种借脑、集智活动，是企业将内外智力资源结合以弥补自身智力资源不足的一种管理模式，如一些咨询、调查、策划公司，还有一些媒体等。这些机构一般拥有雄厚的人才、信息、技术和专业知识技能等方面的优势。借助其“智囊团”功能，可以帮助企业解决营销管理方面的一系列问题，参与企业广告策划、市场预测、法律咨询、信息系统设计和战略计划制定等工作。随着市场竞争的日益加剧，市场需求变化加快以及技术开发的复杂性显著增加，即使是大型企业，如果要完全依靠自身力量来赢得竞争优势也非常困难。因此，越来越多的企业开始借助外部的人才资源以弥补自身的智力资源不足，如乐凯公司聘请麦肯锡、罗兰贝格咨询公司的管理专家为其作战略规划、管理咨询；惠普公司常年聘请许多来自不同领域的技术、管理专家组成公司的高级智囊团，参加企业的发展规划，并帮助解决生产经营过程中的具体问题，从而发挥企业内外人才优势互补和集成的作用。惠普正是以人员特别是智力资源虚拟的方式来集中知识优势，使企业处于不败之地。人员虚拟的最大特点：在人事上，打破传统的组织界限，人力资源多是企业外部的管理专家或其他方面的专家，企业有时可以不设人力资源部门，对员工的培训可以委托专门的培训机构完成。

(4) 功能虚拟

功能虚拟指的是企业借助外部具有优势的某一方面功能资源与自身资源相结合，以弥补自身的某一方面功能不足的一种管理方法。这是一种局部虚拟化的运作模式。一般而言，任何企业的资源相对于整个外部市场来说都是极其有限的，因而在企业内部总有一些部门的功能由于受到资源限制而显得弱一些，有时甚至会形成功能“真空”。例如，有的企业技术开发力量强大，却缺乏规模化生产的条件；有的企业生产条件优越，却没有完善的营销机构。在这种情况下，企业可以实施功能虚拟化策略，即借用外部力量来改善劣势部门的功能，使之能与其他企业优势部门相配合。在这种模式中，可以对企业的任何一个部门的功能进行虚拟化，如技术开发部门、生产制造部门、产品营销部门等等。功能虚拟化形式包括虚拟营销、虚拟储运、虚拟广告设计、虚拟结算和虚拟制造等。如微软、康柏、松下、爱立信等著名厂商进入中国市场都是采用虚拟营销的方式来实现的。

全球最大的互联网设备提供商思科系统公司则成功地采用了虚拟结算和虚拟制造系统，使其具有强大的竞争力。杜邦公司庞大的信息技术业务部门原有4000多人，它在全世界有6.5万台计算器在运行，在美国有两个服务器中心，在德国有一个服务器中心，它还建立了自己的局域网（LANs）和广域网（WANs），用以连接它在全球各地的员工。为集中资源加强其作为核心能力的化工业务，杜邦公司在1993年将其庞大的信息技术业务外包给计算器科学公司（CSC），由CSC管理杜邦公司在全球的所有计算器、服务器中心、局域网、广域网、长途通信和软件应用，培训和提高杜邦公司员工应用信息技术的能力。这一价值40多亿美元、为期10年的外包合同意味着杜邦公司信息技术业务部门的虚拟化，这一虚拟化的最初5年使该部门的成本降低了45%。

（5）战略联盟

它是指几家公司拥有不同的关键资源，而彼此的市场有某一程度的区隔，为了彼此的利益，交换彼此的资源，以创造竞争优势。如微软初出茅庐时就将“视窗”与IBM公司联盟。“视窗”是优秀的面向对象的用户友好界面，IBM则是久负盛名的PC制造商，双方在联盟中共赢。世界著名的康柏电脑公司为了迅速进入不熟悉的个人电脑市场，获得竞争优势，一开始就与十多家知名的软硬件公司结成战略联盟，再加上康柏的大部分零件均采用外包加工方式生产，本身仅掌握快速的研究与开发能力及行销网络。如此轻巧的高弹性组合，配合低价策略，使它迅速进入个人电脑市场，成为全球个人电脑的第一品牌。为了与欧洲空中客车竞争，美国波音与日本三菱、富士和川倚重工结成国际战略联盟，共同出资40亿美元，开发波音777客机等。日本的JVC公司与法国的辛普森公司两者之间的实质是互换技能，辛普森公司需要产品技术和制造技术，而JVC公司需要知道如何在分散的欧洲市场上销售录像机产品，由于两者的优势互补，联盟取得了成功。美国微波通信公司、数字设备公司和微软公司之间结成的销售联盟，也是虚拟企业中战略联盟策略的实际运用。

（6）品牌虚拟经营

品牌策略对每一个虚拟企业来说都是非常重要的，此时需要虚拟企业将自己的核心功能当作名牌商品一样去培育、去维护，提高其知名度、美誉度和忠诚度，赢得较强的市场竞争能力。品牌虚拟经营实现了品牌与生产的分离，使生产者更专注于生产，从而使品牌持有者从烦琐的生产事务中解脱出来，得以专注于技术、服务与品牌推广。耐克是品牌虚拟经营战略最为成功的企业之一。深圳意丹奴服饰有限公司既不是制造商，也不是批发商，更不是零售商，它只是品牌商，它的工作就是塑造品牌、维护品牌。它通过表象策划、物流系统、训练中心和信息工作4项品牌管理支柱很快地整合了制造商、加盟商，仅用了2年多时间便使200万元的公司资产发展到2亿元。

4.2 虚拟企业的组建

虚拟墨西哥公司（Virtual Mexican Company，VMC）拥有一条以提供柔性的高效的产品为重点的、专业的、独家的和高质量的工作车间生产线。它的主要生产领域包括：丝绸屏风、金属制造、纺织品制作、塑料注射器和陶瓷装饰品。VMC 通过组建虚拟企业来提高生产线效率、增加产品和服务满足市场需求。

在此虚拟企业中，VMC 扮演的是一个核心企业的角色。首先，它要识别出市场机遇和顾客的特殊要求。然后，VMC 寻找可能满足需求的合作伙伴。一旦合作伙伴被选定，VMC 就购买原材料和制定产品生产顺序。一旦获得了这三个要素（合作伙伴、原材料和流程顺序），生产就可以开始，虚拟企业就开始正式运作。最后，最终产品及时被送到顾客手中。

VMC 将合作伙伴选择视为成功组建虚拟企业的一个重要过程。在选择合作伙伴过程，VMC 评价潜在合作伙伴的标准有：可获得性；价格好；愿意进行较长时间的业务；产品保持持续的质量；优秀的送货期。

在虚拟企业运作过程中，VMC 只从事三类核心活动：产品开发、过程设计和市场营销，其他活动则由合作伙伴去完成。

VMC 组建的虚拟企业运作基础设施有：

文化基础设施：VMC 建立了一种企业文化，几乎每天都要与几个主要的合作伙伴进行沟通。为了建立一个成功虚拟企业，VMC 必须显示出它是一个民主的、信任合作伙伴的公司。

法律基础设施：VMC 和不同产业群中的合作伙伴之间的合同通常是口头的，没有法律文件，因此 VMC 必须信任合作伙伴的承诺。

物理基础设施：为了能够运作虚拟基础设施，VMC 通过电话、传真和收音机和合作伙伴进行沟通。

信息基础设施：VMC 没有开发一套电子数据库。现在 VMC 使用一个包含合作伙伴主要数据的议事日程来联系合作伙伴，从而抓住市场机遇。然而，建立一个正式的合作伙伴电子数据库是他们将来优先的选择之一，电子数据库将能更有效地收集他们需要的可能合作伙伴的所有信息①。

从 VMC 组建虚拟企业的案例中可得到以下启示：

在组建虚拟企业前，核心企业必须开发信息模型来明确产品、业务流程与技术的关系，便于建立未来合作伙伴群体；

对合作伙伴进行分类，便于选择合适的合作伙伴；

---

① 陆先明，叶飞．虚拟企业实例分析．现代管理科学，2004（4）

建立一个民主、相互信任的文化基础设施；

明确合作各方的职责，与合作伙伴签订正式的合约；

与合作伙伴经常进行沟通；

建立电子数据库，存储合作伙伴的信息，这样就可以在合适时间与合适地点获得合适的所需信息。

虚拟企业是实现敏捷制造的企业组织形式，是在全球市场不断变化的环境下形成的跨企业的动态组织，不仅要实现企业间信息的集成，而且要实现企业间过程的集成，而它的组建往往又要求快速完成。然而，虚拟企业的运行并不都是成功的例子，这是因为在组建过程中存在着许多的误区，如：组建目标不明确，盲目追求短期利益，缺乏相互信任，成员选择盲目，运行管理不完善等等。因此，虚拟企业的组建对成功实现虚拟企业至关重要。

4.2.1 虚拟企业组建的基础

虚拟企业组建的前提是市场机遇和核心能力，在虚拟企业的创建过程中，关键要素主要包括市场机遇（Opportunity）、核心能力（Core Competencies）、合作伙伴（Partner）、敏捷性度量（Agility Metrics）及组织模式（Organization），其具体内容如表 4-2 所示。

表 4-2 **虚拟企业组建过程的关键要素**

	功能/地位	要求
市场机遇	组建虚拟企业的动因	运用网络等先进手段，分析并明确其可行性
核心能力	虚拟企业中的成员企业的存在基础	明晰各协作企业在虚拟企业中的存在价值
合作伙伴	虚拟企业成功组建的关键	要求协作企业资源匹配、优势突出
敏捷性度量	对市场的快速反应、竞争力的保证	及时提供协作企业及虚拟企业的运行状况
组织模式	整合外部资源的基础	扁平动态网、既有可重构能力

面对不断变化和不可预测的市场环境，虚拟企业要以最快速度建立跨企业的灵活动态组织，快速集成企业内外部资源和优势，抓住机遇，迅速响应。为实现这一目标，虚拟企业的组建应该在以下 3 个方面的基础上进行。①

① 楚雪平，刘建亭，崔凤奎．动态联盟组建机制．新技术新工艺，2005（1）

(1) 建立稳定可靠的企业网络

虚拟企业的首要基础是动态的企业网络。在企业网上仅集中本企业最具竞争优势的领域，而将其他的领域以协议、契约等方式委托给其他企业，借助外部资源进行弥补，以寻求整体和个体的双层优化。对虚拟企业来说，各联盟成员之间建立紧密而又和谐的关系与先进的技术同等重要，因此，组建虚拟企业首先要在企业之间建立稳定可靠的企业网络。

(2) 具有完整高效的供应链管理系统

供应链管理作为虚拟企业的重要组成和关键因素，在很大程度上决定着虚拟企业的成败。供应链管理系统需要集成分布在不同地域的系统，是一种集成的管理理念和方法。

(3) 进行业务流程重组

虚拟企业的组建涉及多个企业间的集成，因为联盟成员在地理位置上分散，操作系统和网络通信协议千差万别，企业文化各不相同，进行业务流程重组是实现虚拟企业管理优化的重要途径。虚拟企业是实现敏捷制造的企业组织形式，所以虚拟企业的组建过程要遵循敏捷性的设计原则，即组建的虚拟企业的组织模式应具有可重组、可重用、可扩充（RRS）的特性，联盟成员之间共享统一分布式计算框架处理异构对象，统一的信息标准转换异构信息，成员间实现信息的无缝交流。

4.2.2 虚拟企业组建的复杂性分析

虚拟企业的复杂性是指各成员企业为了实现此组织的系统功能而发生的各种非线性的相互作用关系①。

(1) 组建虚拟企业基础设备的复杂性

虚拟企业是信息时代的产物，通过信息网络进行信息沟通是虚拟企业运作的基础，也是界定虚拟企业的基本特征之一。但是虚拟企业的信息集成并不是一件简单的事，它要求虚拟企业具有性能优良的信息系统。而虚拟企业的时效性、动态性等特性使得它的信息系统与一般企业的信息系统具有显著区别：虚拟企业必须是可重构的、可重用的和可扩充的；具有信息集成和辅助能力；能面向企业资源共享与优化合作，提供全球供应链的接口；可以实现信息的无缝传递等。从这里可看出虚拟企业信息系统的组建是相当复杂的，目前虚拟企业信息系统的研究还处于理论设想阶段。

(2) 寻求和管理虚拟企业合作伙伴的复杂性

虚拟企业合作伙伴的寻找包括在网上发布合作伙伴需求信息，同潜在合作伙

---

① 毛果平．基于复杂性分析的虚拟企业研究．湖南大学硕士学位论文

伴进行沟通，对潜在合作伙伴进行初步评价，对最终的合作伙伴进行定量评价及根据评价结果选择最佳合作伙伴，同合作伙伴进行签约。虚拟企业合作伙伴的管理更是一个复杂过程，其管理内容包括：合作伙伴的信任管理，即增强合作伙伴的忠诚度与信任感；合作伙伴的冲突管理，虚拟企业的成员企业来自不同国家和地区，极易发生冲突，如何管理好虚拟企业中的冲突也是虚拟企业管理的重要内容；虚拟企业成员企业之间利益分配，虚拟企业是以利益为驱动的，能否合理地制定利益分配方案是虚拟企业成功运作的关键；虚拟企业合作伙伴绩效考核与传统企业绩效考核完全不一样，它应是一个动态过程，虚拟企业的监督控制小组在整个虚拟企业运作过程中要不断地对虚拟企业的成员企业进行监督考核。

（3）虚拟企业资源重组与组织模式设计的复杂性

在虚拟企业运作之前有必要对成员企业的资源进行优化重组，使其产生系统功能。但虚拟企业自身的特性使得其资源重组与传统企业的资源重组具有很大的不同：

①虚拟企业资源重组对象是成员企业，因此在资源重组过程中会遇到许多冲突，而这种冲突只能依靠盟主进行协调；而传统企业在资源重组过程中所遇到的阻碍相对来讲要小多了，而且非常容易进行协调。

②虚拟企业是以机遇为驱动的，是面向产品的临时性组织。为了缩短开发时间，在产品开发的过程中经常采用并行工程技术，而实际上并行工程的实施本身就是一个非常复杂的过程。①

③为了更好地适应市场环境，在资源重组与集成时要考虑如何保持虚拟企业柔性，这也是虚拟企业资源重组与集成的难点之一。

④虚拟企业的资源重组与集成不仅包括实体资源的重组，而且包括成员企业的核心能力与知识的集成。但由于成员能力与知识评价及识别的模糊性，给资源集成带来一定困难。

⑤在资源重组优化过程中盟主一般应采用相应的决策支持仿真软件，而目前虚拟企业资源重组优化条件还不成熟，这也为虚拟企业资源重组带来困难。

在虚拟企业运作组织模式选择方面，一般认为虚拟企业有5种基本运作模式：供应链式、即插兼容式、虚拟合作式、资源外包式和合资经营式②，而实际运作过程中往往会综合地利用多种基本模式；但决定选择何种组织模式也是一个复杂的过程，盟主不仅要考虑市场机遇的特性、自身能力、成员企业能力而且要分析外部市场的复杂性，在运作过程中往往会由于外部市场的变化而需对组织模式做相应的改动。

---

① 谢列卫．产品的并行开发模式及提高并行度的方法．机械科学与技术，2001（3）

② 叶丹等．敏捷虚拟组织形态及描述方法．高技术通讯，1997（7）

(4) 虚拟企业制定生产计划的复杂性

与传统企业一样，虚拟企业运作中也要制定生产计划与资源分配计划，其过程比传统企业复杂得多。在制定生产计划时不仅要考虑成员企业的能力，而且要考虑与之相关的成员企业的协助能力，生产计划制定是一个协商过程。资源分配计划制定往往是争议最大的方面，资源分配计划制定不合理会是虚拟企业运作失败的重要方面之一。

上述分析的虚拟企业复杂问题的解决方法实际上也是虚拟企业成功运作所必需的关键技术，因此对虚拟企业复杂性的研究可以帮助盟主提高虚拟企业运作的成功率。

4.2.3 虚拟企业的组建过程

与传统企业的建立程序相比，虚拟企业不具有法人资格，不具有固定的场地，不需经过法定的审批程序和厂址选择等一般组建过程，但它必须遵循一定程序，包括市场机遇的描述，核心资源的界定，合作伙伴的选择，合作方式的确定，合作协议的签订。企业在组建虚拟企业时，必须详细分析自身所处的内外部环境，弄清自身的优势、劣势和外界资源状况。准确定位虚拟方向，选择正确合适的联盟伙伴。为了达到这一目的，必须按一定的组建流程进行。

(1) 虚拟企业组建过程流程图

虚拟企业随着市场机会的出现而建立，并随着利益的消失而解体，具有生命周期。它不是完全固定的，而是敏捷的自组织系统，其生命周期主要包括4个阶段：创建、构造、运行及解体。具体而言，虚拟企业的构建过程包括目标确定、联盟组建、联盟运行、联盟解体4个阶段，如图4-2所示①。

从图4-2可以看出，虚拟企业组建的第一阶段是目标确定，主要包括机遇寻求与评估分析、差距分析与目标确定两个主要步骤。机遇寻求与评估分析是识别市场机遇和确定响应该机遇所需核心资源的过程。本步骤涉及4个连续的过程：

①机遇寻求与识别，即企业基于创新意识，通过公共信息网络、面对面顾客调查等多种方式收集与分析市场信息，寻求与发现市场机遇。

②机遇描述与定义，即企业对确定的机遇进行描述，主要考虑机遇产品的属性、机遇的持续期及其约束条件等；当新的市场机遇出现时，核心企业需要对其进行分析判断，并明确机遇实现的原因、目的、时间、地点、方式，以及实现的可能性、风险性、经济性，只有将市场机遇的基本内容描述清楚，才能进一步构筑实现机遇的网络组织结构。

③核心能力确定，即分析并确定响应机遇所需的核心能力。由于市场机遇的

① 楚雪平，刘建亭，崔凤奎. 动态联盟组建机制. 新技术新工艺，2005 (1)

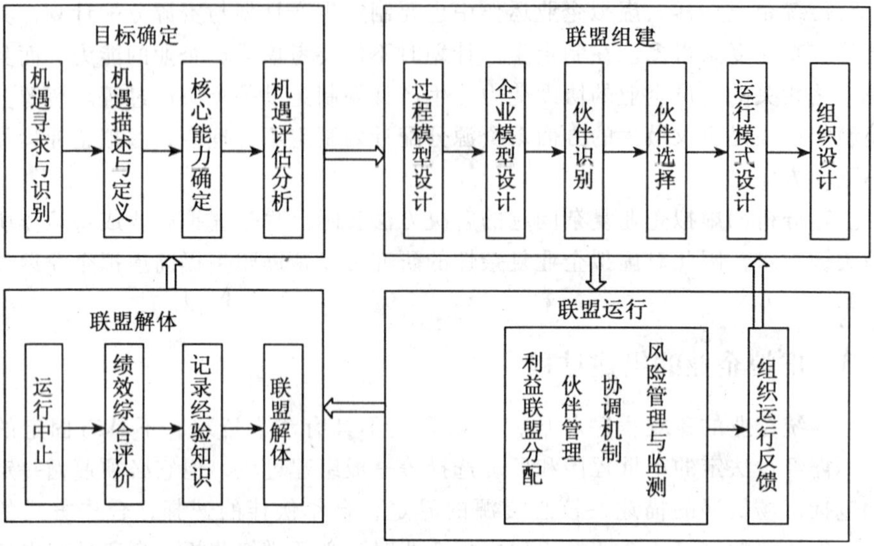

图 4-2 虚拟企业组建过程

资源尤其是核心资源可能分属不同的企业所有，所以必须明确界定各成员企业具有互补性的核心资源。专有技术与关键功能，这是选择合作伙伴的前提与基础。

④机遇评估分析，即企业通过各种效益/风险分析模型与方法评估响应机遇的风险和可能的获利情况，以决定是否响应该机遇。差距分析与目标确定是分析企业现有能力同机遇所需求的核心能力之间的差距，以决定是否建立虚拟企业及确定本企业响应机遇所预期的效益目标。

第二阶段是联盟建模与伙伴选择。该阶段包括虚拟企业过程模型设计、企业模型设计和成员企业选择与评估等工作。虚拟企业通过一系列过程响应市场机遇，因此，机遇的实现过程模型设计是该阶段的首要步骤。为了更准确地描述虚拟企业，在过程模型基础上，还需要建立虚拟企业模型。该模型不仅包括机遇的实现过程，而且还包括了虚拟企业的组织、资源及信息等方面的内容。通过前述两项设计，基本确定了欲建立的虚拟企业可达到的敏捷性，并对后续过程中成员企业的选择及其过程重组等提出要求，因此，对设计好的虚拟企业过程模型及企业模型应进行敏捷性度量和过程仿真以实现优化。在完成虚拟企业过程模型与企业模型设计之后，就可进行联盟中其他成员企业的选择与评估。首先，寻找出具备所需核心能力的潜在成员企业，与之进行交流与接触。接着，对每一潜在成员企业进行描述与敏捷性分析，进一步确定潜在的成员企业范围。然后，根据潜在成员企业的情况，调整在此之前建立的虚拟企业模型，甚至过程模型。最后，综合考虑联盟发起企业的战略目标、联盟企业模型、联盟过程模型和各潜在成员企业情况等因素，确定一个最优的虚拟企业构成方案及各成员企业的参与方式，然后进行虚拟企业组织设计，包括项目组定义、虚拟企业组织设计、利益/风险分配策略的确定等步骤。要根据虚拟企业的机遇实现过程定义虚拟企业项目组。组织设计是依据已建立的虚拟企业模型、各成员企业的最佳参与方式和已定义好的虚拟企业项目组，设计虚拟企业的组织，确定各成员企业中参与虚拟企业的Team组织形式及将不同成员企业中的Team组成虚拟企业项目组的方案等。对成员企业来说，组建虚拟企业的根本目的是获取经济效益，因此，在虚拟企业中应有恰当的利益/风险分配策略。在虚拟企业的组织设计好后，应根据各成员企业在联盟中的参与形式和投入的多少等决定利益/风险分配策略。依照前述组织设计结果，各成员企业对其内部作调整或重组，相互之间联结起来，实际组建虚拟企业。

第三阶段是联盟的运行。传统企业间的合作需经过三番五次的面对面的谈判，并形成白纸黑字的合同，合同具有法律效力。然而，为了达到资源的有效配置，虚拟企业往往是跨地区甚至是跨国界的不同企业间的合作，按照传统的方式进行合同的确认，从时间上和成本上都不能保证其优势，因此如何完善法律条款使网络合同合法化是一个值得考虑的问题。此外，合作伙伴间风险分散是虚拟企业的另一个主要特征。由于设计、生产、制造、销售等环节分别由具有核心能力的企业分担，从而经营风险分散。但是，由于虚拟企业经常是一次性的理性合作，由于信息的不完备往往会出现败德行为，从而增加资金套牢、技术机密外泄等风险。因此，有必要对合作伙伴进行约束，加强协调管理，并对风险进行防范与监测。对参与虚拟企业的伙伴来说，取得一定的经济收益是其根本目的。虚拟企业建立的同时也意味着一个新的利益分配格局的产生，如何合理设计虚拟企业间的利益分配是虚拟企业实际运作过程中必须要解决的问题。

最后一个阶段就是联盟的解体。当市场机会消失或主要参与方提出终止虚拟企业运行时，根据有关合同条款的规定，终止运行并进行资产清算。至此虚拟企业正式解体。虚拟企业存在的时间取决于机遇产品的生命周期，一旦完成向顾客提供所需的产品和服务后就宣告结束或组建另一虚拟企业。虚拟企业解散时应该考虑的主要问题是机遇产品或服务交给顾客后的后续工作。例如，联合设计完成后，对后续的生产问题如何处理，谁来提供服务，产品或服务交给最终用户后，出现质量问题，由谁来负责等。因此，必须明确规定成员企业之间如何共同承担由虚拟企业完成的产品或服务的后续责任和义务。

（2）虚拟企业的组建要素

虚拟企业是基于合作的网络化分布式的组织形式，其系统综合、复杂。因此，在其建立过程中会涉及技术网络、信息技术、信息网络、核心资源、合作伙伴、约束机制等许多相关的因素①。

①技术网络。共享知识网络平台是支持虚拟企业运行的核心，是其运行的基础平台。它包括各个联盟成员核心能力或核心能力产生的可以共享的知识，同时也包括虚拟企业各个伙伴核心能力中不能实现共享的核心技术。作为一种外部资源整合的手段，虚拟企业依靠知识网络的建立来弥补单个信息机构知识、技术等方面的不足，并通过能力互补和伙伴合作，形成整体效应。

②信息技术。虚拟企业的实际建立与运作还需依靠各种先进信息技术的支持。基于Internet/lntranet的信息机构网络的建立，它可以帮助盟主在更大范围内寻找合适的联盟伙伴，可以支持联盟成员间的信息传递，使得异地组织虚拟企业成为可能；各种标准化工作如超文本数据交换标准SGML等可以使联盟成员间的信息交换迅速、及时、准确；数据库技术是实现信息机构内和成员间集成的技术保障；管理系统及决策支持技术可以支持联盟在建立与运行过程中进行决策；集成化的动态组织管理与决策支撑环境面向虚拟企业整个生命周期，将各种先进的技术集成为一体，支持虚拟企业建立、管理运行；开放式分布协调信息技术解决异构计算机系统的互操作问题。这些技术共同构成虚拟企业信息技术基础。

③信息网络。信息网络为虚拟企业提供了一个对社会信息需求及时响应的运作平台，它是实现联盟伙伴之间沟通、协调和技术信息共享的基础。充分利用信息网络，虚拟企业能低成本、快速地实现异地分布式联盟成员之间的合作和协调，从而极大地拓宽虚拟企业的应用范围。信息网络既能提高联盟对社会信息需求不确定的应对能力，减少联盟成员在信息资源开发中不必要的重复，更能随着信息的合理流动，增强整体功能的发挥，达到项目的最终实现。

④核心资源。核心资源是信息机构响应社会信息需求、参与竞争所依赖的能力和资源。当面临机遇时，信息机构首先考虑是否拥有相应的核心资源。同时，核心资源又是选择联盟伙伴的依据，只有拥有核心资源的信息机构才能成为虚拟企业的成员。因此，在建立虚拟企业的过程中，需要对信息机构自身和伙伴的核心资源进行充分的分析和评估。

⑤合作伙伴。虚拟企业是联盟成员基于合作和优势互补形成的利益共同体，其基本指导思想就是让联盟成员做自己最擅长的那部分工作。因此，在选择联盟成员时要明确各成员的特长，即他们各自的竞争优势，能够迅速抓住机遇的核心企业被称为虚拟企业中的盟主。盟主根据项目的实现过程和要求的核心资源寻找合作伙伴。这些伙伴是拥有项目所需不同的核心资源，它们根据联盟的要求迅速以自身的技术、人力、信息资源等参与联盟。因此，合作伙伴的选择是建立虚拟企业的关键环节之一，直接关系到虚拟企业最终的成败。除了拥有核心资源外，

---

① 叶宏．动态联盟：信息资源开发中新的运作模式．情报杂志，2005（1）

伙伴之间良好的通信连通性、跨组织的参与性，以及联盟成员自身的组织及过程具备可重组的能力都是不可或缺的。

⑥约束机制。虚拟企业仅靠传统的直接控制方法是无法满足其决策、管理及运行的。由于联盟成员各自具有独立的自治能力，其成员间不存在权力的制衡，更不是等级关系，无法用集中的方法来加以控制。其运行并不是仅仅依靠建立成员间良好的信任和理解关系就能实现的。在实际运行过程中，还需要通过相应的规范和协议等阻止破坏伙伴关系的稳定性，影响虚拟企业运行效率的行为发生，从而使伙伴关系始终建立在信任、稳定的基础上，促进虚拟企业系统不断完善。虚拟企业复杂系统适应环境变化的功能是靠基本协议和基本规则，通过自组织的相互作用方法而形成的。这种基于规则与协议的自组织方式是复杂系统进行控制与协调的先进策略。

(3) 虚拟企业合作伙伴的选择

图 4-3 是伙伴选择决策流程图①，从图中可以看出，整个决策过程主要包括以下几个方面：

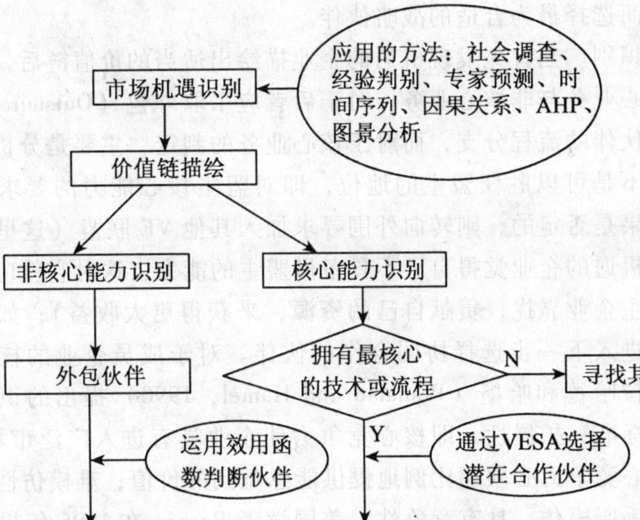

图 4-3 虚拟企业伙伴选择的决策流程图

①市场机遇识别。市场机遇是指顾客对新产品及服务的需求或原有产品的更新换代。机遇具有时间性、约束性及效益风险等特性。虚拟企业是一种为捕捉机

① 夏静波，张鸣龙．虚拟企业伙伴选择的决策流程构建．经济经纬，2005（1）

遇而存在的临时性组织，为此，盟主在组建虚拟企业之前首要的任务就是识别市场机遇。当然，这种机遇可能是由其他企业首先意识到的。无论是盟主还是其他成员企业，统称为首先发现市场机遇的企业。市场机遇来自对环境的分析，因此市场机遇识别的一个重要环节就是对企业环境进行分析。企业环境分析又包括外部环境分析、宏观环境分析和微观环境分析。分析所采用的方法有社会调查法、经验判别法、专家预测法、时间序列法、因果关系法、层次分析法（AHP）、图景分析法等。有时可能会出现多个机遇，但由于资源有限，必须有所取舍。对于此类非结构化选择问题，AHP 是一种非常好的选择工具。人们通常利用 AHP 对多个机遇进行定性与定量分析，根据自身的资源和可能获取的外部资源选择出最有价值的机遇。

②价值链描绘。针对上一步骤所选定的市场机遇，描绘出要提供相应的产品或者服务所需要的价值活动，从研发、设计、制造、营销、维护等分析每一环节所必需的功能，给出大致的产品发展过程框架。在众多的价值活动中，并不是每一活动或环节都能为企业的价值创造做出很大贡献，其中某些特定的价值活动相对更为重要，我们称之为“战略环节”。价值链的描绘就是帮助虚拟企业抓住这些战略环节，从而选择最为合适的战略伙伴。

③核心能力识别。当首先发现机遇的企业描绘出适当的价值链后，接下来的工作就是区分核心业务与非核心业务。对于后者应采取外包（Outsourcing）的形式进入选择外包伙伴的流程分支，而对于核心业务的判定，主要是分析自身所拥有的核心能力是不是可以胜任盟主的地位，即对盟主核心能力的要求及判定问题。如果判定结果是否定的，则转向外围寻求加入其他 VE 联盟（这里需要说明的是，如果发现机遇的企业觉得自己不具备做盟主的能力，这时它就应该积极向相关有能力的盟主企业靠拢，贡献自己的资源，来获得更大收益）；如果判定结果是肯定的，则进入下一步选择协同合作的伙伴。对于成员企业的核心能力识别，通常采用普拉哈德和哈墨（Prahalad and Hamel，1990）提出的识别核心竞争力的 3 种检验标准：扩展性，即核心竞争力使企业具有进入广泛市场的潜力；贡献价值，即核心竞争力必须超比例地提供能感觉到的价值；难模仿性，即竞争力难于被竞争对手所模仿，具有竞争性。美国学者 Barney 在 1995 年提出识别核心竞争力的 4 个标准：独一无二性、有价值性、模仿成本高以及不可替代，它也可以作为识别核心能力的参考标准。

④虚拟企业合作伙伴选择。虚拟企业的竞争优势来源于各成员企业的互补性资源和集成能力。从这点上讲，选择合适的合作伙伴是虚拟企业成功的关键。合作伙伴分为外包伙伴和协同合作伙伴。对于外包伙伴，由于外包业务不存在核心技术泄露等问题，再加上企业自身在长期发展过程中已经形成一定的商业关系网络，因此寻找相应伙伴的成本不高。盟主企业只要在这当中选定几个潜在伙伴，

然后再根据特定的产品需求制定一套评估机制，就可以运用效用函数选定外包伙伴。对于协同合作伙伴，可以利用市场上的虚拟企业服务代理商（VESA），帮助核心企业在短时间内找到合适的目标。因为VESA是一种类似于网络服务商ISP的为虚拟企业提供服务的代理商，它存有全球范围内的企业信息，通过智能搜索引擎（Intelligent Search Engine，ISE），向查询企业提供其他企业较为全面的信息，辅助核心企业选择合作伙伴。VESA为核心企业提供所需的企业信息后，核心企业就可在多个潜在的合作伙伴中选择最佳的合作伙伴。

(4) 虚拟企业组建中应注意的问题

在组建虚拟企业过程中，必须详细分析自身所处的内外环境，明确自身的竞争优势及外界资源现状，选择正确的虚拟对象。注意以信息技术和网络技术为手段，以知识和技术创新为支撑点，以核心竞争优势为依托，以紧密合作为基础。

①明确目标，重构企业文化。客观分析自身拥有的核心能力和优势，认清自身所处的内外环境，明确了市场机遇对加盟的要求之后再决定是否加入虚拟企业。加入联盟时必须树立整体利益和长远利益的观念。在实现虚拟企业目标的同时实现自身期望的最大经济利益。虚拟企业的成员之间存在着许多的差异，为了成功实现合作，各个成员必须重构出统一的企业文化即动态企业文化。动态企业文化是一种动态、开放的结构体系，它营造信息共享和交互的文化环境，是以虚拟企业经营管理理念为核心的虚拟企业文化，其核心是公平合作原则。

②完善联盟成员选择过程。一般地，在伙伴的识别与选择过程中，应该根据不同的虚拟企业形式和具体任务，制定不同的选择标准。对于以资源为纽带的同盟成员的选择应倾向于资源的互补性，而不是对方实力的强弱；对于以供需关系为纽带的同盟成员的选择，应考虑对方的综合实力、质量保证体系、信用程度；对于市场上的经营关系联盟成员的选择，应考虑对方的市场营销渠道的覆盖率和畅通情况、价格策略、产品优势等。在选择合作伙伴的过程中应始终遵循如下的共性原则：核心能力原则、总成本核算原则、敏捷性原则和风险最小化原则①。

③加强联盟系统运行规划。联盟系统运行规划包括：利益/风险分配、伙伴关系管理、协调机制、风险管理与监控4个方面②。

利益/风险分配机制要遵循：互惠互利、利益/风险最优化、利益/风险对称和个体合理的原则。以充分保证成员的基本利益，确定最优化的利益/风险分配方案，保证成员得到的利益大于单独行动的收益，从而促进合作的顺利进行。伙伴关系管理是关系到虚拟企业成败的关键因素之一，关键是在工作之前的主动控制，一般是将契约方法和行为方法集成起来管理伙伴关系。根据虚拟企业中协调

① 高晚欣．构建虚拟企业的理论思考．学术交流，2004（3）

② 楚雪平，刘建亭，崔凤奎．动态联盟组建机制．新技术新工艺，2005（1）

的领域和内容不同，采取不同的协调方法和一些必要的信息技术支持工具，建立一个综合的协调机制。要加强虚拟企业中风险信息的沟通与管理，对虚拟企业中的风险实行有效的、实时的监控。除此之外还应注意：

无论采取何种组建形式，企业本身是否拥有核心能力是组成虚拟企业的必备因素。只有具备虚拟企业所需核心能力的企业才有可能成为联盟成员，核心能力原则是选择合作伙伴的首要原则。虚拟企业本身要求企业注重培养、保持并不断增强企业自身的核心竞争力。

虚拟企业具体实现方式多种多样，选择时除考虑企业自身的需要外，还须考虑到共建虚拟企业合作伙伴的现实要求。只有双方都达到满意，虚拟企业才能发挥出应有的功能，达到企业预期的目的。

虚拟企业的建立主要基于共同的利益和信任，影响虚拟企业有效运行的关键因素中最主要的是成员之间的通力合作和充分信任。为了维持企业之间的长期合作，成员之间除了建立完善的约束激励机制，还必须建立一种相互信任的关系。

4.3 虚拟企业的运作

虚拟企业在运行过程中运用并行工程来分解和安排各个参与企业要做的工作。虚拟企业在完成某一项目或任务时，项目或任务按并行工程的思想被分解为相对独立的工作模块，促使承担分解任务的各方能够充分调动和使用他们的资源而不必担心核心技术或核心知识被泄露。各个合作模块可以并行作业，项目或任务的主持者可以利用先进的信息通信手段在其间不断地沟通与协调，从而保证各个工作模块最终互相衔接。这样既缩短了时间，又节约了成本，同时还促进了各参与企业有效地配置自己的资源，以及虚拟企业整体资源的充分利用。

4.3.1 虚拟企业运行的支撑技术

作为一种新的管理模式，虚拟企业的组建与运行涉及众多门类的技术体系支撑，现代信息技术的发展和应用为虚拟企业的实施提供了强有力的支持。以计算机技术、通信技术、网络技术等为代表的现代信息技术体系使人类对信息资源的开发利用摆脱了迟缓、分散的传统方式，代之以高效率、专业化、多样化的现代方式。虚拟企业运行的支撑技术包括以下几种：

(1) 虚拟制造技术

虚拟制造技术以计算机支持的仿真技术为前提，对设计、加工、装配、维护等，经过统一建模形成虚拟的环境、虚拟的过程、虚拟的产品。虚拟制造强调在实际投入原材料与产品实现过程之前，完成产品设计与制造过程的相关分析，通过仿真及时地发现产品和工艺设计过程中可能出现的错误和陷阱，进行产品性能和工艺的优化，以保证制造实施的可行性①。其主要目的是为了提高产品设计、过程设计、工艺规划、生产规划以及车间控制中的决策与控制水平。虚拟企业利用虚拟制造技术带来的优势体现在：

提供对产品性能、制造成本、生产周期有重要影响的相关信息，使得虚拟企业组织能够正确地处理产品的性能、制造成本、生产进度等有关方面的问题，使盟主企业作出正确的设计和管理决策；

提高业务流程规划和加工过程的合理性，优化制造质量；

提高机遇产品的设计质量，减少设计缺陷，优化产品性能；

提高生产计划的仿真,优化资源配置和业务流程管理,实现柔性制造和敏捷制造,缩短制造周期,降低生产成本,以适应用户的特殊要求和快速响应市场的变化。

虚拟制造技术的提出与计算机技术在产品开发中所取得的显著应用成果和成效是密切相关的。特别是 CAD/CAE/CAM 技术的发展为虚拟制造技术的产生奠定了深厚的技术基础，因此，虚拟制造技术可以看作 CAD/CAE/CAM 技术发展的更高阶段，是数字化制造的具体体现。

(2) 企业建模与仿真优化技术

对虚拟企业进行建模，并通过企业模型的仿真优化方法与分析优化方法解决虚拟企业建立过程中的主要优化问题是合理建立虚拟企业的要求。主要有：建立反映虚拟企业过程、功能、信息、资源、组织多视图的模型，全面、完整地描述虚拟企业的构成及盟员企业的信息；建立虚拟企业的描述和建模工具，提供模型的仿真或与仿真工具的接口；建立系统的虚拟企业建模方法体系；建立虚拟企业的参考模型。

(3) 计算机网络通信技术

Internet、Intranet、Web 等网络技术的发展使异地网络信息传输、数据访问成为可能。基于 Intranet/Internet 的信息网络的建立是虚拟企业实现的最基本要求之一。虚拟企业实现的是以盟主企业为主的对诸多盟员企业的资源的快速集成。随着计算机技术在企业中的应用，一般企业都建立了内部的局域网连接管理、设计和控制系统。要建立虚拟企业的敏捷制造环境，必须将各盟员企业的局域网连接起来，而计算机网络通信技术可以帮助盟主企业在更大的范围内寻找最合适的盟员企业，可以支持企业间的巨大的信息传递与交换，从而实现各企业间的多方动态协同工作，因此成为最基本的技术基础。

(4) 各种标准化技术

电子数据交换（EDI）标准化、产品数据交换标准（STEP）、超文本数据交换标准（SGML）等标准化工作使企业间的信息交互迅速、及时、准确，使得不

① 贾平，官五云．信息技术与企业动态联盟．科技与管理，2004（2）

同企业的信息交换有了共同的基础，也为虚拟企业的正常运行奠定了基础。

(5) 并行工程技术

并行工程是一种集成地、并行地设计产品及相关过程的系统方法，是在充分满足用户需求、尽早考虑产品生命周期各阶段所有因素的基础上，对产品及相关过程进行的并行化、一体化设计的新的工作模式。它要求产品开发人员从设计一开始就考虑整个生命周期中从概念形成到产品报废的所有因素，支持异地设计、异地制造；建立多功能项目组；强调所有的设计工作在产品正式生产之前完成，以并行方式进行。把并行工程的哲理用于虚拟企业的运行机制中，将原来以串行方式顺序执行的业务过程并行化，缩短生产周期，提高产品质量，降低产品的全部生命周期成本，更好地满足用户需求，避免各开发环节的反复，缩短生产时间。

利用信息技术能有效地帮助虚拟企业有效运作，利用建模和仿真工具可以对企业模型进行设计，对经营过程进行仿真；利用计算机网络、数据库和多媒体技术建立企业、地区、全国网络，能够加快信息传递，实现信息共享，实现企业间的计算机协同工作；利用专家系统和决策支持系统，可以使原来由专业技术人员和领导担任的工作转化为由一般员工也可以担当。虚拟企业信息技术支撑示意图如图 4-4 所示。

图 4-4 虚拟企业信息技术支撑示意图

4.3.2 虚拟企业的运行设计

虚拟企业由掌握市场机遇的发起人（即盟主），通过信息网络选择合适盟友。盟主通过对整个业务流程的管理，及时掌握产品的生产进度和质量状况，盟友必须向盟主反馈状态信息，相互间积极配合，生产客户需要的产品。在虚拟企业运行中有两个关键因素：一个是信息流；一个是物质流（供应链的建设）。建立虚拟企业涉及企业生产技术、管理、信息基础设施、法律、财会制度、知识产权等方面问题。其中需要特别强调的是，虚拟企业的管理技术、支持虚拟企业建立和优化的方法体系与建模技术将在虚拟企业的运作和管理中起到举足轻重的作用。目前，虚拟企业在产品信息共享方面还存在较多的技术障碍，主要表现为以下三个方面的问题：

（1）虚拟企业的运行平台

虚拟企业的组织体系需要建立在一个运行的基础平台之上，同时，虚拟企业运行的基础平台也在很大程度上规定了虚拟企业的具体运行模式。一般，支持虚拟企业运行的基础平台包括技术网络、信息网络、物流网络、资金流网络和契约网络①。

技术网络是虚拟企业运行的基础平台。它包括各个核心伙伴的核心能力中或由核心能力产生的可以共享的知识，同时也包括虚拟企业各个伙伴中不可能实现共享的核心技术。作为一种外部资源整合手段，虚拟企业依靠技术网络的建立来弥补单个企业技术力量的不足，实现企业间能力的互补和合作。

目前，网络通信技术迅速发展，为虚拟企业提供了实现对市场需求及时响应的运行平台。利用信息网络，虚拟企业可以快速、低成本地实现不同地理分布上企业的合作和协调。通过信息网络，可以将具有核心能力的企业联合起来，从而组成跨地域的“核心能力”网络。

虚拟企业中各个伙伴之间的合作，一方面需要大量的信息协调工作（信息网络），一方面会产生大量的物流。因此，在虚拟企业中，除了信息网络之外，还需要一个物流网络。目前，比较流行的是采用第三方物流的做法，根据虚拟企业的实际需要和各个伙伴的地理分布情况，选择一个专业的物流公司成为虚拟企业的核心企业，并由其负责虚拟企业中物流网络的建立和运行。

虚拟企业中各个伙伴在合作过程中，在大量信息和物质流动的同时，也会产生大量资金的流动。由于虚拟企业合作伙伴众多，在不同的合作时期合作伙伴的对象和数量也不同，资金的流向和数额会根据其他网络信息变化而变化，大量资金的流动构成资金流网络。当前，在虚拟企业的运行中，银行及其网络可作为独立于虚拟企业之外的资金流网络，为虚拟企业提供资金转账服务。

虚拟企业中的技术网络、信息网络和物流网络的形成和运行都离不开契约网络的支持。虚拟企业是基于市场机遇建立的动态企业联盟，它的各个伙伴之间需要通过双边规范形成一定的契约关系。在实际工作中由于合作伙伴众多，这种契约关系往往涉及一定数量的企业，由于合作伙伴在虚拟企业中的地位和作用不同，并呈现出层次化趋势，由此构成“契约网络”。

虚拟企业尽管需要一定的“契约网络”来保证合同的顺利进行，但同时虚拟企业也强调伙伴之间相互信任关系的建立和发展。

---

① 贾旭东．虚拟企业组织运行的基础环境与模式研究．兰州大学学报（社会科学版），2005（2）

上述5种网络相互支持，共同构成虚拟企业运行的网络平台（如图4-5所示，箭头表示支撑关系）。

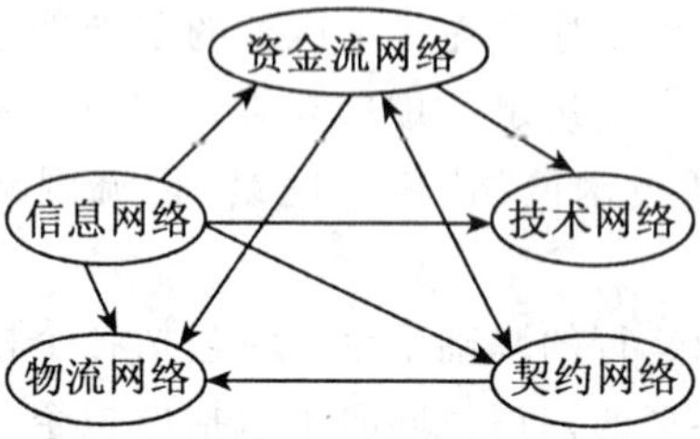

图 4-5　虚拟企业运行的网络平台

其中，技术网络是支持虚拟企业运行的核心，是建立信息网络、物流网络和契约网络的前提。信息网络是技术网络、物流网络、资金流网络及契约网络运行的平台和基础。没有信息网络，技术网络不能及时实现虚拟企业伙伴之间的沟通、协调和技术信息共享，物流网络、资金流网络也不能实现快速、有序的流动。资金流网络是物流网络、技术网络正常运行的保证，也为契约网络的执行提供服务。契约网络是技术网络、物流网络、资金流网络和信息网络正常运行的制度保证。没有契约网络，技术网络、物流网络只能独立、分散运行，虚拟企业无法形成。

（2）虚拟企业运行设计平台

利用信息技术可以在盟主企业和盟员企业之间建立虚拟企业设计平台，盟主企业通过数据转换接口将设计方案标准化，然后发布于联盟设计平台。如果市场需求发生变化，盟主企业可以在平台上进行设计方案更新。盟员企业由于获得了确切的设计方案而节省了时间和成本；对盟主企业而言，由于在联盟设计平台上发布电子设计方案减少了和盟员企业进行磋商而产生的交易费用。更为重要的是，盟主企业和盟员企业可以共同对产品进行在线设计（Online Design）。所有企业可以通过数据转换接口将已有的应用单元系统（CAD、CAM、ERP等）联结到共有的设计平台上，从而同时对市场需求变化做出反应，这极大地提高了虚拟企业运行的效率，如图4-6所示①。

（3）虚拟企业协调中心设计

信息技术是沟通联盟企业各成员的桥梁，通过信息建立网络企业联盟及了解其他企业的需求，因此信息化可以提高企业联盟的运转效率。虚拟企业中各成员企业之间是服务与被服务的关系，各成员企业之间的信息跟踪与信息反馈机制可以使虚拟企业的生产与供应同步进行，消除不确定性对虚拟企业的影响。联盟相

---

① 贾平，官五云．信息技术与企业动态联盟．科技与管理，2004（2）

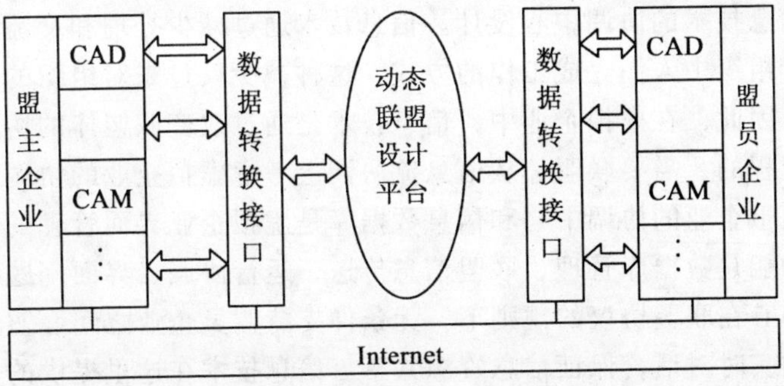

图 4-6　联盟设计平台模型

对独立的分工使它们在各自的领域内充分发挥核心能力的优势，进行创造性的活动，信息协调使成员企业在更高层次上达到统一，促进成员企业之间、成员企业与外部环境之间的联系，培育了整体创造力。因为信息协调机制就是要促进企业内部、企业与企业之间、企业与顾客之间、企业与外部环境之间的联系，它要求把信息与信息、信息与活动、信息与人联结起来，在人际交流的互动过程中通过信息的共享，运用群体的智慧进行创新，以赢得竞争优势。

①基于信息技术的虚拟企业协调管理思想。虚拟企业运行过程中涉及许多盟员企业核心能力问题，利用信息技术方法研究联盟系统运动或控制的过程，把不同核心能力要素所外化的信息流作为考察的对象，这种信息技术方法既不割裂联盟系统的内在联系，也不是机械地简单综合，而是从联盟整体出发用联系的、转化的观点综合联盟系统的过程。当联盟体将盟员企业的人员、物质资源、技术知识和资金等进行集成时，实物的运动被记录下来并生成各种数据信息，虚拟企业系统管理便开始通过对这些信息的加工处理来实现对实物转换过程的监控管理。这些信息作为“被传递的知识或事实”在盟员企业间进行加工、存储、处理和传递。信息流影响着盟员企业的决策行为，而决策行为又作用于对实物资料的加工和生产。被加工改造过的物质资料作为虚拟企业的最终产品或服务输出，同时，外界对最终产品的接受情况又形成反馈信息重新通过输入端进入联盟系统以协调下一次的联盟行为，如图 4-7 所示。

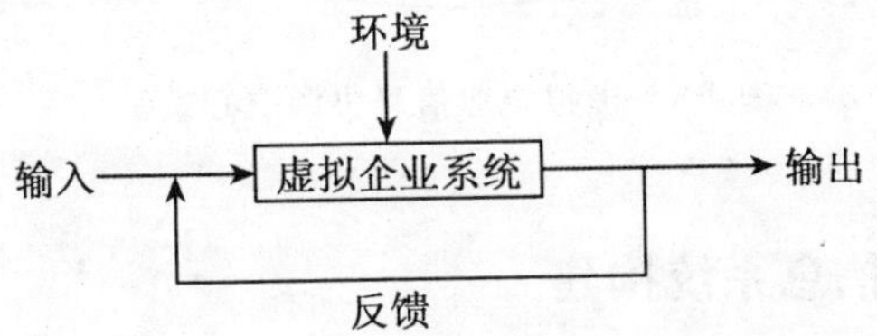

图 4-7　虚拟企业系统运作示意图

②基于信息技术的协调中心设计。信息技术通过减少处理和交流信息的时间与成本影响着组织中人们完成工作的方式。这种减少反过来对组织的协调结构产生深远影响。因此，在虚拟企业中，信息技术是通过改变联盟体的协调机制来影响联盟运作流程的，需要联盟体从信息流协调上考虑虚拟企业的协调机制，解决界面问题。虚拟企业的协调中心和信息数据库是虚拟企业界面管理的核心。协调中心的主要功能是数据库管理、联盟信息传送、运行协调、界面问题分析、动态评估。协调中心在联盟协议的规则下，无条件支持盟员企业之间、盟员企业与协调中心之间的实时对话，保证信息资源共享。信息技术在这里提供的是一个信息支撑平台，以其特有的方式在盟员企业之间交流传递有关信息，以引导盟员企业的个体行为与虚拟企业的整体目标保持协调一致。同时，盟员企业是一个具有学习能力和个体动机的独立自治个体，当然还有法制、经济、文化、道德等形成的环境制约因素对虚拟企业整体发生影响。在以上各要素和界面信息流的传递和相互作用下，形成基于信息技术的协调中心，如图 4-8 所示。

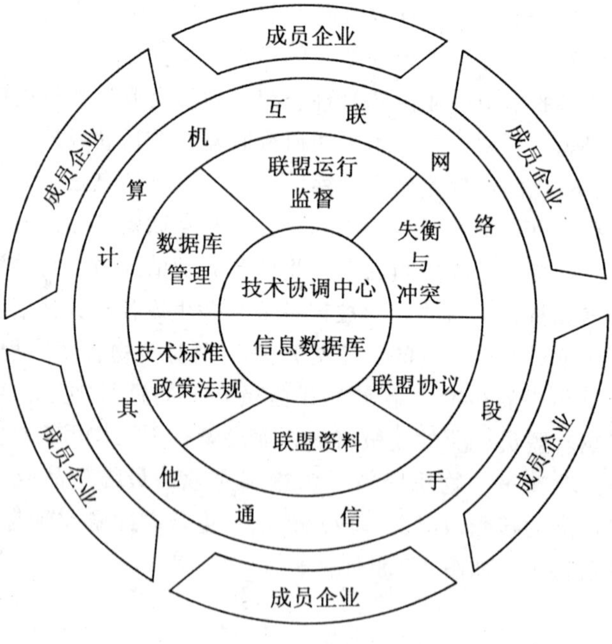

图 4-8 虚拟企业信息协调中心模型

4.3.3 虚拟企业信息系统构建

几十年来，在相对平衡的市场环境中，传统信息系统在辅助企业的业务活动中发挥了重要作用。但是,在混沌状态的突变环境中,特别是以虚拟企业为主要组织形式的虚拟制造模式,要求支持其运作的信息系统是一种能够快速适应企业变化与发展的敏捷化信息系统。因此,与传统信息系统相比,虚拟企业信息系统的显著特征是系统在信息、结构、功能方面的完全分布性、动态可重构性和快速适应性。

(1) 虚拟企业信息系统与传统信息系统的比较

在对虚拟企业信息系统与传统信息系统进行分析的基础上,列出了二者之间的主要差异(见表4-3)①。

表4-3 虚拟企业信息系统与传统信息系统的区别

比较内容	传统企业	虚拟企业
组成要素	位于单一企业,组成要素分布相对集中	跨企业,跨地区,要素分散于各成员企业
功能实现手段	相对独立,可能借助 Intranet 网,实现较简单	各成员信息子系统协调运作,借助 Internet,实现较复杂
运作敏捷性	面向单一企业信息需求,只要求一定的反应速度	面向产品的敏捷制造,要对需求及市场变化作出快速反应
系统稳定性	支持单一企业的管理与决策,结构与功能相对稳定	支持联盟企业的管理与决策,结构与功能具有一定的周期性和易变性
环境适应性	适应单一企业的内外部环境,一旦需求发生较大的变动,系统需重新开发	适应较大的应用环境,依靠动态重组能力快速组建新的系统

由于虚拟企业的生产系统及其生产过程具有可重构性、可重用性和规模可调性,虚拟企业对传统的企业业务流程和组织机构提出新要求:首先,虚拟企业应能满足业务流程不断变化的要求;其次,组织机构重建应满足合作成员不断变化的要求,并与业务流程重建保持同步;最后,要有重组业务的能力,能快速根据市场需求来重组自身业务。

因此,虚拟企业中的信息系统具有以下一些新特点:

①开放性和兼容性。虚拟企业是利用网络和信息技术打破地域阻隔的一种新型企业。信息要在企业内部流动,在动态联盟各成员之间流动,在动态联盟与用户有业务关系的厂家之间流动,这就要求虚拟企业中的管理信息系统(MIS)不是一个封闭型系统,各种不同的MIS之间要能够方便地实现集成。

① 赵捧未,窦永香,徐国华,刘怀亮. 动态联盟企业信息系统的概念和结构. 航空制造技术,2002(8)

②柔性。虚拟企业所具有的动态业务流程重建和组织机构重构的特性要求相应 MIS 应具有很好的柔性，能方便地进行功能的组合和调整，以适应动态重组后企业新的业务流程的需要。

③可靠性。虚拟企业中的 MIS 系统必然是十分复杂的，它要同时满足企业内部和动态联盟各企业间信息集成和管理的需要，因此，它应具有高的可靠性和有效性，具有能支持多学科、多层次的地域上分步的大规模协同工作的可靠性特点。

由于虚拟企业的敏捷性特点，要求其信息系统从建立到消亡也必须具有动态敏捷性。基于虚拟企业对其信息系统的要求分析，虚拟企业信息系统应具备以下4个方面的能力：

快速构建能力：多个成员信息子系统间的开放性、兼容性；快速原型开发能力；优化组合能力。

快速运作能力：快速接收信息、处理信息和查询/检索信息服务。

快速重组能力：成员信息子系统的独立性和可重用性；快速调整信息系统的结构布局；快速重组系统功能。

快速适应能力：快速响应信息需求变化及新信息需求；易调整性与协同性；快速更新与扩充系统功能；自适应或自组织能力。虚拟企业信息系统是面向敏捷制造模式、由分布于若干个成员结点且具有独立自治和相互协同能力的信息子系统优化组合而成的信息系统。它支持虚拟企业协作，具有快速可重构、敏捷良好运作、动态自适应等能力，能对信息需求及其需求变化作出快速反应。

(2) 虚拟企业信息系统的基本需求

虚拟企业具有临时性和动态性的特点，其成员分布在不同地域，各成员的信息系统通常基于不同的软硬件平台，针对虚拟企业的这些特点，用户对虚拟企业信息系统一般有以下需求：

①良好的可集成性。由于虚拟企业各成员一般分布在不同地区，甚至是不同国家，所采用的软硬件平台通常也各不相同，因此虚拟企业信息系统应该采用具有良好的可集成性的体系结构，在该体系结构下各个虚拟企业成员的系统应该能够根据需要迅速实现集成。

②良好的可重构性。由于虚拟企业具有临时性和动态性的特点，其成员和业务过程可能会不断发生变化，所以虚拟企业信息系统体系结构也应具有良好的可重构性，能够在业务流程变化、成员增加或变更时迅速对系统进行重构。

③工作流管理的方便性。在虚拟企业成员之间实现业务过程集成，能够有效地提高虚拟企业的效率和竞争力，为了在虚拟企业成员之间实现业务过程集成，虚拟企业信息系统应该具备分布式计算环境下工作流的运行和管理能力。

④安全性。虚拟企业成员分布在不同地域，相互之间的信息传输需要通过公共网络进行，因此虚拟企业信息系统应该具有良好的安全性，能够实现传输过程

中的数据加密、身份认证以及数据完整性检验等功能。

(3) 虚拟企业信息系统的抽象结构

虚拟企业的运作过程可视为由相互关联、具有层次及网状结构的若干有序业务流程组成，而每个业务流程又由一系列相关的活动组成，活动间的相互联系和相互作用方式构成了业务流程的结构。为了实现这些活动，必须对相应的资金、人员、原材料等基本单元予以组合。可以把一个信息系统视为一个提供信息服务的流程集合，亦即若干个相互活动的集合。由于虚拟企业业务活动中的基本单元(又称对象单元)具有独立性和稳定性,所以可利用面向对象的方法来描述虚拟企业和成员企业的资源,把基本单元抽象为信息单元,而所有信息单元的集合构成虚拟企业信息系统的资源层。显然,这些信息资源是企业为达到一定的目标,或实现一定功能而产生的,于是又可把为完成一定功能所需的信息单元的集合抽象为功能单元,这些功能单元及其相互关系共同构成虚拟企业信息系统的功能层。功能层中的多个功能单元组成的有序集合可抽象为流程单元,这些流程单元及其相互关系构成虚拟企业信息系统的流程层,它可谓实现一个“完整”的制造任务所需信息流的全过程。综上所述,虚拟企业信息系统的抽象层次结构如图 4-9 所示①。

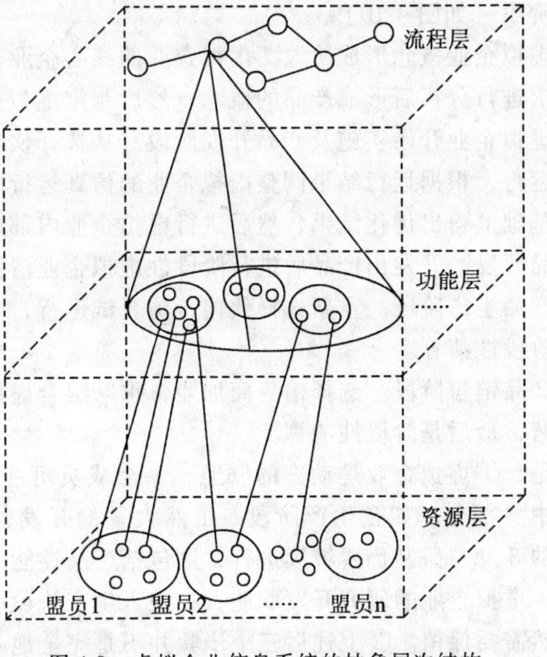

图 4-9 虚拟企业信息系统的抽象层次结构

① 赵捧未，窦永香，徐国华，刘怀亮．动态联盟企业信息系统的概念和结构．航空制造技术，2002 (8)

4.3.4 虚拟企业的运作过程及管理模式

虚拟企业与传统企业一样生产产品或提供劳务。企业在生产经营活动中经历着产品或服务的设计、开发、生产、销售以及售后服务等所形成的生产经营活动周期。在这一周期中，虚拟企业比传统企业更具有优势。按照生产经营的特点，企业首先进行的是市场调查和市场需求分析，然后形成产品的概念，并对此产品进行分析，在分析出本企业不具备生产此产品能力的情况下，传统企业便放弃生产此产品，而虚拟企业便走上了联盟，联合一切外围可能的能力来进行研究、开发和生产。

（1）虚拟企业的运作过程

一般来说，虚拟企业从组建开始，同样要经过由产品的研究开发、生产、销售、售后服务等构成的一个完整过程。组建虚拟企业任务由核心企业来完成，核心企业可能是一个，也可能是几个。在不同时期，随着任务的变化，核心企业也会发生改变。从组建到解体，虚拟企业的成员和成员之间涉及分析、设计、谈判签约、模拟仿真运行、管理和清算等事宜。有的研究者把虚拟企业的运行过程分为6个步骤，而从整体出发，结合企业运营的特点，可以将虚拟企业的完整经营过程总结为4个阶段（如图4-10）①。

第一阶段，虚拟企业概念形成阶段。虚拟企业的核心企业首先对市场进行调查，在对市场需求进行分析后形成产品的概念，然后制定虚拟企业的框架。

第二阶段，虚拟企业开始实施及产品开发阶段。从选择伙伴开始，经过真实企业的模拟仿真运行，根据运行结果调整虚拟企业的仿真运行前的框架，在多次反复模拟仿真的基础上得出优化结果，然后进行虚拟企业内部成员之间签约。签约后进行正式产品开发，开发出产品后进行阶段性虚拟企业清算。

第三阶段，产品生产阶段。重新选择伙伴，仿真试运行，签约，组织大规模生产，最后进行阶段性清算。

第四阶段，产品销售阶段。选择销售商加盟，重新组合虚拟企业，模拟仿真后签约、正式运营，最后是阶段性清算。

需要说明的是，①虚拟企业是动态的联盟，一个成员可能自始至终都参与，也可能仅参与其中一部分。如在生产阶段，虽然大量的开发、研制工作已经完成，但是小部分的开发与研制仍要继续进行，这包括产品性能的改进和系列产品的形成等。因此，虚拟企业的研究开发职能，在进入生产阶段后大部分取消，个别的特殊部分仍然需要保留。②上述后三个步骤并不是完全地一个接着另一个直

① 房平，费树岷．虚拟企业的目标管理模式探讨．东南大学学报（哲学社会科学版），2003（3）

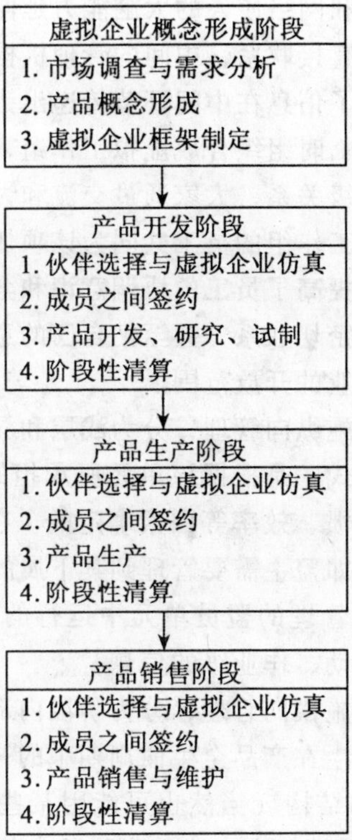

图 4-10　虚拟企业运行过程

线式地进行，有时可能同时进行或交叉进行，如生产和销售既是前后进行工作又是并列进行工作，单个产品必定是先生产后销售，而生产与销售工作同时存在，进一步来说，生产出的产品接着销售，而销售得到的信息又要反馈到生产中。③清算并不意味着原组织结构的解散，当任务进行到一个阶段后，有时必须进行清算，然后再继续运营，反过来，组织结构的解体一定得先清算。④销售与维护。在虚拟企业中有的是组合在一个步骤中，有的分在两个步骤中，这取决于市场与产品本身的结构，有时必须成立专门的售后服务部门。⑤并不是所有虚拟企业都具有这些全部的操作过程，有的可能仅仅包含其中的一部分。

（2）虚拟企业的管理模式

网络经济和知识经济时代提出的新型管理理论，其核心是实现创新。为了实现这一目标，企业需要全新的文化和管理模式。虚拟企业作为网络经济和知识经济时代企业制度的创新方向，企业文化主要包括开放的气氛、高效的组织结构、密切合作的团队精神和有效的综合协调，从而形成了新型现代化管理模式——扁平化、开放式管理模式。

在虚拟企业中，计算机和网络使人的大脑能力延伸，管理者能够通过信息技术和网络技术与执行者建立直接联系，中间的管理机构失去存在的必要性，使企业组织扁平化，同时也减少了信息在中间环节传递出错的可能性。虚拟企业中的工作人员根据某一任务需要临时组织合成虚拟工作组，工作组中每一位员工的关系都是同事关系而不是上下级关系，大家通过交流和讨论互相学习，形成了平等开放的工作氛围。由于虚拟工作组的员工共同为该项任务的成功负责，密切合作的团队精神得到充分培养，提高了员工的协调意识和全局观念。另外，用户也可以通过网络与虚拟企业建立密切联系，甚至把自己的意见加入生产过程而成为部分生产者，进一步扩大了企业的开放范围。

①层次管理。对联盟实施纵向管理，分为浅层和深层管理。联盟单元采用深层管理模式还是浅层管理模式，是根据该单元所承担的联盟项目任务的关键性、所生产产品的结构和管理习惯、效率等因素确定的。在这里，“层次”有两个含义，一是虚拟企业的层次，即盟主需要管理到其下属的第几级盟员；二是联盟单元的内部层次，即盟主对其管理的盟员单元中运行的内部项目所需要管理的层次——是汇总信息，还是活动、作业级的信息。

②阶段管理。对联盟实施横向管理，分为阶段内部协同管理和阶段间协同管理。虚拟企业的项目运作发生在产品全生命周期中的一个过程，在每个阶段联盟项目都有着一个相对静止的结构（当然也可能因某些因素，例如企业的中途加入、退出等一些变化），在此结构之中，采取阶段内部协同管理方法管理该阶段的联盟项目的运行。但是，在不同阶段的项目之间由于先后工序、返工修改等原因存在着复杂的协作关系，阶段之间渐进的过渡方式也导致了相临阶段之间多个项目之间的种种复杂关系，在这些情况下，采取阶段间协同项目管理方式来管理、协调各种复杂关系。

③职能管理。从传统的项目管理角度把联盟项目的管理分为进度、成本、资源、控制等多个方面的管理，与传统的项目管理所不同的是，其每个部分的管理又分为联盟管理、企业内部管理与项目内部管理等不同层次的管理方式。其中，联盟管理是指对联盟项目的高层次管理，包括与盟主项目相应部分的协商、对盟员项目的监管协调、与其他相关盟员的协商等；项目内部管理是一种低层次的管理，是指针对某具体的联盟项目进行相应部分的管理，如资源优化、进度控制等；当企业参与了该联盟多个项目的运作时，就要涉及企业内部管理，主要包括对企业所参与的多个联盟项目的范围及层次上的管理约束。

④目标管理。针对不同的项目目标，对联盟项目进行协同管理。实际运行中，联盟项目往往要寻求各项目目标的最佳结合点进行协同管理。有些项目对某些职能目标有所偏重，比如飞机制造项目对质量的要求很高，而军品生产则对项

目进度有严格的限制，需要针对一个或几个项目目标进行有所侧重的管理，此时，还要对项目管理的相关优化算法进行相应修改。

⑤盟员管理。盟员管理是指在盟主单元中对其下级盟员实施的管理方法，包括一般盟员管理和关键盟员管理。关键盟员可以由以下约束条件定义产生：联盟企业所占有的核心资源（设备、人员等）和关键技术的质与量；企业所执行项目任务的性质（如在制造业中，联盟企业所生产的部件是否关系着整个联盟进度的关键部件）；系统的管理模式；企业所承担项目任务的关键性（即关键任务，涉及联盟项目的进度计划与进度控制）等。对已定义的关键盟员要实施深层管理，而关键盟员的定义还可进一步分为全局关键盟员、盟主级关键盟员和本地关键盟员定义，并针对不同的关键性对其实施不同深度的管理。全局关键盟员是指由总盟主定义的关系到整个联盟项目运行的关键盟员；盟主级关键盟员是指盟员继承的盟主的局部关键盟员定义；本地关键盟员是根据本地项目运行情况在本地的下属盟员中定义的局部的关键盟员。这三种层次的关键盟员的关键性递减，其相应的管理深度要求也是递减的。上述几方面的管理，是从不同角度阐述的虚拟企业协同管理方法。在对联盟项目进行管理的过程中，需要从各个角度进行全方位的考虑，才能够使联盟项目尽可能地协调工作并如期保质完成。

⑥协调管理。虚拟企业的组织管理问题，就是虚拟企业如何协调管理的问题。虚拟企业是战略与结构的有机结合，突出的是技术联盟，要求各个企业有核心技术的存在，企业优势有互补性。而且，由于虚拟企业是各成员企业以某一项目的完成为目标而结合起来的临时性联盟，管理过程中的协调问题更加复杂和多样化，需要更灵活的协调管理机制。

虚拟企业的跨文化管理与协调。虚拟企业的管理经常面临着由于文化差异带来的障碍甚至冲突，一般的企业是基于统一的文化管理，而且存在一个固定形式的组织内部，虚拟企业的组织形式无法实施单一的文化管理，临时性的合作又不可能有时间来培育十分完善的组织文化，构建虚拟企业、保持和培育成员企业的核心能力以及核心能力的载体——人才的培养、激励和发展，都要求虚拟企业要实行跨文化的协调管理。

虚拟企业需要魅力型领导、中层教练和知识型员工。虚拟企业要求领导在判断力和能力上有绝对的自信，善于创建组织的共同未来远景，并能清楚地向下属阐明目标与要求，鼓励下属为达到目标而努力；中层管理人员在虚拟企业中由考评、监督者的角色转变为教练的角色，为其所领导的小组顺利开展工作提供建议、协助、鼓舞和激励；企业的所有员工应具有更多的知识和更强的适应能力。在虚拟企业管理过程中，对员工的激励必须建立在团队产出的基础上，这就要求激励框架要有团队内部协调性的刺激，以使员工更加努力工作。

虚拟企业管理过程的目标就是通过各个成员在企业的各种资源的合理配置，

使成员企业的核心技术实现良好的配合，从而完成合作项目。协调是在自觉、自愿、自主的条件之下实现两个或两个以上的企业间的合作。为了处理好虚拟企业中内部组织关系、各成员企业间的关系、成员企业与外部环境的关系以及虚拟企业与外部环境的关系，就必须研究分析各种直接或间接的影响因素，例如共同的目标、利益、价值追求、亲密的人际关系等。在管理过程中，各成员企业在自觉地协调相互需要的范围和程度上大体保持一致。虚拟企业应注重建立绩效评估体系。由于虚拟企业的成功必须依赖各成员企业的业绩，因此，选择合适和可以依赖的合作伙伴是非常关键的协调管理工作。如果合作伙伴不能按时完成它应该完成的业务，就会影响虚拟企业目标的成功实现。同时，要培养和保持“共赢”的虚拟企业经营理念。各成员企业都应主动地分析市场的需求及其变化，运用多个伙伴企业的能力，为用户提供合理的解决方案。在虚拟企业中要培养和保持共享市场、新产品及人才用户的合作理念。

虚拟企业最主要的问题是要在协调管理中，把好产品的质量关，把好产品的送货时间，也就是把最好的产品准时送到客户手中。

5 网络化企业供应链与物流管理

网络化企业环境中，供应链管理已从纯粹的物流以及外部关系的管理转为内外一体的物流、信息流、资金流的集成管理。它是以核心企业为中心，以供应商和供应源为上游，客户和需求源为下游高度集成的网络系统。网络化企业的供应链和物流管理是一种系统化、集成化、敏捷化的先进管理模式。

5.1 企业的供应链管理与网络化企业供应链管理

对供应链及其有效管理的研究近几年空前高涨，主要原因是人们对供应链管理在企业生存发展中的作用和地位有了新的认识。麻省理工学院斯隆管理学院的查尔斯·法恩教授根据他最近的个案研究成果和调查得出这样的结论：在今天比拼竞争力的战场上，一家企业最根本、最核心的竞争力在于对供应链的设计。美国的一项研究显示：许多企业在供应链中的费用约占其国内销售额的10%，占国际销售额的40%；由于供应链管理不善，企业每年大约损失300多亿美元。①

5.1.1 企业供应链管理的发展阶段

在供应链管理的发展过程中，有关专家和学者提出大量的定义，这些定义是在不同发展阶段上的产物，可以将其大致划分为三个阶段：

(1) 强调是物流管理过程的阶段

同一切新生事物一样，人们对供应链的认识也经历一个由浅到深的过程。学界对供应链管理的研究最早是从物流管理开始的。起初，人们并没有把它和企业的整体管理联系起来，主要是进行供应链管理的局部性研究，如研究多级库存控制问题、物资供应问题，较多的是研究分销运作问题，如分销需求计划(Distribution Requirement Planning, DRP) 等。早期的观点认为：供应链是指将采购的原材料和收到的零部件，通过生产转换和销售等活动传递到用户的一个过程。因此，供应链也仅被视为企业内部的一个物流过程，它所涉及的主要是物料采购、库存、生产和分销诸部门的职能协调问题，最终目的是为了优化企业内部

① 供应链及供应链管理概念的演变 . http：//www. 51cxo. com

的业务流程，降低物流成本，从而提高经营效率。基于这种认识，在早期有人将供应链仅仅看作是物流企业自身的一种运作模式。此后，随着产业环境的变化和企业间相互协调重要性的上升，人们逐步将对供应环节重要性的认识从企业内部扩展到企业之间，从而，供应商被纳入供应链的范畴。在这一阶段，人们主要是从某种产品由原料到最终产品的整个生产过程来理解供应链。在这种认识下，加强与供应商的全方位协作，剔除供应链中的“冗余”成分，提高供应链的运作速度成为核心问题。

（2）强调是价值增值链的阶段

进入20世纪90年代，人们对供应链的理解发生新的变化：首先，由于需求环境的变化，原来被排斥在供应链之外的最终用户、消费者的地位得到前所未有的重视，从而被纳入供应链的范围。这样，供应链就不再只是一条生产链，而是一个涵盖整个产品“运动”过程的增值链。原材料零部件依次通过“链”中的每个企业，逐步变成产品，交到最终用户手中，这一系列的活动就构成一个完整的供应链（从供应商的供应商到客户的客户）的全部活动。根据美国生产和库存控制协会（APICS）第9版字典中的定义：“供应链管理是计划，组织和控制从最初原材料到最终产品及其消费的整个业务流程，这些流程链接了从供应商到顾客的所有企业。供应链包含了由企业内部和外部为顾客制造产品和提供服务的各职能部门所形成的价值链。”APICS关于SCM定义的前半部分说明SCM所涉及的理论源于产品的分销和运输管理。供应链“涵盖了从原材料供应商，经制造和分销商到最终用户的整个产品的物流”。事实上许多作者对SCM和后勤管理（Logistics Management）的定义并没有严格的区分，认为SCM不过是LM的新名词而已，然而SCM更着重于从原材料供应商到最终用户所有关键业务流程的集成，许多非后勤管理的流程也必须集成到整个供应链中。SCM定义的后半部分说明价值增值是供应链的基本特征，有效的供应链必定是一个增值链。也就是说，在供应链中的各个实体，无论从事什么样的活动，其对产品转换流程的增值必须大于成本。

（3）强调是“网链”的阶段

随着信息技术的发展和产业不确定性的增加，企业间关系正在呈现日益明显的网络化趋势。与此同时，人们对供应链的认识也正在从线性的“单链”转向非线性的“网链”，实际上，这种网链正是众多条“单链”纵横交错的结果。2001年发布实施的《物流术语》国家标准（GB/T18354-2001）这样定义供应链：生产及流通过程中，涉及将产品或服务提供给最终用户活动的上游与下游企业，所形成的网链结构。供应链的概念更加注重围绕核心企业的“网链”关系，即核心企业与供应商、供应商的供应商的一切向前关系，与用户、用户的用户及一切后向关系。供应链的概念已经不同于传统的销售链，它跨越了企业界限，从扩展企业的新思维出发，并从全局和整体的角度考虑产品经营的竞争力，使供应链从一种运作工具上升为一种管理方法体系，一种运营管理思维和模式。马士华教授认为："供应链是围绕核心企业，通过对信息流、物流、资金流的控制，从采购原材料开始，制成中间产品以及最终产品，最后由销售网络把产品送到消费者手中的将供应商、制造商、分销商、零售商，直到最终用户连成一个整体的功能网链结构模式。"他认为，供应链是一个范围更广的企业结构模式，它包含所有加盟的节点企业，从原材料的供应开始，经过链中不同企业的制造加工、组装、分销等过程直到最终用户。它不仅是一条连接供应商到用户的物料链、信息链、资金链，而且是一条增值链，物料在供应链上因加工、包装、运输等过程而增加其价值，给相关企业都带来收益。此时的供应链概念形成为一个网链的概念，像丰田(Toyota)、耐克(Nike)、尼桑(Nissan)、麦当劳(McDonalds)和苹果(Apple)等公司的供应链管理都从网链角度来实施，强调供应链的战略伙伴关系问题，飞利浦(Phillip)和温德尔(Wendell)认为供应链中战略伙伴关系是很重要的，通过建立战略伙伴关系，可以与重要的供应商和用户更有效地开展工作。

5.1.2　企业供应链管理的发展模式

供应链管理是从供应商、供应商的供应商，到企业自身，到分销商，到客户以及最终客户之间的关系，是合作、协同、信息共享、全程优化、利益均沾、风险分担的赢利伙伴关系。从20世纪80年代末到现在，供应链管理的内容发生很大变化，首先是理念和关注点的变化，供应链管理突破了传统狭窄的视野，从客户需求开始关注到储运商、销售商和供应商；而传统管理方法的视野主要集中在自己的企业、部门，对与其联系的其他企业关注不够。供应链管理是对整个供应链系统进行计划、协调、操作、控制和优化的各种活动和过程。新型供应链管理与传统企业信息化管理之间的差异见表5-1①。

表5-1　新型供应链管理与传统企业信息化管理的差异

	传统企业信息化管理	新型供应链管理
管理理念	企业内部的业务过程管理	跨越整个供应链上业务的集成管理
关注点	强调的是它的效能，怎样用计算机系统操作替代人工操作，如何节约成本等	关注业务流程变革、敏捷性、协调性和互联性，链上成员的业务如何更加紧密地连接，怎样提高响应客户的速度，在供应链上优化资源的配置和使用

① 陈兵兵．SCM供应链管理——策略、技术与实务．北京：电子工业出版社，2004：46～47

续表

	传统企业信息化管理	新型供应链管理
管理对象	企业内部业务流程和各部门间的协调	供应链上所有企业形成一个整体，上下游企业业务的整合与协同
管理方法	强调的是局部、个体，强调边界，主要关心本企业、本部门，而对整个环节的整体效益和效率被放在次要地位	强调全局、整体，边界模糊，从整个链条的整体效益的提高来看问题，它强调的是整体大于部分的和。它产生于经济全球化以及企业经营范围、贸易范围的空前扩大
生产方式	强调大规模生产	大规模定制，为客户定制产品或服务
管理功能	面向事务处理的管理	在面向事务处理的基础上增加了智能、优化和决策等功能，在尽量低的成本下，引导供应和需求达到更加完美的平衡与优化
驱动方式	推式，以 MRP-II/ERP 的计划驱动成品的生产，去匹配市场和客户	拉式，从市场和客户的需求这个源头支拉动产品的生产来满足这些需求
职能部门	从传统的、狭隘的职能划分出发，是一种被动反应的工作模式	跨越多个业务流程、跨职能部门进行划分，围绕横跨从企业到主要客户和供应商的业务流程，全方位地进行协作以及有效的沟通
计划制订	在各独立职能部门内进行业务计划，业务运作计划与生产计划之间缺乏联系，计划是基于无限资源的基础上制订的	把企业计划流程扩展到企业之外，供应链计划 SCP、一体化的协同计划预测与补货（CPFR），更频繁和更精细的各层次、各个阶段的运营计划是基于资源约束的基础上制订的
计划执行	基于独立部门的计划执行，较少考虑对其他部门的相互影响，缺少连贯性，通常是被动的反应	集成的跨部门间的协同计划执行，更强的可预见性，实时的可视性（横跨整个供应链）、灵活性（供应和来源的选择）和主动响应性，以及快速将新产品推向市场
信息流	不连贯的信息流，信息缺乏横跨企业的标准，可视性有限，造成供应链上计划的效率低下	贯穿整个供应链上的信息流，信息的标准化和共享性使供应链效率得以提高

续表

	传统企业信息化管理	新型供应链管理
资源利用	资源在企业内部实现调度规划，有效利用	资源在整个供应链上实现最佳调配、协同利用
客户服务水平	被动式客户服务，与生产和其他前序过程的相互沟通少	前瞻性的客户关系管理，实现客户细分和一对一的营销，将客户分类特征和客户服务水平相匹配，有效地进行库存和生产可用性查询，提高对客户的承诺能力
效益	只追求局部效益的传统管理方法，由于整体效益不能提高，所以局部效益也难以有很大的持续性提高	整个链上的业务流程更加紧密和协调，减少了中间环节的费用，提高了对顾客的响应速度，增加了顾客的满意程度，整体效益提高，最终也使局部效益提高

由上可知，供应链是一个为客户生产产品和提高服务的过程，一个完整的供应链既可以存在于一个单独的企业中，例如3M公司在该企业中建立了30多个单独的供应链运作系统；也可以横跨多个企业，直到最终的用户。可以想象，当供应链上的成员不断增加时，该供应链的管理也变得非常复杂。供应链中的每个环节都能利用上下游间的相关信息来协同地进行管理，实现产品从起点开始就以尽可能快的速度、最少的成本和更为完美的供需平衡流向客户的最终目标。供应链管理具有多种类型，按其管理的范围分类，有如下四种类型。

(1) 企业内部供应链管理

企业内部供应链管理实现了企业内部各职能部门间的业务和信息集成，形成一条内部集成的供应链。最初，企业信息化管理是从各个单独的业务单元开始的，相对于整个企业，是一些信息化的孤岛。为了使企业的经营运作更为有效，需要将这些孤岛集成起来，形成业务流程和信息连贯的信息化管理，MRP-II/ERP较好地解决了这一问题，它通过企业内联网和统一的数据库将企业内部的业务，如订单、采购、库存、生产、销售、财务和人力资源等单元连接起来，并将制度体系的建立、组织结构的改造、业务流程的调整以及绩效考核的标准等都纳入一条业务链内进行管理，实现了有效的企业业务经营过程的自动化事务处理和内部流程的贯通性与信息共享性。为了更好地调配好企业手中有限的资源，满足市场和客户多变的需求，在这些事务性处理的基础上又加入了更高一层次的供应链的管理，如需求管理、供给管理、需求满足、分销计划、运输计划、高级计划排程系统（Advanced Planning and Scheduling，APS）、供应链计划系统

(Supply Chain Planning, SCP) 和供应链决策系统 (Supply Chain Strategist, SCS) 等，并辅以数据仓库与数据挖掘、商务智能等技术进行支持，真正实现了由市场需求来拉动企业的整个业务链条，在优化的决策指导下制订出基于企业资源和能力约束的经营计划和作业计划，并紧跟市场的变化不断地重排计划，满足动态市场和客户的多变需求。这种企业内部的供应链管理如图 5-1 所示①。

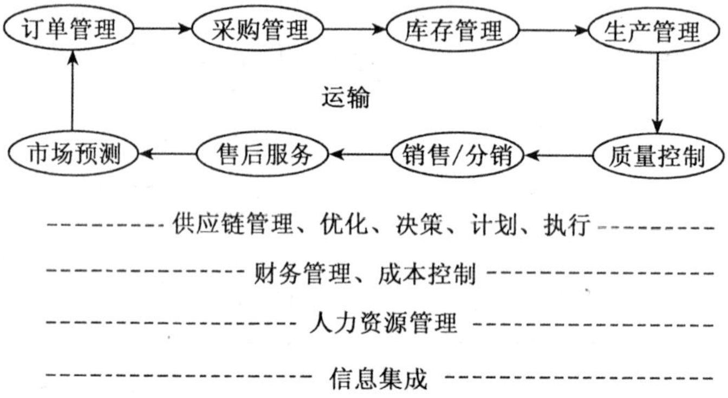

图 5-1　企业内部供应链管理示意图

这种供应链管理关注企业内部资源的调配，实现各种业务和信息的高度集成、共享、控制、管理和协调运营，消除了企业内部业务流程中无效的环节和影响业务流程运行的因素，减少企业的库存量，有效地集成企业内部供应链流程的主要计划和业务决策。这种管理的核心是内部集成化供应链管理的效率问题，主要考虑的是在优化资源、能力的基础上，以最低的成本和最快的速度生产多品种的产品或提供多种服务，快速地满足用户的需求，提高企业反应能力和效率。

(2) 企业外部上下游供应链管理

每一个企业都有其上游和下游供应链，合在一起就是完整的企业外部上下游供应链。因此，一个企业同时要与其上游和下游的供应链上的成员进行业务往来，下游的需求拉动了它的业务；而它的业务又拉动了上游的业务。

企业在与供应链上其直接的上游企业打交道时，可以借助于供应链管理中的供应商关系管理系统 (Supplier Relationship Management, SRM) 来更好地获得所需的、由上游提供的产品和服务，并利用所得到的“供”与自己的能力和资源相配合，在企业内部供应链管理系统的控制下高效率和高效益地进行产出；在与供应链上直接的下游企业打交道时，则可以借助于供应链管理中的客户关系管理系统 CRM 来更好地了解下游客户的“需”，并在企业内部供应链的管理下，快

① 覃征，汪应洛等. 网络企业管理. 西安：西安交通大学出版社，2001：99

速响应和匹配其需求，为之提供产品和服务。这种企业上下游之间的供应链管理如图 5-2 所示。

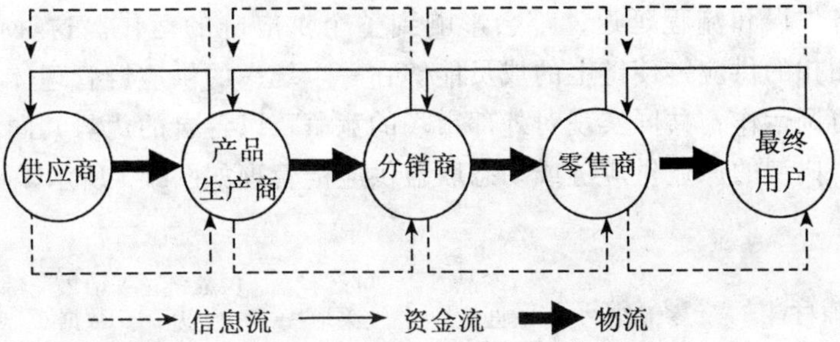

图 5-2　企业上下游供应链

在企业下游供应链上，必须以“使客户满意”为战略中心点，通过信息集成和共享及时掌握客户的需求及其变化，通过协同运作充分利用自己手中的资源，甚至整合其他方资源来最大限度地为客户实现优质和及时的服务，从而扩大客户群落和扩大市场，提高销售额和增加利润。

在企业上游供应链上，必须以“双赢”的经营理念为指导思想，与广义的供应商结成长期的、稳固的和互惠互利的共赢伙伴关系，以最低的成本、在最短的时间内获得策略性的资源，并将供应商的技术、知识和创新能力集成进自己的业务流程中，与供应商共享信息、协同运作来使它们快速和高效地响应自己的需求，从而节约成本，缩短产品投放市场的时间，增强产品、服务创新能力以及响应市场和客户的能力，赢得市场，实现获利。

(3) 产业供应链或动态联盟供应链管理

企业内部的供应链管理集成了企业内部各个业务部门信息化的孤岛，实现了内部业务流程的连贯性和连续性整合，使企业各部门、各环节能够更好地共享信息和有限的资源。虽然单个企业实现了信息化，但对于整个行业、市场或整个社会来说，它仍然是一个信息化的孤岛，急需进一步将这些孤岛进行连接，将其集成为产业供应链或动态联盟供应链。这种供应链管理是将企业内部供应链管理思想从上游供应链和下游供应链双向延伸扩展，一直从产品生命线的“源端”开始，终止于“终端”的消费者客户。同时，先进网络技术和通信技术的发展，特别是随着因特网和电子商务技术的发展，为企业实现这种供应链运作提供了支持和技术基础，就使得众多的企业可以从全局和整体的角度考虑产品的竞争力，使得资源从企业内部的管理规划扩展到企业外部的行业或动态联盟供应链上的调配和规划。

在这种供应链上，每一个企业都是供应链上的一个节点，而对于每一个节点，都体现了“供”和“需”的关系，因此，这种供需关系贯穿了整个供应链。在21世纪，市场竞争不再体现为单个企业之间的竞争，而是变成这种供应链与供应链之间的竞争，因此，每一个企业都必须将自己完全融入供应链中，一旦某个企业业务失误和流程延迟，都会影响到整个供应链的运作。这种业务关联紧密、环环相扣的供应链使链上的成员能够在一个统一的供应链管理体系下实现协作经营和协调运作，共同实现对外部市场的竞争，以各自的优势共同满足客户的需求。一个典型的产业供应链或动态联盟供应链管理如图5-3所示①。

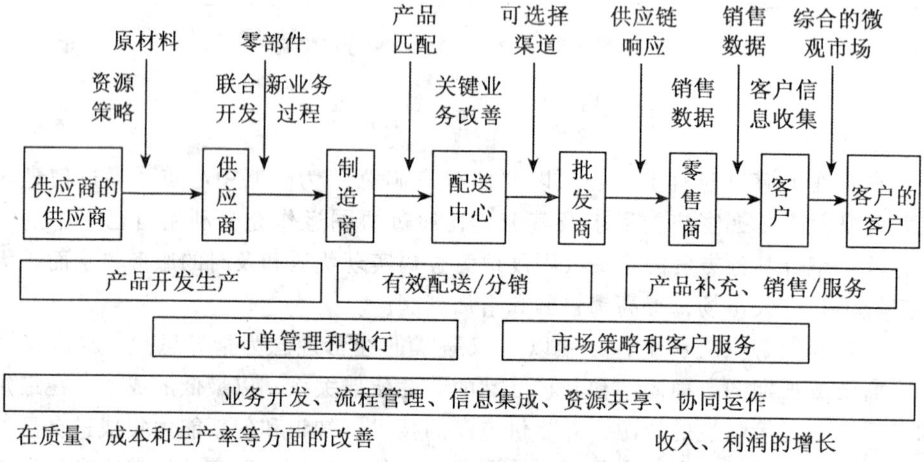

图5-3　产业供应链或动态联盟供应链管理示意图

在产业供应链上，存在着市场、原料、零件、加工、制造、分销、配送、运输、仓储、流通加工和零售等环节。当然，产业供应链与动态联盟供应链也有些差别。产业供应链是贯穿整个行业从业务源头一直到终端客户市场的全部流程范围，一般其结构较为稳固，有明确的上下游供应链划分；而动态联盟供应链则较为虚拟，常常不具备产业供应链那种稳固的结构，它是一种“市场机会驱动型”的灵活组织，它从组成到消失完全取决于市场机会的存在与否。它的优点是避免重复投资，可在短时间内形成较强的竞争能力，实现对市场需求的敏捷响应。其缺点是供应链运行的最优目标和效率难以清晰地定义，运作过程蕴涵着较高的风险。

(4) 全球网络供应链管理

随着世界经济全球化和一体化的发展，资源的获取和使用更趋于在全球之间

① 陈兵兵．SCM供应链管理——策略、技术与实务．北京：电子工业出版社，2004：60

调配，据统计，从20世纪80年代起，超过半数的美国公司在海外进行投资，而且在海外开展业务的公司和投资额在急剧地增加。同时，各企业之间、合作伙伴之间，甚至是竞争对手之间的业务交流也越来越多，从本土迅速发展到海外，这使得业务过程越来越复杂。因此，企业需要将自己最强的力量放在最擅长做的事情上，其他不擅长的业务则采取外部的策略。这意味着企业与上下游业务伙伴之间的交往越来越多，形成了一种全球范围内协作式的供应链运作模式。

促进供应链全球化的其他原因是信息技术的全球化和因特网、电子商务技术的蓬勃发展，它们为全球供应链提供了信息和业务集成的基础支持。在这种供应链中，企业的形态和边界将产生根本的改变，全球资源随着市场的需求可以动态组合，以响应不断变化的客户需求。全球供应链包括：全球范围内的产品开发、采购进货、货物运送、加工/制造、分销/配送、产品销售/服务、信息收集和共享，以及全球范围内的资金流动等。全球网络供应链如图5-4所示。

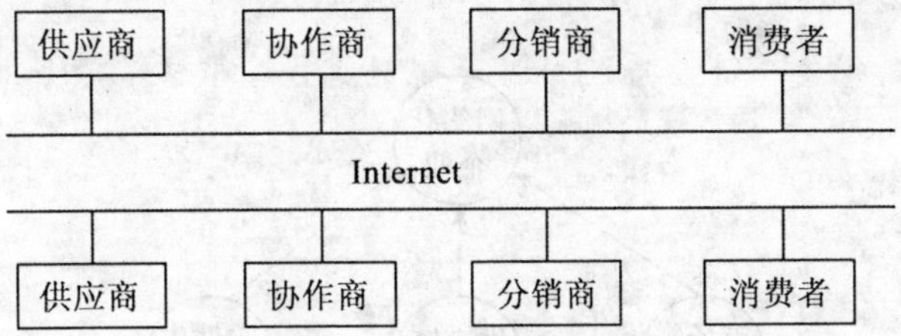

图5-4　全球网络供应链

这种供应链的运作需要准确的预测、科学的决策、高度的协同、精确的计划、有效的执行和可衡量的绩效标准，供应链网络信息交流层次的沟通与协调将采取交互的、透明的、无对象的方式，生产的组织和实现超越了空间和时间的概念和限制，可以以网络信息为依托，在更广阔的范围内选择合作伙伴，采用灵活有效的管理组合模式，从而更加方便有效地实现多种企业的资源优势互补。这种供应链，以及产业供应链或动态联盟供应链的管理都需要借助一套供应链管理系统的协同和工具，如供应链计划（Supply Chain Planning，SCP）、协同计划、预测和补给（Collaborative Planning，Forecasting and Replenishment，CPFR）、物流信息系统（Logistics Information System，LIS）、供应链决策（Supply Chain Strategist，SCS）以及CRM、SRM、电子商务等，并与企业内部供应链的管理系统和工具相配合，彻底除去企业间的围墙，实现供应链上的资源根据市场和客户的需求，策略地进行优化配置，快速响应市场需求，提高用户服务水平和降低总的交易成本，并且寻求两个目标之间的动态平衡。

5.1.3 网络化企业的供应链管理模型

自从20世纪90年代以来，全球化经济市场的逐渐形成，以及由此而产生的日趋激烈的竞争迫使制造企业不得不改变以往“小而全，大而全”的生产方式，替之以柔性的、灵捷的生产方式。为了与这种先进的制造方式和技术相适应，企业必须改变原有的实体型企业组织模式，转而采用网络化企业组织模式。与此同时，与企业息息相关的供应链和供应链管理也随着采用网络化企业而有新变化，因此根据网络化企业的特点和要求，提出一种面向网络化企业的供应链管理模型。

(1) 网络化企业支撑网络

网络化企业是一种适应信息时代要求的生产方式和组织类型，它的最大特点在于能够突破企业的有形界限，通过先进的信息技术实现对企业外部资源的系统整合从而达到企业的目标。图5-5表示了支撑网络化企业的网络结构①。

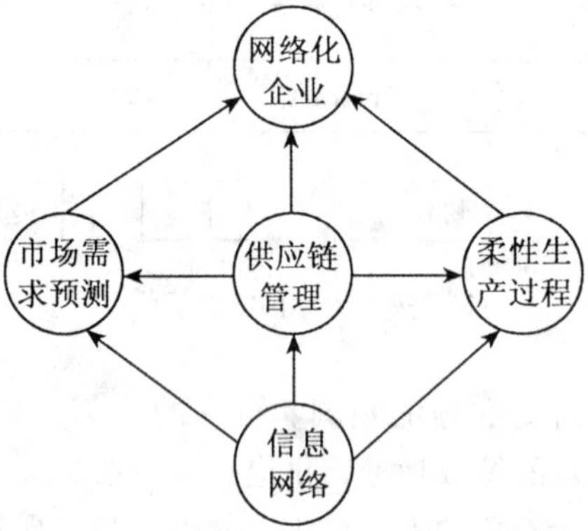

图5-5 网络化企业支撑网络

图中箭头表示支撑关系。可以看出，完善的信息网络是整个系统的网络基础，使信息能够准确、及时、有效地得到流动和共享。成功准确的市场需求分析和预测、制造企业内部生产过程的有效集成和完整的企业供应链则组成了网络化企业的应用基础。企业通过准确地预测了解客户的实际需要，和其他核心企业组成完成特定功能的网络化企业。各个核心企业内部集成化的柔性生产过程可以使核心企业能够快速、敏捷地根据客户的不同要求进行定制化的生产，而完整的供

① 赵炜，张浩，施俊．面向虚拟企业的供应链管理研究．组合机床与自动化加工技术，2002（1）

应链网络将供应商与最终用户联系在一起，并成为联系网络化企业中各个核心企业的纽带。

(2) 面向网络化企业的供应链管理

从以上叙述可以看出，供应链在网络化企业网络中具有重要的位置。图 5-5 表示了完整的供应链过程。传统的供应链管理方式将图 5-6 中所示的各个过程独立地来对待，孤立地考虑每个部分，从而导致局部最优而非全局最优。同时，由于依赖于费用最低而不是客户价值最大化原则，使得供应链管理不能充分发挥企业的能力。在网络化企业中，企业组织从功能型管理向过程型管理转化，与此相适应，面向网络化企业的供应链管理也不能仅仅是独立的模块，而是相互联系的整体，如图 5-7 所示。

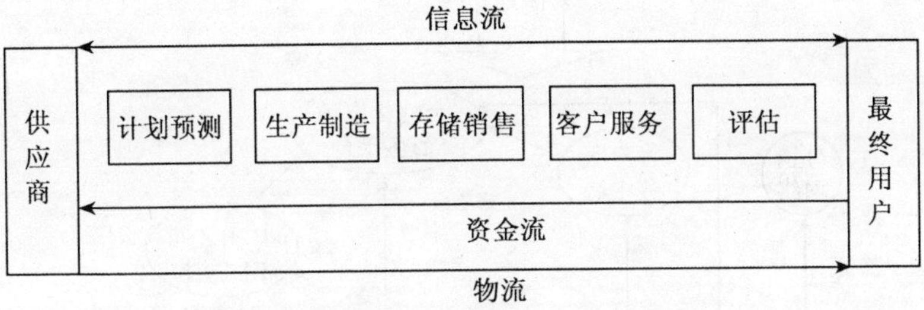

图 5-6 制造企业的完整供应链过程

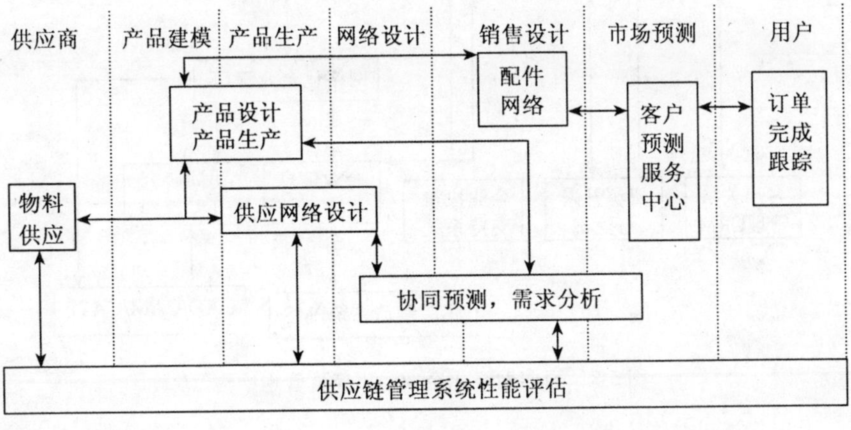

图 5-7 基于过程的制造企业供应链管理

因为供应链管理系统的有效与否最终是通过企业的经济效益来体现的，所以整个供应链管理是以系统性能的评估为基础。在供应链管理系统中，除了传统的各个模块单独功能设计之外，各个过程之间的协同关系也是系统设计的重点，尤其是在基于网络化企业的供应链管理系统中，显得更加重要。网络化企业具有两个主要特征，即存在形式离散化与运作方式合作化，因此使得企业供应链中的各个环节位于不同的企业甚至不同的国家之间，要使供应链中的各个领域根据不同核心企业所组成的不同网络化企业进行动态的配置改变，就必须同步供应链管理中的各个环节，制定同步供应链计划。面向网络化企业的供应链管理必须能够为网络化企业中的核心企业提供两个方面的功能：能够提供满足定制化要求的产品；在接受客户订单、完成订单直至销售的一系列过程中，有足够的柔性和快速的反应。根据以上要求和供应链管理系统的模型，提出一种面向网络化企业供应链管理的结构，如图 5-8 所示①。

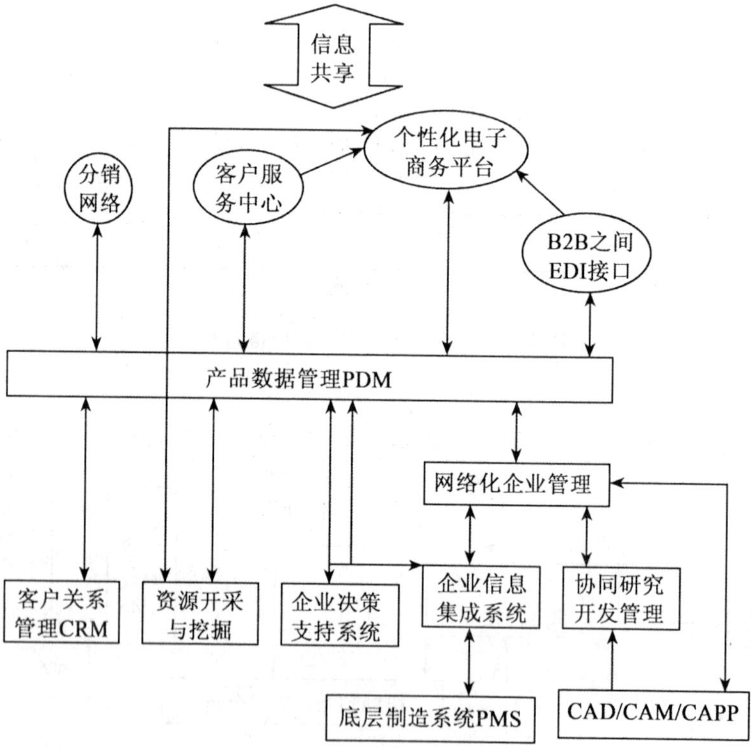

图 5-8　面向网络化企业的供应链管理结构

资源开采与挖掘模块主要对核心企业外部的知识资源、人力资源、客户资源

① 赵炜，张浩，施俊．面向虚拟企业的供应链管理研究．组合机床与自动化加工技术，2002（1）

和厂商资源进行搜寻和获取。网络化企业管理模块利用企业的电子商务平台投出和接受标书，进行合作伙伴的选择，一旦与其他核心企业组成网络化企业后，协调异地的协同开发和设计，并在 CAD/CAM/CAPP 等计算机辅助系统支持下，进行柔性的生产制造。制造工作在 ERP、MPRⅡ等系统的管理和协调下完成，也可委托网络化企业中的其他适合的核心企业进行异地制造，或者由不同企业共同承担完成。在目前的供应链管理中，单个信息管理系统，例如 ERP、MPRⅡ等已经不能使供应链管理系统有效地集成。因此，核心企业必须对 ERP、MPRⅡ等系统进行集成，组成企业的信息集成系统，使得信息能够得到有效、及时、便捷的共享。在架构供应链管理过程中，企业决策支持系统用来解决从需求计划、供应链网络设计等到库存产品、制造设备分配等的策略问题，并且对配送方式、分销中心的选择等细节问题做出优化的方案。目前，客户越来越倾向于定制符合自己要求的产品，而客户满意度是衡量供应链管理有效程度的一个重要原则，因此，客户关系管理成为供应链管理中的一个重要组成部分。由图 5-8 可以看出，几乎企业所有数据都是在 PDM（产品数据管理）的管理下，PDM 集成不同环境下的应用系统，使它们彼此之间能够交换信息，使企业数据可在不同的模块之间交换。PDM 中存放管理数据的数据（元数据）和分布式的数据文件、数据库的指针。由于企业处在不断变化的联盟中，企业所能掌握的物理资源和信息资源不断变化，企业在网络化企业中的角色也在变化，PDM 系统管理的规模和内容也随之变化，所以 PDM 系统必须能适应动态分布式的发展。客户服务中心提供产品全生命周期的服务，它和电子数据交换（EDI）组成企业电子商务平台的前台系统。通过电子商务前台交易系统、后台应用系统的整合，将企业的供应链管理系统和其他已经建置的信息管理系统有机地结合在一起，并且在后台集成信息系统的支持下，使客户能够通过方便、友好的用户接口实现定制化产品的要求，同时也能够通过 Internet 与网络化企业中的其他核心企业实现信息共享。

5.2 网络化企业供应链组建

供应链是由物料获取并加工成中间件或成品，再将成品送到用户手中的一些企业和部门构成的网络。网络化企业通过在不同企业之间进行分工协作来实现供应链的外部化，以提高企业的敏捷性。然而，供应链的外部化也使供应链构建、集成的难度大大提高，使其成为实施网络化企业策略的核心问题之一。网络化企业供应链的构建包括两个层面的内容：一是供应链结构规划问题，即由盟主来确定需要多少个合作伙伴和需要什么样的合作伙伴，也就是确定供应链的结构框架。二是合作伙伴选择问题，即根据已定的供应链结构框架，从搜索到的备选合作伙伴中选择最佳的合作伙伴组成供应链。网络化企业的供应链结构在很大程度上取决于所生产的产品结构，也就是取决于产品结构设计过程。事实上，仔细分析了戴尔直接模式的实现方法之后，就会发现，一方面戴尔通过电话、网络以及面对面的接触，和顾客建立了良好的沟通和服务支持渠道；另一方面，戴尔也通过网络，利用电子数据交换连接，使得上游的零件供应商能够及时准确地知道公司所需零件的数量、时间，从而大大降低了存货，这就是戴尔所称的“以信息代替存货”，这样，戴尔也和供应商建立起一个“虚拟”的企业。

这样一个由供应商到戴尔公司再到顾客的组织网络就是戴尔所建立起来的基于网络和现代信息技术的供应链。从图 5-9 中我们看出，与传统的供应链相比，它主要有两点不同①：

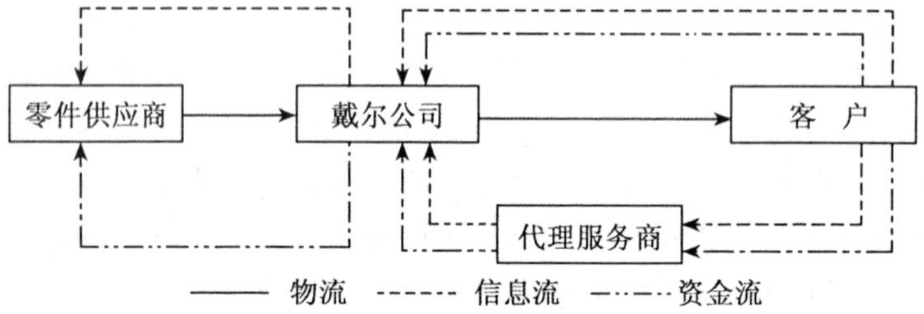

图 5-9　戴尔的供应链

①戴尔公司所建立起来的供应链中没有分销商、批发商和零售商，而是直接由生产厂商（戴尔公司）把产品卖给顾客。这就是戴尔所引以为自豪的“把电脑直接销售到使用者手上，去除零售商的利润剥削，把这些省下的钱回馈给消费者”。

②多出了“代理服务商”这一环节，它们并不向顾客提供产品，也不向戴尔公司购买产品。它们只向顾客提供服务和支持。采取直销的模式，就意味着再偏远的区域都会有客户，任何一个订单都要满足，而戴尔（中国）公司是一家新建的公司，不是由原来的制造企业转型而来，没有现成的分销网络物流系统可以利用。自建一个覆盖面较大、反应迅速、成本有效的物流网络和系统物流对戴尔来讲是一件耗时耗力的庞大的工程，而且戴尔公司又在物流管理方面不具备核心专长，因送货不经济导致的运作及其他相关成本上升而增加的费用是无法弥补的。面对全球化激烈竞争的趋势，企业的战略对策之一是专注于自己所擅长的经营领域，力争在核心技术方面领先：把本企业不擅长的业务则分离出去，委托给在该领域有特长的、可信赖的合作伙伴，所以戴尔把物流外包。首先，通过多种

① 杨中华．戴尔模式及其在中国发展的思考．中外企业文化，2003（7）

方式对备选的运输代理企业的资信、网络、业务能力等进行周密的调查，并给初选的企业少量业务试运行，以实际考察这些企业服务的能力与质量，对不合格者，取消代理资格，并对获得运输代理资格的企业进行严格的月度作业考评。主要考核内容包括运输周期，信息反馈、单证资料、财务结算、货物安全、客户投诉，用以严格监控物流服务的质量。

事实上在这条供应链上，戴尔公司处理得最多的是信息流，这使得戴尔公司既能够集中力量提供优质的售后服务支持，同时又避免了公司面临“过度庞大的组织架构”。

零件供应商、戴尔公司和代理服务商三者共同形成了一个“虚拟”的企业，它们通过电子数据交换等方式紧密连接，密切配合，达到了资源的更优化配置，同时也降低了成本，共同为顾客提供优质的产品和服务。

从戴尔与顾客的关系来说，也同样不仅仅停留在商品提供者和商品购买者的关系上。相反，戴尔公司通过电话、面对面交流、互联网上的网上商店、网上自助服务、顶级网页等现代手段，与顾客形成了更紧密的结合。

通过以上的种种做法，戴尔公司成功实现了与供应商和顾客的“虚拟整合”，形成了一条快速、高效的供应链。

5.2.1 网络化企业供应链的结构模型

网络化企业供应链的构建包括两个层面的内容：一是供应链结构规划问题，即由盟主来确定需要多少个合作伙伴和需要什么样的合作伙伴，也就是确定供应链的结构框架。二是合作伙伴选择问题，即根据已定的供应链结构框架，从搜索到的备选合作伙伴中选择最佳的合作伙伴组成供应链。网络化企业的供应链结构在很大程度上取决于所生产的产品结构，也就是取决于产品结构设计过程。因此提出了一种产品结构设计过程与网络化企业供应链结构规划过程相互交叉的网络化企业供应链结构规划设计策略。这样，能够在产品结构设计阶段，就着手规划和优化网络化企业的结构框架。在对网络化企业供应链结构进行分类的基础上，给出了一个网络化企业供应链结构模型，以指导网络化企业供应链的结构规划。

(1) 网络化企业供应链的供求节点分类

供应链由若干个供求节点组成。在网络化企业中，每一个供求节点都代表一对相互关联的企业，但供求节点上关联企业的关联程度是不相同的。根据供求节点企业的关联程度，可以将网络化企业供应链的供求节点划分为：采购节点（两关联企业之间为采购链）、协作节点（两关联企业之间为协作链）和自制节点（两关联单元之间为内部链）。根据供求节点上的关联企业的关联程度划分供求节点，可以理顺制造系统中错综复杂的关系，分析出各个节点应具有的功能、可以提供给外界的服务和他们所需要的异地服务，这样大大地方便和简化了网络化企业分布式制造系统的设计和实现。

①采购节点（采购链）。在采购链中，两关联企业之间的关联程度较低，采购方只对生产方提出数量、价格、时间和质量方面的要求。采购链敏捷性好，运作效率高，成本低，风险小，但采购方对采购链的控制力较弱。采购节点在未来的分布式制造系统中，可采用“主从”关系模型以简化节点之间的关系，提高系统的运作效率。在进行网络化企业供应链结构规划时应尽量多采用采购节点。

②协作节点（协作链）。在协作链中，两关联企业的关联程度较高，需求方除了对协作方提出数量、价格、时间和质量方面的要求外，一般还要求协作方根据需求方的特殊要求，对其资源配置和生产过程作适当的调整，同时协作方也在一定程度上介入需求方的生产过程，即存在关联双方协同工作问题。协作节点在未来的分布式制造系统中，可采用“协作”关系模型。“协作”关系模型的特点是具有协同作业的能力。协作链敏捷性较好，风险小，但运作成本较高，是网络化企业鼓励采用的供求节点。

③自制节点（内部链）。内部链属装配企业内部供应链，即装配企业自己投资的生产某些零部件的内部生产单元。该类供应链投资风险大，不利于供应链的重构，因此除了利用装配企业已有的生产资源或为了对生产过程的核心技术实施控制，保持企业的核心竞争力外，一般不鼓励采用自制节点。

（2）网络化企业供应链的结构模型

根据以上的分类，网络化企业的供应链可以看成是由若干个采购节点、协作节点和自制节点组成的，或是由采购链、协作链和内部链将不同的盟员企业（或内部单元）组合起来的企业网络。于是，可以抽象出一个简化的网络化企业供应链的结构模型，如图 5-10 所示①。

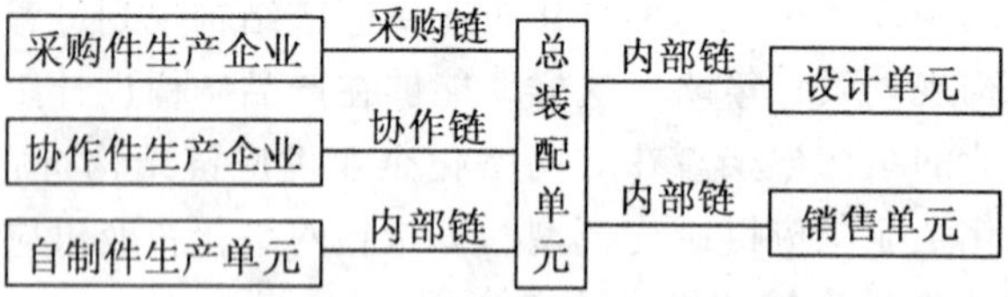

图 5-10　网络化企业供应链的结构模型

从模型中可以看出：

①产品装配环节是供应链的中心环节，一般为了方便对供应链的控制和管

① 胡开顺，姚小群，叶邦彦等．动态联盟供应链的结构模型及其规划设计．中国制造业信息化，2003（1）

理，应由组装单元担任网络化企业供应链的结构模型的盟主。

②网络化企业供应链的结构规划实际上是一个供应链中采购链、协作链和自制链的比例分配问题，也就是说确定网络化企业所生产的产品中哪些零部件通过采购链来采购，哪些零部件通过协作链来协作生产，哪些零部件由内部单元来自己制造。

③为了使所规划的网络化企业供应链具有较高的敏捷性、较高的运作效率、较低的运作成本和较低的投资风险，应该在产品设计过程中就对网络化企业供应链的结构进行初步的规划，即在设计零件结构时就应考虑到该零件的生产方式和生产过程。

5.2.2 基于网络化企业的敏捷供应链

随着敏捷制造（Agile Manufacturing）和网络化企业的发展，供应链被赋予了新的含义和要求，出现了敏捷供应链的概念。敏捷供应链可以概括为：在竞争、合作、动态的市场环境中，由供应商、制造商、分销商以及最终客户等实体构成的快速响应环境变化的动态供需网络。因此，敏捷供应链融合了供应链和敏捷制造的概念，是一种系统化、集成化、敏捷化的先进管理模式。敏捷供应链的主要特征有：①供应链的环境是持续变化和不可预测的；②构成供应链的实体之间的供需关系具有竞争和合作的双重属性；③敏捷供应链具有很好的开放性、互操作性和可重构性，能够快速适应环境或市场的变化。

（1）基于网络化企业的敏捷供应链的结构模型

要优化供应链的管理，必须理清供应链节点上的企业之间的协作特点，因此研究基于网络化企业的敏捷供应链，首先必须深刻分析该模式下供应链的结构模型。基于网络化企业的敏捷供应链不同于一般的供应链，敏捷供应链可以根据网络化企业的形成和解体而进行快速的重构和调整，从而体现供应链的敏捷性；另一方面，敏捷供应链通过其管理方式促进了企业间的动态联合，从而提高了企业联盟的敏捷性。这种敏捷性的技术基础得益于信息技术与通信技术的发展，而更主要的在于敏捷供应链突破了传统的直线式供应链结构，并以信息网络技术为依托，建立起了包括主体企业的商务中心、共同业务规划中心、客户服务中心在内的，集成供应商、制造商、分销商和最终客户的动态、闭环的组织结构，如图5-11所示①。

从图5-11可以看出，随着互联网络的发展和电子商务的普及，主体企业的电子商务中心作用日渐突出。客户通过电子商务中心向主体企业发出订单，主体

① 郑江波，赵黎明．基于动态联盟的敏捷供应链．组合机床与自动化加工技术，2004（3）

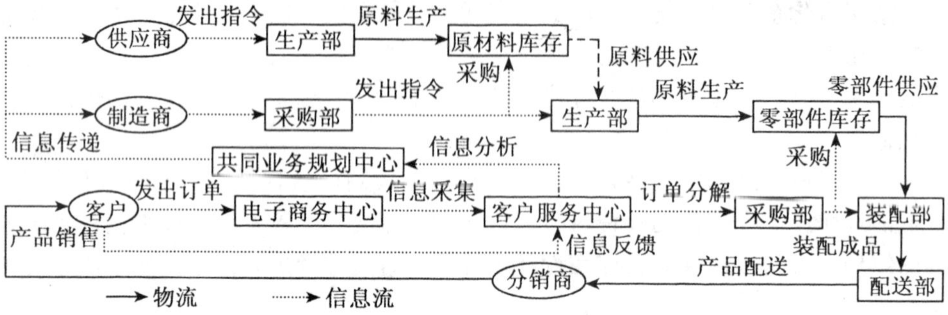

图 5-11　基于网络化企业的敏捷供应链的结构模型

企业通过数据挖掘等技术从中进行信息的采集和整理，而后通过客户服务中心对客户的订单进行分解。分解后的订单信息成为企业进行采购的依据，而通过采购也使主体企业与其供应商和制造商联系在一起；此外，客户服务中心将客户的需求信息进行分析以后，提交给共同业务规划中心，由其对供应商和制造商进行协调和规划，以使它们在库存尽可能低的情况下能够满足供应的要求；最后，当主体企业将客户所需的产品送交客户手中后，还应将客户的反馈信息传递到客户服务中心，以期更好地与客户进行沟通。

（2）基于网络化企业的敏捷供应链的特点

供应链在企业联盟中起着纽带的作用，因此基于网络化企业的敏捷供应链的设计应充分考虑到网络化企业的特征，以使自身能够根据网络化企业的要求而快速重构，从而能使联盟企业之间能够及时传递各种信息，让网络化企业能够在最优状态下运行。基于网络化企业的敏捷供应链具有以下的一些特点：

①动态可重构性、集成性和开放性。动态可重构性是指敏捷供应链能够快速适应市场需求和企业联盟组织的变化，从而根据要求进行供应链的动态重构；集成性是指敏捷供应链可以有效实现联盟各企业之间信息共享与交流，并能有效支持联盟各企业之间的功能互操作，即体现了信息的集成性和功能操作的集成性；开放性是指敏捷供应链不依赖于实现环境，即不因计算机硬件、系统软件、网络模式等信息系统环境的不同而改变，同时开放性还表现在敏捷供应链具有很好地融合新技术的能力。

②信息流形式的多样化。由于敏捷供应链的各组成节点在地理上的分散性和在组织管理上的分布性，在各节点上的企业难免在数据结构、运作过程、计算环境方面具有一定的差异，导致相互之间信息流形式多样化。为了保证彼此之间信息流动的畅通，联盟企业应使用标准或通用的通信协议，并使用通用的信息和知识描述方法，从而集成异构的、分布的信息，以使各联盟企业能够在不同的数据

结构、过程和计算环境中进行协作。

③资金支付方式的多样化。敏捷供应链下的资金支付方式，改变了传统企业模式下的资金流完全通过人为的存取、支付等形式进行，而更多地采用信用卡、电子支票、电子货币等多种形式的电子支付方式，而且通过网上银行等开放系统自动实现资金流在企业间快速高效的运转，同时配套的金融安全体系和电子签名（ES）、数位证明（DP）、密钥技术（EP）等也为资金流的安全流动提供了保证。

④联盟企业物流管理的虚拟化。随着 Internet 网络的普及和 Web 技术的成熟，在 Internet 上建立物流中心、仓储中心，进而实现联盟企业物流管理的虚拟化已经成为可能。就目前而言，第三方物流企业进行物流作业的先进技术以及 GIS 技术在物流配送系统中已经得到应用，实现了运输、存储、装卸、搬运、包装、流通加工、物流信息处理等物流作业的自动化管理，使物流组织结构由刚性的、机械的层次结构向灵活多变的、动态的、柔性的扁平结构转变，并实现以最低的成本提供给用户所需的物料和服务。

（3）基于网络化企业的敏捷供应链的关键技术

为了建立一个不依赖于特定软硬件环境的、可重构的敏捷供应链系统，就现有的技术而言，基于 Internet/Extranet 环境的公共对象请求代理结构（Common Object Request Broker Architecture，CORBA）技术、Web 技术和软件代理（Software Agent）技术的结合运用可有效解决异构平台之间的异地合作问题。软件代理一般指具有智能推理能力、自治能力和协同工作能力的软件实体，代理之间采用代理通信语言（Agent Communication Language，ACL）进行交流。由于代理所采用的规则推理比编程语言更接近于自然语言，所以包含有更丰富的语义信息，也更容易理解；此外，代理系统的访问请求可以是基于知识层次和功能描述的，而不是像传统的服务那样只是基于接口语言。这些优势都使得代理技术的应用可以对供应链系统进行较高层次的控制，而且通过代理规则的修改也可以方便地对系统的流程进行修改，以适应网络化企业的需要。

基于网络化企业的敏捷供应链是建立在联盟企业原有的信息系统（Legacy System）之上的，因此敏捷供应链系统中的很多信息和功能是依靠联盟企业原有的信息系统来提供和完成的。由于各联盟企业所采用的信息系统是各种各样的，基于的平台也可能各不相同，需要以某种方式对系统进行支持。就目前而言，基本上是采用 CORBA 技术对异构系统进行支持。从本质上讲，CORBA 技术提供了一种让对象与本地网上的其他对象透明地进行请求服务与接收信息的机制，它的核心 ORB 在分布异构环境中的不同应用之间提供互操作性，并实现多个对象系统之间的无缝连接；另外，CORBA 还提供独立于编程语言的接口定义语言（Interface Definition Language，IDL）来描述对象和操作，从而使远程分布应用可以通过 ORB 请求这些对象上的操作服务。定义 ORB 服务不仅在异构分布式环境下提供了颗粒级的互操作能力，而且对于 CORBA 定义的通用对象服务和公共设施，企业可以结合其特殊需求构造应用对象服务以提供企业应用级的中间服务系统。在此技术支持下，通过基于中介代理的封装可以兼容不同的 Legacy 系统，这些 Legacy 系统已不仅仅是可重构供应链体系中的基本功能体，而是构成有标准功能和接口的软件代理。通过对不同的 Legacy 系统的封装和不同的软件代理的组合，实现供应链系统的重构目标。

5.2.3 实现敏捷供应链的方法

供应链管理是全过程的战略管理，网络化企业为它提供了一种全新的高效管理模式。它是信息技术高度发达的，与企业追求管理创新相结合的产物。未来真正的竞争不在公司、企业之间，而是在供应链之间。然而，供应链网络化企业的实现离不开现代化的网络条件。只有不断地开发和利用网络和信息技术，并将其应用到供应链网络化企业的管理，才能实现敏捷的供应链体系，增强整个供应链的竞争能力。供应链网络化企业能够有效地整合产业链资源，为企业的价值链服务，从而提升企业的竞争力，提高企业的利润水平。

①建立柔性化网络化企业①。这种企业是以市场需求为驱动的，企业通过利用先进的信息技术，如销售点终端（POS）等，捕获实时的市场需求信息，并根据市场的需求，组织整个供应链，使之与市场相适应。与原有的供应链和市场不相适应时，也可以根据市场来进行改进和调整，这种调整是传统供应链模式无法实现的。

②实现信息共享。供应链是以信息为依据，而不是以库存为依据的，企业通过利用 EDI 和 Internet，使得同一供应链中的成员，可以利用同一实时需求信息，共同采取行动，以最快的速度来满足客户的需求。

③缩短通道。合理地设计供应链长度，特别是运输时间和中间库存时间，以实现在降低供应链上库存成本的同时，加快服务的反应速度。

④改善与合作伙伴的关系。当前，支持网络化企业的信息技术已经成熟，然而供应链中的各个环节间的关系还不够紧密，这是管理观念的问题，更主要的是企业之间的相互信任度还很低。这样，网络的最大优势——实现信息共享就发挥不出最大的作用。因此，管理者要重视协调好供应链中各成员之间的关系，以达到供应链各环节之间的无缝连接。

---

① 陈伯施，曾建平，马燕．虚拟企业革新供应链．软件世界，2004（9）

5.3 网络化企业供应链与物流的协作管理

网络化企业供应链协作包括制造商与经销商协作，制造商与供应商协作，供应商、制造商、经销商三者之间协作及三者与物流服务商协作等。其实质就是供应链成员间共同确立并遵守相同的规则，并在协调与配合的基础上主动进行企业间的深层次合作；协作目的是企业成员间在一定时期内共享信息、共担风险、共同获利，从而维护供应链的长期稳定和提升供应链整体的竞争优势。协调是合作的基础和手段，合作是协调的一个目的；但协调和配合不一定出于本意或自愿，而协作是高层次的自愿公平合作，带有主动性。供应链管理的核心是如何建立供应链成员间的协作，而良好的协作离不开完善、健全的协作机制。

5.3.1 网络化企业供应链之间的协调

供应链的协调包括利益协调和管理协调，利益协调必须在供应链组织结构构建时将链中各企业之间的利益分配加以明确。管理协调则要求适应供应链组织结构要求的计划和控制管理以及信息技术的支持，协调物流、信息流的有效流动，降低整个供应链的运行成本，提高供应链对市场的响应速度。

在存在核心企业的模式下，网络化企业供应链的协调主要通过以下三个层次来实现①：

①加强企业间的信息共享，协调信息的传递过程是供应链协调的第一层次。如果没有信息的有效传递，供应链必然会失调，因此，信息的有效共享是供应链协调的第一步。核心企业可以通过直接了解客户信息和管理零售商库存的方式来预测客户需求，并据此控制上游供应商的产量和供货量；同时，可以在核心企业统筹的基础上，由各节点企业参与制定供应链预算体系。在建立供应链预算体系时，应将总预算内化到各节点企业内部，每个企业都是一个综合性的责任中心，并应注意预算编制时间和编制方法的协调。

②供应链企业间的经济利益的协调是供应链协调的中间环节。为保证供应链的竞争力，必须防止节点企业片面追求自身利益最大化的行为。但是，由于供应链固有的外部性的限制，不可能要求节点企业无偿放弃自身利益而维护供应链的整体利益。显而易见，只有供应链整体利益大于不存在战略合作时各企业利益之和时，供应链才可能持续下去。因此，核心企业必须从战略角度出发，挖掘出所处的供应链与其他供应链不同的竞争优势，保证供应链的利益。此外，在供应链

① 马姝婵，郭颖，马臻臻．从供应链的构建模式谈供应链的协调．物流科技，2004（10）

整体获利后，核心企业必须对各节点企业建立有效的评价和收益分配机制。一般情况下，核心企业以其核心竞争力和整合供应链的能力，往往获得收益中较大的部分，而对于其他企业，则应合理评估其在供应链中的作用和贡献，公平地分配收益，否则会破坏战略合作关系。

注意供应链内部的激励也十分重要，由于各节点企业的动机不同，每个企业都会将损害供应链利益的收益与损失进行对比，如果“收益比损失”小，则节点企业会首先考虑供应链的利益。

③建立供应链中的信任是供应链协调中的较高层次。供应链中的信任是指：供应链中的某一企业确信其他企业在交易中不会利用自己的弱点来获利的一种信心。这种信任是在各节点企业间长期的合作中建立的。

供应链中的信任主要有两个方面：一方面是核心企业对其他节点企业的信任，这主要是一种忠诚信任，这种信任可以通过签订约束性的合同，或加大其他企业寻找新的战略伙伴的机会成本来实现；另一方面是其他节点企业对核心企业的信任，这主要是一种能力信任，即核心企业有能力在不确定的市场环境下通过构建和领导现有的供应链获得更大的市场份额，提高整体收益，并让各节点企业分享收益。这就要求核心企业不断地提高自身的实力。上述三个层次是一个渐进的过程，只有前面的层次实现，后面的层次才能够有保证。只有建立长久、稳定的战略伙伴关系才能保证供应链的协调和高效率的实现。

5.3.2 网络化企业供应链之间协同运行方式

网络化企业供应链之间的协同是指供应链上的成员间在共享需求、库存、产能和销售等信息的基础上，根据供应链的供需情况实时地调整自己的计划和执行交付或获取某种产品和服务的过程。要实现供应链的协同，使整个链条实现最佳运行是十分困难的，但也是非常必要的。要想实现供应链协同，首先，企业间必须建立亲密的伙伴关系，相互充分地信任，共同勾画出一个共赢的目标，大家求同存异地去努力实现这一目标；其次，贡献资源和开放业务信息，实现资源有效的整合与利用，增强相互间的透明度；再次，要使业务流程之间衔接更紧密和畅通，消除那些有碍协同的环节；最后，每个企业要有一个高效的供应链管理系统，并实现彼此系统间的强力集成，以便实时交流和共享信息，及时调整自己的计划和执行过程。只有这样，才能克服不利因素，达到供应链协同运行。图5-12描述了供应链上企业间协同的关系。

供应链协同发生在两家（或两家以上）企业联合分享业务计划、管理执行以及绩效评估的各种信息和责任，协同需要360度毫无间隙地与合作伙伴相连接。所有的业务沟通从客户联络、订单处理、采购、生产到订单履行都要能够做到一致、准时和精确无误。这是进行协同运作的前提。

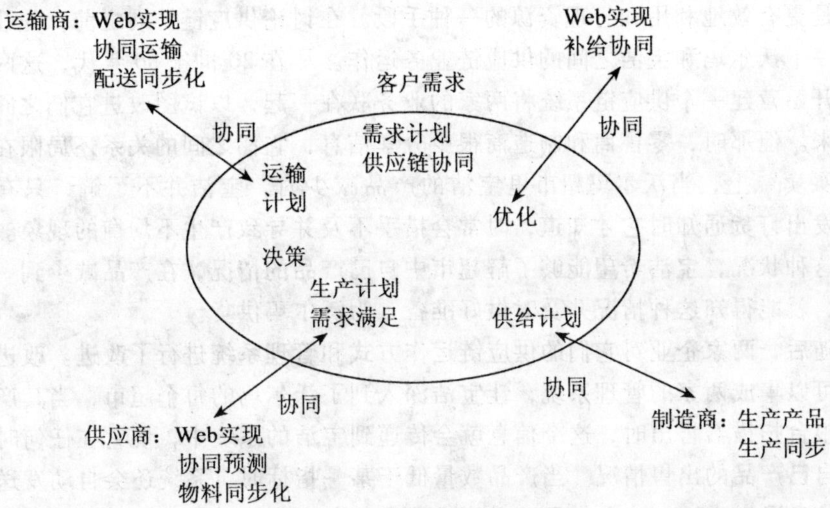

图 5-12　供应链上企业间协同关系的示意图

长期以来，许多从事供应链管理的学术机构都在致力于对供应链协同的探索和研究，它们把协同和优化定为今后供应链管理的两大发展方向。在进入 21 世纪后，市场需求变化的节奏越来越快，竞争环境日趋复杂，在这种复杂多变的环境中，企业无法再仅由自己单打独斗去面对所有环节的竞争和快速响应市场的变化，而必须与供应链上的上下游企业结成业务联盟，贡献各自的资源、整合整体的竞争能力，共同携手并进。这也是当今供应链运作的精髓和制胜的法宝。这里的协同有以下三重含义：一是在组织层面，它已超越了以往“合作，对彼此容忍”的限度，对它更好地描述则是对彼此承担责任，“付出和获得”；二是在业务层面，它整合了企业间的业务流程，使得各个环节的业务“对接”更加紧密，流程更加畅通，资源利用更加有效；三是在信息层面，它将伙伴成员间的信息系统紧密地集成在一起，实现了数据的实时流通和信息共享，使伙伴间能更快、更好地彼此开展协作，响应对方的需求和变化。只有做到以上三点，才能实现供应链的有效管理和高效运作。而只有真正达到了企业间的彼此协同，才能使整条供应链的响应速度更快、更具有前向的预见性、更好地共同抵御各种风险、降低成本和提高产出，以最小的支出为客户提供更好的产品和服务。

在整个供应链中，也存在很多不确定的因素，如果企业不能够及时了解这些情况，会影响整个供应链的供需关系，导致不能够按时满足客户的需求。供应链协同使得双方实时沟通，及时地发现这些问题并快速解决它们。

供应链协同（Supply Chain Collaboration，SCC）是供应链运行过程中企业之间业务交往间的一种运作模式，也是使供应链业务流程顺畅连续的一种连接方式，是更有效地利用和管理资源的一种手段。在讨论供应链协同之前，先让我们来看一下沃尔玛和宝洁之间的供应链业务运作。早在20世纪80年代，这两大巨头就开始营建一个供应链系统将两家的业务联在一起，以试图改进它们之间的业务往来。但那时，零售商和制造商很少分享信息，它们之间的关系还局限在商品的“买卖”上，当沃尔玛超市里宝洁的产品减少时，宝洁并不了解，只有当沃尔玛发出订货通知时它才知道，时常会措手不及并导致产生不均衡的现象。为了改进这种状况，宝洁希望能够了解超市中自己产品的情况，在产品减少到一定数量时，就能得知这种情况并及时做好准备，为沃尔玛供货。

随后，两家企业对它们的供应链运作方式和管理系统进行了改进。改进后的系统可以集成两家的管理系统，让宝洁深入到了沃尔玛的每个超市，当其产品通过收银台扫描器售出时，这个信息就会传递到宝洁的系统中，使它在任何时候都掌握自己产品的出售情况。当产品数量低于某一指标时，系统还会自动发送一个预警信息通知宝洁。这种供需双方能够分享信息、集成业务流程的供应链运行方式就是供应链协同，而两家的管理信息系统是通过卫星进行连接通信的。

有了这种协同的运行方式，宝洁甚至可以通过卫星信号监控超市中的货架，随时掌握其产品减少的情况，这样它就知道什么时候应该生产什么产品，何时需要发货给沃尔玛，而不需要在自己的仓库里存放大量的产品，被动地等待沃尔玛的供货通知。由于可以通过系统中的现金和商品流量来掌握每一天的业务情况，直接根据个别商店售出的商品来履行订单，所以缩短了从订货到交货的周转时间，可以从几周减至几天，而收银和付账也是自动进行的。该系统给宝洁节约了大量时间，降低了库存，减少了订单处理成本，以至于宝洁愿意给沃尔玛“每天不同的低价”而不至于亏本。

因此，我们说，供应链管理跨越了企业的围墙，将社会上的各个信息化孤岛连接在一起，形成一个连续的业务过程链，而供应链协同则更加强化了这种业务的连接，它加强了各企业间的合作关系，使它们建立了一种共赢的业务联盟间的关系和协作，以此来共同追求和分享市场机会；同时，也更紧密地集成了各个信息化的孤岛，通过先进的信息技术使它们实现数据的畅通交流和实时的信息共享。因此，它是强化供应链管理的一种有效的方式和手段。同样，它也覆盖了供应链管理的、从供应商的供应商到客户的客户的全过程，从企业内部到整个供应链，包括资源获取、外协和外包、制造加工、市场销售、库存管理、运输配送和客户服务等。

5.3.3 网络化企业供应链间协同的种类

网络化企业供应链间的协同主要有以下几种①：

①预测协同：需方把自己对最终产品的中长期预测和期望的服务水平传达给供方，供方根据这些数据做出自己的预测，并将自己所能做到的承诺提供给需方。这种协同能使供需双方都清楚地了解对方的需求情况和供给能力。

②库存与销售信息协同：需方将自己的部分库存和销售情况与供方共享，使供方对需方的补给进程有很好的预见性，以提高交货的准确度和速度，它常用在零售业的补货业务中。

③采购计划协同：需方将自己近期的采购计划定期传送给供方，供方可以根据该计划制订自己的生产计划，安排备货和生产。

④订单执行协同：供方将自己对订单的承诺和履行订单的能力与进程及时传递给需方，使需方清楚地了解订单的执行情况，以便及时做出业务调整。

⑤生产制造协同：制造商一方面为下游客户提供自己的产能信息，使客户了解其订单的生产进程；另一方面将自己生产进程所需的原料、部件信息与上游的供方共享，使它们能及时准确地供货，通过这种协同，让生产流程更为流畅透明。同时，如果需要生产外协或外包时，还必须与外协/外包商实现业务协同。

⑥运输交货协同：托运方和承运方之间共享信息，根据对方提供的业务数据和要求，对自己的计划做出调整，在及时了解对方情况的同时，也让对方清楚地了解自己。托运方还需要对承运方的在途运送情况进行跟踪和监控，以避免意外事件造成的风险。

⑦产品设计协同：企业在设计产品时，及早让供应商参与，使它们更好地为新品提供技术、原料和部件，以缩短研发周期，快速将新品推向市场。同时，也需要与下游的分销/零售商进行协同，吸取它们对客户使用产品的反馈意见和提前安排新品的市场推广。

随着所涉及的环节和资源的增加，供应链的协同会变得愈加复杂，为了使信息交流畅通，信息技术成为支持供应链协同和监控所有环节的重要支柱。斯坦福大学和 Accenture 咨询公司对食品和消费品工业中的 100 家制造商和 100 家零售商做了一项联合调查，结果表明，取得高于平均利润的公司均为那些达到更高信息共享水平的公司。如果企业间的管理系统不能很好地集成，就无法实现信息共享和流程紧密对接，因此，每个企业本身管理系统的优劣程度、系统间集成的紧密程度和信息传递与共享的好坏程度，直接影响了供应链系统的运行。在供应链

---

① 陈兵兵．SCM 供应链管理——策略、技术与实务．北京：电子工业出版社，2004：320

管理技术和因特网技术出现以前，人们也认识到了协同的重要性，但是苦于没有有效的工具帮助和支持企业进行实时的信息共享和协同。现在，有了先进的供应链管理系统、因特网和电子商务等技术，企业可以充分利用因特网以及以XML为基础的数据转换工具，方便和快捷地传输信息，这为信息交流和信息共享提供了强有力的支持。同时，供应链管理系统的诸多功能也成为了企业实现供应链协同的好帮手。

5.3.4 网络化企业供应链物流协作机制的建立

供应链是物流管理在深度和广度方面的扩展。制造业企业、物流企业都应重视供应链。供应链取代物流，不仅是理论的发展，更是时代的变革。供应链对制造业所起的作用，应引起中国生产企业的足够重视。同时，第三方物流企业掌握供应链技术，才能在市场上具有竞争能力。一个区域、一个城市的竞争力，直接取决于产业竞争力，因此，供应链关系到区域竞争力。研究供应链发展趋势，分析所处区域的供应链结构，打造供应链服务基地，不仅关系到物流产业发展的问题，更涉及未来区域竞争优势和可持续发展的深层次问题。因此，有必要建立一种供应链物流协作的长效机制，促进供应链物流的发展。

供应链协作机制包括委托代理、信任、整合和反馈四个方面的机制，共同支撑供应链长期稳定，见图5-13①。委托代理、信任和整合机制形成三角形，缺少任何一方，供应链都将失衡或瓦解。委托代理机制是协作的前提，信任是协作的基础，整合是实现协作的可靠保证，而反馈机制则是提升供应链竞争力和不断改善供应链绩效的有效手段。

协作是供应链管理核心问题之一，很多人涉足研究并取得了一定成果，但国内外学术界尚未有系统的研究，只是从某方面说明如何实现协作；有的从委托代理机制方面说明对供应商的选择和有效激励才能实现协作，有的认为唯有企业间信任才能实现协作，有的认为整个供应链不实现流程重组和整合是不能完成协作的。这都很有价值和说服力，但要实现长期稳定的协作，三者应该是同等重要的：委托代理机制是前提，信任是基础，整合重组是实现协作的可靠保证；而且只有有了良好的委托代理机制和信任基础，企业间的整合重组才能进行，协作才能实现。

委托代理机制研究包括以下两方面：一是协作机制的选择，包括合作伙伴选择和供应链选择。对战略合作伙伴的选择，主要集中在评价体系和评价方法上，评价时重点要考虑合作伙伴提供服务的能力、质量、速度及发展潜力；尤其是合作企业的文化与本企业的文化是否融合，这是评价时最容易忽略的，而企业文化

---

① 邱建松，陈运娟．供应链协作动因和协作机制研究．价值工程，2003（5）

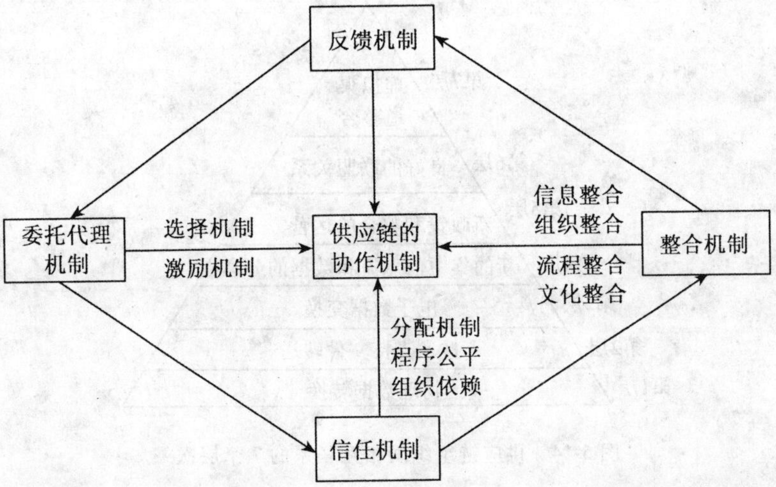

图 5-13　协作机制的构建

的融合直接关系到协调难易。评价方法常用的主要有 ABC 成本法、层次分析法（AHP）、人工神经网络算法（ANN）、数据包络分析法（DEA）及模糊综合评价法和遗传算法（GA）等。对供应链的选择，应选择与产品特征相匹配的供应链。二是协作的激励机制，包括正激励和负激励（约束惩罚）。这是为了激励协作积极性，防止隐藏行动和隐藏信息的道德风险。措施是使代理人（一般是供应商或经销商）的目标与委托人（一般是制造商或核心企业）的目标一致。

信任是一种战略资源，能有效地促进分工协作，减少交易成本，使企业集中于核心业务，将非核心业务外包给上下游或相关的专业企业。而关键是如何建立信任关系。Shapiro 等将信任分为 4 级：基于威慑的信任、基于认知的信任、基于共识的信任、敏捷信任。供应链协作企业应在前 3 个信任的基础上建立第 4 个信任。

企业选择了良好的战略伙伴和配套的供应链，建立了有效的信任机制，如果成员间在信息共享、企业文化、流程设计和战略规划等方面不能有效地整合，则供应链的功效就不能很好地发挥。Theodore H. Clark 等将基于信息共享基础上的供应链整合分为 7 个层次，见图 5-14。

未来对供应链协作的研究主要集中在以下几个方面：

①供应链协作机制的系统研究。供应链协作机制的系统研究，不仅研究委托代理、信任和整合的机制，还研究反馈机制的作用和构建及协作机制设计和运营模型。反馈机制应从供应链绩效、存在问题、信息反馈方面进行研究，为供应链协作和改善提供依据。克莱斯勒公司在建立了与供应商的合作伙伴关系后，非常

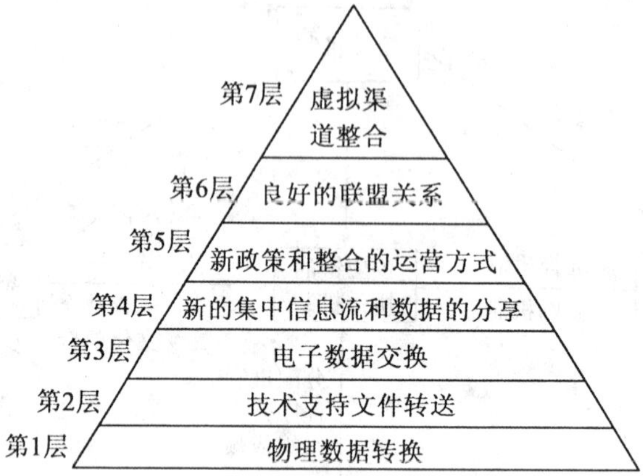

图 5-14　供应链组织间相互联系的 7 个层次

注重倾听供应商的反馈意见，而且规定供应商的建议一旦被采纳，即可获得 2 万美元酬金，其中仅马格纳公司从 1993 ~ 1996 年就向克莱斯勒公司献策 213 项，有 129 项被采纳，为克莱斯勒节省7 550万美元，同时增加了供应商对公司的信任，进一步促进了双方合作。①

②供应链竞争力提升的研究。未来的市场竞争不再是单个企业之间的竞争，而是供应链与供应链之间的竞争。提高供应链竞争力成为重要的管理课题。在巩固供应链稳定基础上改善供应链绩效，就必须对供应链整体和各成员进行绩效评价。通过评价结果再调整协作方式或相应地改进委托代理机制、信任机制和整合机制，从而提升供应链整体竞争力。当然，在提升供应链的竞争力方面，加强团队的协作精神、完善自动供给补货系统及建立反应主动快速的同步化运作都值得深入研究。

③供应链协作风险及应对措施的研究。供应链协作也存在风险，会由于各种各样原因出现某一环节脱链，如有的供应商出现财务危机或某一投资失误而造成供货不及时，从而影响整个供应链流程和快速反应进程；此时，制造商是帮助供应商解决危机，还是终止合约重新选择呢？如果重新选择，如何让其快速融入这一供应链？这都需要研究。供应链企业间信任也有风险，是在一定范围内信任，不可能将自己的核心业务信息或制胜秘方也在供应链间共享，那样容易泄露商业秘密，从而容易被同行模仿造成损失。但一味封锁信息也对供应链协作不利，于

① Dyer, Jeffrey H. Collaborative Advantage: How Toyota and Chrysler Win through their Extended Enterprise Supplier Networks. New York Oxford University Press, 2000

是企业应该在多大程度上将内部信息给协作伙伴共享即授权信度，便成为又一值得研究的问题。

④供应链组织创新和边界能力的研究。供应链组织创新，应考虑由什么样的组织管理，成员如何配备，核心企业如何发挥作用等。供应链由供应、制造、分销、零售、技术提供、物流服务等各商家组成，它们又有自己的供应商。应该将哪些企业纳入供应链管理范围才合适？这就必须进一步深入研究管理成本和交易成本。一是提出供应链模型框架，二是在此框架下针对某类供应链建立具体的供应链模型。建模过程中应考虑以下因素：多个企业构成的供应链，把供应、制造、经销和物流服务等各商家都结合到模型中；重要的随机因素，如顾客随机需求和要求的服务水平，供应商和运输的可靠性等；定性因素，如政府政策、通货膨胀、汇率变化等；在考虑物流的同时还要考虑资金流和信息流。模型建立后还要进行优化求解，对模型求解除了优化算法外，还有模拟仿真算法。

5.4 网络化企业供应链物流的实现

由于供应链构成的复杂性，要有效地实现网络化企业供应链物流管理，必须抛弃传统的管理思想，将供应链各成员企业的订货处理、采购、制造、装配、库存控制、分销等看作一个整体流程，只有实现对供应商的供应商、供应商、制造商、分销商、零售商、客户以及客户的客户整个供应链物流的集成化管理（见图 5-15），才能创造新的整体竞争优势①。

5.4.1 网络化企业供应链物流模型的特点

综合分析供应链物流协作模型，可以归纳出如下特点：

①客户物流——供应链物流的起点。整个供应链都是由客户需求拉动的，因而客户的采购物流是供应链物流的起点，整个供应链物流管理要以满足客户物流需求为核心，主动积极地为客户提供增值物流服务。

②核心企业——供应链物流的协调与管理中心。供应链是基于核心企业的利益共同体，虽然各成员企业都具有独立法人资格，相互之间没有行政上的隶属关系，但整个供应链体系是靠核心企业驱动的。同样，对供应链物流管理而言，核心企业发挥调度与管理中心作用，负责对从供应商到核心企业的供应物流，核心企业的内部物流，再到分销商与最终客户的分销物流的总体协调与控制，确保供应链物流总成本最小化。

③企业接口物流——供应链物流管理的利润源。众所周知，在实行供应链管

① 魏晓宁，李延霞. 浅谈供应链物流管理. 物流科技，2003（3）

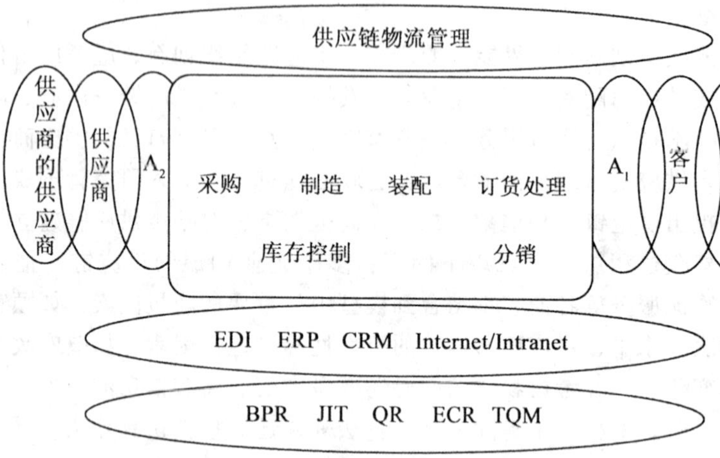

图 5-15　网络化企业供应链物流管理模型

理之前，供应商与制造商、制造商与分销商、分销商与客户等关联企业之间的接口往往出现管理“真空”，存在大量的物流延迟、重复作业和冗余库存等。而通过供应链物流管理，成员企业之间实现了全流程的无缝作业，就大大提高了接口工作效率，有效减少了物流重复、浪费与失误。

④现代信息与网络技术——供应链物流管理实现的基础前提。Internet、Intranet 的出现与普及运用，为供应链物流的信息共享与信息交互提供了基础平台；电子数据交换（EDI）、企业资源计划（ERP）、客户关系管理（CRM）的不断完善与广泛应用，为供应链物流管理提供了技术保障。

⑤现代管理思想与方法——供应链物流管理实现的理论保证。通过业务流程重构（BPR），能够消除各职能部门以及供应链成员企业的自我保护主义，实现供应链物流组织的集成与优化；通过准时制管理（JIT）、快速反应（QR）、有效客户反应（ECR）、全面质量管理（TQM）等管理思想与技术方法的综合运用，实现供应链物流管理方法的集成；通过资源整体优化配置，有效运用价值链激励机制，寻求非增值活动及相应结构的最小化，实现供应链物流管理效益的优化与集成。

5.4.2　网络化企业供应链物流管理的目标

供应链物流管理的目标即是通过调和总成本最小化、客户服务最优化、总库存最少化、总周期时间最短化以及物流质量最优化等目标之间的冲突，实现供应链绩效最大化。

网络化企业供应链物流管理目标是一种多元化目标:

①总成本最低化。众所周知，采购成本、运输成本、库存成本、制造成本以及供应链物流的其他成本费用都是相互联系的。因此，为了实现有效的供应链物流管理，必须将供应链各成员企业作为一个有机整体来考虑，并使实体供应物流、制造装配物流与实体分销物流之间达到高度均衡。从这一意义出发，总成本最小化目标并不是指运输费用或库存成本，或其他任何供应链物流运作与管理活动的成本最小，而是整个供应链物流运作与管理的所有成本。

②客户服务最优化。物流的本质就是服务，供应链物流的本质也是为整个供应链的有效运作提供高水平的服务。而由于物流服务水平与成本费用之间的二律背反关系，要建立一个效率高、效果好的供应链物流网络结构系统，就必须考虑总成本费用与客户服务水平的均衡。供应链物流管理以最终客户为中心，客户的成功是供应链赖以生存与发展的关键前提。因此，供应链物流管理的主要目标就是要以最低化的总成本费用实现整个供应链客户服务的最优化。

③总库存最小化。传统的管理思想认为，库存是维系生产与销售的必要措施，因而企业与其上下游企业之间在不同的市场环境下只是实现了库存的转移，整个社会库存总量并未减少。按照 JIT 管理思想，库存是不确定性的产物，任何库存都是浪费。因此，在实现供应链物流管理目标的同时，要使整个供应链的库存控制在最低的程度，“零库存”反映的即是这一目标的理想状态。所以，总库存最小化目标的达成，有赖于实现对整个供应链的库存水平与库存变化的最优控制，而不只是单个成员企业库存水平的最低。

④总周期时间最短化。在当今的市场竞争中，时间已成为竞争成功最重要的要素之一。按照马丁·克里斯托弗的观点，当今的市场竞争不再是单个企业之间的竞争，而是供应链与供应链之间的竞争。从某种意义上说，供应链之间的竞争实质上是时基竞争（Time-based Competition），必须实现有效客户反应（ECR），最大限度地缩短从客户发出订单到获取满意交货的整个供应链物流的总周期时间。

⑤物流质量最优化。在市场经济条件下，企业产品或服务质量的好坏直接关系到企业的成败。同样，供应链物流服务质量的好坏直接关系到供应链的存亡。如果在所有业务过程完成以后，发现提供给最终客户的产品或服务存在质量缺陷，就意味着所有成本的付出将不会得到任何价值补偿，供应链物流的所有业务活动都会变为非增值活动，从而导致整个供应链的价值无法实现。因此，达到与保持物流服务质量的高水平，也是供应链物流管理的重要目标。而这一目标的实现，必须从原材料、零部件供应的零缺陷开始，直至供应链物流管理全过程、全人员、全方位质量的最优化。

应该说明的是，从传统的管理思想出发，上述目标相互之间呈现出互斥性：客户服务水平的提高、总周期时间的缩短、交货品质的改善必然以库存、成本的增加为前提，因而无法同时达到最优。而运用集成化管理思想，从系统的观点出发，改进服务、缩短时间、提高品质与减少库存、降低成本是可以兼得的，因为只要供应链物流的基本工作流程得到改进，就能够提高工作效率，消除重复与浪费，缩减工作人员，减少客户抱怨，提高客户忠诚度，降低库存总水平，减少总成本支出。

5.4.3 网络化企业供应链物流的运作方式

网络化企业在运行时，各独立企业之间的关系应是组织间协调的关系。与网络化企业这种关系相匹配的物流外包形式，也应采用组织间协调的方式。以第三方物流为代表的双边规制方式，在第三方物流中交易双方仍然保持各自的独立地位，但相互之间出现了旨在维持合作关系的机制。因此，第三方物流是适合网络化企业物流外包要求的。

(1) 第三方物流

关于第三方物流、国内外尚没有一个统一的定义，国外有的称之为物流联盟、物流伙伴或合同物流，定义比较模糊，只是假设人们对它有一定的理解。国内的称谓则更为模糊，通常的叫法是物流社会化或物流市场化，且往往在第三方物流和配送之间画等号。

第三方物流是第三方物流提供者在特定的时间段内按照特定的价格向使用者提供的个性化的系列物流服务。它具有以下特征。

①第三方物流是建立在现代电子信息技术基础上的。信息技术的发展是第三方物流出现的必要条件，信息技术实现了数据的快速、准确传递，提高了仓库管理、装卸运输、采购、订货、配送发运、订单处理的自动化水平，使订货、保管、运输、流通加工实现一体化；企业可以更方便地使用信息技术与物流企业进行交流和协作，企业间的协调和合作有可能在短时间内迅速完成；同时，电脑软件的飞速发展，使混杂在其他业务中的物流活动的成本能被精确计算出来，还能有效管理物流渠道中的商流，这就使企业有可能把原来在内部完成的作业交由物流公司运作。常用于支撑第三方物流的信息技术有：实现信息快速交换的 EDI 技术、实现资金快速支付的 EFT 技术、实现信息快速输入的条形码技术和实现网上交易的电子商务技术等。

②第三方物流是合同导向的一系列服务。第三方物流有别于传统的外协，外协只限于一项或数项独立的物流功能，如运输公司提供运输服务、仓储公司提供仓储服务等，第三方物流则根据合同条款规定的要求，而不是临时需要，提供多功能，甚至全方位的物流服务。一般来说，第三方物流公司能提供仓库管理、运

输管理、订单处理、产品回收、搬运装卸、物流信息系统、产品安装装配、运送、报送、运输谈判等近30种物流服务。依照国际惯例，服务提供者在合同期内按提供的物流成本加上需求方毛利额的20%收费。

③第三方物流是个性化物流服务。第三方物流服务的对象一般都较少，只有一家或数家，服务时间却较长，这是因为需求方的业务流程各不同，而物流、信息流是随价值流流动的，因而第三方物流服务应按照客户的业务流程来定，这也表明物流服务从产品推销发展到了市场营销阶段。

④企业之间是联盟关系。依靠现代电子信息技术的支撑，第三方物流的企业之间充分共享信息，这就要求双方能相互信任，使达到的效果比单独从事物流活动所能取得的效果更好，而且，从物流服务提供者的收费原则来看，它们之间是共担风险、共享收益；再者，企业之间所发生的关联既非仅一两次的市场交易，但又在交易维持了一定时期之后，可以相互更换交易对象，在行为上，各自不完全采取导致自身利益最大化的行为，也不完全采取导致共同利益最大化的行为，只是在物流方面通过契约结成优势互长、风险共担、要素双向或多向流动的中间组织。

(2) 虚拟物流中心

传统的实物物流中心偏重于运输与仓储，缺乏对整个供应链进行运作的战略性专长和真正整合供应链流程的相关技术。第三方物流企业各自为政，服务领域狭窄，无法达到高效运作。虚拟物流中心是一个供应链的集成商，它充分集成本组织与其他组织资源、功能和技术，设计、构建和运作综合物流与供应链解决方案，充分发挥信息流对实物流的监控作用，减少多重运输、多重中转等不经济现象，减少资源浪费，提高物流与整体供应链效益。①

虚拟物流中心主要通过其影响整个供应链的能力来为客户提供更为复杂的供应链解决方案，从而创造价值。虚拟物流中心的功能就是整合企业与企业、企业与消费者之间的供应链。企业的供应链流程包括订单履行、采购销售、技术及原材料获取以及客户服务等。而且还涉及更复杂的关系，如多供应商对多制造企业、多制造企业对多客户的多点、多级运行。正是由于供应链的这种复杂性，组织间的交流以及信息传送的准确性和及时性就变得很复杂。而且，供应链的多级性可能会扭曲需求信息，而导致过量库存，生产能力闲置，提高生产和物流成本。因此，高效率供应链要求信息必须准确及时，才能减少成本，提高效率，增加客户满意度。

虚拟物流中心是构建网络化企业的整合商，虚拟物流中心实际上是企业供应链的管理中心。虚拟物流中心凭借其信息与网络技术，可以让各成员企业仅保留

---

① 陈铭．虚拟物流中心与虚拟供应链的建构．软科学，2005（1）

其核心功能，将自己难以胜任的或难以高效完成的某些供应链功能通过虚拟物流中心外包给其他成员企业，在竞争中高效率地发挥各成员企业有限的资源优势，实现快速的市场扩张。

5.4.4 网络化企业供应链物流的实现

为了有效实现供应链物流管理，必须完成以下六个方面转变①：

①由相互对立转向战略协作。传统上，协调物流的功能机制极端化，过分依赖市场交易机制，由于供需双方都追求各自最佳的财务效果，相互之间存在着大量的冲突。任何一方对对方都缺乏绝对的信任，供应商必须猜测客户的需求，因为特定需求和预测信息得不到共享，因而造成许多不必要的浪费。比如，当市场信息失真或扭曲时，供应链物流的运作效率将会大幅度降低。因此，要有效实现供应链物流管理，就应促进由市场交易机制向战略协作机制的快速转变，即在供应链各成员企业间建立一种长期的战略合作伙伴关系，以消除供应链物流过程中的各种浪费，提高对客户与市场需求的快速反应能力。

供应链成员企业之间建立战略协作关系，旨在获取最大的整体竞争优势。其基本原理即：战略协作远胜于对立竞争，能够实现合作各方的“共赢”（Win-win）。特别是在当今竞争日益激烈的动态市场环境中，战略协作通过信息共享能够大大加速新产品上市周期，有效压缩订货—交货总周期时间，消除供应链的长鞭效应（Bullwhip Effect）。

②从功能整合转向流程集成。传统的物流管理以功能部门为基础，往往由于利益目标冲突、分工不清、信息分散等原因，各功能部门无法完全发挥其潜在效能，因而很难实现整体目标最优。供应链各成员企业与整体之间的功能、业务的互动关系，是许多工作流程的综合体。为了提高整个供应链物流的工作效率，加快产品从供应商经制造商送达最终客户的物流速度，减少重复或不必要的物流步骤；改善跨功能、全过程的沟通与信息分享，应建立跨功能的物流工作团队。供应链上的各级物流主管及链上员工，都必须把供应链物流的所有功能活动视为一整体流程，集中心力去满足甚至超越客户的需要，致力于客户价值增值。同时，在一个流程框架中完成的工作应该有利于各种物流功能的整合。随着系统功能的整合，就能以最小的投入取得最大的组织效益，并使供应链物流组织富有弹性。

从功能整合到流程集成是最有成效而又历时最长的转变之一。虽然这一趋势的发展给供应链成员企业的运营带来了实质性的改善，但其进一步发展仍然面临许多挑战，主要有：首先，虽然供应链各成员企业的采购、制造、仓储、分销等部门已经根据各自的流程进行了集成，但彼此之间的集成化水平依然不高。因

① 刘志学．关于供应链物流管理的一些认识．物流技术，2002（3）

此，下一步流程集成的首要工作即是要在核心企业内部，完全打破各主要部门之间的功能界限，实现核心企业物流业务流程的集成。其次，要实现核心企业与其紧邻的供应链成员企业的物流业务流程的集成，尤其是核心企业与其供应商、客户企业物流业务流程的集成。在此基础上，最后实现整个供应链物流业务流程的集成化。

③从信息封闭转向信息共享。信息交互与信息共享是供应链物流高效运行的前提保证，有效的供应链物流管理需要准确的、实时的前向和后向的需求信息、供应信息、控制信息做基础。因此，信息流贯穿于供应链物流运作的全过程，既有供应信息，主要包括产品信息、物流能力信息、物流服务信息和质量保证信息；又有需求信息，主要包括产品需求信息、物流质量要求信息和增值物流服务需求信息；同时，还有供应链及其成员企业的物流管理信息等。随着市场竞争的不断加剧，企业越来越意识到信息共享的重要性，供应链成员企业间只有做到信息共享，才能使信息得到充分利用，从而有效降低供应链物流的总成本，实质性地提高物流服务水平。

近年来，以互联网为代表的网络技术的发展，有力地促进了信息封闭向信息共享的转变。而要真正实现供应链成员企业之间的信息共享与信息交互，有赖于以下转变的完成：

首先，有效的信息共享必须以供应链成员企业之间的相互信任为基础。为了确保和维持企业间共享信息的可靠性，企业间必须充分建立彼此之间的信任。诚然，管理者接受企业间信息共享的观念需要一个过程，一些管理者仍认为共享如预测、分销、库存、成本等关键物流信息将使企业自身的竞争优势大打折扣，当管理者的目光仅仅局限于自己的职能部门时，甚至连成员企业内的信息共享都难以做到，就更不用说供应链成员企业之间共享信息。

其次，那些把信息看作企业重要资源的企业在与供应商或是服务供应商进行商务活动时，也应以一种足够信任的方式来进行信息交互，以实质性地减少成员企业间的冲突。例如，许多制造商已经专门成立了一些独立的多功能物流工作团队来为它们的供应商或零售商提供物流服务，这个团队的人员来自各个职能部门，如采购、生产、营销、财务等。同时，信息共享的发展也越来越要求供应链成员企业共同制定物流经营战略和发展计划。

最后，信息共享有多种方式，最有效的方式就是通过直接登录相关的数据库来获取所需的信息。信息共享也可通过第三方物流企业来完成，由它们指派特定的物流工作人员来确保彼此间的合作。信息共享的完全实现能够实质性提高供应链物流的集成化水平。

④从客户服务转向客户关系管理。供应链物流的目标旨在提升客户价值。在当今买方市场条件下，客户在购买过程中的控制力越来越大，他们有最终的选择

权，而且希望利用不同的方式购买产品或服务来满足其特定的需求。由此，客户关系管理越来越受到重视，并已成为市场领先企业的核心战略。然而，传统的客户服务以符合内部的运营标准为目标，而在供应链管理模式下则以客户成功为宗旨。对许多客户来说，一些运营标准如订单完成周期时间的压缩、准确的送货时间和完美的订单送货，成为选择供应商的主要因素。而另一些客户则要求无论何时何地都能提供高水平的物流服务。因此，为了满足不同的客户需求，必须认真分析客户购买行为的驱动因素，以客户关系为基础进行供应链物流管理，充分发挥潜能、提供独特的物流解决方案。

核心企业越来越认识到成功依赖关键客户、建立紧密合作关系的对供应链物流管理的重要性。而要获得最佳的客户关系，就必须使企业物流资源与特定客户的物流需求相匹配，并充分利用整个供应链的物流能力和资源来实现竞争对手不能提供或是不能以合理成本提供的客户价值增值。

⑤从核算成本管理转向目标成本管理。为了更有效地实现供应链物流管理的目标，使客户需求得到最大程度的满足，成本管理应从战略的高度分析，与战略目标相结合，使物流成本管理与经营管理全过程的资源消耗和资源配置协调起来，因而要求实现从核算成本管理向目标成本管理的有效转变。

目标成本管理法与核算成本管理法的明显差异在于，目标成本管理法不是局限于供应链企业内部来计算成本的，而是从产品开发、设计阶段到制造阶段，以及整个供应链物流的各环节进行成本管理。在目标成本管理法引用的早期，通常企业首先通过市场调查来收集信息，了解客户愿意为这种产品所支付的价格，以及期望的功能、质量，同时还应掌握竞争对手所能提供的产品状况。这样，根据市场调查得到的价格，扣除所需要获取的利润以及为继续开发产品所需的研究经费，计算出来的结果就是产品在制造、分销和产品加工处理过程中所允许的最大成本，即目标成本。

目标成本管理是一种全过程、全方位、全人员的成本管理方法。全过程是指供应链产品生产到售后服务的一切活动，包括供应商、制造商、分销商以及客户在内的各个环节；全方位是指从生产过程管理到后勤保障、质量控制、企业战略、员工培训、财务监督等企业内部各职能部门各方面的工作以及企业竞争环境的评估、内外部价值链等；全人员是指从高层经理人员到中层管理人员、基层服务人员、一线生产员工。目标成本管理法在作业成本管理法的基础上来考察作业的效率、人员的业绩、产品的成本，弄清楚每一项资源的来龙去脉，每一项作业对整体目标的贡献。总之，核算成本管理法局限于事后的成本反映，而没有对成本形成的全过程进行监控；作业成本管理法局限于对现有作业的成本监控，没有将供应链的作业环节与客户的需求紧密结合。而目标成本管理法则保证供应链成员企业的产品以特定的功能、成本及质量生产，然后以特定的价格销售，并获得令人满意的利润。

⑥由垂直一体化转向虚拟集成化。多年来，企业出于管理和控制上的目的，对为其提供原材料、半成品或零部件的其他企业一直采取投资自建、投资控股或兼并的“垂直一体化”（Vertical Integration）管理模式，即核心企业与其他企业是一种所有权关系。例如，亨利·福特（Henry Ford）曾尝试利用所有权控制来获得供应链的垂直一体化。福特的理想是通过对整个过程拥有所有权以管理和控制整个价值增值过程，从而减少浪费和增加业务相关性，因此，从橡胶种植、运输一直到生产，即从原材料供应到完成汽车的生产，全部由自己拥有所有权的企业完成。

推行“垂直一体化”的目的，旨在加强核心企业对原材料供应、产品制造、分销和销售全过程的控制，使企业能在市场竞争中掌握主动，从而增加各个业务活动阶段的利润。在高科技迅速发展、市场竞争日益激烈、顾客需求不断变化的今天，“垂直一体化”战略已逐渐显示出其无法快速敏捷地响应市场机会的薄弱之处。其问题在于需要大量的资金投资和构建非常复杂的企业组织结构。现在，要重构亨利·福特式的垂直供应链已不可能，因而核心企业必须通过与供应商、分销商甚至客户的虚拟集成化（Virtual Integration）来建立供应链物流的无缝连接。

6 网络化企业生产流程与生产管理

世界知名企业如耐克和戴尔等都在不断增加外包行为，扩大其虚拟生产的范围。海尔在国际化发展中也在不断学习这些企业的经营策略。在海尔新的战略管理中有一条叫作“结构网络化”，指的就是从传统企业的纵向一体化变成横向网络化，形成企业内部与外部网络相连的结构，把两端加大，即强化科研和销售服务网，减少中间加工部分。2003 年，海尔没有在海外投资建厂，却增加了 9 家工厂，这些工厂都是海尔品牌的受益者，即海尔利用品牌效应获得订单，让当地工厂为海尔贴牌制造，海尔再付给它们一定的加工费。海尔把这 9 个工厂叫作“国际合作工厂”，只进行订单生产或承包一两条生产线，它们构成了海尔在全球的一个整体的生产运作经营网络。这个网络可以有效地规避风险，比如现在的反倾销风险，乃至更麻烦的技术壁垒。

由此可以看到现代制造业的一种趋势是，全世界的领先品牌正日益转向一种可行的战略——通过将生产外包而集中精力运作品牌获取利润，而不是用保留各种生产线的方法来达到目的。管理大师汤姆·彼得斯曾一语道破新的竞争环境中企业生存和发展之道：“做你做得最好的，外包剩下的（Do what you do best and outsource the rest）。”① 网络化企业正是基于这种外包的形式来组织企业的生产流程，达到协调管理的目的，因此，网络化企业的生产流程和生产管理有别于传统企业。

网络化企业是一种特殊的企业组织形式，其业务流程涉及既独立又合作的成员企业，网络化企业的业务流程有以下显著特点：①分布式与相关性。一方面网络化企业的分布式业务流程（VE-DBP）的活动分布在不同成员企业内并由成员企业分别执行；另一方面不同的成员企业活动之间存在某些逻辑关系和相互联系，如构成 VE-DBP 的子业务流程就是相互联系的。②独立与协作。一方面网络化企业的成员企业是独立的自治的经济实体，不仅拥有自己的方法和工艺流程自主从事活动，而且努力维持自己业务流程的独立性及保密性；另一方面为了成功地完成网络化企业的整体业务流程实现网络化企业的共同目标，成员企业间的子业务流程必须适时以适当的方式协作。

---

① 胡泳．重要性的提升难掩“中国造”的结构差距．lib. 86v. cn

6.1 网络化企业的生产计划与生产能力

组建网络化企业的目的是为了充分利用企业内外资源，以低成本快速响应市场需求，这就要求网络化企业的生产计划与控制系统能够实时、准确地反映网络化企业（包括成员企业）的生产现状，分析制造系统性能，分配生产任务，并在出现意外时及时更改生产计划，同时还要满足网络化企业内部结构的分布性、异构性、动态性等特点。

6.1.1 网络化企业生产系统的构成模式

在组建网络化企业时，由于网络化企业所开发的机遇产品不同，产品生产工艺过程各异，所设计的企业多少不一，其生产系统构成模式也不尽相同。根据网络化企业的主要特征和对网络化企业经营实际情况的分析，网络化企业生产系统主要存在如下几种构成模式①：

（1）网络化企业生产由单一成员企业承担的系统构成模式

在这种生产系统构成模式中，网络化企业的生产活动集中于一个成员企业，由它承担完成产品的整个生产过程，而其他成员企业主要从事研发、销售、原材料提供、运输等经营活动。根据承担生产活动的企业是否与外界存在着提供成品或半成品的关系，这种构成模式又分为两种情形：

①全部生产活动由一个成员企业承担完成（不需要其他企业提供生产帮助）；

②承担生产任务的企业所需的标准件、外协件和外购件由联盟外的企业提供。这种生产系统构成模式中的成员企业之间不存在提供在制品的协作关系，但存在着原材料、半成品及相关资料信息的传递关系，其联盟的各个伙伴企业之间的协作关系如图 6-1 所示。

（2）网络化企业生产由多个成员企业承担的系统构成模式

在这种生产系统构成模式中，网络化企业的生产活动由一个以上成员共同承担完成。由于各成员企业再生产中的分工不同，这种构成模式又可分为：

①生产任务型成员企业纵向一体化构成模式。这是网络化企业中的生产任务型成员企业根据产品生产工艺阶段或基本生产活动顺序进行分工合作，如图 6-2 所示。

②生产任务型成员企业横向一体化构成模式。这是同类产品的不同零部件在网络化企业中各生产任务型成员企业间分散，然后集中于一个成员企业完成产品

① 陈剑，冯蔚东．虚拟企业构建与管理．北京：清华大学出版社，2002：17～20

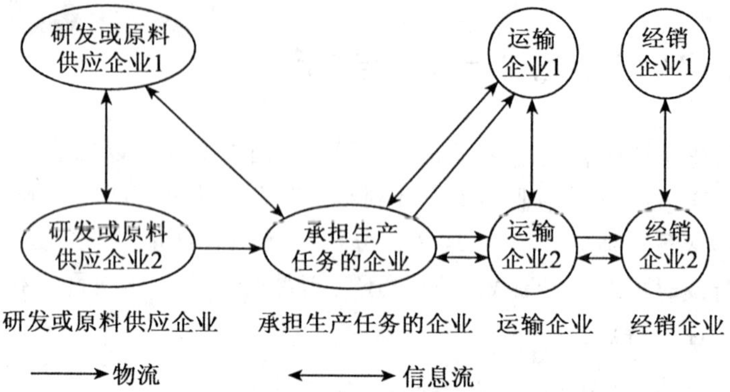

a.不需要外界提供成品、半成品的情形

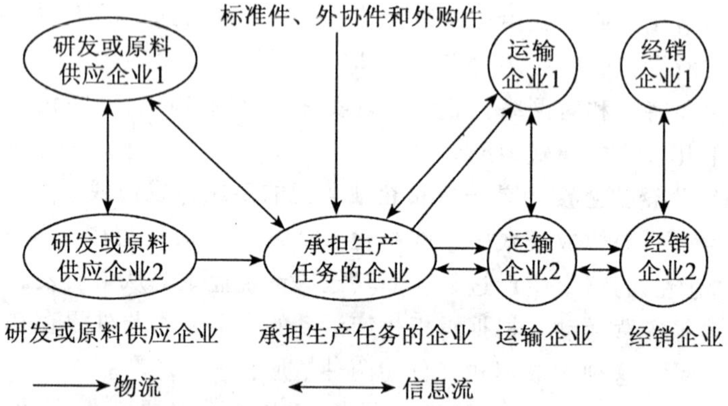

b. 需要外界提供成品、半成品的情形

图 6-1　网络化企业生产由单一成员企业承担的系统构成模式

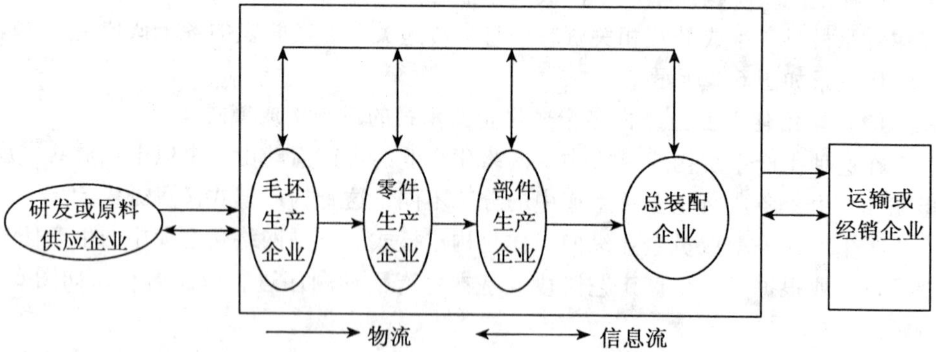

图 6-2　生产任务型成员企业纵向一体化构成模式

总装，如图 6-3 所示。

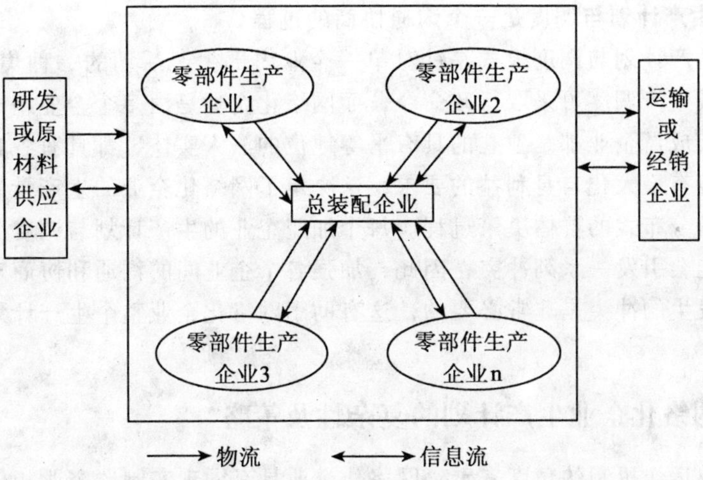

图 6-3 生产任务型成员企业横向一体化构成模式

6.1.2 网络化企业生产计划的特点

网络化企业生产具有分散性、可变性、订货化、快速化、模块化、可集成性、可诊断性、敏捷性、规模可调整性和经济可承受性等特点；而计划与控制是企业最重要的职能之一，它统一指导企业的各项经营生产活动，计划与控制的实质是使企业如何通过制造和销售产品获取利润。网络化企业生产计划与控制和传统企业的生产计划与控制有很大的变动，在传统企业的生产计划与控制过程的基础上增添了新特点。网络化企业生产系统构成模式的复杂性，决定了网络化企业生产计划与调度具有以下特点：

（1）生产计划与调度不只限于单一企业内部

从以上网络化企业生产系统构成模式可以看出，网络化企业的生产计划与调度和传统企业的生产计划与调度情况不同，许多产品涉及其他企业的协作生产，甚至有些零部件也无法由一个企业单独完成，必须由其他生产任务型成员企业协作完成。因此，网络化企业的生产计划与调度相对于传统企业的生产计划与调度更复杂，需要考虑更多因素。

（2）制定生产计划与调度方案所需信息更广泛

生产计划的制定要依据一定的决策信息，即基础资料。在传统生产计划中，计划信息来自两个方面：需求信息和资源信息。在网络化企业环境下，需求信息和资源信息与传统概念不同。需求信息不仅来自需求预测和用户订单，还来自伙伴企业。资源信息不仅来自企业内部，还来自原材料供应型成员企业、销售企业和用户①。

（3）生产计划与调度是一个沟通协商的过程

传统生产计划与调度模式是针对单一企业内部生产活动的一种集中式决策，计划下达或生产调度可采取行政命令，而网络化企业是由多个企业组成的网络化企业体，其成员企业都是独立的具有平等地位的法人实体，都具有各自的核心能力，并且都有最大化自身利益的要求，这决定了网络化企业的生产计划与调度的决策模式是分布式的群体决策过程。每个加盟企业的生产计划与调度决策及其执行情况可能会引发一系列冲突，因此，加强各个企业间的沟通和协商对于解决存在或可能发生的冲突是非常必要的，这有助于网络化企业整个生产计划与调度的同步响应。

6.1.3 网络化企业生产计划的复杂性及策略

从企业运作机制的角度来看，网络化企业具有同现实制造企业相似的各项功能、过程与环节。所不同的是产品实现的各项功能、过程与环节是由分布在不同地区的多个企业通过信息网络的连接而共同实现。正是由于网络化企业的这种跨企业参与性，使得网络化企业的计划和控制与现有企业表现出较大差异；同时，由于网络化企业构成的方式和合作形式的多样化，使得网络化企业的计划与控制更加复杂。

（1）网络化企业生产计划与控制的目标

以最低的成本和最快的速度生产最好的产品，最快地满足用户需求，以快速响应市场和用户的需求，这是网络化企业生产计划与控制的目标。具体而言，就是要充分利用外部资源，实现生产计划的集成优化，达到制造能力的平衡和优化配置以及准时化生产的目的。

（2）网络化企业生产计划与控制的重点

网络化企业的特征及其生产计划与控制的复杂性，决定了网络化企业生产计划与控制的重点是在制定生产计划和子项目的具体生产作业计划时充分利用网络联盟内的制造资源和智力资源，按照JIT和并行工程的思想在各个分散自治的独立制造单元之间协同生产，加强生产计划和具体生产作业计划的集成和优化控制，并对负责各个子工作项目的盟员制造企业的生产进度进行实时跟踪控制，动态协调和快速解决各个盟员企业或制造实体之间的矛盾和冲突，充分发挥各个成员的积极性和优势，以准时、准量、快捷、经济地推出机遇产品。②

---

① 马士华，林勇等．供应链管理．北京：机械工业出版社，2002：198～199

② 蔡玉雪．网络化生产的计划与控制研究．沈阳工业大学硕士学位论文

(3) 网络化企业生产计划与调度的难点

首先，不确定因素多。网络化企业从事的主要是市场机遇产品的开发生产销售活动，市场的持续多变是网络化企业生产计划与调度上主要的不确定性因素。其次，由于众多加盟企业的关联作用，任何一个企业的悖逆选择、不准时交货等不规范行为，都会影响网络化企业生产计划与调度的有效实现。再次，物流流程控制复杂化。网络化企业环境下的物流管理和以往单一企业的物流管理不同。在网络化企业中，由于各个加盟企业所在地域的分散性，增加了物流管理的难度，同时为保证成员企业之间运作的同步化、并行化及快速响应市场，物流管理又面临着如何快速准时交货、物流信息的准时输送、信息反馈与共享、物流系统的敏捷性和灵活性的难题。此外，生产进度控制难度大。生产进度控制贯穿于从投产前准备开始一直到作业结束为止的全过程，其目的是保证按期交货和生产进度计划的实现。在网络化企业环境下，由于整个生产工艺过程或许多零部件生产大多涉及伙伴企业，而各个企业在产品生产提前期的计算上存在着各自不同的计算方法，同时生产提前期和各个企业的生产批量安排、排队顺序及加盟企业间的运输时间有关，这显然增大了生产进度控制的难度。最后，库存优化管理难度大。网络化企业的库存与其面对的不确定环境有很密切的关系。库存存在的理由是为了应对各种各样的不确定性，以保持整个生产系统的连续运行和如期交货。但库存本身不能给企业创造价值或附加价值，企业应向零库存努力。从国内外网络化企业实践来看，多数加盟企业都建立了保险储备（包括原材料、半成品和产成品库存)，库存成本过高是很普遍的现象，主要原因一类是由于网络化企业各加盟企业之间的合作存在缺陷而造成的，从而形成外购物料库和成品库存；另一类则是加盟企业内部生产与调度系统的不足造成的，从而形成了在制品的库存。

(4) 网络化企业生产计划的策略

针对网络化企业的特征及其生产系统构成模式，以及生产计划的特点、重点和难点，现有网络化企业生产计划的策略主要有以下几项：

①生产计划的先导性策略。网络化企业是企业外资源整合的一种重要手段，从某种角度来说，它主要是通过对伙伴企业核心能力的整合，实现机遇产品开发生产销售的任务，因此在建立网络化企业之前，必须对成员企业的核心能力进行深入的分析，着重分析企业的规模、工作经验、业务专长、业务水平、抵抗风险的能力、产品成本和生产的敏捷性等，掌握成员企业生产系统能够满足机遇产品生产要求的程度。在选择联盟伙伴和分析企业生产系统功能的同时，还必须考虑企业的信誉问题，以防止在合作过程中，由于企业的机会主义、悖逆选择和败德行为，而导致整个生产过程的中断，甚至最终导致网络化企业的流产。

②生产计划的体制性策略。网络化企业的特征决定了生产计划应采用统一部署、总体协调和分散自治的管理体制。统一部署是指网络化企业要对生产计划作

统一安排，所生产的产品质量、数量、价格、成本、交货期上发生冲突时，以及伙伴企业之间生产活动出现矛盾和差异时，需要进行总体协调。分散自治是给予承担生产任务的伙伴企业一定的灵活性和自主性，使其充分发挥生产优势。

③生产计划的合约策略。对于生产任务型企业可能产生的败德现象不能依靠道德来约束，还需要将伙伴企业的责任、权利和应承担的义务以法律形式，即以合约协议合同的形式确定下来，使伙伴企业的责任、权利、利益和风险对等，预防网络化企业的生产与运作风险。网络化企业合约中的生产及其管理部分，应明确成员企业再生产品种、质量、数量、期限、成本、价格、库存、交货期等方面承担的义务、责任以及违反合约应承担的风险损失等。

④生产计划的集成化策略。网络化企业中承担生产任务的成员企业可能会有各自安排生产计划的方法，但在组成网络化企业之后，就需要把这些企业的生产计划方法进行有效的整合和集成，避免出现相互冲突和不兼容的现象。随着信息网络技术的迅速发展，可利用一定的信息支持工具来完成生产计划的集成，基于网络化企业中伙伴企业的分散性特点，可采用基于 Web 页面的 Internet 结构上的编程语言（ASP、JAVA 等）来完成各生产任务型企业之间生产计划方法的集成。

⑤生产计划的支持平台策略。网络化企业的运作及其生产计划离不开现代信息技术和网络技术的支持。目前，网络化企业的信息网络支持平台体系主要有两种，一种是基于电子资料交换（Eletronic Data Interchange，EDI）的支撑体系；另一种是基于 Internet 的支撑体系。由于 EDI 投资大，缺乏开放性等原因，发展很慢，大部分企业采用基于 Internet 的支撑体系。对于网络化企业的生产计划，宜采用基于 Internet 的支撑体系下的客户/服务器(C/S)结构系统。第一层是表示层,生产任务型伙伴企业在进行身份验证后,可进行文件资料的传送。第二层是功能层,主要是在 Web 服务器接受到生产任务型伙伴企业的命令,对数据库进行操作,结果传送给第一层。第三层是数据库,主要存储生产资料及各类信息。

⑥生产计划的逆向约束与正向激励相结合策略。网络化企业生产计划的合约策略，或联盟合约、协议与合同，在很大程度上对成员企业违约和背离合作目标的行为起到了约束作用。但是，更需要正向激励机制配合，以激发伙伴企业内在的积极性和实现目标的动力。网络化企业生产激励手段主要有：

绩效评价：建立生产任务型伙伴企业的绩效评价体系，在绩效评价的基础上，对伙伴企业进行有效的激励。

价格：对于产品质量高、成本低、交货及时的伙伴企业，提高伙伴企业之间的交易价格，激励其更好地发挥积极性和主动性。

订单：在有多个生产任务型企业的情况下，绩效表现突出的伙伴企业可获得较多生产订单是一种极大的激励。

商誉：生产任务型企业的商誉主要来自于联盟中的其他企业的评价。商誉对以后的合作有一定的影响，对于商誉不良的伙伴企业，在以后的合作中将予以淘汰。

利益：对于完成合约，且绩效表现突出的伙伴企业，予以一定的奖励；对于带来风险损失的伙伴企业，予以一定的惩罚。

组织：上下游企业与生产任务型成员企业保持长期稳定的合作关系，对商誉和绩效良好的成员企业进一步发展为战略联盟关系。

(5) 网络化企业生产计划中要处理的问题

网络化企业在生产计划制定中应注意以下问题：

①信息传递的长鞭效应（Bullwhip Effect)。在围绕顾客订货的合作中，要涉及很多企业，每一个都从其直接的上游公司订货，再将半成品提供给下游公司，都包含有上游与下游间的订货问题。由于网络化企业跨越不同企业组织，这些企业组织在地理上是分布的，在信息结构上是异构的，在计算处理上是分布并行式的，这些分布式、异构式和并行处理式的信息在不同的企业信息系统之间的传递过程中，由于不同的管理者对需求的理解不同、处理方式不同而造成了信息传递的扭曲现象，即需求放大现象。当企业利用来自下游企业已经放大的需求信息制定生产计划时，由于需求信息已经出现偏差，再经过本企业的处理（如加上安全库存）而导致生产计划对上游企业的需求更加偏离实际需求。这种逐步放大的需求信息最终导致了各合作伙伴之间生产计划的执行不能同步进行。这种信息传递的长鞭效应主要是因为四方面的因素引起的，即订货批量策略、短缺策略（销售商膨胀其订货来获取好的分配）、需求修改（供货商不清楚销售商的真实需求因而采取一个高的波动）、价格波动（销售商购买多于其短期需要以获取价格折扣）。长鞭效应四个因素的共同性在于合作伙伴计划的不一致性，各自为政的计划以及计划的执行等信息不能及时传递和共享造成这种放大的效应，结果是网络化企业缺乏柔性，带来了相对高的运作成本和缺乏响应性（Responsibility)，最终是失去市场、失去顾客。从管理的角度出发，这些合作企业的关系是临时的、动态的，合作时是利益相关的战略伙伴，网络化企业解散后相互之间又是竞争对手，甚至在某个网络化企业生产某种产品的同时，又在另外不同的网络化企业生产另外相互竞争的产品，既是合作伙伴也是竞争对手，因此相互之间不可能进行信息的全方位共享。如果没有信息的全方位共享，将 ERP 扩展到 Internet 上只是一句空话，信息传递的长鞭效应就无法有效地解决。

②数据模型的统一问题。生产计划的制定需要一定的静态的基础资料和动态的实时数据。在单一企业中，生产计划的资料来自于两个方面，其一是静态的资源信息，资源信息是生产计划决策的约束条件，是关于企业的各项资源的现有资料，从中短期来看，单一企业的资源信息是固定的，因而可以当作静态信息来处理；其二是来自于下游企业或用户的需求信息。

在网络化企业中，企业生产计划的约束条件得到了放宽，即可以用来生产的各个要素资源得到了扩展，企业可以考虑利用企业之外的其他企业的资源。同时，企业用作制定生产计划和进行控制的信息也大幅度增加，各上下游企业的资源、需求、供应等信息都是企业必须考虑的。这样进行信息集成时必须考虑各个企业之间的资料模式的统一问题。例如不同的企业对相同的资料往往出于自身的方便而进行不同的描述，制造企业从自己生产管理的角度出发要考虑其产品的各种详细的规格的不同的销售情况，以便安排生产计划。而零售商则不同，他们统计时考虑的是各种产品总的销售额而不会考虑各种详细的规格。如果制造企业得到的是没有具体规格的资料就很难进行处理，就不能作为安排生产计划的依据。

③协商问题。传统的生产计划决策模式是一种基于“控制权”的集中式决策，是在单一企业框架内进行的生产决策，决策的方案以及相应的计划带有指令性，必须遵照执行。但在网络化企业环境下，各个合作企业都是相互独立的，是不能直接控制的，因此指令性的计划与控制行不通。由于各企业的生产计划与控制决策都受到其他企业的生产计划与控制决策的影响，相互之间必须进行合作，此时协商是唯一途径。协商既保持了各企业的独立性，也能达到相互合作的目的。协商不仅仅体现在合作合同的协商，还体现在合作过程中各种意外情况的处理协商和计划控制协商等，这些都是传统生产计划与控制没有涉及的问题。

6.1.4 网络化企业生产能力

生产能力是企业内部各种资源状况的综合反映。这些资源包括：固定资产、技术水平、管理水平、人员素质、物资供应、资金保证、作业环境等。任何企业在现有的生产技术和组织水平条件下，都具有一个最大的生产能力，生产决策的目的在于提高企业生产能力利用率，寻求生产负荷最大化。在现行企业管理运作模式下，我国传统制造业的大多数业务均由自身来承担，在统一的生产计划指导下，经过生产能力与生产任务平衡，造成富裕环节生产能力的浪费。这样的决策只能保证生产负荷相对最优；随着需求不稳定性和多变性的影响，一个企业不可能在它从事的各项业务中均做到最优，总会有一些薄弱环节，这就需要优势互补、将企业内部的智能和资源集中在那些有核心竞争力的活动上，剩余的业务活动外包给最好的专业公司。实施业务外包，组建网络化企业，这样，资源延伸到了企业外部，使得生产能力约束放宽了，生产决策优化的空间就扩大了。

对于网络化企业中的任何一个节点企业，均存在位于上游的供应商和位于下游的客户。在制定生产决策时，应按照订单驱动原则，首先考虑下游企业的生产能力、需求量等要求，然后结合自身及上游企业的生产能力状况对供应链能力进行集成。下游企业的生产能力或需求量直接决定着上游企业产品产量大小，这就要求两者的生产能力相匹配，否则，会因下游企业生产能力不足给供应链正常生产造成瓶颈，使上游企业库存量越来越大；或下游企业因生产能力过剩，生产负荷不饱满,设法跳离供应链,从而失去合作伙伴。因此,必须以下游企业的需求波动为前提,依据库存理论,按照成本效益分析原理,在库存费用与缺货成本之间确定一个最佳产量标准,以保证供应链中下游企业能够受益。上游供应商在组织生产时,尽管也考虑下游企业的生产能力约束,但从自身利益出发,更希望所有与之相关的下游企业在同一时期的总需求与自身的生产能力相匹配,这种对生产负荷的期望一般通过合同、协议等形式加以反映,表现为上游供应商提供给每一个相关下游企业一定的生产能力,这样,网络化企业在确定产品计划产量时,就必须考虑上游企业这一生产能力上的约束,从而保证供应链中上游企业也能够受益。

6.2 网络化企业的任务分解

网络化企业产品开发的全过程包括产品设计、零部件加工、装配、检验、总装等多方面的问题，要使得产品开发能有效利用不同企业资源并在异地同时进行，需要根据产品特点以及各地资源的特点，将整体问题适当地分解为多个子任务，各成员企业分别专注于自己所专长的项目，使产品开发速度、生产质量都得到大幅度提高。而如何对任务进行适当的分解，是构建网络化企业以及网络化企业能否有效运作所要首先考虑的问题。

网络化企业的任务分配过程实际上是成员企业的资源整合、优化与集成的过程，即将合适的任务分配给适当的成员企业，以达到最大的系统效能。目前关于分解有两种思路：结构分解与功能分解。所谓结构分解就是按照产品结构进行分解，产品可分解为一些部件和子部件；而功能分解是指按照生产任务分解网络化企业目标，例如采购、制造、运输、原材料提供、设计、组装、测试及销售。这两种原则都可以用于网络化企业的任务分解。

目前，网络化企业研究领域虽然对任务分解与分配都有涉及，但重点还是在于任务分配，着重考虑如何选择合作伙伴组成联盟并将任务分配给各合作伙伴，且基本上假定任务已经分解好了。因此，网络化企业的任务分解目前还缺乏有效的理论指导。另外，由于网络化企业是由地理上分布的、利益上自治的多个企业组成，信息不完备性以及对成员企业的控制力弱的特点非常突出，因此网络化企业的任务分解与以往单个企业相比更为困难，亟须一套适应网络化企业特点的任务分解方法作为指导。

6.2.1 网络化企业订单的分解

网络化企业形成以后，首先面临的是订单任务的分配问题。订单任务分配的合理与否是影响整个企业群资源是否合理利用的关键，因此对任务分配问题的研究也成了企业群资源计划研究的一个重要方面。

(1) 订单任务分解的影响因素

对网络化企业而言，订单任务分配的问题比较复杂。网络化企业不同的组织形式和不同的分配策略及产品生产工艺流程特点都会使任务分配的问题复杂化和多样化。下面主要从组织形式及协调关系与分配策略上加以说明。

①组织形式及协调关系对任务分配的影响。网络化企业的盟主根据市场需要，抓住机遇，根据项目的特点来选择具有优势核心能力的合作伙伴，低成本地组织成本，实现空间上生产的同步化，达到缩短生产周期，快速响应市场，使顾客得到最大满足的目的。因而这种组织本身是动态的，形式是多样的。下面举三个例子来说明。

如，一个企业作为盟主（核心企业），直接接受顾客请求，然后将这些请求信息组合成多种工作，向 400 多个企业发出 E-mail，由各个企业依据自身生产状况来决定是否接受或拒绝某一特定的工作，接受，则更新全球数据库。

又如，网络化企业由六家独立企业组成，其中有一家制造企业作为协调者（盟主），其余五家企业分别完成不同职能的工作，比如设计、装配、广告、销售、服务五大职能。这种形式属于职能组合，而这五大职能分别是那五家企业的核心能力。

另外，由多个服装纺织工业企业组成一个网络化企业，该网络化企业生产多种产品，每种产品的完成都要经过五个阶段，即编织、裁缝、洗染、贴花边、上拉链。每个阶段都有若干个工厂完成同类任务，形成一条生产链。它是由核心企业接受市场订单，并将这些订单组合成任务，在多个企业中进行分配。

对于职能组合型的网络化企业，其生产计划的制定和执行与单个企业的计划与执行并没有多大的区别，也不存在生产任务在多个生产企业间的分配问题。但是另两个例子就不同了，它们存在一个多种订单在多个类似企业之间进行分配的问题。

②分配策略对任务分配的影响。正如 MRP 中批量的确定有多种策略一样，虚拟企业任务分配的结果也受到分配策略的影响。盟主在接受了用户订单后，怎样安排生产，怎样把多种产品分配给最为合适的企业，考虑哪些标准作为选择企业的依据，都是盟主需要考虑的问题。它不仅要考虑产品的品种，各企业生产工艺上的可行性及生产优势，各企业在一定时期内拥有的生产能力、原材料、燃料，产品的交货期，各企业内现有的库存，一定时期已被分配的任务量，还要考虑产品工艺特点和生产成本与产品价格，这就使得任务分配的问题比较复杂。但总体说来，各种产品的交货期、每种产品的单位可获利润、各企业的一定时期内的可得能力、各企业同一种产品的生产成本差异是网络化企业任务分配考虑的主要因素。事实上，盟主在任务分配过程中是优先考虑交货期的满足，还是优先使各个生产企业可得能力尽可能满负荷，还是把网络化企业的获利最大作为第一优先准则，都会引发盟主在任务分配过程中追求目标的层次性，造成不同的任务分配策略。如果盟主把交货期的满足作为优先级别最高的一条原则，那么在任务分

配时常常会不考虑生产能力限制而造成能力负荷的不均匀。另外还需要说明的是，任务分配的频度与任务订单发放的时间依据也是任务分配策略需要考虑的因素。任务分配频率过高，则盟主需要投入的精力和相关费用会比较高，每次任务分配的总量就会显得比较小，显得有些得不偿失；若任务分配的频率过低，一次任务分配的总量又显得太大，各个企业的生产能力又承受不了。因此合理的安排任务分配频度是必要的。任务订单释放时间是依据各个企业现有的能力负荷持续期来确定，还是根据交货期以一定提前期向前倒推来确定，都会影响到任务的时间安排。①

（2）网络化企业订单任务的分解

一般而言，网络化企业的任务分解以接受用户的订单为基础。用户订单进入生产系统后，要进行两个决策过程：生产能力分析，交货期比较。接着才进入订单分解，订单的分解如图 6-4 所示②。

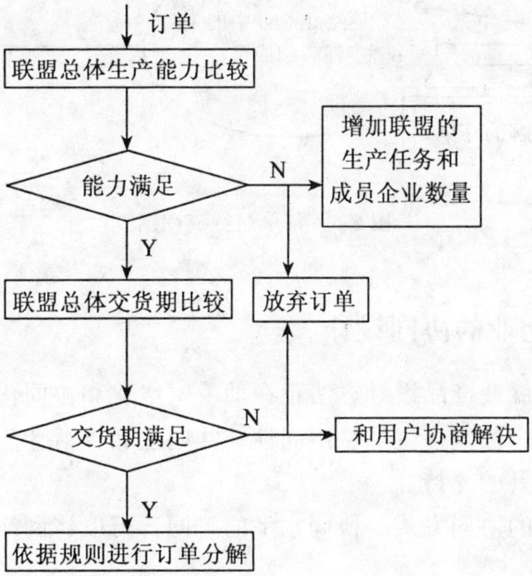

图 6-4　订单决策与分解流程图

盟主企业或企业代理在生产任务型成员企业之间分解订单时，主要依据生产任务依成员企业所提供的该企业的生产能力、产品的价格、合格频率、提前期等进行分解。

在联盟企业中最重要的纽带就是订单，各个企业的一切经营活动都围绕着订

① 蒋红梅，陈荣秋．虚拟企业任务分配的一种方法．高技术通讯，2002（12）

② 马军．虚拟企业生产计划与控制研究．沈阳工业大学硕士学位论文

单而运作。订单控制主要体现了网络化企业集成的观点，从用户订单输入到订单完成，网络化企业各个节点的工作紧紧围绕订单来运作，业务流程和信息流程保持一致，有利于网络化企业信息跟踪与维护。订单的运行流程如图 6-5 所示。

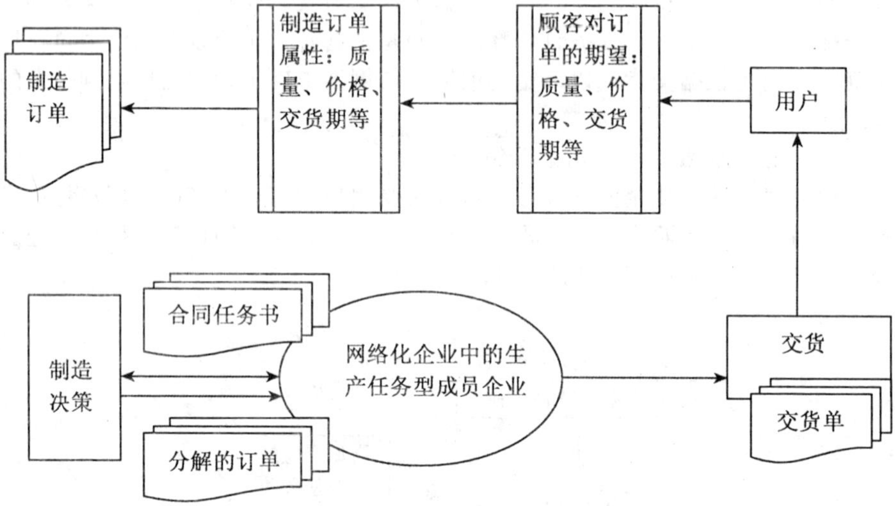

图 6-5　订单运行流程图

6.2.2　网络化企业的协同设计

网络技术的发展使产品设计方法正在朝着网络化和协同化方向发展。网络化协同设计过程是一个强调多主体、协同性、共同性和灵活性的过程，需要有针对性的管理方法和工具的支持。

根据产品设计的协同方式、协同水平的不同，可以将网络化协同设计过程管理分为以下几种①：

①资源共享型的网络化协同设计过程管理。资源共享型的网络化协同设计主要借助网络，共享设计资源，使设计和产品成本降低，使设计和制造周期缩短，使不同产品的设计水平得到协同发展和提高。资源共享型协同设计涉及多个人员共同完成某一任务，并且应该允许协同工作的各类人员使用各自领域的术语和表达结构，因此如何为各类协同人员提供适宜的表达机制和通信机制，为各类人员的知识共享、交换和集成提供有效的保障和支持，是资源共享型协同设计管理的关键。图 6-6 为资源共享型的网络化协同设计过程。

① 钱亚东，郑国君等．网络化协同设计过程管理方法和工具．科研管理，2004（1）

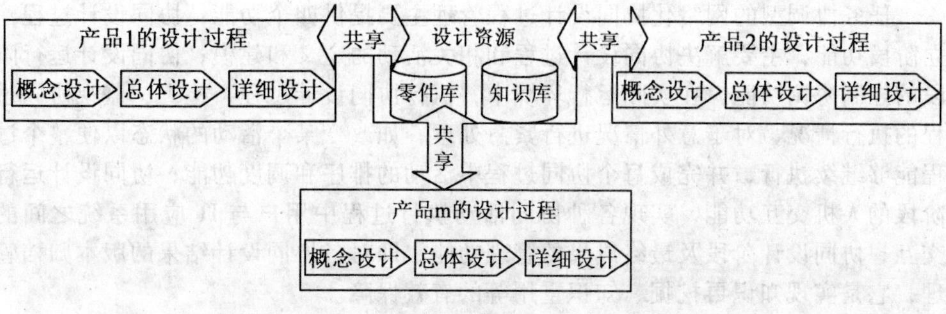

图 6-6　资源共享型的网络化协同设计过程的概念

②实时交互型的网络化协同设计过程管理。在网络环境中，实现身处异地的设计人员与合作伙伴或客户实时地对产品进行协同设计，交流各自的想法、意图。随着技术的进步和经济的不断发展，超大型的和跨国界的产品设计任务日益增多，参加产品设计的技术人员数量也随之增加。这些技术人员可能处在不同的地域，而产品设计本身却要求设计人员针对某一复杂设计任务进行实时的、紧密的联系与交流。实时交互型的网络化协同设计管理系统可以支持多个产品设计师、工艺员、供货商，甚至包括客户，通过联网的计算机进行图形、图像、文字和声音的交流、讨论方案、协同工作，从而大大提高设计质量和进度。一般来说，实时交互型的网络化协同设计要求具有群体工作、动态、并行、异地及同步和异步等功能。图 6-7 为实时交互型的网络化协同设计系统的主要接口。

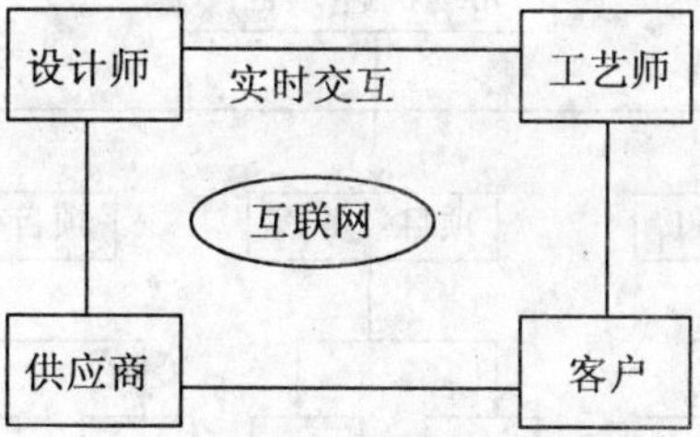

图 6-7　实时交互型的网络化协同设计过程的概念

③任务协调型的网络化协同设计过程管理。主要通过网络环境，分配和监控整个协同设计过程及相关活动，使协同设计过程中的每个任务能按时、按质完成，使协同设计过程实现可控化。这里的协同内容是在整个产品设计过程中发生的，要求支持处于不同时间、不同空间的多个交叉关联的协同活动的顺利进行。以上三种网络化协同设计过程管理侧重点各有不同，但管理方法和工具上相互之

间既有重叠也有交叉。

任务协调型的网络化协同设计过程管理主要提供四个功能：协同设计过程建立阶段功能，主要解决协同设计过程和相关活动的定义和建模；协同设计运行阶段的控制协调功能，在实际运行环境中，执行协同设计过程，检查、监视协同过程的执行情况，对于意外情况进行紧急处理，如改变某个活动的状态以便整个过程能够继续执行，并完成每个协同过程中活动的排序和调度功能；协同设计运行阶段的人机交互功能，实现各种协同活动执行过程中用户与IT应用系统之间的交互；协同设计阶段及最终成果的管理功能，即对各协同设计结果的版本归档管理，它是实现知识再挖掘、知识重用等的有效保障。

网络化协同设计过程是一个强调多主体、协同性、共同性和灵活性的过程，需要有针对性的管理方法和工具的支持。

6.2.3 网络化企业生产过程的分解

网络化企业的盟主在获得市场机遇后，根据市场机遇的具体情况评估具体的实现过程，将之细分为可以被不同的企业完成的不同子过程，并对应于这些子过程而寻找伙伴企业，使整个实现过程最终得以被联合完成。生产过程分解时经常使用的技术是工作分解结构（Work Breakdown Structure，WBS），它是将整个生产过程的最终交付成果，包括硬件、软件和服务，分解为各自的组成要素（或子系统），一直分解到一种描述各生产任务之间关系的数据结构，并对其编码，类似于零件表和物料清单的作用。工作分解结构的形成如图6-8所示，它是预算、进度计划、工作说明书及可行性分析的基础①。

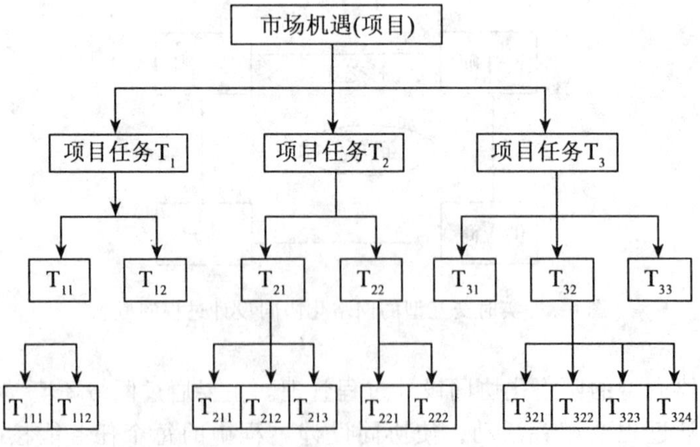

图6-8 工作结构分解示意图

① 王耀燕．动态联盟生产计划与调度问题研究．西安电子科技大学硕士学位论文

6.3 基于生产流程的生产组织与调配

网络环境下，以知识爆炸、复杂和高度动态性为特征的制造环境要求制造企业必须具备一定的应变能力，为此制造企业需要一种新型的制造生产组织模式以使其具备相当的柔性和适应性，可以在全球范围内灵活快捷地组织、优化配置，高效利用各种社会资源，积极主动寻求市场机遇和开展生产经营活动，以快速、敏捷地响应市场变化，及时、高质量地满足客户需求，从而能够在日趋激烈的全球性竞争中求得生存和发展。

6.3.1 网络化企业制造资源的优化配置

网络化企业制造的目标是利用不同地区的现有制造资源，以便快速推出高质量、低成本的新产品。各种制造资源分布于不同的地域，如何根据生产任务，对可利用的制造资源进行最优的配置，使它们能够在较短的时间内，以较低的成本生产出最高质量的产品，是进行虚拟制造的关键。

(1) 制造资源优化配置的两种方法

制造资源是企业生产能力的体现，广义的制造资源是企业完成产品整个生命周期所有生产活动的物理元素的总称。目前，制造企业利用虚拟制造生产模式进行产品生产时，在利用外部资源方面有以下三种需求：

①生产企业接到产品订单，将产品进行分解，同时根据产品的交货期限给出各个零部件应完工的日期。产品分解过程中，对那些本企业不能生产或虽然自己能生产，但是考虑到经济利益或加工质量等方面的原因，仍然希望与网上其他企业合作完成的零部件，主生产企业可以从网上寻找合适的设备组，来完成相应的生产任务。

②对本企业可以生产的零部件，先将部件分解为单个具体的零件。针对一些本企业完全可以生产的零件的大部分加工，可以在本企业完成的具体零件的生产任务。首先将各零件的生产任务进行粗略的工艺分工，制定加工路线，并在工艺分工的同时，给出各工艺段生产的时间限制。如果部分工艺段的生产任务由于部分原因在本企业内无法完全得到满足，则希望寻找合适的设备组进行协作。

③生产企业在进行零件的某一工艺段的加工时，其中某一道或几道工序也希望与网上其他的企业合作，以寻找合适的设备完成相应的生产任务。从上述三种需求可以看出，前两种都是希望寻找合适的设备组，而第三种是针对设备。因此，面向虚拟化制造模式进行制造资源优化配置，可以采取两种方法，即设备组资源优化配置和设备资源优化配置。通过这两种方法的优化配置，可以为产品的生产找到最合理的加工路线。

(2) 制造资源优化配置模型

设备组资源的优化配置过程如图6-9所示，该配置主要分为两步：预配置和优化配置①。

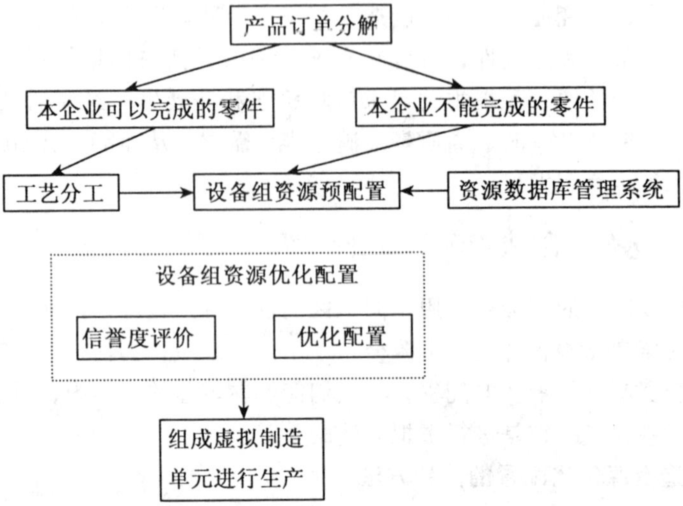

图6-9　设备组资源优化配置过程

预配置的主要任务就是确定不能生产的零部件以及本企业可以生产的零件的每一个工艺段的候选设备组，它是进行资源优化配置的前提和基础。针对本企业不能生产的零部件，主生产企业首先通过网络进行信息发布，同时包含生产任务以及需要完成的日期，然后将信息发布的反馈结果作为备选的设备组。对于本企业可以生产的零件的每一个工艺段，主生产企业通过本企业数据库管理系统，首先对本企业资源进行查询，选择可以使用的设备组。由于各种原因需要外部资源进行协作时，也采取信息发布的方式，同时包含生产任务以及需要完成的日期，将反馈结果作为备选的设备组资源。找出零部件以及零件加工的各个工艺段可使用的备选设备组，是进行预配置的必要步骤。根据预配置的结果，主生产企业与备选设备组进行协商，如果愿意作为备选，则协作者需要给予可以登录其管理系统的一定的权限，主生产企业可以用自己的权限登录对方的数据库获取部分信息。另外，主生产企业也将与自己有过协作的设备组的部分信息（包括设备信息）输入自己的数据库，这样，不断地增加信息量，为优化配置做好必要的

① 马雪芬，戴旭东，孙树栋．面向网络化制造的制造资源优化配置研究．计算机集成制造系统——CIMS，2004（5）

准备。

(3) 优化配置

任何一个主生产企业与企业外的设备组资源进行协作之前，均需对其信誉度进行评价，所以，优化配置包括两个环节：信誉度评价和优化配置。根据预配置的结果，对候选设备组资源从时间、成本、质量三方面进行信誉度评价。时间、成本主要指设备组完成生产任务所消耗的时间和费用；质量主要是衡量设备组完成任务的完成率和合格率。信誉度评价根据设备组资源的历史信息，对每一个候选设备组的信誉度打分。具体办法是：针对各候选者实际完成加工任务所消耗的时间、成本和保证的质量，与其事先承诺的相应值进行比较，按照一定的算法对其进行定量打分，得出在本次生产中该设备组的综合信誉度值，并存到主生产企业的数据库管理系统中。每次加工任务完成后都进行一次这样的工作，经过一定时间的积累，就可形成该企业的信誉度值。主生产企业与该设备组进行再次协作时，可将其作为历史信息和依据。信誉度计算包括时间信誉度、成本信誉度和质量信誉度三部分内容。设备组资源的优化配置主要是根据预配置和信誉度评价的结果建立交货期、成本、质量三目标的优化模型，采用适当的算法进行优化求解。设备资源的优化配置是针对某些工艺段中的一道或多道工序进行的。其优化配置步骤与设备组资源基本相同。所不同的是：预配置规则都是针对零件的，不包括部件。根据具体的加工要求，预配置时遵循规则的重要程度，即规则的先后顺序，与设备组资源有别。相应候选设备资源的信誉度评价，要根据该设备的历史信息，以及设备所属设备组的信誉度进行综合评价。

6.3.2 虚拟制造企业协同生产调度与控制

按照协同论的观点，网络化企业是一个分散控制系统，它由大量子系统（企业单元）组成，子系统间相互作用，当达到某些条件时（例如某些控制量），系统就会出现宏观层次上各种新的运动模式，系统从无序进入新的有序状态（网络化企业的构造过程）。这种系统是非线性系统，因为系统的行为不只取决于各子系统的行为，更为主要的是取决于各子系统的相互协同作用。复杂的非线性相互作用犹如竞争过程，其中一种模式战胜其他模式迫使整个协同按照这一模式有序地运转（网络化企业的运转过程）并产生协同效应。而当一些控制条件失去作用时，系统又重新从有序状态返回到无序状态，子系统之间的关联被再次打断（网络化企业的解散过程），价值是控制网络化企业的唯一参数（成员企业贡献核心能力使整个价值链增值）。另一层涵义是指为了使网络化企业实现“共赢”的总体目标，各成员企业必须进行有效协作。即建立一种动态的合作竞争组织结构，利用多媒体网络、通信和分布式处理等信息集成技术，通过定义标准的数据描述语言和过程规范，选择适当的协作机制，在一个开放的网络平台上实现网络化企业产品开发设计、生产制造、供应与销售等业务过程的动态集成，以支持网络化企业的协同产品开发。

虚拟制造企业协同生产计划与控制的管理对象重点是各企业间的物料流和信息流的计划调度与控制，可以从时间和空间两方面进行描述。从时间方面来描述，主要用运筹学方法来实现对若干决策点进行优化并进行求解，且有比较成熟的算法；从空间层次来描述，特别是在面向异地协同生产计划调度与控制的研究方面，也是比较重要的。空间层次结构的描述方式可从纵向和横向两方面进行。

(1) 纵向描述

从纵向分析，协同生产计划与控制分为计划、静态调度、动态调度和系统资源管理4个层次，其结构如图6-10①。

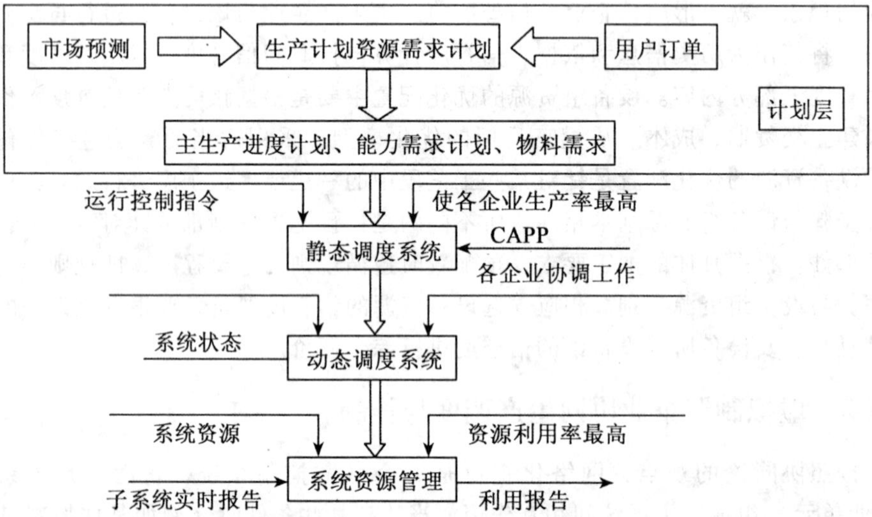

图6-10 虚拟制造企业生产计划调度与控制结构

①计划层。计划层的主要任务是保证按订单规定的交货期完成任务。盟主企业仅仅制定粗略的生产计划，给出每个企业的加工任务块和最终交货期限，并粗略地进行生产能力的平衡。各盟员企业自行制定详细的作业计划，相互协调、独立自主地生产、调度与控制。同时，各盟员企业通过计算机网络将其生产计划和调度的执行与完成情况动态地反馈给盟主企业，盟主企业进行全局调度与控制。

②静态调度系统。静态调度的主要任务是对任务进行分派，尽可能使各企业的生产效率最高。主要包括：

① 苑清敏．虚拟制造企业稳定运行的若干问题研究．天津大学博士学位论文

任务调度策略。在网络化企业中，每个成员企业基于自己的知识和判断，调节自己的活动，并且相互合作完成整个联盟企业的任务。在分布式虚拟制造企业中可以采用基于合同网协议来进行任务调度。

异地协同任务规划。盟主企业计划部门首先利用网络图建模方法对整个任务进行初步规划，接着进行任务分解，让每个成员企业的计划员对其负责的部分进行递阶规划，并将规划结果提交到网络化企业的计划小组进行协商。各盟员企业依据自己的核心优势资源和生产能力的实际需求，以任务共担的形式、协商讨论的方法解决各自的目标冲突，通过反复多次的异地网络协商，最终完成整个项目的详细网络规划方案，实现生产任务的分解和分配。整个协同过程由盟主企业的计划部门负责并进行监督。联盟企业中各种智能体之间的相互协作关系如图 6-11 所示①。

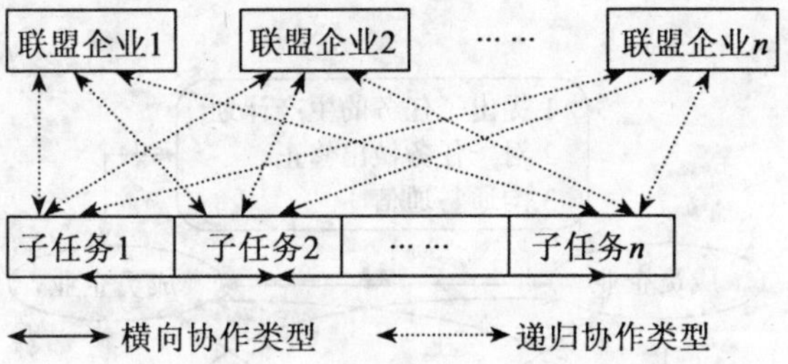

图 6-11　由任务驱动的联盟企业之间的协作关系图

异地协同作业计划编制。为了确保任务规划的实施与完成，各盟员企业则必须按照规划方案，根据各盟员现有的资源条件（物料、设备、人员和资金）和任务要求，确定各自任务的作业计划编制（如起止时间、拟采用的工艺路线等），最后将结果提交到整个联盟的调度员协调小组进行异地网络协商。各盟员企业的调度部门不仅需要根据自身情况提出各自任务块的可执行时间范围与相应的调度方案，而且还要提出可能的相应的改进措施，以便于项目调度员小组进行统筹协同，并对整个方案的全局平衡提供必要的选择和修正。

③动态调度系统。动态调度的调度对象是实时处理系统各企业间的协调和实际生产状况的需求。虚拟制造企业是基于分布式协同多 Agent 之间的合作，分布式问题的解决就像一群专家一起工作，试图完成一项重大的任务。生产制造车间的计划与调度是一个非常复杂的、需要多方面知识与信息的决策过程，人工智能技术在车间计划与调度中得到广泛应用，如多 Agent 协调框架。

---

① 蒋志强，冯锡兰等．基于 Web 的异地协同生产计划与控制策略研究．制造技术与机床，2002（11）

④系统资源管理。在网络化企业中系统管理主要是指在满足交货期要求下，综合考虑各盟员企业的技术、设备、人力资源的状况，制定整个系统资源的最优需求计划，并与生产任务中的生产作业计划相匹配，使负责关键任务块的企业资源利用率最高，确保在一定的时间周期内系统的产出量最大，系统的生产成本最低，单个产品通过整个系统的时间最短。

（2）横向描述

当各盟员企业在组织上、信息技术上、物料等方面实现了相应连接之后，主计划系统的控制重点就不再是为各个企业的每道加工工序去规定完成期限，而是以任务块的方式来安排计划。这时，原则上要求每个制造企业能完成零件的全部工序的加工，而实际情况往往是一个加工任务需要在多个企业内才能完成，仍然需由主生产计划和控制系统协调。因此，必须在生产计划和控制下建立一个有效的各盟员企业之间的协调系统，如图 6-12① 所示。

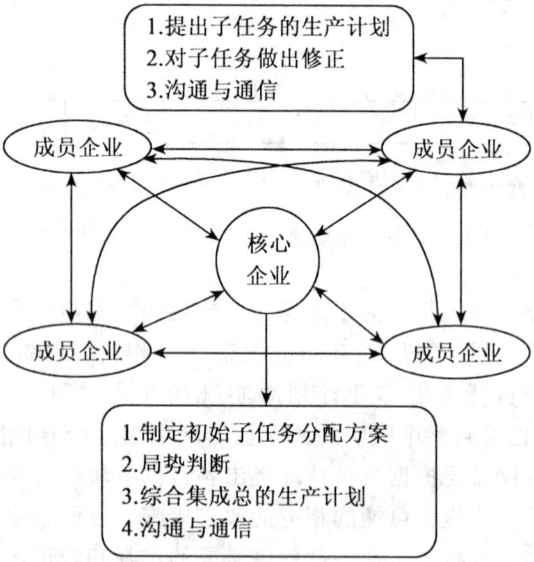

图 6-12　虚拟制造企业成员企业之间的协调

为了能实现快速反应的控制能力（如对外部加工设备资源能力的调用），必须加强企业之间的通信及协调的能力。如果各子系统之间可以进行相互协调，那么在计划执行过程中，就能减少主生产计划与控制系统对各个企业的干预，这将明显提高整个系统的柔性和市场响应速度。

① 苑清敏．虚拟制造企业稳定运行的若干问题研究．天津大学博士学位论文

(3) 异地协同生产计划与调度实施模型

借助于Internet/Intranet，构建一个体现上述协同生产计划与调度要求的实施模型，如图6-13所示①。

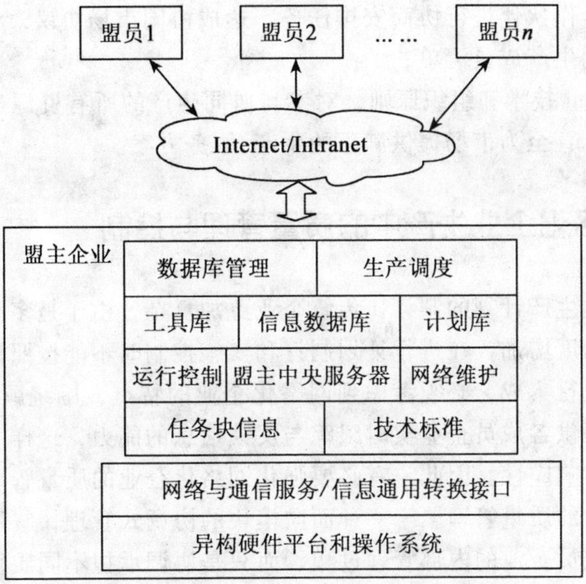

图6-13 协同生产计划与调度的实施模型

盟主企业与盟员企业按照共同制订的联盟规则与契约，利用Internet/Intranet网络，实现盟主与盟员之间或盟员与盟员之间的实时信息交换，共享中央服务器支持的数据库信息。中央服务器的主要功能是网络维护、数据库管理、系统运行监控等，保证信息数据库的安全、独立与稳定，并确保双边或多边协议的顺利执行；工具库提供一般或专门的软件工具，包括成本预算、市场预测、主要原材料及产品的相关信息；计划库则提供给各盟员企业整个生产的粗计划及产品交货期等。处理逻辑如下：

①核心企业不断捕捉市场机会，通过市场确认机制，将可行的市场机会转化为可实施的任务；

②运用工作分解结构（Work Broken-down Structure，WBS）方法，对任务进行分解；

① 蒋志强，冯锡兰等．基于Web的异地协同生产计划与控制策略研究．制造技术与机床，2002（11）

③核心企业进行自身资源的优化分析，为自身优势资源分配相应任务，对其他任务，通过 Internet/Intranet 向企业网发布资源请求，寻找合作伙伴；

④运用资源评价模型对合作伙伴进行评价、决策，采用基于合同网协议进行任务调度；

⑤盟主与合作伙伴进行协商安排任务，达成协同市场协议，将承诺承担任务的资源列入协同生产成员清单；

⑥运用 Agent 技术和组织原则，对参与协同生产的所有资源进行动态自组织协同生产组织，直至为市场提供满意的生产/服务方案。

6.4 网络化企业生产中的质量管理与控制

网络化企业生产计划的制订比传统企业更加复杂，由于是多企业的合作，协调的难度也大幅度增加，在进行计划制订和实施控制时不能按照传统的单一企业的信息模式来进行集成，必须考虑到网络化企业的特点，围绕顾客的需求进行，必须具有能够提供各成员企业实时跟踪与反馈信息的能力，这样才能够保证生产的同步性与实时响应性。因此，有必要强化网络化企业的质量管理与控制功能。

网络化企业的质量管理属于一种面向模块的协调式管理，它不必涉及承担不同质量任务的成员企业的内部管理过程，而只是协调承担不同质量任务的成员企业的活动，并在此过程中为它们提供各种服务（信息、人力、资金及物资服务），从而确保各质量任务能按时、保质完成。网络化企业对顾客需求的考虑是持续不断的，将其融入产品的整个开发设计制造过程之中，甚至把顾客当成是它的一分子，使其参与整个过程。网络化企业的质量改进贯穿于产品的开发设计、制造的全过程，时刻以顾客需求为导向，不断将各过程与满足顾客需求这一目标相比较，持续改进。网络化企业对任务执行者的要求很高，要求它们能够根据给定的任务，发挥自身的创造性，寻找最优的方式来完成，而并不给它们详细的指导。网络化企业面对的市场环境变化异常迅速，因此要求质量管理有较强的应变能力。

6.4.1 网络化企业质量管理的特点及基础工作

由于网络化企业是利用现代信息技术和先进制造技术，由一些相互独立的业务过程或企业等多个伙伴组成的临时性动态联盟，具有临时性、动态性的特点。在其运行过程中强调相互协作、相互信任，网络化企业的质量管理的对象随之发生变化，其质量管理过程具有其内在的特点。

①在网络化企业中，产品的设计、生产、销售及售后服务由网络化企业的成员企业共同完成，因此，产品质量的形成和实现过程已从单个企业拓展到多个企

业，分布在整个网络化企业范围内，由网络化企业成员企业的人员组成的质量工作团队具体执行完成，形成模块式协调管理。

②网络化企业的临时性使得其质量管理较少涉及其成员企业的内部管理，更多的是为成员企业提供必要的信息和资源服务，以协调承担不同质量任务的成员企业的活动，从而确保质量任务能按时完成，以保证最终产品质量。

③网络化企业的动态性使得其持续不断地考虑顾客的要求，将顾客融入产品的整个开发设计制造过程之中，甚至把顾客当成它的一分子，时刻以顾客需求为导向，不断将各过程与顾客需求这一目标相比较，持续改进。

④网络化企业的动态性加强了质量工作团队的要求，要求它们根据给定的任务，发挥自身的创造性，寻找最优的方式来完成，而并不给它们详细的指导，对未能完成质量任务的组织实行动态淘汰。由网络化企业质量管理的特点可以看出，网络化企业的质量管理的对象将随之发生变化，信息流在网络化企业运作过程中将发挥巨大的作用。信息流将始终伴随着由顾客需求而产生的质量任务，伴随着成员企业之间或质量工作团队之间的协调过程，伴随着质量工作团队的质量任务动态执行过程，信息流的质量管理成了网络化企业质量管理的核心，从而质量管理的对象由传统企业中物流的质量管理转化为网络化企业中信息流的质量管理。

网络化企业质量管理的基础工作是建立之初所进行的工作，这些工作是质量管理有效进行的前提和保证，是质量管理进一步开展的起点。网络化企业质量管理的基础工作主要包括：质量任务的确定，标准化工作和质量信息管理系统的建立。①

质量任务的确定是一个动态过程，需要逐步细化、完善；标准化工作是一项综合性的基础工作，应在网络化企业的筹建阶段进行，以使其质量管理工作系统化、规范化、统一化，从而保证质量管理能高效进行。标准化的对象是网络化企业运作过程中的重复性事物和概念，包括两方面，一方面是各种实体，如质量信息，各种实体资源等，另一方面是无形事物，如工作程序、处理方法等。标准化工作是网络化企业质量管理的重要基础和手段，为网络化企业的各项运作提供了准则和依据，使质量信息和各种实体资源的流动、成员间的交互更为有效；网络化企业是基于现代信息技术组建并运行的，质量信息是质量管理的重点对象，各种实体资源的实际流动也是基于与之相关的质量信息的运动而运动的。因此，作为网络化企业质量管理基础工作之一的质量信息管理极其重要，是网络化企业组建及运作成败的关键。在组建之初，应对可预见到的将会出现的质量信息及其过程进行详尽分析，加以标准化，建立模型，确定它们在质量信息系统中的存储格

---

① 许郏，苏秦．虚拟企业质量管理研究．工业工程，2002（2）

式，建立它们的流转机制，开发出一个强大高效的质量信息系统，它应能够确保运作过程中质量信息的有效流转，并能够吸收新出现的质量信息类型，同时要能够处理异常情况。

6.4.2 基于信息流的网络化企业质量管理体系框架模型

任何企业的有效运行必须在一定的组织结构体系内进行，与传统企业所不同的是网络化企业的组织体系已经跨越了传统企业的界限，形成企业之间相互协调合作的动态组织，在其质量管理过程中，信息流始终伴随其质量任务在组织体系内流通。基于此，构建了一个基于信息流的网络化企业质量管理体系框架模型，它主要由组织体系、信息流及理论体系三部分组成（如图 6-14 所示）①。

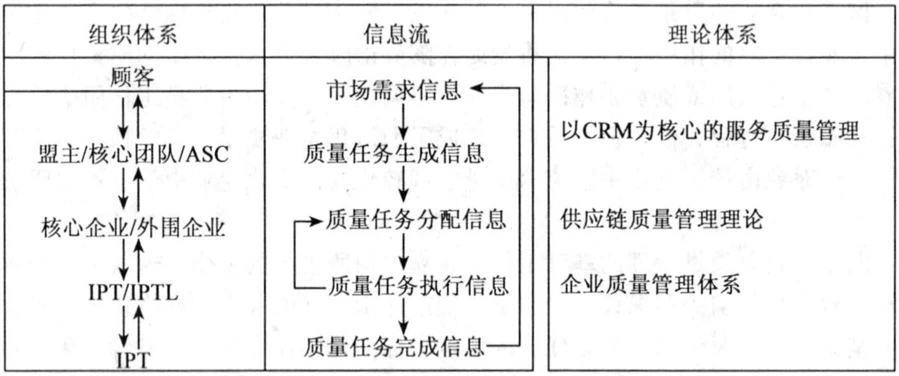

图 6-14　基于信息流的网络化企业质量管理体系框架模型

（1）网络化企业质量管理的组织体系

网络化企业质量管理的组织涉及以下几个方面：

①顾客。这里的顾客是指网络化企业的外部顾客，是构建网络化企业的直接动力源泉。同时，在网络化企业的运作过程中，网络化企业的成员企业把他们当作组织体系内的一部分。

②盟主/核心团队/ASC。网络化企业的盟主为发现市场机遇和掌握市场需求的核心企业，是组建网络化企业的倡导者。如果由多个盟主倡导组建，则组成一个核心团队替代单个盟主的作用，同时由各核心团队的主要领导和业务骨干组成一个类似协调指挥委员会（Alliance Steering Committee，ASC）。盟主/核心团队/

① 冯良清，丁莉英．基于信息流的虚拟企业质量管理体系框架与应用研究．机电产品开发与创新，2004（5）

ASC构成了整个网络化企业运行的宏观协调中心，同时也是质量任务的生成机构。

③核心企业/外围企业。网络化企业由核心层和松散层两层组织体系构成，与网络化企业的核心企业和外围企业相对应。质量任务经分解后由各核心企业与外围企业完成。

④IPT/IPTL。网络化企业在微观、底层上按照工作任务分解，建立面向横向流程的集成工作团队（Integrated Product Development Team，IPT），形成网络化企业运作的微观执行机构。IPT成员既可以来自核心企业，也可以来自外围企业，或同时来自核心企业和外围企业，每个IPT有一个团队领导IPTL（IPT Leader）负责该团队的质量子任务的执行。以上组织体系内各实体之间以信息的双向反馈来驱动整个组织体系的运作，形成循环的动态信息链。

（2）信息流

这里的信息流主要是指网络化企业运作过程中的质量信息流，形成两个闭环来驱动网络化企业的运行。

①市场需求信息。市场需求信息是信息流的驱动源，包括产品功能信息、市场预测信息和顾客订单信息、行业信息等，由核心企业掌握，并在整个网络化企业成员企业间共享。

②质量任务生成信息。盟主企业根据市场需求信息提出质量任务，如设计任务、制造任务、销售任务等，并规定具体的质量任务指标。

③质量任务分配信息。盟主企业把所提出的质量任务分配给相应的成员企业，将质量任务与所选择的成员企业一一对应。因此，质量任务分配信息应包括子任务指标信息、成员伙伴数量信息、成员企业任务执行能力信息（如现有生产能力信息、质量管理水平、柔性适应能力等）、成员企业的市场影响力、成员企业的信用度以及相关的约束信息等。

④质量任务执行信息。质量任务执行信息是指IPT组建信息、质量指令信息、IPT质量任务执行进度信息、执行过程中的意见反馈信息等。各成员企业根据所分配的质量任务进行质量任务的细分，进而在本企业内部或与伙伴企业协同组建IPT具体执行质量子任务，同时各IPTL将执行情况反馈给相应的企业，进而完善质量任务的分配。

⑤质量任务完成信息。质量任务完成信息描述各质量任务的完成情况，供网络化企业协调时参考。主要包括：任务起止时间、目前完成情况、预计完成情况等。这些信息随着时间的推移而不断产生并随时更新。质量任务的完成情况最终将影响新的市场需求信息的产生。

（3）质量体系构建

网络化企业质量管理理论，集成了现代先进管理理论和管理工具，是多种理论和工具的集成体系，其中主要包括服务质量管理理论、供应链质量管理理论、企业质量管理体系三大部分。

①以 CRM 为核心的服务质量管理。在网络化企业中，以顾客关系管理（CRM）为核心的服务质量管理是其质量管理体系的核心思想内容：整个网络化企业以外部顾客的个性化、动态化需求为导向，为顾客提供优质产品的同时提供优质的服务；成员企业为完成所分配的质量任务相互之间提供信息和资源的服务，尤其是核心企业/盟主/ASC 必须给外围企业提供良好的信息资源共享；成员企业必须为其内部顾客提供良好的服务，上道工序必须为下道工序提供优质的产品。

②供应链质量管理理论。供应链管理是网络化企业运作的一种基础形式。供应链质量管理是对分布在整个供应链范围内的产品质量的产生、形成和实现过程进行管理，从而实现供应链环境下产品质量控制与质量保证，以确保整个网络化企业中各成员企业质量任务的完成。供应链质量管理立足于供应链的高度，从建立供应链质量体系的高度来考虑质量管理，重点是供应链上质量活动、质量信息的集成管理，从而为整个网络化企业质量管理体系打下基础。供应链的质量管理也是网络化企业中成员企业质量流程衔接与质量流程再造的理论基础。

③企业质量管理。网络化企业中成员企业本身都具有完整的质量管理体系，其中依据 ISO9000 质量管理体系标准建立的质量管理体系最为普遍，也是网络化企业的成员企业完成其质量子任务的基础保障。网络化企业成员企业内部的质量管理就是在其本身的质量管理体系的指导下完成的，它们所用的质量管理方法还是传统企业的质量管理方法。

④信息质量管理和质量管理信息系统构建。信息质量管理和质量管理信息系统是网络化企业质量管理的基础平台，以 CRM 为核心的服务质量管理的施行，供应链质量管理的推行以及 ISO9000 质量管理体系的实施都必须在完善的信息质量管理和质量管理信息系统的理论指导下，在有效的质量管理信息系统中实现。

6.4.3 基于网络化企业全生命周期的质量管理

在网络化企业生命周期的各个阶段，其质量管理具有各自的阶段性任务，具有不同特征，各阶段整合组成一个全过程的网络化企业质量管理系统。鉴于此，提出了基于网络化企业生命周期的质量环，如图 6-15 所示。

（1）生成期的质量管理

生成期是网络化企业生命周期的第一个阶段，即网络化企业创建形成阶段，该阶段的质量管理围绕以下几个方面进行（如图 6-16 所示）：

①市场机遇识别：盟主企业根据市场调研信息以及顾客需求信息，对市场机遇进行识别，对新市场和机遇产品的开发进行可行性分析，以减小网络化企业运

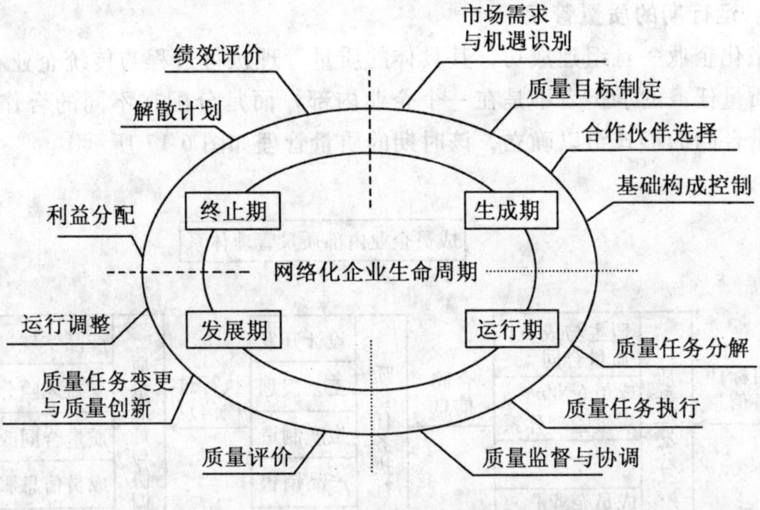

图 6-15　基于网络化企业生命周期的质量环

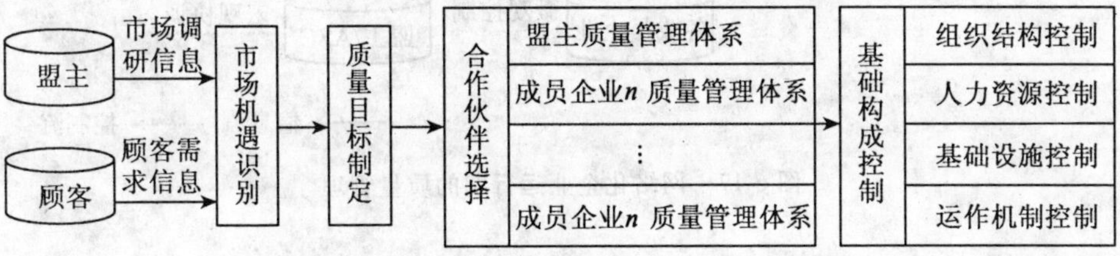

图 6-16　创建期的质量管理

作的后期风险，提高运行质量和可靠性。

②质量目标制定：盟主企业根据市场分析，规划机遇产品的总体质量目标，制定质量任务，为后期质量管理提供依据。

③合作伙伴选择：盟主企业围绕质量目标对其自身的核心能力进行鉴定，对其内部质量管理体系和候选合作企业的质量管理体系进行审核，制定不同的质量监督和控制策略，确定评审点和监督点，以保证成员企业之间质量管理协调和质量管理流程再造的顺利进行，并将质量管理体系的评审结果作为网络化企业成员伙伴选择的主要依据。

④基础构成控制：主要是对网络化企业的组织资源、人力资源、基础设施、合作机制等方面的资源的控制，确立组织结构模式和网络化企业的运行模式，选择质量集成化工作小组成员，组建质量功能小组，构建集成开放的网络化企业运行质量管理信息系统等信息通信技术基础设施平台，制定有效可行的合作协调机

制，为网络化企业生命周期的后三个时期质量管理工作及其有效运行奠定基础。

（2）运行期的质量管理

网络化企业一旦组建成功，其具体的质量管理执行过程与传统企业相似，不同的是质量任务的承担者不是在一个企业内部，而是分配在不同的合作企业中，并以质量合同的形式给以确立，该时期的质量管理如图 6-17 所示①。

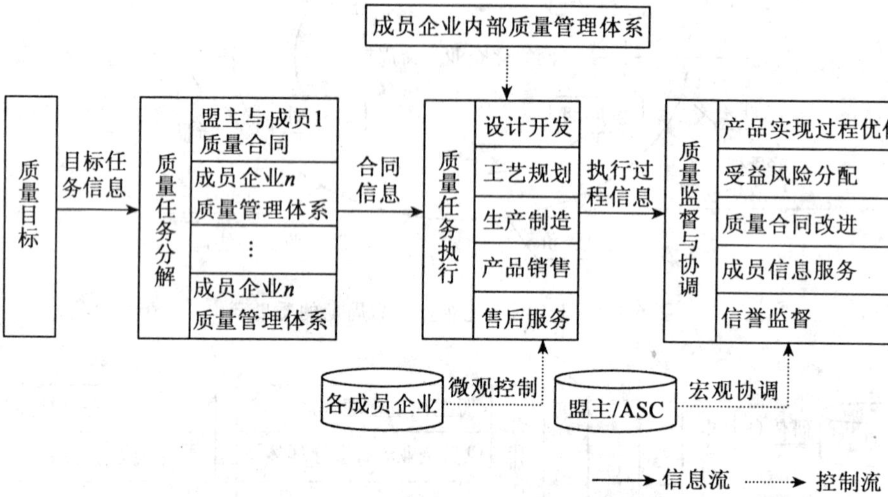

图 6-17　网络化企业运行期的质量管理

①质量任务的分解：盟主企业或由盟主企业骨干人员组成的协调委员会（ASC），根据质量目标任务信息以及合作伙伴的核心能力信息，将质量任务进行分解，并与合作企业签订质量合同，确定各合作企业的质量子目标和子任务，明确各成员企业的职责和义务。

②质量任务的执行：各成员企业根据合同规定，执行质量子任务，依据各自企业内部的质量管理体系，利用现代质量管理理论与方法，对其子任务的完成过程进行微观控制，在实现其对应质量功能的同时，各成员企业利用集成开放的网络化企业质量管理信息系统进行集成化工作和质量流程再造，并行实现机遇产品的设计与开发、工艺规划、生产制造财务管理、分销及售后服务等方面全过程的质量控制。如设计企业所必须完成的质量任务是对设计过程的质量管理，包括设计策划、设计评审、设计验证与确认、设计更改控制等。

③质量监督与协调：盟主/ASC 依据集成开放的质量管理信息系统，对各合

① 冯良清，刘卫东．基于虚拟企业生命周期的质量管理．工业工程与管理，2005（3）

作成员企业的质量任务执行过程进行监督和协调，并就产品实现过程提出优化决策，对执行过程中的收益和风险等相关问题进行协调，提出质量合同改进意见，为成员企业提供后勤信息服务等，同时，对各成员企业的信誉问题进行监督管理。

(3) 发展期的质量管理

在网络化企业运作过程中，联盟组织结构以及运行模式根据发展变化是必需的，发展期是网络化企业全生命周期中的一个重要阶段。在该阶段，其质量管理主要包括质量评价、质量创新以及组织运行调整等问题，如图 6-18 所示。

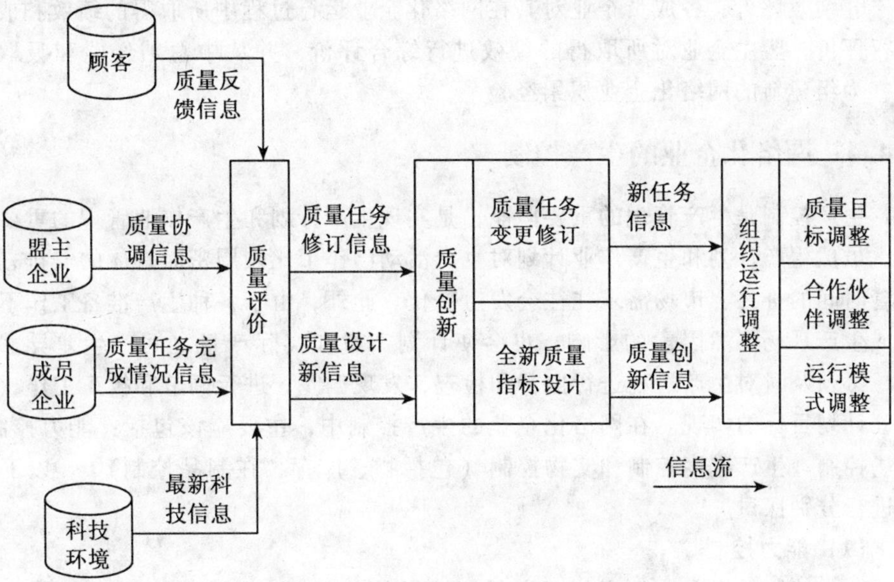

图 6-18 网络化企业发展期的质量管理

①质量评价：由盟主企业的质量协调信息、各成员企业的质量任务完成情况信息、顾客的质量反馈信息以及最新科技信息构成质量评价信息源。盟主企业设计出相应的评价指标，对整个网络化企业的质量管理以及其产品质量进行评价，评价结果将动态指导网络化企业的运行发展，为质量创新提供参考。

②质量创新：依据质量评价结果、盟主企业的产品改进建议以及成员企业的质量改进建议，产生质量任务修订信息和质量设计新信息。根据这些信息，对原有的质量任务进行变更修订或设计全新的质量指标。

③组织运行调整：根据新任务信息和质量创新信息，调整网络化企业质量目标，并在调整质量目标的基础上，动态调整合作伙伴以及网络化企业运行模式。

(4) 终止期的质量管理

网络化企业完成了其业务过程后自行解体，终止期的质量管理问题主要是围绕其重构或解体以及解体后的善后工作来进行。

①利益分配：根据各成员企业完成质量任务的考核结果以及协议或合同中规定的利益分配原则，将网络化企业所取得的收益合理地分配给成员企业，以保证各合作企业能够“多劳多得”、多投多得。

②解散计划：业务过程完成后，盟主企业根据各成员企业质量任务完成情况，综合整个质量目标完成效果，结合市场前景，确定市场机会即将或已经消失，提出联盟计划的解散。同时，所签订的质量合同、协议随之终止。

③绩效评价：各成员企业对其在网络化企业运行过程中所取得的绩效和成果进行评价；盟主企业对所取得的绩效进行综合评价，并从中总结经验和吸取教训，为组建新的网络化企业积累经验。

6.4.4 网络化企业的生产控制

生产控制是生产管理的重要职能，是实现生产计划和生产作业管理的重要手段。虽然生产计划和生产作业计划对生产活动已作了比较周密而具体的安排，但随着时间的推移，市场需求往往会发生变化。此外，由于各种生产准备工作不周全或生产现场偶然因素的影响，也会使计划产量和实际产量之间产生差异。因此，必须及时对生产过程进行监督和检查，发现偏差，进行调节和校正工作，以保证计划目标的实现。在网络化企业的生产控制中，主要应该包括：能力控制、现场控制、生产进度控制和实物控制（包括物、库存、在制品控制）①。以下对其进行分别探讨。

(1) 能力控制

能力控制是指企业生产加工在保证质量的前提下，完成约定产品数量的能力，主要是指质量控制和数量控制。在网络化企业组建之初，对生产任务型企业的选择过程就已经对生产任务型企业的生产情况进行了全面的考核，如果其不能满足生产的要求，就无法加入到联盟中来，在组建的开始阶段就已经对生产任务型企业的能力进行了控制。在运行阶段，联盟中的合约策略保证了生产任务型成员企业能够保质、保量地完成任务。有些联盟过程，企业当时没有能力加入联盟，但承诺增加设备、投入资金的，应该对其进行监督，在联盟运行之前，使其达到标准要求。

(2) 现场控制

网络化企业是为了抓住新的市场机遇，把具有不同优势和核心竞争力的企业

① 马军．虚拟企业生产计划与控制研究．沈阳工业大学硕士学位论文

组织起来，建立企业联盟。各个企业具有各自生产方面的优势和特点，各成员企业的现场控制是企业的“内政”，一般不进行统一控制。

（3）生产进度控制

生产进度控制的主要任务是依照预先指定的作业计划，检查各种零部件的投入和产出时间、数量以及配套性，保证产品能准时产出，按照订单上承诺的交货期将产品准时送到用户手中。由于生产进度控制主要是基于各个同盟企业和各个车间提供的实时数据信息，生产进度控制中的相应工作就是在加工路线中保留需要的生产信息。

没有各个同盟企业、各部门和各车间的资料信息反馈，生产控制系统无法识别生产过程与订单的关系，无法将不同订单区别开来，而仅能控制产品的按计划投入和产出，使用生产进度控制机制的作用在于对订单的生产实施控制，保证对客户的服务质量。

①按优先级保证对客户的产品供应。在一个企业中不同的订单总是有着大量相同或类似的零部件需要同时进行加工。在车间生产的复杂情况下，由于生产实际与生产计划的偏差，在制品未能按时到位的情况经常发生。在发生意外情况时，总是认为意外发生在低优先级别的订单上，高优先级的订单能够获得物质上的保证。在低优先级订单的优先级不断上升的情况下，总是优先保证高优先级的订单，必然能够保证对客户的服务质量。相反，在不能区分订单的条件下无法实现这种方法。

②保证各个企业所需要的实时计划信息。对于本企业而言，这一要求意味着是用精确实施的生产进度资料对应每一个订单的相关计划记录，保持生产计划的有效性。在没有相应的反馈资料信息情况下，同一个生产计划、同一批半成品都可能对应着多份订单，实际上无法度量具体订单的生产进度。可见，生产进度控制必须建立资料反馈机制才能实现面向订单的资料收集，生产计划系统才能获得必要的信息以实现面向用户的实时计划修正。

（4）库存控制

库存以原材料、在制品、半成品、成品的形式存在于网络化企业的各个环节。库存费用占库存物品价值的20%～40%，因此网络化企业的库存控制是十分重要的。库存决策的内容集中于网络化企业运行过程中，包括生产部署策略，如采用推式生产管理还是拉式生产管理；库存控制策略，如各库存点的最佳订货量、最佳订货点、安全库存水平的确定等。

（5）生产能力的调节协调

生产能力应当是可以调节的。这是因为成员企业一般以部分的制造资源（如人力、物力、机器设备等）加入联盟，当市场需求增加时，成员企业可以追加制造资源，以扩大生产能力；但市场需求不足时，则撤出部分制造资源，以降低生产能力。因此，联盟并不鼓励其成员企业孤注一掷、背水一战，把整个企业加入到联盟中来，而是要求成员企业提供其生产能力的变动范围，从而增加了编制计划时的柔性。因此，联盟对其成员企业生产活动的控制与协调，从宏观上讲主要是指要求各成员企业提供其生产能力的变动范围。

6.4.5 网络化企业的生产控制的实现

网络化生产计划与控制的体系结构是由组织模式、物理结构和逻辑结构组成，其异地生产作业计划调度与控制属于生产计划与控制的核心问题，管理的对象重点在于各盟员企业之间的物料流和信息流的计划与调度。围绕生产制造这个核心，首先核心企业根据市场预测和用户订单需求进行主生产安排和制定资源需求计划，以满足用户要求的交货期和质量。然后，核心企业进行订单决策，组织专家系统对订单进行分析，制定项目进度计划，并结合自身的制造能力和竞争优势，根据一定的策略将生产任务分解为一系列的生产子任务，每个子任务有预订的工期、质量、成本等要求。这些子任务通过招标、投标的合同网机制发布，潜在的联盟企业根据这些子任务的特殊要求及自身的制造资源和能力，确定自己能够投标的子任务，所能完成子任务的生产提前期、成本等因素。盟主企业根据各潜在联盟企业的资源和能力信息选择各个子任务的盟员企业，并与盟员企业进行协商，制定出详细的生产作业进度计划。此外，盟主企业还将根据确定的主生产计划制定生产任务的外协件采购计划，选择合适的供应商。最后盟主企业汇总各子任务的详细生产作业计划和原材料、外协件的采购计划，对生产和采购的进度进行跟踪控制，对异常事件快速预警，并采取相应的控制措施对生产作业进行实时动态调度。

网络化企业的生产是借助于计算机网络组成的开放式的、相互协作的、能及时灵活地响应客户需求变化的一种先进制造模式。为了更好地实现网络化生产，使网络联盟能够稳定有序地进行异地协同生产和控制，网络化生产计划与控制模式的运行管理包括以下几个方面：

(1) 生产计划与控制的分析决策和优化选择

网络化生产计划与控制模式存在两处分析决策、三处优化选择问题。其一是在制定项目进度计划过程中，对项目进行分析和分解，并对协作企业进行优化选择；其二是在物料需求计划产生之后，进行能力/成本分析，如果本企业能力不能满足生产需要，或者本企业的生产成本高于其他盟员企业的生产成本时，进行外包企业的优化选择；其三是对供应商的优化选择。

(2) 动态的全局协作和局部协调机制

在网络化生产环境下，每个伙伴企业或制造单元都具有分散自治的特点，它们在网络化生产的并发活动中必然会导致矛盾和冲突。因此，网络化生产计划与控制系统采用多自能主体结构（Mufti-Agent System，MAS）建立动态协调机制的生产控制结构，使得各个盟员企业一方面保持各自的独立性运作，另一方面参与网络化生产的同步化运作体系，保持独立性与协调性的统一。网络化生产环境下的生产控制包括全局协作和局部协调两部分。全局协作就是指对订单进行决策，进行项目分解，寻找子项目的盟员企业，制定全局生产计划，这是整个联盟企业之间的协作；局部协调就是具有时序关系和交叉作业关系的伙伴企业之间的生产进度控制和生产作业调度而进行求解指派的局部生产计划（子项目/任务）；一旦盟员企业的生产作业计划完成，则在盟员企业之间交换计划信息和制造能力信息。合作的盟员企业收到相关的生产作业计划信息后，首先检查是否有新的作业要求，包括彼此的作业依赖时序关系。没有则创建双方的局部生产作业计划，有则进行协调，修改和优化双方的局部生产作业计划。

(3) 面向过程的实时控制

传统管理模式是面向结果的，其目标是由管理者和任务承担者共同制定的，管理者按照事先制定的目标对任务完成情况进行定期检查，执行目标管理；而在网络化生产环境下，企业面临的是一个快速多变的客户化市场，接受的客户订单大多是具有不可重复性的一次性项目，并且涉及许多协作企业，包含许多不确定性因素，因而使得核心企业和伙伴企业难以达成双方固定一致的目标。因此，网络化生产计划与控制应对项目全过程进行管理，建立面向过程的跟踪控制机制，实现面向过程的数据搜集，对各个计划的执行进行跟踪，采集动态生产数据，监控分散网络生产环境，并且进行制造能力需求趋势分析、资源利用评价和瓶颈作业分析等，为项目管理、计划制定等提供实时的信息和分析报告以实现面向用户的实时作业计划调度和控制。

(4) 正向激励与逆向约束管理

网络联盟内各盟员企业都是自负盈亏的经营实体，在协同生产过程中必然会产生彼此间的矛盾和冲突，在合作过程中不可避免地存在一定的利益分歧和经营风险。因此在网络化生产计划与控制模式中有必要建立一定的合约机制、国家法规和行业规范对盟员企业的行为进行一定的约束，但更重要的是要建立一定的激励机制，激励分为正激励和负激励，负激励也就是逆向约束。网络联盟企业对生产任务型成员企业进行逆向约束，减少其产生问题的可能性；进行正向激励，使其创造更好的效率和效益。因此，可以采用一个包含业绩评价、交货期、信誉度、价格、质量的多目标综合评分体系对盟员企业的行为进行考核和激励，充分调动盟员企业的积极性，使网络化生产稳定有序地进行，达到资源配置和利益的最优化。

6.5 网络化企业生产流程再造

由于网络化企业具有地域分散、资源共享等特点，因而对网络化企业中的企业，无论是居于核心地位的盟主企业，还是参与网络化企业的盟员企业，对其业务流程以及业务流程所涉及的组织、资源和信息等方面都有更新的要求。

网络化企业在其地理上的分散性和动态合作的不确定性，要求它的组织结构必须能根据目标和环境的变化进行组合。动态地调整其组织结构，即实现组织的柔性化。在这个柔性系统中，企业组织不再是封闭稳定的紧凑结构，而是开放式的动态结构体系，它可随时根据联盟状况动态地调整组织结构，又必须高效地满足企业组织、管理、调度的职能。根据网络化企业所要求的可重组、可重用、可扩充的3个准则，对企业的组织结构提出了以下要求：以产品全生命周期划分职能机构，推广并行工程；组织机构分工明确，职能清晰；机构层次精简，权力下放；机构间相互协作，相互监督。网络化企业要求资源灵活共享。市场需求是多样的、多变的，网络化企业对企业资源的需求同样具有多样性和不确定性。网络化企业要求企业在对其自身拥有的资源正确识别、分类的基础上，建立资源与资源间松散、灵活的映像、解耦机制，并最终利用这种映像、解耦机制与企业的组织结构、流程联系起来形成资源能力；企业还要把这种资源能力以正确的方式准确地向外界表达，以便使其他企业通过网络方便地查询、评估和利用。

由于网络化企业的运行过程更加依赖于通过 Internet 的信息通信和网络协同工作，企业需要建立和完善各自的信息平台，以及在信息集成平台支撑下的工作流程；在构建企业信息集成平台的同时提供其对外界的信息接口，使企业内的信息集成平台不仅能够集成企业内部流程，而且能够方便地同外界交互和集成。

6.5.1 面向网络化企业的业务流程描述

企业是一个非常复杂的社会、经济、物理的系统，必须从多层次多角度来考察才能全面地描述其经营过程。通常可用从组织、资源、业务流程和信息这4个方面来考察企业的经营过程，建立相应的组织视图、资源视图、过程视图和信息视图①。

(1) 组织视图

组织视图描述企业的组织单元和组织单元之间的关系。组织单元是具有一定功能和责任的自治实体。组织单元之间往往存在从属或协作关系，形成一定的层

① 沈磊，李光锐．面向动态联盟的业务流程再造．重庆大学学报（自然科学版），2004(3)

次结构。面向网络化企业的业务流程组织视图能够清晰反映企业扁平结构的组织间的关系；能够根据动态联盟的构建需要，调整组织结构，将整个企业或动态联盟需要的部分组织反映在网络化企业的组织视图中，为网络化企业流程的迅速建立提供便利。

（2）资源视图

资源视图描述企业中资源的类型以及资源实体的属性。资源是活动可以执行的必备条件。组织视图和资源视图之间存在着映像关系，每一个资源实体都有其相对应的责任组织单元，该组织单元负责对此资源实体的使用和维护。面向网络化企业的资源视图能够清晰反映资源分类情况、各种资源的组合映像、解耦关系、资源间、资源与组织间的关系，企业能够根据动态联盟流程建立和运行的需要，动态调整各种关系，调度资源。

（3）过程视图

过程视图描述企业的业务流程，它定义业务流程中包含的活动以及这些活动之间的逻辑关系。同时，还应建立过程视图与组织视图和资源视图之间的关系。

（4）信息视图

信息视图从信息关系的角度描述经营过程中的资料结果特征和资料关系。信息视图的信息来源于组织视图、资源视图和过程视图中的数据结构及资料关系，它的建立是数据库设计的基础，也为建立管理信息系统、实现计算机辅助企业管理提供了技术保证。

6.5.2 网络化企业业务流程的建立

在业务流程再造过程中，对业务流程的分析和评价一直是学术界研究的重要课题之一。在网络化企业中，同样存在对其业务流程再造的评价问题。企业通过信息高速公路查找需要的信息，和其他企业交换数据，实现信息共享，彼此间形成合作竞争的关系。基于信息共享，制造企业可以把价值链中部分不擅长的环节交由其他企业来完成，而集中力量经营自己擅长的环节，以赢得竞争优势，这就是业务外包（Outsourcing）。由于资源限制，企业不可能对购买、制造、库存、销售、服务等每个环节都具备优势。有的企业零部件生产不理想，它便可以将零部件生产外包给专业从事零部件生产的企业。台湾宏基是一个典型的成功外包案例。它们进行了业务流程重组，台湾生产系统负责生产主板、外包装和监视器等关键零部件，其他部件则外包给市场地厂商生产，然后在市场地组装销售。这种模式推出后，库存时间从100天降到50天，资金周转率提高了1倍，新产品提前上市1个月，产品也更能迅速满足消费者个性的需求。业务外包可以使企业内部最具竞争力的资源和外部优秀资源相结合，产生巨大的协同效应，以解决制造企业资源相对不足的问题，最大限度地发挥现有资源的效率。通过业务外包，制造企业把自己的有限资源应用在某几个环节上，而把弱势环节交给其他企业，借助他人的力量使之优化，从而优化整条价值链。在信息技术支持下，制造企业价值链中的基本业务环节都可以外包。但这样对企业的正常运转可能会产生不良影响，因为外包业务过多，企业间协调工作也越多，消耗的成本可能大于获得的利益。因此，应依据实际情况，掌握控制基本环节，而外包少数几个环节。耐克公司就是一个成功的例子。虚拟制造企业，以网络为通信媒介，把与原制造企业有关的所有企业与客户连接起来，企业本身仅作为信息中心和调度中心，对购买、生产、存储、销售、服务作统筹安排，其价值链环节分布在与之相关的企业中。

可见，如果制造企业的一个或几个环节处于不同的企业中，通过现代信息技术加强企业间紧密协作，充分发挥企业内外部资源效率，实现“双赢”或“多赢”，是完全现实的。

（1）实施面向网络化企业业务流程再造的原则

在实施面向网络化企业业务流程再造的过程中，要遵循以下原则：

①以增强企业的核心能力为中心。网络化企业往往以市场需求为驱动，以双赢或多赢的经营结果为纽带,将具有不同核心能力的企业联合在一起,使不同企业的核心能力积聚为核心能力合力,以赢得市场机遇。网络化企业中每个企业核心能力的增强,不仅能够使每个企业赢得市场机遇,而且能够增强网络化企业的竞争合力,使网络化企业赢得市场机遇,最终为网络化企业中的成员企业赢得效益。

②以提高流程并行性为主线。网络化企业是在过程集成基础上的企业间的集成，因此在进行业务流程再造过程中，流程要尽可能并行，增加信息的反馈，增加过程中活动的一次成功率，减少或消除过程的反复迭代，从而提高过程效率。

③充分利用信息技术。尽管信息技术不是企业业务流程再造本身，但信息技术是 BPR 产生的驱动力和执行的手段。现代企业内部流程往往依赖于信息技术。网络化企业中的企业是分布的、异地的，信息技术对于网络化企业更是重要的支撑。

各个企业的信息平台往往是异构的。要使动态联盟的业务流程能够在异构的平台间通畅地传递，各个企业在进一步利用、优化自身信息平台进行流程再造的同时，还要注意拓展异构平台间信息交互的接口，利用不依赖于具体平台的网络通信技术、数据库技术等，提高企业间的互操作性。而新一代的互联网技术为异构平台间的通信提供了实现的技术基础和标准。

（2）面向网络化企业业务流程建立

面向网络化企业的业务流程再造过程具有其自身的生命周期，如图 6-19 所示①。整个流程再造的过程，是根据企业发展的实际情况和对企业在网络化企业

① 沈磊，李光锐．面向动态联盟的业务流程再造．重庆大学学报（自然科学版），2004(3)

中发挥作用的评价而反复进行的死循环的建模过程。

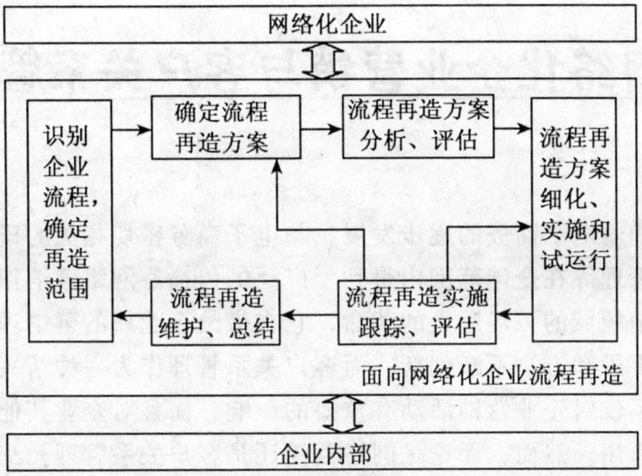

图 6-19　面向网络化企业业务流程再造的生命周期

对于 BPR 实施而言，要求流程建模方法要有如下几个方面的特性：强大的建模能力，强大的分析能力，足够的集成能力。工作流技术通常是实施 BPR 的一个很好的方法，因为工作流提供了经营过程逻辑与它的信息支撑系统的分离，并实现了应用逻辑和过程逻辑的分离，这种方式在进行企业实际应用中具有显著的优点。

网络化企业的核心是顾客需求，这种需求是个性化且多变的，固定的工艺流程满足不了这种个性化的需求，因此要实现网络化企业的资源计划集成，必须首先对成员企业的业务流程进行重新构造，这种构造应该是面向虚拟环境的、由顾客需求趋动的动态业务流程。

7 网络化企业营销与客户关系管理

近年来，随着电子商务的逐步发展，与电子商务密切相关的概念——网络营销、客户关系管理等在全球范围内得到了广泛的传播。网络营销作为一种新兴的营销方式是营销领域的一场巨大的革命，它在带给企业新的营销理念的同时，也促使企业营销手段和方法不断创新。而客户关系管理作为一种新兴的管理模式和管理方法，它不仅对企业营销活动有重要的影响，而且对企业其他流程的活动也有极大的促进作用。然而，无论是网络营销还是客户关系管理，都必须以顾客为中心，以顾客的需求为出发点来组织和管理企业的生产经营活动，从这点上看，两者有极大的相同之处。

7.1 网络化企业营销的基本理论

如前所述，互联网给企业经营和营销观念带来了巨大的冲击，企业将在一个全新的营销环境中生存，这使得传统的营销理论不能完全解释网络营销中的一些现象。因此需要在传统营销理论的基础上，从网络本身的特征和消费者需求演化这两个视角出发作重新的演绎和创新。

7.1.1 网络营销及其发展

网络营销是企业以现代营销理论为基础，以满足顾客需求为出发点，借助互联网络来实现企业营销目标的一种市场营销方式。网络营销作为一种新兴的营销方式，与传统的营销并不存在取代与被取代的关系，而是迎合信息科技的发展，来创新与重组营销方式。与传统营销相比，网络营销具有以下优势：

①就产品和服务而言，网络营销能给顾客提供更多、更好的产品和服务。通过网络，企业可将产品信息和相关资料充分显示出来，并针对客户的个别需求随时提供营销服务。而在传统的营销方式下，企业与顾客的沟通往往非常有限，顾客要了解产品信息一般较困难，而企业要了解顾客的需求也不是件容易的事情。因此，传统的营销方式极易造成企业所提供的产品与顾客的需求脱节，导致双方的利益受损。此外，网络营销跨越时空的、实时的、全天候的、便捷的服务也是传统营销方式所不及的，这将极大地促进产品销售。

②就价格而言，企业可针对网络交易形式多样化与价格弹性大的特点，采用更加弹性、多样化的组合价格策略。在传统的营销方式下，产品的交易形式由于受交易场所的限制往往比较单一，交易价格主要由企业决定，交易价格的变化幅度相对较小。而通过网络营销，由于没有交易场所的限制，随时随地可以进行产品的交易，再配上考虑顾客需求的灵活多变的价格策略，将极大地促进产品的销售。目前很多互联网用户都愿意从网上购物，方便固然是其中的一个重要因素，有竞争力的价格亦是一个不容忽视的原因。

③就促销而言，通过网络，企业不仅可以进行大量的广告宣传，而且可以发掘众多的潜在顾客。广告是促销的主要手段。在传统媒体上做广告不仅费用较高，而且针对性较差。借助网络，企业可以有针对性地向消费者发布产品信息，刺激消费者的购买欲望，这样既可以提高广告的效果，而且经济实惠。

④就分销渠道而言，网络营销的直接主动与超越时空特点可使企业获得众多传统渠道所无可比拟的优势。在传统营销方式下，产品从生产厂家到顾客往往需要通过一层又一层的中间渠道，不仅速度慢，而且花费多；而通过网络进行产品的营销则会省掉这些中间渠道，这样不仅节省费用，而且效率高。

⑤就与顾客沟通而言，通过网络，企业可以进一步加强与顾客的沟通。网下充满了各种人为的与自然的商业屏障，而相对来说，网络却是一个较为公平的操作平台，或者说它真正担当了“通道”的角色，通过这条通道，既便于企业在网上发布大量的信息以便消费者查询，同时也便于企业及时获取消费者的信息反馈，这样有利于增强企业与消费者进行交流沟通的能力。

⑥就促进顾客忠诚而言，网络营销更有利于促进顾客忠诚。网络营销的优势之一就是企业不必花很多钱就可以提高顾客忠诚度。通过网络，企业可以分析顾客的购买行为，找出谁是最具潜力的、能给自已带来最多利润的、最有价值的顾客。如果企业能为他们设计完整的电子商务解决方案，就可以强化和这些顾客的关系。

⑦就运营成本而言，网络营销成本将比传统营销方式大大降低。在传统营销方式下，企业要想扩大市场份额往往会多开一些连锁店，而通过网络营销，企业只需让更多的人访问网站就事半功倍；在网络营销方式下，企业无论是库存资金的占用还是应收款资金的占用都会相对减少，这不仅会提高其资金的周转速度和营运能力，而且会降低其存货资金和应收款资金的损失；对于开设一家网上商店而言既不需要耗费巨资修建大楼，也无需招聘大量员工，企业固定成本开支将大大降低；通过电子邮件与成千上万潜在消费者联系，既节省广告费又节省电话费。

总之，Internet 最主要的特性就是能够跨越时空的界限，在全球范围内实现了信息的公开、交流与共享，基于 Internet 的网络营销将极大地扩展企业的经营领域，不断地给企业带来新的商机。

7.1.2 网络整合营销理论

互联网使得消费者在整个营销过程中的地位得到提高，消费者不仅可以直接与产品或服务的生产者进行沟通，参与企业的营销过程，而且购物的主动性也有很大的提高。在这种情况下，网络企业只有树立从消费者需求出发，以满足消费者需求为归宿的现代营销思想，才能在市场竞争中取胜。网络整合营销理论是指企业在制定营销决策时首先要将顾客整合到企业的整个营销活动中来，以实现企业营销目标最大化。

传统的市场营销决策是以 4P（Product，Price，Place and Promote，即产品/服务、价格、渠道和促销）理论为指导制定的，而 4P 理论的经济学基础又是厂商理论，即利润最大化。因此，4P 理论的基本出发点是企业的利润，而没有把顾客的需求放到与企业的利润同等重要的位置上。4P 理论指导下的营销决策过程是一条单向的链，如图 7-1 所示。

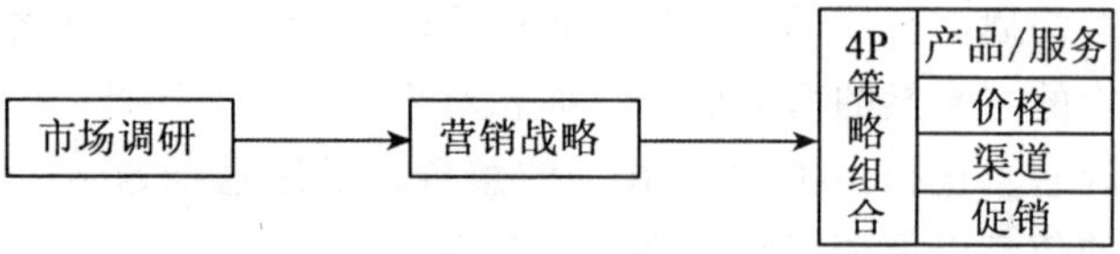

图 7-1 传统营销决策过程

网络营销决策是以 4C（Customer，Cost，Convenience and Communication，即顾客、成本、方便和沟通）理论为指导制定的，它强调在制定企业的营销决策时必须从顾客的需求出发，想顾客所想，急顾客所急，替顾客考虑就是替自己着想，只有满足顾客的要求才能实现企业的营销目标。因此，网络营销的理论模式应该是：营销过程的起点是顾客的需求；营销决策（4P）是在满足 4C 要求的前提下的企业利润最大化；最终实现的是顾客需求的满足和企业利润最大化。而由于顾客需求的良好满足，他就会对企业的产品、服务形成良好的印象，这种良好的形象逐步演变为对企业产品、服务的偏好，促使他在第二轮购买时首选该企业的产品和服务；随着第二轮的交互，产品和服务可以更好地满足顾客需求。如此循环往复，一方面，顾客的需求不断地得到越来越好的满足，能建立起顾客对企业的忠诚意识；另一方面，由于这种满足针对的是个性化很强的需求，就使得其他企业的进入壁垒变得很高，也就是说其他企业即使也有类似的产品仍难以获得顾客的认同。这样，企业和顾客之间的关系就变得非常紧密，甚至是牢不可破，这就形成了“一对一”的营销关系。在 4C 理论指导下的营销决策过程是一个双向的链，如图 7-2 所示。

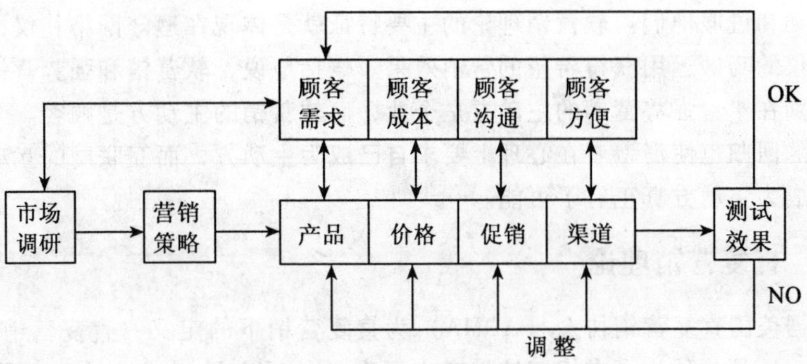

图 7-2　网络整合营销决策过程

7.1.3　网络软营销理论

软营销理论是针对传统的强式营销而提出的新理论。强式营销是工业化大规模生产时代的营销方式，传统营销中最能体现强势营销特征的是两种手段：传统广告和人员推销。这两种营销手段企图以一种信息灌输的方式在消费者心中留下深刻印象，而不管消费者是否需要和喜欢（或厌恶）它的产品和服务。

软营销理论强调企业进行市场营销活动时必须尊重消费者的感受和体验，让消费者舒服地主动接受企业的营销活动。在互联网上，由于信息交流是自由、平等、开放和交互的，这种环境强调的是相互尊重和沟通，任何不经网络用户同意的宣传广告及其他促销活动都会遭到他们的唾弃甚至是报复。因此企业采用传统的强势营销手段在互联网上展开营销活动势必适得其反。在互联网上一切活动都必须遵守网络礼仪（Netiquette）规则，网络营销活动也不例外。对网络营销人员来说，需牢记的第一条网络礼仪就是“不请自到的信息不受欢迎（Unsolicited Material Unappreciated）”。在互联网上几乎没有一个网络用户希望他的 E-mail 信箱里塞满一些不受欢迎的广告或信息。同样，在公共讨论场所如公开论坛、BBS、新闻组中，人们的目的是就某共同关心的主题交换相关信息，在这里一切与讨论主题无关的商业推销活动只会令人反感。在线消费者是信息需求者，当他们在网络上寻找产品和服务，查询有关市场营销信息，征求问题答案时，企业要做的是尽可能提供易于导航、易于搜索、内容丰富、有价值的信息，静候“冲浪者”的访问，而当他们不想查找时，企业的信息绝不能私闯他们的生活，否则将会激怒网民，轻则是发回措词严厉的 E-mail，重则将你的所作所为在网络上曝光，让你上黑名单，引起公愤，使你因此而失去一大批潜在顾客。此外，在线消费者也是理性消费者，他们的决策是建立在理性分析的基础上的，所以企业的广告和宣传必须从消费者的体验和需求出发才能吸引他们，必须用事实和逻辑才可能打动和说服他们。软营销理论的主要特征就是体现在遵守网络礼仪，通过对网络礼仪的巧妙运用获得希望的营销效果。概括地说，软营销和强势营销的一个根本区别在于：强势营销的主动方是企业，而软营销的主动方是顾客。个性化消费需求的回归也使消费者在心理上要求自己成为主动方，而互联网的互动特性又使他们成为主动方真正有了可能。

7.1.4 直复营销理论

根据美国直复营销协会（ADMA）为直复营销下的定义，直复营销（Direct Marketing）是一种为了在任何地方产生可度量的反应和（或）达成交易而使用一种或多种广告媒体的相互作用的市场营销体系。直复营销中的“直”（其实是“直接”，Direct 的缩写）是指不通过中间分级渠道而直接通过媒体连接企业和消费者；直复营销中的“复”（其实是“回复”，Response 的缩写）是指企业与顾客之间的交互，顾客对这种营销努力有一个明确的回复（是买还是不买），企业可统计到这种明确回复的数据，由此对以往的营销努力做出评价。在网络环境下企业利用网络进行销售，顾客可通过网络直接向企业订单付款，网络环境充分实现了企业和顾客的交互，企业不仅可以以订单作为测试基础，还可获得顾客的其他数据甚至建议。因此，基于互联网的直复营销将更吻合直复营销的理念，这主要表现在以下四个方面：

①直复营销作为一种相互作用的体系，特别强调企业与目标顾客之间的“双向信息交流”，以克服传统市场营销中的“单向信息交流”所造成的企业与顾客之间无法沟通的致命弱点。互联网作为开放、自由的双向式信息沟通网络，企业与顾客之间可以实现直接的一对一的信息交流和直接沟通，企业可以根据目标顾客的需求定制产品和提供服务，最大限度地满足每一个顾客的需求。

②直复营销活动的关键是为每个目标顾客提供直接向企业反映情况的通道，企业可以凭借顾客的反映找出不足，为下一次活动做好准备。互联网的方便、快捷性使得顾客可以方便地通过互联网直接向企业提出建议和购买需求，也可以直接通过互联网获取售后服务。企业也可以从顾客的建议、需求和要求的服务中，找出企业的不足，按照顾客的需求进行经营管理，减少营销费用。

③直复营销活动强调在任何时间、任何地点都可以实现企业与顾客的“信息双向交流”。互联网的全球性和持续性，使得顾客可以在任何时间、任何地点直接向企业提出要求和反映问题，企业也可以利用互联网低成本地跨越空间和突破时间限制与顾客双向交流。

④直复营销活动最重要的特性是：活动效果是可测定的。网络营销的直复特

性及网络的可追踪特性和数据库技术的发展，决定了网络营销是可测试的。企业可以直接测试广告、促销活动的效果；拟开发的新产品可以先在网络上提供虚拟产品，让消费者提意见和建议，直接让消费者参与研发环节，据以改进设计方案。互联网作为最直接的简单沟通工具，可以很方便地为企业与顾客进行交易时提供沟通支持和交易平台；通过数据库技术和网络控制技术，企业可以很方便地处理每一个顾客的订单和需求。因此，通过互联网可以最低成本最大限度地满足顾客需求，同时了解顾客需求，细分目标市场，提高营销效率和效用。

直复营销理论的关键在于它说明了网络营销是可测试、可度量、可评价的，这就从根本上解决了传统营销效果评价困难的难题，为更科学地开展营销活动提供了可能。有了及时和准确的营销效果评价，企业就可以及时改进以往的营销努力，从而获得更满意结果。

7.2 网络化企业的营销战略

网络对企业产生的战略作用被越来越多的企业和企业家认同。网络化企业要根据市场环境和业务状况，确定其营销的发展战略和具体目标，对其营销活动做出全面而有序的安排。网络化企业的营销战略是网络化企业制定的在网上开展一系列营销活动的方针和规划。应该说，它对网络化企业的发展有长期影响，甚至一开始就决定着网络化企业营销的成败。网络化企业的营销战略主要有以下两种：

①共用销售渠道和售后服务系统。使各方在没有增加销售渠道构建投资的情况下，迅速扩大销售能力，同时也方便顾客的购买。

②重构企业供应与销售渠道。利用网络化企业管理模式，重构供应销售渠道，根据各企业优势的不同进行科学协作，不仅能够节省管理成本和市场开拓费用，还有利于销售网络的迅速扩延和积聚人才资源，提高销售效率。

7.2.1 网络化企业的营销目标

企业开展营销首先必须搞清楚要达到什么目的，即要明确营销的目标，这也是网络化企业制定营销战略的关键。只有明确了营销的目标，才能对营销活动做出及时的评价，同时也保证营销活动按既定的目标展开，提高企业营销的水平和效果。

目前，许多人都片面地认为营销的目标就是最大限度提高销售，所以他们将营销工作都集中在提高销售量上，这种做法有失偏颇。网络化企业营销的终极目标应该是最大限度地增加利润，因此网络化企业营销的整体规划应集中在以下目标上：提高效率和效益、提高知名度、建立忠诚的顾客群。

（1）提高效率和效益

提高效率和效益的关键是增加销售额、降低业务成本和费用。

①增加销售额。增加销售额是网络化企业营销的主要目标，没有销售额就没有企业的利润。对于网络化企业而言，要增加销售额可以通过各种网络广告、向客户提供优质的产品和满意的服务等来实现。

②降低业务成本和费用。为了最大限度地增加利润，网络化企业应在扩大销售额的基础上不断地降低业务成本和费用。首先要加强进货管理，降低采购成本；其次要加强销售管理，提高销售费用支出的效益；最后还要加强综合管理，如进行合理的薪酬设计，选择安全而又经济的筹资方式，进行合理的税收筹划，等等，不断降低企业的管理费用。

（2）提高知名度

如果一个营销网络没有一定的知名度和足够的访问量，那么它就无法引起消费者的关注，要扩大销售额和增加利润都只能是一句空话。注意力是网络经济的核心，在这个意义上，提高知名度就是在消费者头脑中建立积极稳定的定位，而这个定位依赖于品牌，是产品服务差异化的体现。网络品牌的作用是直接吸引客户进入企业的网站，是吸引访问者注意力的重要武器。因特网上的各种商务信息是“海量”的，无论是商家选择贸易伙伴还是消费者选择满意的商品，很大程度上是依靠网络品牌来进行的，不能引起大众注意、取得客户好感的品牌，只能淹没在茫茫“网海”中。因此，网络企业应注重品牌建设，把提高企业网站的知名度作为企业网络营销的重要目标。

一个品牌知名度的提高，很重要的途径就是其品牌的传播。网络品牌的传播不仅可以在网络上进行，也可以离开网络，在传统媒介上进行。就目前来看，传统媒体还是拥有最多的受众，所以网络企业应借助传统媒体推广网站，提高知名度，包括在一些报纸、杂志、电视、广播等传统媒体上宣传企业的网址，这可促使感兴趣的用户上网搜索企业的站点，达到扩大企业网站知名度的目的。如著名的 amazon. com 仍在《出版商周刊》（Publisher Weekly）上登广告宣传网址。在网络上传播品牌的方法也可以很多。通过搜索引擎登录是最基本的，也可以在各种论坛及 BBS 布告栏上发布自己的网站信息。广告交换也是目前采用最普遍的一种信息推广方式。许多网站提供了广告友情链接的方式，这也是为什么我们在登录某些网站时会弹出一些广告窗的缘故。

（3）建立忠诚的顾客群

顾客忠诚对于网络企业生存和发展的经济学意义是非常重要的，它不仅可以扩大企业的销售，而且有利于节约企业的成本。大量研究表明，吸引一位新顾客的成本是保留一位老顾客成本的 5 倍，因为吸引新顾客需要较多的广告费用、推销费用、销售人员佣金等。所以说，网络企业绝不应忽视培养和建立忠诚的顾客群，应将其视为企业网络营销的重要目标。

顾客忠诚依其程度深浅，可以分为四个不同的层次：认知忠诚，指经由产品品质信息直接形成的，认为产品优于其他产品而形成的忠诚，这是最浅层次的忠诚；情感忠诚，指在使用产品持续获得满意之后形成的对产品的偏爱；意向忠诚，指顾客十分向往再次购买产品，不时有重复购买的冲动，但是这种冲动还没有转化为行动；行为忠诚，此时，忠诚的意向转化为实际行动，顾客甚至愿意克服阻碍实现购买。培养顾客忠诚可以采取以下方法：建立消费数据库，充分了解顾客的消费需求和消费心理；从顾客角度设计业务流程；利用 CRM 软件有效地进行顾客关系管理；开展常客奖励活动；开展会员制销售等。

7.2.2 网络目标市场的选择与定位

网络营销目标市场的选择与定位在网络营销中至关重要。

(1) 网络目标市场的选择

网络目标市场也叫网络目标消费群体，是指网络化企业进行营销所针对的产品和服务的销售对象。网络目标市场的选择是网络化企业营销的一个非常重要的战略决策，它主要解决企业在网络市场中满足谁的需要，向谁提供产品和服务。对于网络企业而言，一旦确定了网络目标市场，企业便可以集中力量关注特定的目标市场，深入地了解并充分满足目标市场上消费者的需求，使企业在激烈的网上市场竞争中占据一席之地。同时，若目标市场选择准确，竞争对手较少，取得成功的可能性则较大。一般说来，目标市场的大小可以视企业的具体情况而定，目标市场越小，往往越容易把握客户的需求；反之，目标市场越大，便越难把握客户的需求。

目标市场的选择最好在市场细分的基础上进行。目标市场选择与市场细分是两个既有联系又有区别的概念。市场细分是按不同的购买欲望和需求划分消费者群的过程，一个消费者群即为一个细分市场。而目标市场选择则是根据企业自身条件和特点选择某一个或某几个细分市场作为营销对象的过程。因此，可以说市场细分是目标市场选择的前提和条件，而目标市场的选择则是市场细分的直接目的和归宿。

(2) 市场定位

网络企业在选择了目标市场以后，接下来要做的一个决定是确定企业进入目标市场的具体产品和服务，这就是市场定位的问题。市场定位，就是根据市场竞争情况和本企业的条件，确定本企业产品在目标市场上的竞争地位。具体地说，就是要在目标顾客的心目中为产品创造一定的特色，赋予一定的形象，以适应顾客一定的需要和偏爱。网络企业市场定位的目的是要使自己提供的产品和服务在网上消费者心中占据有利地位，因此，市场定位的起点应该是网上顾客的消费心理。只要把握了网上顾客的消费心理，并借助恰当的手段把这一定位传播给目标顾客，就可以收到较好的营销效果。为了使产品和服务在消费者心中占据有利地位，除了要把握网上顾客的消费心理以外，还要进一步了解网上竞争对手的情况，分析竞争者的优势和劣势。从这一角度看，网络企业的市场定位实际上就是要设法建立一种竞争优势，以便在细分市场上吸引更多的消费者。

7.2.3 网络化企业营销战略模式的选择

营销作为一种沟通企业与顾客的思想和方法，在互联网条件下有其不同的途径和方式，而在互联网条件下形成的特有的营销模式，则是网络化企业实施营销战略的重要基础。

（1）服务顾客模式

服务顾客模式的核心思想是企业通过向顾客提供良好的服务，增强与顾客的关系，以达到留住顾客、增加销售的目的。

现代营销学认为，留住 1 个老顾客相当于争取 5 个新顾客。互联网的双向互动、信息量大且可选择地阅读、成本低、联系方便等特点决定了它是一种优越于其他媒体的为顾客服务的工具。在网络企业的营销中，企业可以通过互联网更好地服务于顾客，增强与顾客的关系，建立顾客的忠诚度，长久留住顾客，使顾客总是乐意购买本企业的产品，这样自然增加了企业的销售额。网络化企业营销的服务顾客模式如图 7-3 所示。

向顾客提供服务 → 增强同顾客的关系 → 留住顾客 → 增加销售

图 7-3　服务顾客模式

（2）信息刺激模式

信息刺激模式的基本观点是企业通过向顾客提供有用信息刺激顾客购买企业的产品，达到增加销售的目的。网络企业可以通过互联网向顾客连续提供有用信息，如新产品信息、产品的新用途等，而且可以根据情况进行适时的变化，保持网上信息的新鲜感和吸引力。这些有用的信息能刺激顾客的消费欲望，从而产生购买行为，增加购买量。网络化企业营销的顾客刺激模式如图 7-4 所示。

发布有用信息 → 刺激消费 → 增加购买

图 7-4　信息刺激模式

(3) 简化销售渠道模式

简化销售渠道模式的核心思想是企业通过向顾客提供购物方便、减少中间环节和管理费用，让顾客获得更多的让渡价值。这一营销思想来自直复营销理论。互联网的出现使企业与顾客的沟通不仅方便，而且成本低廉，这样企业可以撇开传统的中间商，与顾客进行直接的交易。采用这种模式对顾客而言必须购买方便，使顾客减少购物时间和精力上的消耗；对网络企业而言必须简化销售渠道，降低销售成本，减少管理费用。简化销售渠道模式如图 7-5 所示。

提供购买方便 → 直接销售 → 减少管理费用

图 7-5　简化销售渠道模式

(4) 顾客参与模式

顾客参与模式的要点在于通过娱乐、讨论等活动促进顾客参与企业的活动，加深对企业的了解，进而促成购买。例如，网络出版商根据读者的兴趣在自己的网站建立各种网络论坛、BBS、聊天室等，在这里读者可以自由地交流、咨询，出版商可以以网友的身份介入讨论，这比传统的读者意见反馈效率更高，解决问题更彻底，更能与读者建立起良好的关系，赢得读者忠诚。网络化企业营销的顾客参与模式如图 7-6 所示。

新的娱乐 → 促使顾客参与 → 实现销售

图 7-6　顾客参与模式

案例：为了与传统书商竞争，亚马逊网上书店长年在网站上开辟读者讨论区，鼓励读者在讨论区上就任何一本书发表自己的评论、意见，参与讨论。另外，为了进一步发挥网络的优势，亚马逊还经常性地邀请一些书的作者、出版商上网与读者、网民展开“面对面地对话”交流。此举不但大大地调动了公众参与的积极性，使得网站访问流量大增，而且使得传统图书零售商所搞的那些作者现场签名售书活动相形见绌。

创建“互动式小说”平台是亚马逊又一极好的互动式营销举措。亚马逊曾邀请两度“普利策”奖（被称为新闻和纪实报告创作方面的“诺贝尔奖”）得主 John Updike 为小说《谋杀造就了杂志》撰写开头，并发布于网站上，由网民来自由续写。由于小说开头惊心动魄，一下子调起了所有公众的胃口。人们都急于想知道下文，纷纷猜测故事的结局。上网看的人和参加续写的人都十分活跃。

另外，亚马逊还宣布每天在续写者中评选出一名优秀作者，奖励1 000美元。所有上网参加者都有机会获得1 000美元的大奖，等等。由于策划得当、宣传有力，致使参加者人潮汹涌，仅44天就有40万人踊跃投稿，大获成功。最后，全书由John Updike定稿，在亚马逊网站上正式发行。结果是极大地调动了公众参与和创作的热情，同时也获得了极好的销售效果。①

（5）品牌知名度模式

品牌知名度模式的基本思想是利用互联网提高企业品牌的知名度，获取顾客忠诚，实现市场渗透，最终达到提高市场占有率的目的。这一模式还有利于规范市场秩序，因为它使得某些仅仅想利用广告尤其是虚假广告来树立品牌形象的企业失去了生存条件。网上市场的竞争更为充分，而且网上交易是基于信息交换的虚拟交易，购买者往往不接触产品实体，因此品牌优势在网上市场竞争中尤为明显，网上品牌对网上市场有着非常大的影响力。互联网为企业建立和展示品牌提供了极佳的场所。在传统媒体上，顾客往往只能看到企业品牌形象的某一个侧面，很难全方位地透视企业品牌形象的内涵和全景。互联网作为一种双向互动的多媒体工具，企业可以全景式地向顾客展示企业品牌形象的各个方面。这使得品牌形象不再是完全抽象的，而是有具体内容支撑的。网络化企业营销的品牌知名度模式如图7-7所示。

提高品牌知名度 → 获取读者忠诚度 → 提高市场占有率

图7-7　品牌知名度模式

上述各种营销模式各有其存在的合理性及其优势。对于网络企业而言，应根据自己的特点和顾客的不同需求特性分别选择不同的模式。

7.3 网络环境下企业的营销策略

明确了网络环境下企业营销的发展战略后，企业就应该积极组织各种营销策略并付诸认真的实践，以实现企业的营销目标。网络环境下企业的营销策略很多，本书主要讨论产品及服务策略、广告策略、价格策略和虚拟营销策略。

7.3.1 产品及服务策略

产品及服务作为连接企业利益与消费者利益的桥梁，在网络企业的营销活动

① 亚马逊的互动式营销．http：//www. vbile. com/contents

中发挥着十分重要的作用。产品及服务对于每一个网络企业而言都是其营销策略的核心。提供顾客满意的产品及服务是每一个网络企业生存和发展的关键。

(1) 网上产品的定制

产品定制是网络时代快速响应消费者个性化需求的重要手段，因此也是网络企业重要的产品策略。

产品定制或产品定制营销，简单地说是指企业面向消费者，按照客户的特殊要求大规模定制产品和服务的新型营销方式。大规模定制有两方面的含义：一是大规模，二是定制化，即既具有大规模生产下的高效率、低成本，又能像单件生产那样满足单个顾客的需求。大规模定制的理论基础是，人们对产品功能需求既有歧异性，又有共通性。歧异性是指每个消费者都有其特殊的需求，他对产品的要求是具有个性的；共通性是指尽管每个消费者的需求各不相同，但在某些方面是相似的或一致的，具有共性。对共性方面，实施大规模生产；对歧异性方面，则实施定制生产。产品定制是对定制的产品和服务进行个别的大规模生产，它把大规模生产和定制生产这两种生产模式的优势有机地结合起来，在不牺牲企业经济效益的前提下，了解并满足单个客户的需求。产品定制注重产品设计创新与特殊化，个性化服务管理与经营效率。在这种营销中，消费者需要的产品由消费者自己来设计，企业则根据消费者提出的要求来进行大规模定制。可以这样说，产品定制将确定和满足客户的个性化需求放在企业的首要位置，同时又不牺牲效率。它的基本任务是以客户愿意支付的成本价格并以能获得一定的利润的成本高效率地进行产品生产。

网络企业实施产品定制策略主要是基于以下考虑：首先，网络环境下消费个性化需求的日益增长是产品定制产生的根本原因。随着卖方市场向买方市场的转化，满足消费者的需求是所有企业制定营销策略的出发点和中心。在网络时代，随着科学技术的不断发展，消费者对产品的需求越来越趋向于多样化和个性化。在此情况下，企业唯有满足消费者的多样化和个性化需求才是真正满足顾客需求。而满足这种多样化和个性化需求的必然结果就是进行产品的“度身订做”、“按需生产”、“个性化制作”等。其次，网络技术的发展为产品的定制提供了必要的条件。当每一个企业都意识到定制营销是满足消费者个性化需求的最好手段以后，人们紧接着要考虑的问题就是定制营销的代价和成本，如果定制营销的代价和成本太高，企业往往也只能是望而却步。产品定制对产品的开发、设计、制作等提出了新的更高要求，其中与消费者的及时沟通是产品定制能否有效实现的关键。新技术的发展提供了多种即时、双向、低廉的沟通渠道，使消费者与企业之间的交流更加直接、快速、准确，这为产品的定制营销提供了重要的保证。最后，网上市场日趋激烈的竞争也促使网络企业必须进行产品的定制营销。

对网络企业而言，实施产品定制策略有以下好处：①产品定制能降低企业的经营成本。定制营销的前提是按消费者的需求定制生产，这样不仅可以降低企业的制造成本，而且也可以降低企业的存货成本。②产品定制有利于提高产品的价格，增加企业的利润。因为按消费者需求定制的产品最大程度地满足了顾客的需求，顾客认同的价值也就更高，所以，定制的产品极具溢价的潜力。③产品定制有利于发挥企业的销售优势。大规模定制能够充分考虑统一市场“边缘客户”的需求，从而增加销售量，扩大市场份额。④产品定制有利于企业对现有市场的保护。按照客户需求而定制的产品可能只有极少数，甚至根本没有竞争对手，所以它在某种程度上居于垄断地位，因为没有其他产品进行比较，所以更具价格优势。⑤产品定制有利于企业进一步开发市场。定制营销也是一种进行市场研究的好方法。通过产品的定制，企业能够预知市场的细小变化，而通过对这种细小变化的把握，又能促使企业不断开发新产品，挖掘新市场。⑥产品定制有利于加速企业的资金周转，提高资金的营运能力。定制营销不仅不会造成存货的积压，而且由于客户的及时甚至是提前付款，使企业的资金能够迅速地周转，这将极大地提高企业资金运用的效率。总之，定制营销无论是对网络企业还是对消费者都是一种“双赢”。消费者因企业提供的称心的产品（或服务）满足了需求，而企业又因满足了消费者需求而提高了竞争力，二者相得益彰。

网上个性化定制营销的实质是交流。因此，为了实现产品的定制营销，网络企业必须建立快速、方便的与用户和伙伴企业进行沟通的机制。具体要求如下：

第一，建立客户数据库，了解顾客需求，加强与顾客的沟通和联系，取得产品定制所需的第一手资料。产品定制营销的核心是“定制”，“定制”的依据是消费者需求，而消费者需求只有通过与客户的沟通才能得到，因此说，与客户沟通是开展产品定制营销的前提条件，与顾客沟通的程度与效果，决定着产品定制营销的成败。

第二，利用信息技术管理企业的生产流程。产品定制营销的关键在于企业要通过灵活性和快速反应实现产品及服务的多样化。为此，企业必须改革组织结构和运作方式。首先，要建立信息部门，规划信息系统的基础设施，负责与顾客的交流，重点分析目标消费者的需求信息，从中找出差异，实现数据库营销。其次，由于网上定制营销的实施建立在定制利润高于定制成本的基础之上，这要求企业各部门加强协作。企业的营销部门要确定满足消费者需求所要达到的定制程度，由生产部门组织产品的设计和制造，同时财务部门还要及时提供产品的生产成本状况与财务分析，以便提供准确的定价依据。为此，企业必须加强内部信息系统的建设，将全部信息汇总在数据库中，让相关员工最大限度地获取资源；通过召开虚拟会议，交流各个部门的进展情况，提高整体效率。

为了便于产品的定制，目前许多网站都推出了在线定制业务。例如，玩具制造巨头马特尔公司推出了在线定做芭比娃娃的站点 www. barbie. com。这个叫作

“芭比的朋友”的站点，可以让顾客按自己的喜好来决定芭比娃娃的一些外部特征，包括发型、穿着以及一些随身用品等。又如，在《英国医学杂志》电子版的主页上有一栏为“定制提示（Customized Alerts）”，为了避免读者浪费太多的时间去查询所需内容，该栏目链接了申请表，读者经申请，于每周通过电子邮件收到《英国医学杂志》电子版发来的每期目录及自己感兴趣内容的网址，通过点击鼠标即可阅读。

（2）网上服务的提供

提供良好的服务是网络企业实现营销目标的一个重要环节，也是提高用户满意度和树立企业良好形象的一个重要方面。在亚马逊网上书店获得成功的众多因素中，服务是其中最重要的因素。网络企业可以针对顾客的需求提供以下服务：

①在线提供完整详细的产品信息及购物指南等。目前，许多网站都提供尽可能完整详细的产品信息，如产品名称、价格、性能及用途、尺寸、颜色、产地等，这些信息有助于消费者对产品有更多的了解，以便作出合理的购买决策。购物指南能直接引导消费者订货及付款等，提供完善的购物指南是为顾客服务的重要体现。

②建立在线聊天室、主题论坛、讨论组和电子公告牌等，也可以提供免费或者收费的个人主页空间。通过这些方式，一方面顾客可以就企业的产品和服务提出自己的看法，另一方面企业也可以根据顾客反馈的意见不断完善自己的产品和服务。

③向顾客提供全面的咨询服务，包括公布企业的联系方式、企业内部相关人员的邮箱地址，便于顾客与之联系；设立咨询台（Help Desk）、呼叫中心（Call Center）等回答顾客问题；开设常见问题解答栏目（Frequently Asked Questions, FAQ），对一些带有普遍性的问题提供专门的咨询服务。

④向用户提供其他服务。目前有些网站为用户提供各种保险、职业介绍等中介服务，帮用户预订飞机票、车船票、电影票、音乐会门票，帮用户预订旅行社或旅馆等等。HallMark 网站有一个突破传统、非常受欢迎的设计——提醒服务。只要顾客将重要日子，如父母亲生日、自己的结婚纪念日等填写好，并选好需要网站在重要日子的前一周、三天或一天前提醒他，网站就会按时提供这项服务。

此外，网络企业还可以提供诸如搜索引擎、免费电子邮件、举办虚拟展览会和交易会、举办各种拍卖活动、与电信公司或者金融机构合作提供网络电话服务、在线结算和支付等服务。总之，每一个网络企业应该根据自己的营销目标和资源优势有选择地开展营销服务。

全球著名的在线图书零售企业亚马逊公司（Amazon. com）是全球电子商务最成功的企业之一，也是当代网络新经济的代表和龙头企业。在亚马逊公司成立后短短的几年中，“亚马逊”成了世界各国舆论热衷追逐的对象和媒体出现频率最高的“专业名词”之一。

在亚马逊获得成功的诸多因素中，服务是最主要的因素。亚马逊为顾客提供了非常高的整体服务水平和完备的服务项目，并且在经营过程中不断翻新完善。曾有人将亚马逊的竞争优势概括为4个字：“新、速、实、简”，其中除了“新”指的是技术创新以外，其他3点都可以涵盖于服务之中。亚马逊为读者提供的服务具体表现在以下四个方面：

周到的信息服务。亚马逊书店有着数量极为庞大的货品，通过与书商的合作能提供310万种以上的图书，其中包括100万种绝版书，庞大的书目数据库几倍于其他图书销售商。同时亚马逊通过多种服务项目吸引大量读者，包括知名的亚马逊特色书评、追踪新发行图书的Eyes、通知读者感兴趣的图书的发行情况的Editors等。为了吸引读者的眼球，亚马逊设置了45个不同题材的目录区，然后选出最有趣、最奇特或最好笑的新书，张贴在不同的目录下，以增加读者与书籍不期而遇的机会。当读者上网拜访时，电脑会随机抽取两本书的书名显现在屏幕上，并附有简短的介绍，下次再回到网页时，会另有两个书名显现。亚马逊就是不断地用这些小型的创意和革新来完善自己的服务，以吸引大量读者的光临。

承诺高效的服务。亚马逊使用的是64位500MB内存的Alpha服务器，因此功能极为便利与快速。完备的数据库和多种检索入口可以提高检索效率，顾客也可以同时浏览23种不同的主题，从而大大节省了上网的时间，增加了搜寻的速度。另外，对发货和递送的时间亚马逊有一恒等式：找货时间+装运时间=所需的送货时间。亚马逊实行24小时全天候购物，美国当地的消费者如果选择标准的送货方式，那么其装运时间根据购物者距离远近为3~7天，加上1天的找货时间，购物者在网上下订单之后只要4~8天即可收到所购货物。

为了提高服务保障，亚马逊选择HP公司作为它基础设施的产品供应商。HP公司将供应亚马逊90%的基础设备需求和多项支持，范围涵盖Windows NT到Unix平台的多种产品。此外，HP还在交易高峰时间内为亚马逊“巡哨”，确保网站正常运行。

提供个性化服务，重视客户反馈。亚马逊对顾客信息在一次购物后就都记录下来，并保留顾客的购物记录，通过自动分析顾客的购买记录，为每个用户提供个性化定制的推荐书目。亚马逊定期用电子邮件将每位顾客感兴趣的题材相关的新书介绍给顾客。此外，亚马逊还非常重视客户的意见反馈，他们向网站的用户发送电子邮件，希望每位用户能针对亚马逊的网站运行机制发表自己的意见。

完善的售后服务。亚马逊总是预先考虑产品出售以后可能出现的各种情况并提出相应的对策，如对于比较棘手的错误索价、退书或调书等要求做出了明确的规定，并把这些内容及其他服务内容在网上公开，使读者对自己的订购及对亚马逊的服务方式了如指掌。比如，客户可以在订购的半小时之内收到确认的电子邮件和订单号，之后就可以自己查询所订购商品是否已寄出。一旦收到的货品有质量问题或运输过程中有磨损，亚马逊会无偿包赔。读者在收到订货的30天内，可以将完好无损的书退回亚马逊，亚马逊将按原价退款。如果属于亚马逊的操作错误而造成的退货，则将运费也退给顾客。完善的售后服务既巩固了亚马逊对读者的承诺，也增加了读者对亚马逊网上消费的可信度。

7.3.2 广告策略

在当今的信息时代，任何企业的营销活动都离不开广告宣传，而在网络环境下开展营销活动更是需要借助网络广告的促销功能扩大企业产品销售。网络广告（Web Ads）是一种新兴的广告形式，它依托于国际互联网而产生，并随着互联网的迅速普及而逐渐为人们所熟悉。据美国著名传媒研究者霍金斯的定义，网络广告就是电子广告，即通过电子信息服务传播给消费者的广告。互联网的信息传播优势为网络广告提供了良好的基础和发展空间，使其具有传统广告所不及的许多优势，如多媒体性、费用低廉、传播快捷等。网络企业能否充分利用网络广告进行企业及产品的宣传是决定其网络营销成败的关键。

(1) 网络广告的形式

目前，网络广告的实施形式和途径主要有以下几种：

①旗帜广告。旗帜广告即通常所说的“Banner Advertising”，也称横幅广告，是最常见的一种广告形式。网络广告最早即起源于这些位于网站顶部或底部的长方形的旗帜广告。旗帜广告是目前我国网络用户最能接受的网络广告形式。企业在发布、推介新产品时一般可以采用此种广告形式。

②电子邮件广告。电子邮件广告主要有两种方式：第一种形式是广告主选择拥有免费电子邮件服务的网站，直接将它们的广告发给所收集到的用户邮箱。第二种形式是广告主利用网站电子刊物服务中的电子邮件列表，将广告加在用户所订阅的刊物中发放给相应的邮箱所属人。目前很多网站都采用此种方式向用户推介自己的新产品及其他信息，通过用户所登记的个人资料，有针对性地向不同用户的邮箱发送不同的信息，吸引用户上网站查看或直接购买。

③新闻组广告。新闻组广告指在访客多的BBS（也叫电子公告板）上发布广告信息或开设专门的信息区研讨解决有关问题，传播新信息等。Usenet是由众多的在线讨论组组成的自成一体的系统，其中的一个组就叫做新闻组或讨论组，广告主可以选择不同的专题进行广告投放。企业可以通过电子公告板（BBS）和其他网上信息交换场所发布广告。既可以在一些著名的、网民常去的BBS上发布信息，也可以在自己的网站上设立BBS，发布信息，提供咨询。

④导航器和搜索引擎广告。这种形式在美国非常流行。广告主可买下著名搜索引擎的流行关键字，这个关键字就是进入的导航器。在用户输入该关键字进行

检索的同时，他们就会被吸引到广告主的网站。

⑤图标广告。图标广告又称“按钮式广告”，因其在自身属性以及制作和付费方式等方面，都同横幅广告没有区别，只是小一些，像个纽扣（Button）。图标广告一般只是由一个标志性图案构成，常常是商标或厂徽等。

⑥插页广告。插页广告又称弹跳式广告，网民在上网过程中常常会在打开一个浏览器窗口时，电脑自动弹出另一个窗口。这是一种网页设计的技术，其目的就是突出某项重要内容引起网民的注意。

此外，网络企业还可以通过在网页内加入“搜索”供网民查询，利用专题网刊载、提供在线观看或样本下载，与其他相关企业之间建立链接以及通过被广泛使用的网络软件等形式进行广告宣传。如英国的布鲁姆百瑞（Bloomsbury）出版社在《商务：终极资源》（*Business*：*The ultimate Resource*）一书出版的前几个月，就建立了该书的专门网站：www. ultimatebusinessresource. com。出版社在网站上刊登该书的精彩篇章，开展一系列网上促销活动，从而达到吸引读者注意力的目的，这一招也着实奏效了。来自欧美各国的许多读者预订了这本书，同时出版商也通过注册的客户信息，为下一本类似图书的销售市场积累了客户资源，可谓是一箭双雕。

（2）网络广告的实施策略

网络改变了世界，带来了一场新的传播革命。网络广告作为一种新媒体，其运作形式和内容发生了很大变化，即互动性是网络媒体的主要特征。进行网络广告策划时要紧紧抓住这一核心优势。但是，目前的网络广告点击率不理想，“颠覆性”的广告效果难以呈现，简单“移植”传统广告的运作方式受到网民抗拒，影响了网络广告的深度发展。有越来越多的网络媒体和广告主意识到不对互动营销传播的结构和方法进行根本性的改变是很难突破现状的，因为可以被衡量的品牌传播和销售促进永远是广告主追求的核心目标。互动效应的产生是网络广告传播成功的关键。下面主要介绍以网络用户为中心的、以互动为特色的网络广告的实施策略。

①以网络广告的受众——网络用户或消费者为中心，以取得他们的认同为出发点设计和发布网络广告。任何网络广告要想取得成功首先必须取得受众的认可。受众对网络广告的认可主要包括三个方面，一是广告的表现形式；二是广告的内容；三是广告的实施手段。从表现形式上讲，网络广告必须富有创意和美感，能够引起受众的好奇和注意。从内容上讲，网络广告既要真实，还要针对性强。从实施手段上讲，任何一种网络广告都不能采用“推式”而必须采用“拉式”，尤其是电子邮件广告。网络广告在发布以前应先锁定目标受众，针对具体受众，提供有针对性的内容，以实现在适当的时间把适当的信息发送给适当的人。网络广告的理念不是推销，而是以消费者为导向，注重吸引消费者，让消费

者在心理上产生认同感；消费者对网络广告也并不是被动地接受而是有更大的选择自由，消费者可以根据自己的个性、自己的喜好，选择他们感兴趣的一切，而不会去“点击”那些他们不感兴趣的内容，一旦消费者决定“点击”某个广告，说明消费者已经对该广告有了心理上的认同，只有这时网络广告才可能对消费者真正起到信息的传递、劝导和说服的效果。

②网络广告的设计和发布要体现用户的个性化需求，即根据目标消费者的需要、品位、兴趣取向、上网习惯、消费习惯为个人特别定制和定向发布特定广告。定制广告通常是智能代理根据个人提供的资料，归类配出广告内容套餐，实现自动的“分众化”、甚至类似“个人化”创作的广告。定向发布广告是指广告主通过收集大量的网民资料，经过分类整理，选择最适合的对象投放相关广告，从而最大限度地提高广告的到达率和转化率。“定向”实际上是对受众的筛选，即根据访问者的不同情况决定广告的显示。个性化广告能够迅速抓住网民的“关切点”，激发好奇心和参与欲，诱发行动。

③网络广告的设计要能够体现参与性，即利用虚拟现实等技术，引导网民参与使用品牌（产品或服务），以预先获得消费体验，对该品牌（产品或服务）产生了解、认同和共鸣，从而达成广告目的。在网络广告中，这种“感受”是多感官立体式和即时的。这种策略可以完成从知名—试用—进一步说服甚至购买行动的多层次交互效果，并通常具有娱乐性。比如亚马逊的“互动式小说”平台就是让读者亲自体验某些图书的写作过程，从而达到广告促销目的。

④网络广告的设计要有一定的娱乐性，以娱乐为诱因，以互动游戏为载体，在受众参与的过程中传播广告信息，从而达到潜移默化诉求的广告效果。网络互动、自主的传播特性，使受众可以只“点击”他们感兴趣的广告，这要求网络广告更加具备服务性或娱乐性，或者两者兼备，只有这样，才能增强网络广告的黏合力和吸引力。

⑤网络广告中尽可能运用一些激励策略。在网络广告活动中，设置一些即时可以获得的“奖励”，以诱导目标受众主动参与，从而达到深度诉求的效果。从心理学的角度来看，行动源于需要而发于诱因，网上互动要有驱策力。“奖励”诱因是目标受众对行销活动产生行动的原动力，比如免费赠品、优惠、奖品、会员卡、荣誉等。据 CNNIC 调查表明，“有奖促销活动”是网民最能接受的网络广告。网民“点击广告”其实是消耗成本，需要“奖励”作为回报，否则，互动难以实现。

⑥结合具体的产品和服务确定网络广告的表现形式和应用条件。从表现形式上看，如果是以某个产品为对象的网络广告，其设计原则就是尽力展现该产品的优点，可以通过动画、音乐等效果来表现；如果是以某类或某一系列产品为对象的网络广告，最好是捆绑在一起宣传，这类广告应凸现这些产品的共性；如果是

以整个企业为对象的网络广告，要凸现企业的CI设计、企业文化和理念，往往采用抽象的色彩和画面。从网络广告的应用条件来看，每一种网络广告形式都有其适应的场合与环境，在某种场合下有效的网络广告形式并不一定适合另外一种环境。此外网络广告也不是越新颖越好。例如弹出式广告是比较新颖的，如果用的不是地方时，网络用户会不感兴趣，甚至讨厌，因为它们影响网站打开速度；相反，如果利用弹出式广告在网站各种服务之间相互推销就比较好。因此，网站在确定网络广告的表现形式时不仅要了解产品的特点，而且还要了解各种网络广告本身的特点，只有这样，才能做好网络广告。

7.3.3 价格策略

与传统企业营销一样，网络企业的产品价格仍然是决定企业市场份额和盈利率的最重要因素之一。网络企业应在传统营销定价模式的基础上，结合互联网的特点，制定正确的价格策略，以巩固企业在网络市场中的地位，增强企业的竞争能力。

(1) 网上产品的价格特点

在网络环境中，由于网络的开放自由、信息共享、即时互动等特点，使得网上产品价格呈现出以下一些特征：

①价格趋向低廉。由于网上营销具有降低成本、节省费用的优势，使得网上的产品极具降价空间。另外，由于网络的开放互动，网上市场是开放和透明的，消费者可以就产品及价格进行充分的比较与选择，这也要求网络企业以尽可能低的价格向消费者提供产品和服务。

②价格趋向灵活多变。由于网上交易能够充分互动沟通，而且形式多样，网络顾客可以选择的余地增大，也可以与企业进行协商。所以，针对网络顾客的个性需要，企业可以根据不同顾客对产品和服务提出的不同要求，制定相应的价格备选方案，这就使得价格具有较大的灵活性。

③价格变动风险增大。价格变动风险主要是指不合理的价格差异或价格波动给企业带来损失的可能性。由于网上市场互动性好、透明度高，网络顾客对网上产品价格的变动比较敏感，一有价格变动的风吹草动，便会在网上迅速传播。企业若是价格制定不当，将会损失惨重。所以，企业网上定价要求比网下更加谨慎。

④价格与品牌的关系更密切。在网上进行营销，由于消费者对网上购物和订货往往会存在着许多疑虑，比如在网上所订购的商品，质量能否得到保证，货物能否及时送到等，所以消费者往往非常看重企业的实力和形象。如果企业在消费者心中享有声望，则它出售的商品价格可以比一般企业高些。反之，价格则应低一些。如 Amazon 和 CDNow 的定价一般比 Books 和 CDUniverse 的高 7% ~12%，

其主要原因就在于前者的实力和声誉要高于后者。

(2) 网上产品的定价策略

网上产品的定价策略主要有:

①低定价策略。对于网络企业而言，为了在刚刚起步的网络市场上占有一席之地，可以借助低定价策略，以吸引更多的消费者到网上购物或者是挫败已有的网上竞争者。低定价策略具体可分为直接低价定价策略、折扣定价策略和促销定价策略。直接低价定价策略就是在定价时大多采用成本加一定利润，有的甚至是零利润。这种定价在公开价格时就比同类产品要低，企业在网上进行直销时可以采用该定价策略。折扣定价策略是以在原价基础上进行折扣来定价的。这种定价可以让顾客直接了解产品的降价幅度以促进顾客购买。促销定价策略是在企业产品价格并不具有竞争优势时采用的定价策略。除了前面提到的折扣策略外，比较常用的促销定价策略是有奖销售和附带赠品销售。如当当网上书店在2002年曾通过“2元新客店”开张、上当当网站赢尊宝音箱、满30送10和VIP顾客特惠活动，极大地促进了网上图书的销售。

必须指出的是，低定价策略虽然有利于网络企业形成价格上的竞争优势，但是如果运用不当会给企业带来一些负面影响：容易引发不正当的价格竞争，妨碍电子商务及网络营销的健康发展；网上产品售价过低势必造成网络企业的亏损，使企业缺乏发展的后劲；互相攀比的低价容易造成消费者的观望心理，从而影响产品的销售；过低的价格还会对网络企业的形象产生负面影响。

②差别定价策略（Discrimination Pricing）。由于网络市场上存在着不同的顾客群体、不同的消费需求和偏好，这为网络企业实施差别定价策略提供了前提条件。差别定价简单地说是对同一产品基于不同消费对象或市场制定不同的价格。如网上数据供应商 Lexis-Nexis 就是实施差别定价的典范，它几乎对每一顾客的要价都不同。这个要价可能取决于用户是什么类型的实体（公司、小企业、政府、学术组织），用户组织的大小，用户使用数据库的时间（是白天还是晚上），用户使用数据库的数量（随量打折），用户使用的数据库类型，是把它打印出来还是只在屏幕上看，等等。差别定价通常把产品成本放在一边，而主要考虑产品对用户的价值（或效用）以及用户的承受能力等，只要这个价格不低于边际成本或单位付现成本就可以成交。每多售出去一件产品，意味着平均单位成本就会降低，企业的投资就会多收回一些。

差别定价主要是以顾客需求和承受能力为依据的定价策略，它对促进企业产品销售、增加盈利有重要影响。然而，与低定价策略一样，差别定价策略如果运用得当，将会给网络企业带来造成巨大的损失。网络先锋亚马逊公司2000年曾经因为一次不合理的差别定价，使公司付出了沉重的代价（详见案例：亚马逊的差别定价实验）。因此，网络企业在实施差别定价策略时应小心谨慎，首先要明确差别定价策略的实施条件，同时还要采取适当的方法控制差别定价的风险。一般而言，实施差别定价必须具备三个条件：第一，企业对价格至少有一定控制能力（如带有垄断性的产品）。第二，有可能根据价格弹性的不同把企业的产品市场分为几个不同的市场。企业对弹性较小的市场制定相对较高的价格，而对弹性较大的市场制定相对较低的价格。第三，企业的市场必须是能够分割的，人们不可能在不同的市场进行倒卖。

网络企业一旦决定实施差别定价，那么适当控制差别定价的风险就非常关键，其中最重要的是要使用各种方法造成产品的差别化，力争避免赤裸裸的差别定价。常见的做法有以下几种：增加产品附加服务的含量来使产品差别化；采用捆绑定价，弱化产品间的可比性；将产品划分为不同的版本，突现产品的差异性。

案例：亚马逊的差别定价实验①

为提高在主营产品上的赢利，亚马逊在 2000 年 9 月中旬开始了著名的差别定价实验。亚马逊选择了 68 种 DVD 碟片进行动态定价试验，试验当中，亚马逊根据潜在客户的人口统计资料、在亚马逊的购物历史、上网行为以及上网使用的软件系统确定对这 68 种碟片的报价水平。例如，名为《泰特斯》（Titus）的碟片对新顾客的报价为 22.74 美元，而对那些对该碟片表现出兴趣的老顾客的报价则为 26.24 美元。通过这一定价策略，部分顾客付出了比其他顾客更高的价格，亚马逊因此提高了销售的毛利率，但是好景不长，这一差别定价策略实施不到一个月，就有细心的消费者发现了这一秘密，通过在虚拟社区的交流，成百上千的 DVD 消费者知道了此事，那些付出高价的顾客当然怨声载道，纷纷在网上以激烈的言辞对亚马逊的做法进行口诛笔伐，有人甚至公开表示以后绝不会在亚马逊购买任何东西。更不巧的是，由于亚马逊前不久才公布了它对消费者在网站上的购物习惯和行为进行了跟踪和记录，因此，这次事件曝光后，消费者和媒体开始怀疑亚马逊是否利用其收集的消费者资料作为其价格调整的依据，这样的猜测让亚马逊的价格事件与敏感的网络隐私问题联系在一起，引起了顾客的极其愤怒。

亚马逊差别定价事件曝光后，不仅它自己的声誉受到了影响，整个网络零售行业都受到牵连。亚马逊作为网上零售的市场领导者，占有最大的市场份额，所以它无疑会从行业信任危机中受到最大的打击。由此可见，亚马逊的这一差别定价策略是极不明智的。

③免费价格策略。免费价格策略是市场营销中常用的营销策略。它主要用于促销和推广产品。这种策略一般是短期和临时性的。但在网络企业的营销中，免费价格不仅仅是一种促销策略，它还是一种有效的产品和服务定价策略，许多新

① 郑诗田．亚马逊网上书店经营模式改革方案探讨．商业研究，2001

兴网络公司凭借免费价格策略一举获得成功。免费价格策略就是将企业的产品和服务以零价格形式提供给顾客使用，满足顾客的需求。实行免费价格策略的产品一般具备两个基本特征：数字化。因为数字化的产品可以通过互联网实现零成本的配送，这为其免费提供了可能性。如电子出版物就属于数字化的产品，如有必要可以采用此种价格策略。有些产品如软件、音乐制品、电子媒体等一旦研发出来后只需要通过简单的复制就可以有无限制的产品生产，所以其制造成本非常低廉甚至为零，这也为其免费提供了可能性。此外，免费价格有这样几类形式：第一类是产品和服务完全免费，即产品（服务）从购买、使用和售后服务都实行免费，如人民日报、经济日报等电子版在网上可以免费使用；第二类是对产品和服务实行限制免费，即产品（服务）可以被有限次使用，超过一定期限或次数后，取消这种免费服务，如金山软件公司免费赠送可以使用 99 次的 WPS2000 软件，使用次数完了后需要付费申请继续使用；第三类是对产品和服务实行部分免费，如一些著名研究公司的网站上公布研究成果，如果要获取全部成果必须付费作为公司客户；第四类是对产品和服务实行捆绑式免费，即购买某产品或服务时赠送其他产品和服务，如国内一些 ISP 为了吸引接入用户，推出了上网免费送 PC 的市场活动。

采用免费价格策略主要是基于这样一些考虑。第一，通过产品（服务）的免费可以利用产品推动占领市场，为未来市场发展打下坚实基础。如微软为抢占日益重要的浏览器市场，采用免费策略发放其浏览器探险者 IE，用以对抗先行一步的网景公司的航海者 Navigator，结果在短短两年内，网景公司的浏览器市场丢失半壁江山，最后只有被出售兼并以求发展。第二，通过产品（服务）的免费可以推广市场成长，开辟出新的市场领地，同时对原有市场产生巨大的冲击。如 3721 网站为推广其网址域名标准，以适应中国人对英文域名的不习惯，采用免费下载和免费在品牌电脑预装策略，在 1999 年短短的半年时间迅速占领市场并成为市场标准，对过去被国外控制的域名管理产生巨大冲击和影响。第三，通过产品（服务）免费可以取得间接收益。如 Yahoo 公司通过免费搜索引擎服务和信息吸引用户注意力，这种注意力形成了 Yahoo 公司的网上媒体特性，Yahoo 公司可以通过开发发布网络广告进行间接收益。这种收益方式也是目前大多数 ICP 的主要商业运作模式。

以上都是网络企业营销可以采用的定价策略。这些定价策略虽有与传统定价相似的地方，但更多的是在网络环境下的创新。可以预料，互联网上的定价创新不会停止。要预测互联网上将有哪些定价创新涌现，以及哪些定价创新将获得成功是很困难的，但仍有一些基本的原则可以参照。互联网无法改变企业必须投入的固定成本，只能力争减少营销及其他与信息相关过程的成本；定价模式的改变应该对交易双方都有利，并具备促使它们改变交易方式的驱动力等。

7.3.4 虚拟营销策略

虚拟营销是为适应供应链管理以及网络化企业运作等新的市场环境而产生的一种新型的营销观念与营销模式。虚拟营销以基于互联网技术的知识、信息、物流和契约平台为运行平台，针对顾客的独特需求，通过虚拟整合合作伙伴的核心能力和顾客参与而提供完整的解决方案，以提高企业应对市场多样化需求的竞争力而开展的营销管理工作。市场营销中，虚拟化策略的内容主要体现在以下几方面：

①产品生产虚拟化。产品的构想者和拥有者可以脱离实际生产过程，用虚拟方式来解决。如 Nike（耐克）是最大的运动鞋制造商，却没有生产过一双鞋，这家公司的美国总部实际上什么都不生产，它们早已将做鞋的业务，以合同承包加工返销的方式转向一些低工资国家，而总公司则只控制产品的设计、开发、推广和市场营销。耐克公司这么做的科学之处就在于：合理区分并识别出制鞋行业获得成功的关键业务与非关键业务，即高档球鞋行业的战略环节是真正创造大量价值的产品开发设计和营销组织管理，而不是相对简单的制造环节。针对这一情况，耐克公司做出了外包（虚拟非核心业务）加工制造的决策，而集中主要的财力、物力、人力投入到创造和积蓄完成核心业务所必须的产品设计和营销管理方面。这种方式能节约成本和资源，避免了生产过程中的种种负担。

②新产品开发与研制的虚拟化。产品中包含的新技术总是存在于其组成部分之中，这些组成部分可以分别通过虚拟过程的方式完成。事先想象出的产品，由他人付诸研究与开发实践，从而避免了设置有关机构的累赘和可能的风险，事实上，有很多不具备研发实力的中小企业正是通过这种策略获得了生存和发展。又如以购买专利或专有技术的方式来实现产品的升级和更新换代，代替自己的研制和开发，也是一种虚拟化思路。

③品牌虚拟化。品牌是一种重要的无形资产，一旦品牌被培育起来，树立了较好的市场形象，成为名牌后，就成为产品的市场通行证。当一种产品贴上了名牌标签后，不管它是在哪里生产的，不管产品实体出自何方，就会身价倍增。所以，拥有品牌不一定要拥有产品生产过程，品牌同样可以虚拟化。例如一件衬衫可以在北京一家服装厂加工，每件加工费才几元，而贴上皮尔·卡丹品牌标志后卖到欧洲，每件就升值到几十美元。目前市场上的外国知名品牌产品，其实有许多是在国内制造的。又如中国浙江注册了一种葡萄酒品牌，生产却可由山东一家酒厂承担。因此，品牌过程的虚拟化策略已经成为降低成本和快速进入市场的现实手段，今天这种方式已被许多大跨国公司所采用，成为进军世界各地的一种惯用策略。

④服务虚拟化。随着产品的同质化趋势，服务作为整体产品的组成部分，越

来越受到企业的重视，但拥有良好的产品的企业并不一定拥有令顾客满意的服务，这样就可以借助于有良好信誉的营销服务中介履行服务职能。房地产营销的售前服务可以借助于专业设计部门和宣传部门，售后服务可以借助于物业管理公司。一些跨地区、跨行业的市场营销活动，也可以将其服务本地化和行业化，也就是与当地本行业的服务部门建立动态联盟。例如，联想的个人计算机除了委托当地技术高、信誉好的中间商做安装调试等售后服务外，还委托当地高等院校的计算机产业部门从事计算机维修服务。

⑤促销过程虚拟化。促销的本质是沟通，是厂商和消费者或用户的沟通。企业可以通过人员推销、广告宣传、营业推广、公共关系等多种形式来实施促销，常规的实体化管理是投入自己的资源进行上述活动。如 TCL 集团借用统一 100 方便面包装宣传其无绳电话机，吴士宏女士的加盟也提升了 TCL 的公众形象。促销沟通也可以利用外在的社会资源来完成，特别是各种社会关系，这些就是促销的虚拟资源。

⑥促销空间虚拟。信息时代使商界发生了最引人注目的变化，由互联网催生的电子商务正改变着传统的沟通和交易方式，展开了无限的虚拟化商务空间，造就了全新的促销方式和环境。网上促销、网上顾客关系等全新的内容，要求构建一种适应网络经济时代新的促销体系。因此，关于数字化、网站、网页、网上购物环境、电子货币等新观念必然要进入新的促销思路。

⑦分销渠道虚拟化。企业在并未增设销售机构，雇用自己的销售人员的情况下，销售的市场扩大了，这便是虚拟销售渠道。例如鸿毛酒厂原本是一个销售市场范围较小的企业，自从其产品全部由金火集团销售公司专营后，利用该公司的销售网络将其产品销往全国各地，而且产品知名度得到了很大提高。

虚拟渠道策略可采取两种具体方式：一种是网络直销。比如，戴尔公司在中国市场将传统的渠道改为网络直销与服务。通过因特网，企业面对的市场一下扩展到全球的任何一个角落，只要建立自己的网络站点（Web Site，并将网络加入到 Web 索引（如 Yahoo 和 Sohu）中，就可以缩短与顾客的距离，渠道的长度缩短了，而渠道的覆盖面却大大拓广，并且渠道成本大幅度减少，企业甚至还可以在网络中建立自己的专卖店。这种方式节约了大量人力、物力，批量生产个性化产品实现了定制式营销。另一种是建立多主体混合方式分销网络。该网络包括多层次中间商，这一模式是许多中小企业特别是实力不足企业的常行之道。网络的中间商们各自具有销售渠道、承担着分销的各项功能。利用这些小网络的叠加和有机结合，组成物流、商流、信息流的大循环，节约了制造商的人力、物力，大大压缩分销成本。

分销网络可以相互合成、相互进入，网络资源共用，原先分散的资源变成结盟者的共同财产，彼此虚拟化地拥有了对方的资源。如生产彩电和洗衣机两种不同产品的两家家电企业相互联手，集约化地使用分销资源，在合成网络上同时分销彩电和洗衣机甚至更多的产品。

7.4 网络化企业客户关系管理

网络化企业的客户关系管理（CRM）是建立在网络基础上的，从各种渠道获得信息，成员企业之间实现信息共享和应用的互操作，保持数据的一致，并对CRM的数据进行统一管理。因此，为了达到这一目标，网络化企业达成一定的数据共享协议，由网络化企业CRM的协调企业统一管理和协调。同时协调企业可以在企业原有CRM的基础上建一个中心数据仓库，所有成员企业按照联盟协议将客户数据经过清洗，汇总到协调企业的中心数据仓库，由协调企业的CRM统一对数据进行整理、分类统计，然后挖掘出有价值的客户信息，网络化企业根据此信息做出各种商业计划和决策，满足客户个性化的需求。各成员企业有各自的CRM，它对自己的客户负责，并把自己收集到的客户数据送到协调企业的中心数据库，同时将网络化企业CRM挖掘出的客户信息存入自己的数据仓库。如果有的成员企业已经分析出有价值的客户信息，那么，在传送客户基本数据的同时，也可将这些有价值的客户信息直接送到中心数据库。

7.4.1 网络化企业客户关系管理的定位

由于网络技术的快速发展和全球经济一体化，企业凭自己的力量难以在激烈的竞争环境中立足，以共赢为目的的两个或两个以上的企业为了达到共同的目标而组成一个动态联盟，即网络化企业。建立在网络化企业网络基础上的客户关系管理系统，以客户为中心，使所有的企业成员共享客户信息，为网络化企业制定有效的商品生产和销售决策提供正确的依据。

网络化企业的CRM集成了各成员企业的客户数据及客户管理能力，能够分析大量的客户信息，发现市场机会，所以它有以下作用：

(1) 促进网络化企业的组成和维持

网络化企业是基于机会的，即市场机会是组建网络化企业的首要条件，也是网络化企业得以继续存在的首要条件。由于网络化企业的CRM从供应链的末端得到第一手的客户信息，客户信息的真实性大大增加，同时，网络化企业的CRM可以利用各成员企业的共享信息，客户信息量大大增加，所以网络化企业的CRM的客户信息比一般企业的CRM得到的客户信息的质量要高得多。在高真实度、大容量、高质量的客户信息基础上更容易发现市场机会，确切地抓住商机，组成和维持网络化企业。

(2) 拉动网络化企业的生产

传统的企业虽然也使用CRM分析客户需求，据此开发、生产销售产品，最后用一些推销手段将产品销售出去，但总体上说还是推动式生产，耗费时间比较长。网络化企业的CRM不但能及时地发现市场机会，而且利用先进的计算机和网络技术，与网络化企业的伙伴选择、生产系统等系统相连，根据订单对网络化企业的生产进行管理和控制，拉动网络化企业的生产。

(3) 快速地提供个性化的产品和服务

一般企业CRM收集信息较少，而网络化企业的CRM根据各成员企业提供的大量客户信息，更精确地确定客户的个性化需求，同时，网络化企业根据客户需求，灵活地选择合作伙伴，快速地组织并行化生产，提供给客户个性化的产品。而且，网络化企业整合了各成员企业的营销和服务能力，使网络化企业整体的服务水平大大提高，快速地给客户提供最优的服务。

7.4.2 网络化企业CRM的特点

网络化企业的客户关系管理系统帮助网络化企业在运营过程中不断累积客户的消费和需求信息，运用先进的技术分析客户的消费动向、价值取向和其他有价值的信息，提供个性化的产品，提高服务质量，增加客户的满意度和忠诚度，给网络化企业成员带来较大利润。网络化企业的CRM有以下重要特点：

(1) 建立在先进的网络基础上

网络化企业的CRM的功能是由各成员共同协作实现的，各企业要共享收集到的客户信息，进行信息通信。而各企业的信息可能是异构的，容量也不同，要统一对这些信息进行处理、通信和分析必须依靠先进的网络。随着Internet技术的发展，各个企业的CRM所用的不同的技术平台将实现无缝连接，这样就可加快数据传送、处理、分析，实现柔性生产，快速提供个性化的产品和服务。

(2) 得到精确而丰富的客户信息

网络化企业由许多成员企业组成，可能包括供应链末端的分销商。各企业收集信息的渠道多种多样，并且各企业具有大量不同的客户，能收集到第一手的客户信息，所以各企业收集的信息也多种多样。网络化企业的一个特点就是资源共享，包括客户数据共享，所以网络化企业的CRM收集到的客户数据容量大、内容丰富、确切真实。在这样高质量的数据基础上，分析得到的客户信息不但精确而且丰富。

(3) 实现形式是虚拟的

网络化企业是为了实现一定的市场目标而建立的动态联盟，其CRM随联盟的形成而形成，随联盟的解散而解散，为网络化企业专门组建一个CRM是没有必要的，所以网络化企业CRM有特殊的组织形式。它可由所有的成员企业共同实现，每个企业只实现 CRM 的部分功能或全部功能。

（4）是一个分布式的运作系统

由于网络化企业 CRM 的功能是由各成员企业的 CRM 共同实现的，各成员企业的 CRM 必须协调工作，才能保证信息的一致性、及时性和真实性，所以网络化企业集成了分散的 CRM，是一个分布式的运作系统。

7.4.3 网络化企业 CRM 的功能模块

一般企业的 CRM 主要是为企业自身服务，具有客户、产品、营销、销售等管理功能模块，在客户管理业务自动化基础上收集的信息是同构的，经过简单处理，就可以存储在数据仓库里。由于网络化企业的 CRM 是临时由成员企业的 CRM 联合形成的一个基于网络的分布式系统，成员企业的 CRM 之间要达成一定的协议，以保证网络化企业 CRM 的协调运行，而且网络化企业收集到的信息大部分是异构数据，集成异构数据是网络化企业 CRM 必不可少的功能，所以网络化企业的 CRM 除了具有呼叫中心、销售管理、客户管理、数据仓库和数据挖掘等一般功能外，还有一些特殊功能。其中网络化企业 CRM 的协调企业要负责 CRM 的统一管理，它的特殊功能有：联盟协调管理、通信管理、分布式信息的管理、数据接口等。网络化企业其他成员企业的 CRM 和协调企业的 CRM 功能很相似，但没有联盟协调管理功能。网络化企业的协调企业的 CRM 各功能模型设计如图 7-8 所示：

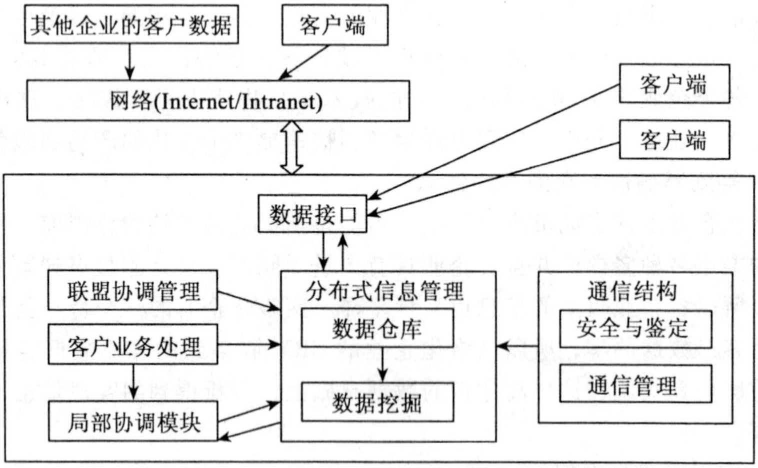

图 7-8　网络化企业的协调企业的 CRM 功能模型

图 7-8 中各功能模块的作用如下：

①联盟协调管理：网络化企业成员之间达成一定的协议来共同管理CRM，协议的管理和联盟的协调工作就由这一模块承担。

②数据接口：网络化企业CRM通过网络从成员企业那里收集的客户信息和从客户那里收集的客户信息的结构各不相同，所以CRM要通过数据接口将这些异构数据改变为企业本身能够识别的数据结构形式，便于存储和分析。

③分布式信息管理：成员企业要共享CRM的客户信息，保证CRM的数据一致，就必须采取分布式管理。这一模块把CRM的信息统一存储在协调企业的中心数据仓库，使中心数据仓库中的数据和成员企业的客户数据保持一致，并及时刷新成员企业的客户数据，进行数据挖掘，分析出的有价值的客户信息，由网络化企业成员共享。

④通信结构：网络化企业CRM的通信是通过网络进行的，所以这一模块负责网络通信的信息安全与鉴定、通信协议和标准的管理等。

⑤客户业务处理：负责成员企业自己的客户业务管理，包括呼叫中心、销售管理、营销管理等。

⑥局部协调模块：负责CRM与企业其他信息系统的协调工作。

7.4.4 网络化企业CRM的实施

网络化企业的CRM是由各成员在各自CRM的基础上运行网络化企业CRM的一些功能，通过网络将这些功能模块联系起来协调工作的一个动态的CRM。在动态CRM的实施过程中会遇到以下问题①。

①要解决信息技术平台不统一的问题。现在市场上的计算机操作系统品种繁多，主要有UNIX、Windows等，数据库支持平台有Oracle、Sybase、SQL Server等。每个企业根据各自的财力、人力、需求情况的不同来选择适合自己的信息系统工作平台。网络化企业是由各种不同的企业为实现同一个目标而组成的动态联盟，它们的技术平台可能差异很大。特别是下游的分销商，它们使用的技术平台各不相同。但下游的分销商提供的信息是网络化企业CRM的主要基础数据来源。网络化企业要知道更多的商业及客户信息，就必须解决操作平台兼容及数据交流问题。

如今，各操作系统已经提供了与其他系统的通信接口，Internet的飞速发展使各企业的通信更加便利。如果要求各成员企业在网上的数据交换一般都用统一的XML格式，这样就便于各操作系统的识别，也减少了网络化企业CRM的数据抽取和整理工作。网络化企业的CRM就可以快速地进行数据清洗，统一存储，

① 邓峰，杨肖鸳．虚拟企业CRM的设计和实施问题的探讨．计算机应用与软件，2005 (9)

建立数据仓库或数据集市，然后进行数据分析和挖掘，得到客户信息。

②要解决网络化企业的客户信息失真问题。由于网络化企业是临时组建的，并且达到目标后就自行解散，各个企业之间并没有牢固的合作关系。所以网络化企业的各成员企业之间可能会保留一些有利于自己企业的重要信息，不和其他企业共享，这样就会违背当初组成网络化企业的资源共享的愿望，使一些企业得不到需要的信息，就难免会使一些企业成员决策失误，不能进行正确的客户关系管理，最终失去客户，不能达到网络化企业最初期望的利润。所以，各个成员企业之间必须保持信任，为达到整个联盟的利润最大化而共享自己的资源。否则，损人损己。再者，可以由协调企业发动购买一些重要信息，以利于整个联盟。

③要解决网络化企业的 CRM 与网络化企业的产品生产、销售各环节脱节的问题。传统的企业有确定的组织模式，各环节由企业统一进行管理和协调，各环节的耦合相当紧密，是流线型作业，便于进行业务进程的跟踪和控制。网络化企业的各环节都是由不同企业成员完成的。每个环节是并行作业，虽然有合同约束作业完成时间及质量，但难以确定业务进程，难以进行控制和协调，一旦出现问题，不能及时解决。

客户管理的理念就是以客户为中心，产品的研发、生产、销售、售后服务的各个环节都应该为客户着想，进行全面质量管理。网络化企业的每一个成员只负责一个或几个环节，在成员企业自己负责的这个环节中，一定要把好质量关，把可能出现的质量问题预先解决，争取每一个环节的合格率达到最大，返修率达到最低，使最终交到顾客手中的产品的质量是一流的。CRM 要建立商品生产跟踪记录和商品销售跟踪记录，一旦商品出现问题，可以迅速查找原因，并追究责任。每个成员企业的责任要预先通过制度、合同或协议来规范。

④要解决各个企业的文化整合的问题。CRM 是一种技术，更是一种管理理念，需要企业的全体成员共同努力，维护 CRM 的实施。但网络化企业各成员企业的文化和管理理念有许多差别，临时整合有很大难度。但有一点是共通的，即以客户为中心的理念。

现在的市场竞争越来越激烈，买方市场已经形成，客户对商品的要求越来越苛刻。每个企业只有不断满足客户的要求，提供个性化服务，才能挽留顾客。以客户为中心的理念已深入每个企业，只是每个企业的理解和做法有所不同，但大方向是相同的。网络化企业的 CRM 以这个理念为基础，集各个成员企业管理和服务之长，会产生很多好的为顾客提供个性化服务的方法。虽然上面给出了网络化企业 CRM 模型和实现中遇到的一些问题，但是许多不可预料的问题还会时时发生，仍需注意及时解决。网络化企业 CRM 的良好实施，将为网络化企业产品的研发、销售提供准确的信息，帮助网络化企业抓住商机，尽快地实现预定的目标，获得最大利润。

8 网络化企业财务管理与资本运营

无论是传统企业还是网络企业，财务管理都是企业管理的一个重要的组成部分。加强企业的财务管理不仅可以保证企业各项生产经营活动的顺利开展，而且有利于企业降低成本，增加收益。在网络环境下开展财务管理活动必须认真研究新形势下的财务管理特点和变化，按照网络财务的要求来组织和管理企业的财务活动。

资本运营与财务管理是两个既相互影响、相互渗透，又相互区别的概念。资本运营是围绕企业的资本展开的经营活动，通过资本的有效流动实现资本的增值。而财务管理主要是对企业资金收支活动（包括资本运营中的资金收支活动）进行的管理。财务管理是资本运营的基础，资本运营是财务管理在新形势下的发展和延伸。

8.1 网络化企业财务管理的内容与目标

网络化企业财务管理以企业的核心功能为重点，通过网络对各虚拟化的职能部门进行集中协调。它处于虚拟管理的中心，为各成员企业的合作建立奖惩、警示机制，对虚拟经营、虚拟交易所产生的财务信息以及其他信息进行管理。

从形式上看，网络化企业的财务管理“虚”与“实”并存。因为网络化企业突破了传统企业有形的组织界限，如同生产、营销、设计等功能在网络化企业存在，但企业内部却没有执行这些功能的组织一样，网络化企业虽具备财务管理的功能，但不设财务部门，也无财务经理，而是外聘顾问和专家等智囊人才参与管理与决策。网络化企业的财务管理是与扁平化的组织结构相适应的一种横向管理，很多中间环节和管理层次减少，价值的产生与确认直接相互对应。

从企业财务战略上看，网络化企业强调策略性财务，而不特别注重对交易的处理。企业财务战略的特征是：第一，支持性。即企业财务战略是企业全局性战略的支持系统之一。第二，全员性。即财务战略管理是以全局性战略为主导、以成员企业的协调为依托而进行的全员管理。第三，动态性。即财务战略以变制变，随环境的变动而不断调整。

总之，网络化企业的财务管理以网络技术为基础，是网络化的财务管理，是实现财务信息资源系统化的财务管理。其功能是确定财务战略和财务目标，处理财务关系，进行财务分析等。

8.1.1 财务资源配置环境的新变化

财务资源配置是企业基本的财务活动，企业财务是在财务资源约束条件下通过财务资源配置追求企业价值的最大化。社会环境的变化使企业面临的财务资源约束条件不断发生变化，要求企业财务活动进行适时调整。财务资源约束条件的变化是探讨网络化企业财务的基本前提。

（1）财务资源配置平台发生变化

基于经济全球化、网络化的发展，社会资源配置的新平台正在形成，资源配置费用与收益的对比决定了网络已成为企业财务资源配置的基本平台。网络使企业财务资源配置空间被有效放大，利用无限量的外部市场资源来增强自身的功能，扩大资源能力，使得网络化企业在运行时不受自身实际功能及资源的限制，有效地利用自身资源和外部资源，高效地完成任务。

（2）财务资源配置机制发生变化

网络平台使交易费用降低，市场与企业的边界趋于模糊，在财务资源配置过程中，价格机制与行政机制相互融合，“看不见的手”与“看得见的手”相互作用进行“连续地握手”，企业在资产与技术互补的基础上，借助非正式的协议或合约，使原本隶属于不同企业的资源与能力得以越过市场价格机制，直接穿过不同企业的边界满足对方的需要。

（3）财务资源配置风险加大

高新技术产品开发对于资本规模、开发周期、市场机会的需求，使网络化企业面临更大的财务资源配置风险。以金融工具创新为特征的虚拟经济加快了资源全球配置的速度，企业财务环境动态变化的不确定因素加剧了财务资源配置风险的扩散。

（4）财务资源配置规则的改变

传统的财务资源配置规则已无法保证企业获得目标利润，顾客需求的趋同以及迅速的技术扩散已在很大程度上改变了竞争的规则，垄断技术、设置壁垒、封锁市场份额等用以打败竞争对手的传统策略已基本不再适用。单个公司完全凭借自己的力量已难以满足顾客以价值为基础的需要。企业凭借自身的核心能力定位于价值链的专业化分工，通过互补资源与技术实现对资源的整合，以合作取得竞争优势。

8.1.2 网络化企业财务管理中的关键问题

网络化企业的财务管理要反映各成员企业的经济利益联系，包括分配、投融资、结算等，具备了一定的“小社会”性质。这些财务关系的建立和良好运行不仅需要网络化企业的组织保障还需要各自的信任和多赢关系的建立。

(1) 网络化企业的融资问题

企业融资方式和融资结构取决于企业整合外部资源与内部资源的能力，网络化企业以网络为整合资源的基本平台，促使网络化企业融资方式和融资结构发生了显著的变化。这里以全球著名的网络化企业耐克公司为例，其资产结构比率列表如下①：

表 8-1 **耐克公司 2002～2004 年资产结构比率表**

财务比率	2002 年	2003 年	2004 年
财务负债率	40.42%	40.56%	39.4%
流动负债/负债总额	70.51%	74%	64.6%
固定资产/资产总额	25.06%	24.14%	20.1%
流动资产/资产总额	64.53%	69.7%	69.8%

从表 8-1 可以看出，耐克公司 2002～2004 年三年债务资金中流动负债的平均比率将近 70%，长期负债的比率很低，表明传统企业利用长期融资进行大规模固定资产投资的方式正在发生转变。网络化企业可以借助于网络整合全球优势资源，其虚拟制造降低了固定资产投资的比率，从而减少了对长期债务资金的需求；而网上虚拟结算促使流动负债比重上升，使得往来款项与短期借贷资金流量增加。

没有固定的企业实体，暂时性联盟和固定资产的比率少，这些都直接导致了银行、投资者无法正确评估网络化企业价值，使融资产生一定的困难。总的来说，网络化企业的融资渠道来自两个方面，即外部融资和内部融资。外部融资来源于社会集资，主要采取发行短期债券、社会或个人捐赠、外资注入和各成员企业担保银行贷款等方式获得资金，但是，由于网络化企业一般不具备法人资格，又无声誉，社会信用度较低，仅靠自己进行社会集资的难度较大，所以常常依托于成员企业之间的相互信用融资、相互拆借和相互投资等多种方式来调节资金余缺。这样，既解决了资金的来源问题，又降低了资金成本，从而充分发挥资金的协同效应。

(2) 网络化企业的投资问题

在大多数情况下，网络化企业的寿命以及本身的资金有限，一般没有多余的

① 黄惠琴．对虚拟企业财务管理的理论探讨．财会月刊，2006 (3)

资金对外投资。但也有一些特殊情况，即当网络化企业发展到一定规模、具备一定条件时，可策划对外扩张投资，如世界著名的因特尔公司、耐克公司、波音公司等这类成功的网络化企业，由于其资本运作良好，资本收益较高，使得公司的信誉度、社会知名度较高，它们就有能力进行适当的扩张投资，甚至可以形成网络化企业的连锁，最大限度地利用资源。这样不仅有利于盘活存量资金，增强企业活力，而且可延长网络化企业的生存期。

(3) 网络化企业的风险管理问题

网络化企业能够实现利润共享与风险合理分担，但这并不意味着企业风险不存在了，相反，网络化企业在获得市场反应灵活性的同时，也不可避免地遇到新的风险，主要包括：①市场风险。市场经济的竞争日益激烈、需求变化迅速和市场机会的不确定性，容易使最终产品与最终顾客需求之间出现偏差，导致市场风险在总体上依然存在，只不过是在网络化企业各个成员企业之间重新进行了分配而已。②管理、协作风险。网络化企业各个成员企业通常面临不同的硬件环境和技术标准、不同的管理模式和企业文化等，这些都大大增加了管理、协作风险，具体反映为企业管理失控、项目延期、质量缺乏保证和激励不足等问题。③信息风险。网络化企业中常常会出现“信息孤岛”，各独立企业往往从自身利益出发，将相关信息当作商业秘密加以封闭，不愿与其他企业共享，造成信息流通不顺畅或不对称。为了更好地管理风险，网络化企业在财务管理上必须建立一个可以不断衡量和控制风险的流程，如图 8-1 所示：

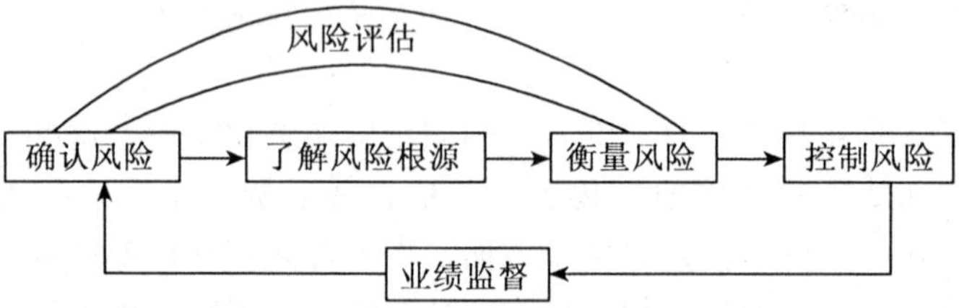

图 8-1　网络化企业风险控制的流程

网络化企业可以组成一个集成的风险管理委员会来协调管理，管理者从营运、销售和产品研发部门中委任，并对经济运行过程中的敏感性指标，如保本点、收入安全线、最大负债极限等予以反映。

(4) 网络化企业的收益分配问题

收益分配问题是网络化企业合作中矛盾最突出的问题，只有公平、合理的收益分配才能保证合作过程的顺利进行和市场机遇的快速响应。网络化企业的收益分配就是企业在一定时期内实现的利益按一定的依据在各成员企业之间进行分割和分配的过程。一般而言，网络化企业常见的收益分配方法有：按固定报酬分配，即在最初签订合作协议时，其中一个成员企业（一般是盟主）按照其他成员企业将承担的任务约定其最终将获得的固定收益，而盟主将享有网络化企业的其他全部剩余收益，同时也承担全部风险；按最终产出分配，即“利益共享，风险共担”，所有成员企业在网络化企业最终获得的总收益中按照一定的分配比例系数从中分享各自的利润；两者兼而有之，即各成员企业除得到固定报酬外，也从网络化企业的总收益中按一定比例分享利润，在这种情况下，各成员企业也必须承担一定的风险。不同的网络化企业可以根据自身的规模大小、风险偏好程度和市场环境等因素综合考虑，选择最可行的方法。

网络化企业在选择收益分配方法的同时，也应遵循以下原则：

①互惠互利原则。分配方案应使每个成员企业的基本利益得到充分保证，才不会影响各成员企业的积极性。

②个体合理原则。各成员企业参与网络化企业所得到的利益应大于单独行动所获得的利益，否则也没有合作的动力。

③风险与利益对称原则。充分考虑各成员企业所承担风险的大小，对承担风险较大的企业给予适当的风险补偿。

④结构利益最优化原则。根据实际情况，通盘考虑，合理确定收益分配的最优结构，从而达成最佳合作、协同发展。

网络化企业作为一种全新的经营理念，已普遍受到全世界的关注，它所带来的新的财务管理问题值得研究和重视。因为随着科技的不断进步和网络化企业形态的日臻完善，它必然会成为企业面对激烈竞争挑战、适应多变环境的最佳选择。

8.1.3 网络化企业财务管理目标

网络化企业没有中央办公室，没有固定工作地点，也没有多层次的组织结构。它不是股份制企业，所以其财务管理的目标不是“股东财富最大化”；网络化企业既不是法律意义上的完整的经济实体，又不具备独立的法人资格，且具有“暂时性”的特征，不可能通过持续经营使企业总价值达到最大，所以其财务管理的目标也不是“企业价值最大化”。网络化企业财务管理的目标有以下几种：

（1）价值链最优化

价值链理论认为，企业是一个综合设计、生产、销售、运送和管理等活动的集合体，其价值链可分解为一系列互不相同但又相互关联的增值活动。网络化企业本质上是一个由各个企业贡献自己核心能力而组成的价值链，各成员彼此发挥自己在价值链上的最优部分（如，最好的生产者负责生产产品，最好的销售者负责销售产品），从而形成一条比任何纵向一体化的传统价值链都优越的价值链条。

（2）交易成本最小化

在电子商务条件下，网络成为网络化企业进行交易的虚拟市场。交易前，交易双方都使用一些专门的网络搜索引擎搜索信息，在网络中直接接触、相互选择，促进了交易的达成。然后，交易双方在网上协商条款、签订合同。同时，买方通过网上的电子证单实现款项的直接划拨，卖方提供商品或劳务。最后，客户将信息反馈到企业的信箱或网站中。若企业的网上技术服务人员得知产品存在问题，便马上派人去进行售后服务。这样，交易前搜索成本显著降低，搜索的时间明显缩短；交易过程中的差旅费等支出减少，交易的签约和执行成本降低；交易后解决问题的时间缩短，售后成本减少。整个过程的交易成本最小。

（3）资源综合配置效益最大化

资源的互补性奠定了网络化企业形成的经济基础。网络化企业以项目为核心，通过契约关系共享与互补资源。它包括：资金互补，即为保证产品或项目所需资金到位，各成员企业共同出资；人才优势互补，即网络化企业通过人才的整合，取长补短，发挥人才的整体优势；管理互补，即网络化企业管理趋向扁平化，管理层次减少，管理目标明确，管理效率提高；市场营销互补，即网络化企业充分利用各自的营销经验和营销网络，对已开拓的市场份额进行组合、叠加；技术上互补，即技术上密切合作和相互支持。总之，网络化企业的各个成员组织为网络化企业贡献出各自的优势资源，共同构成实现市场机遇所需的所有资源，产生强大的资源优势和竞争优势，使资源综合配置的效益最大。

（4）契约关系人利益最大化

网络化企业是由一系列企业通过外包契约建立起来的动态企业联盟。各成员企业（包括动态联盟中的厂家、商家、顾客，甚至同行的竞争对手等）形成多边契约关系，构成了网络化企业的利益制衡机制，共同对网络化企业财务管理目标产生影响。其原因在于：①它们是网络化企业的投资者，对企业有核心技术、资金、人才或服务方面的投入。②它们是网络化企业收益分配的参与者，最终要从企业的合作项目中取得奖金、利润等各种报酬。③它们是网络化企业风险的承担者。当企业失败时，它们都会承担一定损失。因此它们是影响财务管理目标的利益集团。若网络化企业价值链最优化、交易成本最小化、资源综合配置效益最大化时，网络化企业的整体收益最大，那么各种契约关系人的利益会最大限度地得到满足。所以，网络化企业财务管理的目标是“相关者利益最大化”。

总之，网络化企业的财务管理目标呈现多元化的特点。上述财务管理目标相互联系、相互促进，共同成为一个整体。

网络化企业是由若干独立的成员企业通过计算机网络组合而成的动态联盟，在这个联盟之中，每个成员企业都拥有自己的利益，利益各不相同，但是都为网络化企业的总体利益服务。各个成员企业的会计机构和会计人员都参与到网络化企业的会计工作之中，这样既可以维护各成员企业的利益，也可以形成一种相互牵制的机制，从而避免会计处理走向极端，损害任何成员企业的利益。由于网络化企业是新生事物，不同于传统企业，因此其财务管理体系必然与传统企业产生区别：

①网络化企业的会计核算体系。网络化企业没有固定的场所，联盟伙伴分散在全球各地，靠互联网相连。网络化企业是动态联盟，经营期限没有确定时间。网络化企业的联盟伙伴分散在全球各地，结算方式多样，使用货币也千差万别。由于网络化企业的特点，与传统企业发生很大差异，给会计核算带来很多问题，包括会计主体、持续经营、货币计量等，无法按照传统会计核算体系的要求进行会计核算。

②网络化企业的财务活动组织。网络化企业的特点决定了现行财务管理体系无法适应其需要，使企业在投资、融资、现金流量控制、损益分析等方面面临许多困难。尤其在融资过程中，因为没有企业实体的存在，固定资产数量很少，导致投资方无法正确评价网络化企业价值，使企业融资困难。

③网络化企业财务管理体系建立。由于联盟伙伴的多样性，导致网络化企业的财务管理体系无法完善。在财务控制体系、内部控制制度、组织机构设置与管理、财务报告等方面，网络化企业无法建立一套完整、统一的系统，只能由各个联盟伙伴各自管理，容易产生财务风险。

8.2 网络化企业财务管理的运作

在网络化企业的实际运作中，财务管理对各成员企业来说不仅重要而且存在着技术上、管理上的困难。因此，应该充分利用当前的各种网络技术，进行财务管理的创新。

8.2.1 网络化企业财务管理的手段

网络既是网络化企业出现的前提，也是网络化企业财务管理的基本手段。网络化企业价值链上的各种功能由不同成员企业来完成，这些成员企业可能位于不同地区，甚至属于不同国家，在空间分布上有明显的分散化特点。网络化企业的财务管理不管是制定财务计划，对财务活动进行监督和控制，还是利润分配，都必须要对各个成员企业在契约内的经营活动进行及时的了解、记录、分析和指导。因此，网络化企业的财务管理必须要能进行远距离的、快速的信息传输。而网络不仅使网络化企业的财务管理可以实现事务远程处理和信息实时传输，网上催账、网上询价、网上采购、网上销售、网上服务等辅助功能也都得以完善和提升。但是，网络化企业财务管理的网络化也存在一些问题：各成员企业的网络化财务管理系统能否做到无缝连接、顺利对接，这不仅牵涉到网络信息技术，也有企业操作流程、文化背景不同造成的麻烦。财务管理的重点应是决策与分析，这对决策与分析的工具和方法提出了更高的要求；网络化企业财务管理中的信息流一体化受到外界环境的直接影响。目前我国还需要大力加强信息高速公路建设；网络化企业财务管理在信息共享过程中的安全问题，如病毒与黑客、系统的稳定性等。

网络化企业的财务管理问题作为创新组织中的一项职能，还需要一定的评价与考核体系。首先是定量考核与定性考核相结合。为此，在定性上应着重考核各成员企业的学习能力、创新能力、客户满意度、市场占有率和网络化企业创建速度等，在定量上特别关注反映企业反应性和可靠性的指标，如生产周期、生产速度和按时交货率，要重视风险评估和各企业间的合作，按风险和回报来评估投资项目。其次还要注重过程分析。在创建网络化企业的最初，事前大量的调研分析、伙伴选择等作为基础工作极为重要。同时，在创建网络化企业后，通过制定适当的财务管理制度和机制来适时控制网络化企业的运作，也比一般企业中的财务管理问题要更加规范和细致。

8.2.2　网络化企业财务治理

网络化企业对传统企业财务治理提出了变革的要求。传统企业财务治理以企业内部财务资源配置为基础，在平衡内部财务资源利益主体的基础上实现财务资源的有效配置。网络化拓展了网络化企业的资源配置空间，整合企业内部与外部的财务资源成为企业财务活动的基础，财务治理必须在平衡内部与外部利益主体的基础上进行财务治理结构的调整。

网络化企业是基于特定的市场机会而形成的战略动态联盟，联盟的合作性质决定了参与各方共同分享财权的内在要求，成员之间资源的互补性与核心能力的独特性决定了参与各方具有高度的利益相关性和较强的谈判能力，对财务契约的签订与履行具有重要影响，这些特征决定了网络化企业财务治理主要采用利益相关者财务治理模式。创新所导致的企业外部网络化在一定程度上模糊了传统的企业边界概念，企业外部资源与内部资源的不断融合，使外部资源的所有者在不同程度上参与了企业的控制与决策，企业的剩余控制权与剩余索取权在一定程度上不再完全是内部资源所有者单独享有，而是出现了内部资源所有者与外部资源所有者共同参与企业治理的趋势。

8.2.3　网络化企业财务管理创新

网络化企业财务管理的创新包括：

①组建联盟实体核心。网络化企业虽然是动态联盟，各个合作伙伴分散在不同区域，但是它们是基于共同的商业机遇而设立的，因此必然有其核心业务和核心企业。网络化企业的产品必然是为用户生产的实物（包括软件），交易的结算虽然在网上通过电子划拨的形式进行，但最终会反映到交易双方的银行资金账户上。因此，根据商业合作机遇的需要，组建网络化企业的实体核心是必要的。通过实体核心的建立，以及场所、银行账户的确定，使网络化企业实体化，将网络上虚拟的业务落实到实体核心中，即将网络的虚拟业务进行物化，从而将网络与现实相连。①

②成立网络财务中心。网络化企业建立网络财务中心，并将网络财务中心与现实的银行账户相连，在网上交易的同时，实现银行账户中资金的划拨。对于任何联盟伙伴，根据业务需要为其开设网络财务中心的账号，并将其所需资金存入账号中，由联盟伙伴自行支配。同时结合各个账号的收支情况，通知银行进行资金的汇出、转入。健全网络财务中心管理制度，以现行的财务管理体系为参考，结合网络财务的特点，建立一套适合网络财务特点的财务管理体系，包括资金划转管理办法、授权控制制度、网络保密制度、网络财务中心安全制度等。

③加强融资管理。融资是网络化企业筹集资金的主要途径，尤其是在遇到商业机会时，必须即时筹集资金进行开发、生产活动。但是，由于网络化企业的特点，银行、投资者往往对网络化企业存有疑虑，不愿意向网络化企业投资。大部分的网络化企业都是创业企业，主要融资风险投资资金或私募基金，要承担较高的融资成本，从而加大网络化企业的融资风险。因此网络化企业必须加强融资管理，通过强化预算管理和现金流量控制，统筹控制资金的使用，降低资金使用成本。

8.3 网络化企业资本运营业务

企业融资方式与融资结构取决于企业整合市场资源与企业内部资源的能力。传统企业融资政策的制定对企业内外资源的界限区分得非常清楚，这是由传统企业所面临的资源约束条件决定的，相对而言，网络化企业以网络为整合资源的基础平台，资源配置的交易成本发生了变化，使企业通过市场与企业内部整合资源的界限开始模糊，由此引起企业融资方式与融资结构的变化。

8.3.1 资本运营的含义

在计算机、网络技术飞速发展的情况下，"新经济"理念不断冲击着传统经

① 王维良．信息化与虚拟企业财务创新．交通财会，2003（8）

济理论。企业财务管理理论在所经历的百余年发展过程中，所研究的内容也由原来只对筹资和相关法律事项关注，发展到研究企业资金运动的全过程。一个新的财务管理理论在经济发展的需求下应运而生。资本运营已成为当今会计理论界与企业财务管理共同关注的问题之一。

作为科学的资本运营定义，不仅应包括资本运营的本质，还应包含资本运营的主体、对象、方式和目的。资本运营的本质仍然是一种经营活动：其主体是企业；其对象是企业所拥有的一切资本；其方式是资本的流动与重组；其目的是提高资本运用效率，实现资本增值。基于以上认识，可以把资本运营定义为：资本运营又叫资本经营或资产经营，是指企业以其所拥有的一切资本为经营对象，通过资本的有效流动与重组，以提高资本运用效率，实现企业资本增值的经营活动。

作为企业的一种外部交易型战略，资本运营相对于生产经营有着自己本质的特征。

①与企业生产经营的对象（产品或服务）不同的是，企业的资本运营以企业所拥有的一切资本为经营对象。企业所拥有的全部资本既包括借入的，也包括自有的；既包括有形的，也包括无形的；既包括短期的，也包括长期的。因而与生产经营相比，企业资本运营的对象和范围要大得多，相应地，交易量往往也是呈几何级数增长，这是企业生产经营所无法比拟的。

②资本运营是通过价值形态、资本形态的交易方式来进行的，因而大多数情况下必须借助于资本市场的功能与金融资本相结合，使企业资本的流动不受时间、空间限制，最大限度地扩大市场容量。

③资本运营所要达到的目标是通过企业资产潜能的释放，将静态资产变为可增值的活化资本，以实现最大限度的增值。因此，资本运营的过程就是加速企业资金循环的过程，也是在尽可能短的时间内使企业资产或资本获得最大限度增值的过程。

8.3.2 资本运营的内容

资本运营的内容极为丰富，可以从不同的角度来考察。

①从资本的运动过程来看，资本运营包括资本的组织、投入、营运、产出和分配的各个环节、各个方面。

②从资本的运动状态来看，资本运营包括存量资本运营和增量资本运营。存量资本运营是指投入企业的资本形成资产后，以增值为目的而进行的经济活动。资本运营是资本得以增值的必要环节。企业还可以通过兼并、联合、股份制、租赁、破产等产权转让方式促进存量资本的合理流动和优化配置。增量资本运营实质上是企业的投资行为。因此，增量资本运营是对企业的投资活动进行筹划和管

理，包括投资方向的选择、投资结构的优化、筹资与投资决策、投资管理等。

③从融资渠道来看，资本运营包括发行股票、发行债券、融资租赁等。发行股票和发行债券，是企业的两种融资渠道。一般说来，发行债券成本更低，债权人和企业的关系不如股东密切，对企业的关心度以及信息披露的要求相对低些，手续也更为简便。再有，股息要在税后发放，而债券利息则可冲抵税前利润，有“税盾”的作用。在西方国家，企业对债券情有独钟。1999 年，美国企业的直接融资中，股票只占 8.55%，而债券占 91.45%。

融资租赁是指租赁公司按照企业的要求融资购买设备，并在契约或合同规定的较长期限内提供给企业使用的信用性业务。融资租赁的特点是租期较长，设备的所有权和使用权相分离，出租人对设备的性能、缺陷、老化等风险及设备的维修保养均不负责任，出租方可在租赁期满收回投资并赢利。对于出租方来说，融资租赁实质上已将与资产所有权有关的全部风险报酬都转移给了承租人。在市场多变、企业竞争激烈的条件下，融资租赁可以锁定市场风险，降低出租方的经营风险和市场变化的风险。对于承租企业来说，融资租赁实质上是一种融资行为，它可以解决企业由于资金不足无力购买设备的困难，有利于企业扩大生产规模，增强企业的市场竞争能力。

④从资本运营的对象来看，资本运营包括实业资本运营、金融资本运营、产权资本运营以及无形资本运营等。实业资本运营是指以实业为对象的资本运营活动；金融资本运营是指以金融商品为对象的资本运营活动；产权资本运营是指以产权为对象的资本运营活动；无形资本运营是指以无形资本为对象的资本运营活动。

⑤从资本运营的方式来看，资本运营包括资产剥离、购并、托管等。资产剥离是指将那些从公司长远战略来看处于外围或辅助地位的经营项目加以出售。购并是企业兼并、合并与企业收购等现代产权交易形式的总称。其中，兼并是指两个或两个以上的公司通过法定方式重组，重组后只有一个公司继续保留其合法地位。合并是指两个或两个以上的公司通过法定方式重组，重组后原有的公司都不再继续保留其合法地位，而是组成一个新公司。收购是指一家公司购买另一家公司的股份，以获得对该公司实际控制权，该公司的法人地位并不消失。企业的兼并与收购往往是同时进行的，因此，通常人们将兼并、合并、收购统称为购并。企业购并的主要内容就是通过购买企业的全部或部分产权来实现控制企业的资产或经营活动。从这个意义上讲，企业购并实质上是一种高级形态的产权交易形式。纵观当今国内外实力雄厚的大企业的发展史就会发现，它们无一例外地多次运用了购并这一资本运营手段，从而取得了理想的企业规模、市场份额和竞争优势。企业托管，是指企业法人财产权以契约形式所做的部分或全部让渡，即作为委托方的企业财产权法人主体，通过契约规定，在一定条件下和一定期限内，将

本企业法人财产的部分或全部让渡给受托方，从而实现财产经营权和处置权的有条件转移。换言之，就是通过契约形式，受托方有条件地接受委托管理和经营委托方的资产，以有效实现资产的保值、增值。对于在市场竞争中处于弱势的中小企业来说，企业托管不失为一种有效的资本运营方式。

在我国，由于上市资源的稀缺性，近年来借壳上市成为国内企业资本运营的一种重要形式。

8.3.3 网络化企业资本运营战略的实施

资本运营给企业带来的好处是全方位的，资本运营战略作为企业发展的重要战略之一，它对企业发展所起的推动作用是显著的。诺贝尔经济学奖获得者、美国经济学家史蒂格勒曾说过：纵观世界上著名的大企业、大公司，没有哪一家不是在某个时候以某种方式通过资本运营发展起来的，也没有哪一家是单纯依靠企业自身利润的积累发展起来的。

(1) 网络化企业资本运营的战略意义

一个企业的发展，在很大程度上得益于有效的资本运营模式，借助资本运营来壮大自己的规模，来获取竞争优势、规模经济优势等。对于网络化企业而言，实施资本运营战略具有以下重要意义：

①实施资本运营战略能够帮助网络化企业解决发展初期的资金来源问题。在网络化企业发展初期，往往需要大量的资金，此时，通过广泛的融资尤其是通过股权融资，既可以解决网络化企业发展初期的资金需要，还可以降低融资风险。如亚马逊、亚信、金碟，最初几乎都是靠股权融资起步的。

②实施资本运营战略有利于网络化企业开展多元化经营，降低经营风险。现代经济学理论表明，当一个企业经营的几种商品的利润率和经营风险不相关时，企业总利润的经营风险能因多种经营而减小。通过资本运营可以缩短网络化企业进入和退出一产业的时间，使企业在某种产品的经营出现问题和发生亏损时有可能转向另外产品的经营或从另外产品的盈利中获取补偿，从而减少网络化企业发展过程中的不确定性，降低企业的经营风险。

③实施资本运营战略可使网络化企业获得规模经济效益。规模经济效益表现为由企业的规模扩大而带来长期平均成本的降低，使企业在市场竞争中有雄厚的竞争实力。网络化企业通过资本的合理流动，往往可以产生 1 +1 >2 的效果。

④实施资本运营战略可以促进网络化企业的低成本扩张，使企业能迅速地扩大市场占有率，形成竞争优势。网络化企业通过兼并、收购其他行业的公司，可以大大减少进入其他行业的成本，使企业的发展获得新的经济增长点，建立企业增长的第二层面。此外，由于网络化企业在采用资本运营的手段进行扩张时，在短期内保持行业和市场内部的竞争结构不变，使市场内供求态势的变动不会太

大，这样能迅速提高市场占有率，获得竞争优势。

⑤实施资本运营战略有利于网络化企业调整和优化资本结构，在降低财务风险的同时，不断地提高资金的利用效率。简单地说，资本结构是指一个企业自有资金和借入资金的比例关系。对于任何一个企业而言，合理的资金结构都是决定其能否安全、快速发展的关键因素。正因如此，众多的网络化企业在资本运营中不仅会考虑股权融资，而且会考虑债权融资。

⑥实施资本运营战略有利于网络化企业改善组织机构，提高企业管理水平。网络化企业在资本运营过程中，无论是购并或是重组，也无论是引入权益资本还是引入债务资本，往往都会使企业的组织结构和经营管理水平发生改变，这主要是由于投资人在给企业注入资金的同时，也会将先进的管理理念和管理方法带到企业。例如，亚信在国际化的进程中，由于有国际著名投资商华平软件投资公司、富达基金管理公司等的参与，它们对公司的方方面面进行了彻底的“国际化改造”，公司除了董事会和管理层发生了改变以外，原有的部门有的进行了合并，有的完全就消失了。另外，公司重组前做项目不计成本的做法也得到了改变，公司的财务可以实时控制，公司还建立了合理的激励机制，为亚信做出突出贡献的员工也享有了股票期权。

总之，资本运营的内在本质，决定了它对促进网络化企业整体经济效益的提高，具有积极的作用。

（2）网络化企业资本运营的战略原则

资本运营是一种全面提高经济效益的经营理念，它以利润最大化和资本增值为目的，以价值管理为特征，以尽可能低的成本获取最大的资本效益。市场经济的实质就是要求资本增值最大化，因此，在市场经济形势下，企业的每一种资源，每一种生产要素，不管是有形的还是无形的，都要发挥增值作用，要在流通中增值，通过资源优化配置获取较高的效益。

①流动性原则。资本最本质的属性之一就是流动性。如果资本不能有效地流动，则势必会降低资本的功效和作用。资本在不同的时间、地点具有不同的价值。企业资本分布在企业生产经营的每一个环节之中，无论是有形资产还是无形资产，都是可流动的企业资源。资本的合理流动是实现资本增值的前提。

②增值性原则。资本可以增值，这是由资本运营的本质决定的。增值性既是资本运营的出发点，也是资本运营的结果。资本运营要求资本经营者把企业的经营过程看成是资本从采购到生产、销售、债权的环状运动的资本增值流。

③安全性原则。资本运营具有风险性，因此在资本运营过程中，经营者要善于分散自己的资本运营风险。在企业的融资过程中，可以考虑吸收其他资本参股，营造一种分散和混合的资本结构，从而增强资本的抗风险能力。

④市场导向原则。资本运营的市场导向原则，就是要求资本在整个运作过程

中，必须进行必要的市场调研，确定目标市场，准确定位资本的介入点，确保资本运营实现增值的良性循环。

（3）网络化企业资本运营的战略流程

网络化企业资本运营的目标是实现资本的保值增值。为了实现资本最大限度的增值，企业应当追求利润最大化、所有者权益最大化和企业价值最大化。网络化企业在实施资本运营过程中，首先应对企业的内部资源和外部资源进行分析，在此基础上确定企业的资本运营战略，并在其指导下进行融资和投资活动，使资本在运营过程中增值，然后再通过对增值部分的分配进入资本增值循环过程，从而在资本循环往复的过程中实现企业的预定目标。图 8-2 显示了网络化企业资本运营的流程。

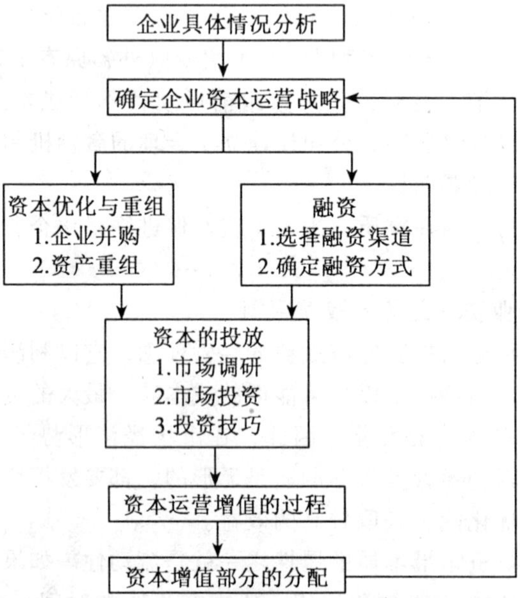

图 8-2　网络化企业资本运营流程图

（4）网络化企业资本运营的战略模式

网络化企业实施资本运营的战略模式主要有：

①扩张型资本运营模式。资本扩张是指在现有的资本结构下，通过内部积累、追加投资、吸纳外部资源即兼并和收购等方式，使企业实现资本规模的扩大。资本扩张可以分为以下三种类型：

行业相近扩张。在网络化企业资本运营过程中，选取行业相似或相近的公司作为资本运营战略目标，既可以使企业迅速确立行业发展优势，利用自身对本行业较为熟悉的优势，使企业迅速成长，又可以降低行业进入成本，消除行业进入壁垒；在资本运营后期整合问题上也容易驾轻就熟，避免出现陷于缓慢的业务调整期，造成资本运营搁浅。在目标公司选择上，最好采取“大鱼吃小鱼”式的“蚕食”策略，逐渐树立起业界“龙头”。

优势互补扩张。优势互补扩张策略原则上一定要使合并的两个公司在相关资源上具有较强的互补性，否则这种合并的效用就将变得非常微弱。优势互补的资源可以从资本结构、生产能力、产品开发、市场渠道、销售能力、管理资源等方面进行深入考察，确定可行的生产经营战略，并认真做好下一步的战略分析和部署，为资本运营后的战略开展奠定良好的基础。

多元化扩张。当一个企业的实力较强，往往可采用这一模式兼并同业公司或进入新领域。实力较强的公司不仅在生产、销售、产品结构方面具有较强的优势，在经营管理、人才储备、技术准备等方面也会具有相当实力，社会也会对其实施的兼并重组活动充满信心。多元化扩张模式由于跨越了技术经济联系密切的部门之间的交易，因此有利于分散风险，提高企业的经营环境适应能力。当然，企业不能盲目进行多元化扩张，如果企业实力不足以分散到多行业，那么其进行跨行业兼并就可能给企业带来沉重的经营负担，甚至将企业完全拖垮，这样的事例不胜枚举。只有企业具有一定实力，才有可能消化资本运营后的一系列整合问题，包括债务问题、经营发展问题、人员安置问题等。即使是具有实力的企业也必须在严格的战略分析的基础上，根据企业自身发展战略需要进行多元扩张，否则这种扩张可能就会失去其战略意义。

②收缩型资本运营模式

收缩型资本运营是指企业把自己拥有的一部分资产、子公司、内部某一部门或分支机构转移到公司之外，从而缩小公司的规模。收缩型资本运营模式的主要实现形式有：

资产剥离。当企业不良资产比重过大时，企业应考虑剥离不良资产。企业卸掉包袱以后，可以轻装上阵，利用剥离资金尽快转向新领域，开展新业务，从而给企业营造新的利润空间。资产剥离策略主要适用于以下几种情况：不良资产的存在恶化了公司财务状况；某些资产明显干扰了其他业务组合的运行；行业竞争激烈，公司急需收缩产业战线。

公司分立。公司分立是指公司将其拥有的某一子公司的全部股份，按比例分配给母公司的股东，从而在法律和组织上将子公司的经营从母公司的经营中分离出去。通过这种资本运营方式，形成一个与母公司有着相同股东和股权结构的新公司。在分立过程中，不存在股权和控制权向第三方转移的情况，母公司的价值实际上没有改变，但子公司却有机会单独面对市场，有了自己的独立的价值判断。

股份回购。股份回购是指股份有限公司通过一定途径购买本公司发行在外的股份，适时、合理地进行股本收缩的内部资产重组行为。通过股份回购，股份有限公司达到缩小股本规模或改变资本结构的目的。

③其他资本运营模式

其他资本运营模式包括：

借“壳”上市。借“壳”上市是指企业通过购买（或行政划拨）上市公司的股权取得对上市公司的控制权，然后将上市公司的原有资产全部剥离出去，注入新的优质资产，从而达到上市的目的。借“壳”上市往往伴随购并资活动同时进行。

尽管当前“壳”资源有十分的诱惑力，但从资本运营战略角度考虑，企业需要对之进行深入的考察，具体包括上市企业现有的资产状况、盈利水平、行业发展前景、股价波动等，避免盲目借“空壳”而给本公司带来不可弥补的损失，或造成沉重的经营负担。

管理重组。企业在注重资本运营带来的巨额收益的同时，更需要对企业管理进行重组，即所谓的“无形资本运营策略”，而资本运营成功与否在相当大的程度上依赖于无形资产运营的成败。从企业组织架构、决策机制，一直到企业生产管理、销售管理、人力资源管理、企业文化建设等方面都需要不断创新与重整，要站在企业发展战略高度上审视企业经营管理，避免简单地低估管理资源。管理重组的成功对于资本运营战略的最终成功提供了最可靠的保障，是企业资本运营的最终支持，这一点已越来越受到企业界的重视。

8.3.4 网络化企业运营风险的财务控制

网络化企业运营风险的财务控制已经超出了传统企业管理的边界，它不是传统企业财务风险管理的简单延伸，而是利用财务价值管理手段来控制不确定因素，使网络化企业平稳运作，最大限度地降低网络化企业的内部交易费用，凝聚合作伙伴的核心能力，从而形成虚拟伙伴的核心竞争力，在网络化企业价值最大化基础上实现伙伴成员公平利益分享的一种风险管理方式。为了有效进行对运营风险进行财务控制，必须在网络化企业内伙伴间建立信息工作平台，对市场机会的价值进行柔性管理，强化伙伴间的信用管理，实施全程成本控制，建立有效激励机制，以达到通过信息技术将合作伙伴的核心能力进行整合，为成员企业创造更大的价值。

(1) 市场机会价值的柔性管理及财务风险控制

财务风险控制的价值管理过程应伴随网络化企业对市场机会把握的全过程，当新机会来临时，以信息技术为纽带的自动反应机制能够启动潜在伙伴组成网络化企业，各成员伙伴通过评估新的机会和衡量各自的核心能力，决定投入各自资源的多少；同时，通过识别和衡量影响新市场机会的外部环境要素风险，如利率、汇率、原材料价格等，对市场风险予以充分的认识。进而，在各成员间建立灵活的“弹性”契约机制，增加管理柔性，运用实物期权价值评估方法、金融衍生风险管理工具，有效地防范、规避和转移风险，提高整个网络化企业的价值①。

（2）专用投资风险控制

一般情况下，网络化企业是应对新市场机会而产生的伙伴间临时合作关系，成员企业发挥各自现有的核心能力，大多不需要或很少需要专用投资。如果新的项目需要较大专用投资，虚拟运营风险就大大增加，因为当网络化企业的合作由于种种原因失败时，专用投资就变成了沉没成本，可能变得一文不值，给网络化企业中提供投资的成员企业造成无法挽回的损失。较为理想的方法应该是事前积极预防，具体可以采取以下策略：一是成员企业事前对专用投资进行合理的预计，共同承担投资支出，这样即使发生合作失败，投资损失风险也会在成员企业中合理分担，避免了“将鸡蛋同时放进一个篮子”的风险。这样做的另外一个好处是，共同出资增强了各方将来进一步合作的基础。二是需要专用投资的企业可以选择采用设备租赁等替代方法来完成任务，避免大规模“沉没成本”发生。三是如果专用投资过大，超过了成员企业风险承受能力，则可考虑再寻找一家具备该投资所需要核心能力的新合作伙伴加入网络化企业，以降低投资风险。

（3）合作伙伴的信用管理

网络化企业之间的交易本质上是市场化的交易，由于交易大多不是标准化产品和服务，交易的完整性依赖于相互之间坚实的信用基础，交易过程中需要全程的信用风险管理。对于网络化企业信用管理包括事前合作伙伴的信用考察、交易过程的风险监控以及交易结束后的信用评价。信用管理要以较完备的交易契约（合同）和执行合同的适当治理机制为基础，即为了保证交易契约的顺利执行，网络化企业各方应建立起协调和处理问题的合作机制。网络化企业交易复杂，整个网络化企业间交易的顺利完成，很大程度上也依赖于网络化企业与外部交易的进展情况，外部交易环境和内容的变化，直接影响网络化企业内部交易链的畅通无阻，因此这个交易契约从本质上说是一个动态契约，需要根据条件的变化进行协商修订。同时，我们也可根据项目风险的大小，采取合作各方共同出资建立一个“担保基金”，建立履约保证机制。

（4）成本控制

网络化企业间统一协调进行成本控制是一件很困难的事。各成员的工艺调

---

① 朱小平，张百祥．试论“虚拟企业”的运营风险及财务控制．财会通讯（综合版），2004（18）

整，原材料、人工成本的变动，研发和销售成本的不确定，都会大幅提高企业的最终产品成本，甚至造成成本失控。并且，由于面对共同的市场机遇，成员伙伴间个别伙伴为追求自己的利益，可能会故意虚增成本，以增加自己在整个企业利益分享中讨价还价的筹码。因此，应建立健全财务和会计控制系统，强化成本和收益的管理和控制，引入市场竞争机制，发挥计算机信息系统中财务信息的监控作用。

(5) 财务激励与约束机制的设计

当网络化企业不同伙伴间利益目标不一致时，激励问题就产生了。每个成员企业都试图在市场机遇中获得最大收益，即使该成员企业只能提供有限的核心能力，仍会尽可能为自己争取更多的合作利益，有时甚至会有“机会主义”式的损人利己的不道德行为，因此从某种意义上讲合作成员中的利益是有冲突的。实际上这种利益关系能否协调好，直接关系到“网络化企业”能否有效运营和实现既定目标，因此应设计一整套激励机制保证成员企业间公平分担成本和风险，合理分享利润。财务激励与约束机制的合理设计从本质上说应当属于财务治理与财务控制范畴，目的是使成员企业之间的责、权、利关系对等，保证成员企业风险承担、成本投入与获得收益之间的匹配，从而激励和约束成员企业实现网络化企业的运营目标，如可根据网络化企业产品在市场中的不同价格和不同销售数量来设计成员企业的对网络化企业提供产品和服务的价格，或者说设定动态的“内部”“转移价格”等。

8.4 网络化企业与风险投资

风险投资（Venture Capital，VC）是一种把资金投向蕴藏着失败危险的高技术及其产品的研究开发领域的投资行为。长期以来，风险投资都是促进新兴企业创业发展的重要力量。同时，也是20世纪90年代末刺激网络企业和网络经济发展的主要动力。迄今为止，美国那些傲视全球的高新技术企业，几乎都是在风险投资的支持下发展起来的。在这方面，风险投资功不可没。

8.4.1 风险投资及其特征

风险投资最早出现在第二次世界大战结束后的美国，1946年成立的美国研究与发展公司（R&D）是第一家完全意义上的风险投资基金公司，其后，风险投资在世界各国得到了巨大的发展。目前风险投资已成为理论界、企业界共同关注的热点话题。

“风险投资”是英文“Venture Capital”的直译，也可译为“创业投资”、“创业资本”、“风险资本”等。

关于风险投资的定义有很多不同的表述，目前理论界具有代表性的有以下几种观点：

①全美风险投资协会（NVCA）将风险投资定义为：风险投资是职业金融家投入到新兴的、迅速发展的、有巨大竞争潜力的企业中的一种权益资本。①

②欧洲投资银行认为：风险投资是为了形成和建立专门从事某种新思想或新技术生产的小型公司而持有一定的股份形成承诺的资本。

③经济合作与发展组织（OECD）先后有过三种表述：风险投资是以高科技和知识为基础，生产与经营技术密集型的创新产品或服务的投资；风险投资是专门购买在新思想和新技术方面独具特色的中小企业股份，并促进这些中小企业的形成和创新的投资；风险投资是一种向极具发展潜力的新建企业或中小企业提供股权资本的投资行为。

④美国《企业管理百科全书》将风险投资定义为：风险投资是对那些不能从诸如股票市场、银行或与银行相似的单位获得资本的工商企业的投资行为。

⑤美国著名经济学家 Douglas Greenwoody 认为，风险投资是准备冒险的投资，它是准备为一个具有迅速发展潜力的新公司或新发展的产品经受最初风险的投资②。

⑥成思危（全国人大常委会副委员长）认为：风险投资是指把资金投向蕴藏着较大失败危险的高新技术开发领域，以期成功后取得高资本收益的一种商业投资行为。③

上述 6 种对风险投资所下定义的侧重点各有不同。全美风险投资协会所下定义是从风险投资的广义含义出发的，并不强调对高新技术的要求；欧洲投资银行则是从狭义的角度出发；OECD 的定义则从狭义和广义两方面反映了风险投资对象；第 4 种看法是将风险投资对象加以综合；第 5 种定义是从投资主体角度加以定义；最后一种定义对风险投资的对象、目的和性质进行了概括。

综上所述，本书将风险投资的定义归纳为：风险投资是由风险投资者对新兴的、迅速发展的、有巨大竞争潜力的企业进行的权益投资，其目的是为了在投资退出时获取高额回报。

(1) 风险投资的要素

风险投资由风险资本、投资主体、投资目的、投资期限、投资对象和投资方式构成。

①风险资本。风险资本是指由专业投资机构提供给新兴公司的快速成长且具

---

① 转引自李永周，马军伟．高技术产业风险投资的制度创新．中国科技论坛，2005(2)

② 转引自范柏乃，沈荣芳，陈德棉．国际风险投资理论研究综述．浙江金融，2000(9)

③ 成思危．积极稳妥地推进我国的风险投资事业．管理世界，1999 (1)

有很大升值潜力的一种资本。风险资本通过购买股权、提供贷款，或既购买股权又提供贷款的方式进入企业。风险资本的来源渠道是多种多样的，其中包括：机构投资者资金（主要是养老基金、保险基金）、富有的个人资金、大公司资金、政府财政资金、银行等金融机构资金，等等。风险资本的来源因时而异。在美国，1978 年的全部风险资本中，个人和家庭资金占有 32%；其次是国外资金，占 18%；再次是保险公司资金、年金和大产业资金，分别占 16%、15% 和 10%。到了 1998 年，年金比重迅速上升，占了全部风险资本的 46%，其次是国外资金、捐赠和公共基金及大公司产业资金，分别占 14%、12% 和 11%，个人和家庭资金占的比重大幅下降，只占到了 8%。

在世界各国，风险资本的共同特点是，风险资金绝大多数是通过私募而不是公募方式筹集，这是由于公募方式必然会将投资者范围扩展到并不富有、风险承受能力低的普通老百姓，有可能带来巨大的社会风险，各国对此都持十分谨慎的态度。而私募范围较小，主要面向富有者。因此，又有人戏称风险投资用的是“富人的钱”。

②投资主体。风险投资主体是指进行风险投资的机构或组织。目前进行风险投资的机构主要有：大企业所设立的专项基金公司，投资银行和保险公司设立的专门风险投资机构、风险投资公司。

风险投资主体从组织形式上有：有限合伙制风险投资组织、公司制风险投资组织、信托基金制风险投资组织。所谓有限合伙制，是指管理创业资本的风险投资机构是一种私人合伙企业。其合伙人分为两大类：一类是有限合伙人（Limited Partnership，LP），另一类是普通合伙人（General Partnership，GP），也称为一般合伙人或无限合伙人。LP 是真正的投资人，它们提供了风险投资基金基本的来源。一般而言，LP 的出资占风险投资基金总额的 99%，GP 出资仅占 1%，它们是风险投资家及基金的经理人。GP 投入的主要是科技知识、管理经验、投资经验和金融专长。它们筹集资金，筛选并决定投资对象，参加被投资公司的经营管理，经理将投资利润在合伙人之间分配。它们真正掌握风险资本的命运，决定风险投资成败。

公司制风险投资组织是指两个或两个以上的投资者（股东）共同组成具有独立主体资格的营运组织。在公司制风险投资组织中，股东以其出资额为限对公司承担责任，公司以其全部资产对公司的债务承担责任。最早的公司制风险投资机构是 1946 年成立的美国研究与发展公司（AR&D）。1958 年，美国因小企业投资法的通过而成立的小企业投资公司也是公司制的风险投资机构。此后，随着风险投资事业的发展，不但出现了私人投资公司，而且一些实力雄厚的企业和银行也纷纷出资成立自己的风险投资公司（一般是其子公司）。

信托基金制是指依据公司法或一定的信托契约组建的风险投资基金，再以信托契约方式将风险基金管理公司、基金保管机构和风险投资者三方的权责利关系予以书面化、法律化，约束和规范当事人行为。

有限责任合伙制组织可以有效控制代理成本，降低运行费用，但资金来源有限。公司制风险投资组织资金来源广，但代理成本不好控制。基金制则是目前国际上刚刚兴起的一种介于前两种组织之间的一种方式。在我国，公司制是风险投资组织形式的主体，国有资本参与的风险投资比例较大。根据中国社科院科技部的调查报告显示，2001 年国有独资和国有参股的风险投资机构占全部机构的 40%，国内企业出资和外资类分别占总体的 34% 和 10%。由于公司制本身的运营结构和规制的因素，其运行效率有待提高。在美国，自 20 世纪 80 年代以来，风险投资典型组织形式主要采用有限合伙制。1995 年，有限合伙制公司参与的风险投资达1 432亿美元，占风险资本总额的 81.2%。这反映了美国的风险投资业日趋组织化、机构化和专业化，也是美国风险投资业高度发达的标志。

③投资目的。风险投资虽然是一种股权投资，但其投资的目的并不是为了获得企业的所有权，不是为了控股，更不是为了经营企业，而是通过投资和提供增值服务把投资企业做大，然后通过公开上市（IPO）、兼并收购或其他方式退出，在产权流动中实现投资回报。

④投资期限。风险投资人帮助企业成长，但它们最终寻求渠道将投资撤出，以实现增值。风险资本从投入被投资企业起到撤出投资为止所间隔的时间就称为风险投资的投资期限。作为股权投资的一种，风险投资的期限一般较长。其中，创业期风险投资通常在 7～10 年内进入成熟期，而后续投资大多只有几年的期限。

⑤投资对象。风险投资的产业领域主要是高新技术产业。以美国为例，1992 年对电脑和软件投资占 27%；其次是医疗保健产业，占 17%；再次是通信产业，占 14%；生物科技产业占 10%。

⑥投资方式。从投资性质看，风险投资的方式有三种：一是直接投资。二是提供贷款或贷款担保。三是提供一部分贷款或担保资金的同时投入一部分风险资本购买被投资企业的股权。但不管是哪种投资方式，风险投资人一般都附带提供增值服务。

从表现形式上看，风险投资主要有普通股、可转换优先股、可转换债券、普通债券等投资方式，不同的组合，可以伴随着不同的投资风险、投资收益。

风险投资还有两种不同的进入方式。第一种是将风险资本分期分批投入被投资企业，这种情况比较常见，既可以降低投资风险，又有利于加速资金周转；第二种是一次性投入。这种方式不常见，一般风险资本家和天使投资人（指在公司产品和业务成型之前就把资金投入进来的投资人）可能采取这种方式，一次投入后，很难也不愿提供后续资金支持。

(2) 风险投资的特征

风险投资一般具有以下几个基本特征：

①风险投资是一种权益投资。企业接受风险投资投入的资本不是一种借贷资本，而是一种权益资本；风险投资的着眼点不在于投资对象当前的盈亏，而在于它们的发展前景和资产的增值，以便通过上市或出售达到退资并取得高额回报的目的。所以，产权关系清晰是风险资本介入的必要前提。

②风险投资是一种无担保、有高风险的投资。风险投资主要用于支持刚刚起步或尚未起步的高新技术企业或高新技术产品。这类企业一方面没有固定资产或资金作为贷款的抵押和担保，因此无法从传统融资渠道获取资金，只能开辟新的渠道；另一方面，由于技术、管理、市场、政策等风险都非常大，所以成功率较低，即使在发达国家，高技术企业的成功率也只有20%～30%，但由于成功的项目回报率很高，故仍能吸引一批投资人进行投机。

③风险投资是一种流动性较小的中长期投资。风险投资往往是在风险企业初创时就投入资金，一般需经3～8年才能通过退资取得收益，而且在此期间还要不断地对有成功希望的企业进行增资。由于其流动性较小，因此有人称之为“呆滞资金”。

④风险投资是一种高专业化和程序化的组合投资。由于创业投资主要投向高新技术产业，加上投资风险较大，要求创业资本管理者具有很高的专业水准，在项目选择上要求高度专业化和程序化，精心组织、安排和挑选，尽可能地减少投资风险。为了分散风险，风险投资通常投资于一个包含10个项目以上的项目群，利用成功项目所取得的高回报来弥补失败项目的损失并获得收益。

⑤风险投资人积极参与被投资企业的经营管理。风险投资家（公司）在向风险企业注入资金的同时，还用它们长期积累的经验、知识和信息网络帮助企业管理人员更好地经营企业，为企业提供咨询，参与重大问题的决策，必要时甚至解雇公司经理，亲自接管公司，尽力帮助该企业取得成功。

⑥风险投资是一种追求超额回报的财务性投资。风险投资是以追求超额利润回报为主要目的的一种投资行为，投资人并不以在某个行业获得强有力的竞争地位为最终目标，而是把它作为一种实现超额回报的手段，当被投资企业增值后，风险投资人会通过上市、收购兼并或其他股权转让方式撤出资本，实现其投资的超额回报。因此，风险投资具有较强的财务性投资属性。

8.4.2 网络化企业吸收风险投资的意义

网络化企业是在全球经济竞争形式下，随着信息技术特别是因特网技术的迅速发展而逐渐产生和发展起来的新型的企业组织形式。风险投资作为连接资本市场和企业的一座桥梁，它对促进网络化企业发展壮大具有重要的战略意义。

(1) 风险投资能有效地解决网络化企业资金投入严重不足的问题

网络化企业与传统企业一样，在其发展中都离不开资金的支持。然而，由于网络化企业是一种新兴的企业组织，在其发展中面临的风险相对较大，赢利的时间相对滞后，这使得传统资本对之望而生畏，所以网络化企业在发展中往往会面临资金严重不足的问题。风险投资通过其独特的运作方式极大地满足了网络化企业对资金的需求。风险投资机构有能力为所投公司创造资金渠道，使风险资本在必要时源源不断地流入被投资企业。

(2) 风险投资有利于降低网络化企业的经营风险和财务风险

网络化企业作为一种新兴的企业组织，其投资回报与收益的期限往往很不确定。风险投资公司通过参与网络化企业的管理，在企业不断壮大过程中从经营策略、管理模式、产品规划、市场开发等环节支持企业，以回避风险，保证企业能够健康、快速地成长起来，使投入的资本尽快获得高额回报。从这个角度来说，风险投资公司参与风险企业的经营管理，避免了企业失败的风险，提高了企业成功的概率，加快了网络化企业发展的进程。

此外，由于风险投资所投的资金属于企业的权益资金，因而能有效地降低网络化企业因经营失败而导致的财务风险。

(3) 风险投资有利于网络化企业明晰产权关系，规范经营运作

一般情况下，风险资本是以股权形式与风险行业结合的，所以双方的权利、义务等都相当明确，这是合作顺利进行的制度保障，也是风险投资公司投资的前提条件。风险投资者只有在该企业成功上市或发生兼并时，通过出售股权取得回报。风险投资公司的这一运作特点无疑要求风险企业必须建立产权关系明晰、规范的现代企业制度。当然，这样做的结果同时也降低了企业失败的风险，规范了运作，提高了企业成功的几率。

总之，风险投资无论是对于风险投资机构还是对于网络化企业而言都是十分有价值和有意义的活动。风险投资机构因风险投资而获利，网络化企业因风险投资而成长，二者可谓是相得益彰。近些年来，网络化企业在风险投资的介入下茁壮成长的实例比比皆是，其中一个很好的例子就是雄踞美国国际网络王国的雅虎公司（Yahoo），公司的业绩在风险资金的帮助下在短短的几年发展惊人：截至2000年，其股价已比上市之初上涨了200多倍，并已发展成为总市值达100亿美元的上市公司。雅虎的成功与其说是高科技的成功，倒不如说是风险投资与企业联姻的成功。一流的管理、正确的市场战略再加上充足的资金，这些条件是雅虎成功的重要保障。

8.4.3 网络化企业获得风险投资的方法及步骤

如前所述，风险投资对于网络化企业的发展具有十分重要的战略意义。一般

而言，网络化企业获得风险投资需要从以下几方面着手：

（1）了解风险投资者的所思所想

任何一家风险投资公司都不会选择那些不具备成功条件的企业进行投资，因此网络化企业要想吸引风险投资，首先必须从自身做起，尽可能创造成功的条件。一般而言，企业成功的条件包括：

①有较高素质的企业家。企业家必须有献身精神，有良好的决策能力，思路清晰、待人诚恳，有出色的领导水平，并能激励下属为共同的目标而努力工作。

②有高效运转的组织机构，有技术和营销人员配备均衡的管理队伍。

③有既有远见又符合实际的企业经营计划。这个计划要阐明创办企业的价值，明确企业的发展目标和发展趋势，明确企业的市场和顾客，明确企业的优势和劣势，同时指明创办或发展企业所需的资金。

④有市场需求或有潜在市场需求的新技术、新产品。有需求就会有顾客，有顾客就会有市场，有市场就会有企业生存发展的空间。

⑤有良好的赢利模式。

当然，除了上述条件以外，能否成功吸引到风险投资往往与企业所处的行业或领域十分相关。风险投资者特别偏爱那些在高技术领域具有领先优势的公司，比如软件、通信技术领域。这是因为高新技术行业本身就有很高的利润，而领先的或受保护的高新技术产品服务更可以使风险企业很容易地进入市场，并在激烈的市场竞争中立于不败之地。

（2）从风险投资者的角度客观地分析企业和企业价值

有些网络企业的创业者出身于技术人员，他们往往很看重自己的技术，对自己一手创立的企业有很深的感情。然而投资者看重的往往不完全是技术，而是由技术、市场、管理团队等资源配置起来而产生的赢利模式，它们要的是回报，不是技术或企业。要想引起风险投资者的兴趣，创业家必须投其所好，从风险投资者的角度分析企业，挖掘企业的价值所在。通过收集企业技术资料，进行详细的市场调查和管理团队的组合，认真分析从产品到市场、从人员到管理、从现金流到财务状况、从无形资产到有形资产等方面的优势、劣势。把优势部分充分地体现出来，对劣势部分采取有效措施加以弥补。同时要注意增加企业的无形资产，全方位地、实事求是地展现企业的价值。

（3）认真编写商业计划书

商业计划书（Business Proposal）是有关企业经营发展整体业务运营的构思与策划，是基于企业的实际而对企业运营涉及的人力资源、产品开发、生产加工、市场开拓与销售、财务管理、资本运营以及企业发展战略等方面所做的计划和规划。在用于企业融资时，商业计划书又称为企业融资计划书。

商业计划书是网络企业获得风险投资的敲门砖，它能使风险投资者快速了解项目的概要，评估项目的投资价值，并作为调查与谈判的基础性文件。另外，一份好的商业计划书还能作为企业创业的蓝图和行动指南。

编制商业计划书的理念是：首先是为客户创造价值，没有客户也就没有利润；其次是为投资者提供回报；最后是作为指导企业运行的发展策略。站在投资者的立场上，一份好的商业计划书应包括详细的产品分析和市场分析；清晰明了的商业模式介绍，集技术、管理、市场等方面人才的团队构建；真实可靠的现金流预测和实事求是的财务计划。

(4) 积极与风险投资者接触

多数情况下，与风险投资者的接触可以通过电话开始——只是探讨一下你的想法是否和风险投资公司的业务范围相适合。绝大多数的风险投资家都会拿起听筒，因为他们也不知道下一个好的项目会从哪里来。当然还可以通过参加会议、直接上门等方式寻找风险资本。然而，由于寻求投资的人很多，风险投资公司也需要一个筛选的过程，所以最有效的方式还是要通过有影响的人士推荐。如果风险企业家能得到某位令风险投资公司信任的律师、会计师或某位行业内的“权威”的推荐，它获得资助的可能性就会提高许多。

尽管如此，多数的风险投资公司都要比人们想象的更容易接近。有些企业家常抱怨自己不能找到风险投资者，不能做这也不能做那。试想，如果一个风险企业家甚至找不到方法去和风险投资者进行接触，那么，又怎能期望他会成功地向顾客推销产品呢？因此，在接触过程中，风险企业家还要有一种坚忍、顽强的精神。

(5) 与风险投资者交易谈判并签订协议

风险投资谈判通常需要通过若干次会议才能完成。在大部分会议上，双方将就企业家先前递交的《商业计划书》进行探讨、征询和分析。这里有两点需要注意：一是要尽可能让风险投资者认识、了解本企业的产品或服务。二是始终把注意力放在《商业计划书》上。有时会议往往会延续数小时之久，这时企业家有可能会变得非常健谈，从而自觉不自觉地就可能会谈到一些关于未来的宏伟计划，并提到某些在《商业计划书》中并未提及的产品，这一点千万要避免。因为这样的谈话会使风险投资人认为你是一个幻想者，或是一个急于求成的人。一些有经验的风险投资专家还指出，在应对风险投资基金经理的问询和查验时，为了做到对答如流，并给基金经理留下深刻的印象，企业家最好事先对基金经理可能问到的问题有所准备，同时，为了慎重起见，也可以聘请专业的投资顾问公司为企业设计有关谈判要点，并帮助起草有关计划书等文件，使企业顺利地获得风险投资。

在谈判过程中，企业家应明确风险投资家的投资目标。一般说来，风险投资者和企业家的投资目标是不同的。风险投资家的目标可概括为：一定风险下的合理回报；在董事会占有一定席位，有能力影响公司决策；控制表决权，可以在企业业绩恶化时更换管理层；金融工具具有较强的流动性，能够退资变现；投资收益缴纳的税率最低；在投资失败时，防止公司管理团队动用、瓜分剩余资金。企业家的主要目标是：领导自己创立的企业，有充分的资源发展业务，缴纳尽可能少的纳税额，获得合理的收益，得到风险投资公司在管理上的帮助等等。谈判的目的就是折中双方有差距的要求，做到互惠互利、风险共担、收益共享。

谈判结束后，如双方达成一致意见，将签订正式的投资协议，协议的条款包括投资的数量、时间、资金投入方式、证券工具的选择和组合、红利和利息政策、企业经营范围、经营计划、资产评估、兼并收购和实现投资回报的渠道等。在这一过程中企业要摆正自己的位置，要充分考虑投资家的利益，并在具体的实施中给予足够的保证。要清楚，风险投资吸引的不仅是资金，还有投资后的增值服务。

8.4.4 网络化企业对风险资本的有效利用

对网络化企业而言，获得风险投资并不代表企业一定能成功，事实上成功的企业毕竟是少数，而失败的却是多数。获得风险资本后企业能否成功主要取决于对风险资本的利用程度和效果。

(1) 学习风险资本家管理和资本运作方面的经验

利用风险投资不仅仅意味着企业在资金上能够得到风险投资公司的支持，在管理水平上也可以得到促进和提高。正如金融界网站 CEO 宁君所说："风险投资投入的是两方面的东西，一方面是资，另一方面也投入了智。"绝大多数网络企业的创业者都有良好的技术背景，但在对企业的经营管理上则有所不足。而风险投资家一般具有经营管理和资本运作方面的高超能力，他们不仅给风险企业注入资金，还经常参与企业的监督和经营管理活动，对企业进行管理辅导，提供财务顾问服务并最终对企业进行包装上市，尤其是在其投资额较大，所占股份较高的情况下更是如此。所以，企业要主动配合风险投资公司对公司经营管理和资本运作方面的帮助和指导，不断吸取风险投资家所带来的投资理念和经营理念，以便使对风险投资的利用达到"效益最大化"。风险投资家对企业经营管理的参与最主要有三类活动：一是作为管理层的顾问，即作为专家指导企业的经营活动，使企业走上规范化、制度化的道路，用现代的管理手段促进企业的发展，包括制定规划、制定营销战略、人事安排、发展与供应商的关系等。二是进行后续融资，包括争取其他的股权性投资，取得债权性融资，与其他投资者协商洽谈，监督企业的财务状况等活动。三是监督企业的日常经营活动。

(2) 保留对企业的控制

保留对企业的控制对于网络企业的创业者来说是非常重要的。风险投资可以支持企业的发展，但被投资企业将不可避免地要出让一部分股权，有时甚至被风险投资公司控股。从以上的分析我们已经明白，风险投资公司不是战略投资者，它们不可能长期持有企业的股份，在投资基金协议期满之前必须退出投资，如果是通过上市来退出，尽管创业者持有少数股权，但因为社会公众股东比较分散，创业者仍旧能够保留对企业的控制。但是如果上市有难度，风险投资公司将有可能通过协议把所持有的股权转让给战略投资者，在这种情况下，如果风险投资公司持有被投资公司多数股权时，创业者将最终失去对公司的控制。为了避免后一种情况出现，创业者可以在融资协议中加上一些约束性内容，保证风险投资最终选择通过上市的方式退出投资。如果有难度，可以签订股份回购协议或者在规定协议转让风险投资公司所持有的股份时，相同条件下创业者有优先购买权。

(3) 尊重风险投资公司的权利和利益

风险投资公司的本质是投资而非投机，所以风险投资公司往往要求创业者对其所从事的事业充满信心，有必然成功的信念。如果创业者表现出了过多的投机意识，期望将来像风险投资公司一样通过各种途径使自己的股份变现，那么他们将不可能获得风险投资家的青睐。在风险投资关系中，风险投资家和创业者双方追求的目标是不一样的，风险投资家追求的是最大限度的资本利得，而创业者追求的不仅是利润的获得，而且也寻求个人职业生涯的发展及事业上的成功等因素，他们可能在决策和经营中偏好于个人职业生涯的发展、个人的荣誉及创业的自豪感等，而没有使股东收益最大化。其次，由于创业者投入的主要是无形资产，因而会趋向于追逐高风险的项目，若项目成功，他可以按协议中的比例取得利益分配；若项目失败，资金的损失主要来自风险投资方。更有甚者，创业者可能明知企业的前途不妙，但为了能使自己的创业继续下去，以及得到管理自己的企业的荣誉感，他会故意向投资方隐瞒事实，损害风险投资方的利益。所有这些情况将使创业者在资本市场名誉扫地，最终将失去风险投资公司的支持。

9 网络化企业人力资源管理

随着网络技术跨越式发展，以网络经济为主导的企业间竞争越来越直接地反映为人才战略的竞争。生产方式的重大变革表现为生产组织的分散化和网络化，这一变革要求实行以工作团队为基本单元的网络化企业组织结构。在这样的背景下，企业管理的变革，尤其是人力资源管理的变革就显得非常重要。企业人力资源管理必须顺应生产方式的这种变革，必须有利于企业提高工作效率，优化业务流程，改善服务质量，提供合理决策等。为适应快速变化的市场，企业需要能够做出迅速反应的人力资源管理平台。基于人力资本已经成为企业最重要的资本和“新经济”要求企业实行人力资本网络化管理的现实，人力资源网络化管理已经成为企业管理领域十分重要的研究课题。

9.1 企业网络化发展中的人力资源管理模式转变

网络化环境下的企业人力资源管理职能正在发生转变。企业人力资源管理者逐渐从作业性、行政性事务中解放出来，更多地从事战略性人力资源管理工作。因此，企业人力资源管理部门已逐渐由原来的非主流的功能性部门，转而成为企业经营业务部门的战略伙伴。表 9-1 集中体现了人力资源职能的转变方向①。

表 9-1　　人力资源职能的转变

从	到
职能导向	战略导向
内部重点	顾客重点
被动反应	主动出击
行政管理	咨询者
受活动驱动	受价值驱动

① 黄勋敬．E 时代：HRM 走向前台．IT 经理世界，2001（6）

续表

从	到
以活动为重点	以有效性为重点
视野狭小	视野开阔
方法传统	思考非传统方法
互不信任	合作伙伴
行为型	解决问题型

随着人力资源职能的转变，人力资源管理角色需要重新定位。密歇根大学的沃尔里奇（Ulrich）教授认为，作为企业获取竞争力的帮手，人力资源管理应更注重工作的产出，而不仅仅是把工作做好。根据人力资源管理的战略决策、行政效率、员工的贡献和变化能力这四种产出，沃尔里奇归纳了人力资源管理的四个基本角色。它们分别是管理战略性人力资源、管理组织的机制结构、管理员工的贡献程度、管理转型和变化。表 9-2 体现了人力资源管理角色①。

表 9-2　　人力资源管理角色

角色区分	有效产出/结果	形象化比喻	行为
管理战略性人力资源	实施战略	战略伙伴	把人力资源和经营战略结合起来
管理组织的机制结构	建立有效机制结构	职能专家	组织流程的再造
管理员工的贡献程度	提高员工的能力和参与度	员工的支持者	倾听并对员工的意见做出反应，为员工提供所需资源
管理转型和变化	创建一个崭新的组织	变革的推动者	管理转型和变化，保证应变能力

9.1.1 企业内部人力资源管理的网络化

在全球化的竞争中，人力资源管理面临着经济全球化、信息网络化、社会知

① 黄勋敬．E 时代：HRM 走向前台．IT 经理世界，2001（6）

识化、人才国际化以及企业管理广泛变革的挑战。信息技术、网络技术以及其他技术迅速发展，消除了企业之间和人与人之间的地理隔离，创造了一个不受地理边界限制和束缚的全球工作环境。新技术发展，不仅提高了企业生产效率，而且降低了交易成本，对企业管理方式产生了巨大冲击。信息技术的广泛应用要求人力资源管理利用信息技术，以网络为供应区，进行网上招聘、网上培训、网上沟通和网上考评等。①

人力资源管理分为招聘、培训、考核、薪酬福利、沟通与员工关系、人力资源信息统计工作等几个方面。② 随着网络技术的应用，上述方面都将发生一些新的变化，出现一些新的发展趋势。人力资源管理网络化的趋势，改变了企业的人力资源管理体系。企业通过人力资源管理的网络化发展，不仅能够适应时代的要求，节约管理成本，而且使管理上一个新的台阶，使企业获得竞争优势。

（1）网络招聘

目前，网上招聘已显示出巨大的威力，它不仅能够提高招聘的效率，而且能够以较低的成本获取所需的人才。某些专业的人才网站，能够根据企业的职位要求，很快提供符合企业要求的人才信息。一些人力资源网站还提供人才测评、专业测试等在线招聘管理服务。企业也可以通过内部网络化的招聘管理系统，建立自己的人才资源库。网络可以帮企业寻找符合企业条件的求职者，世界各地的求职者也有机会了解企业的招聘信息，企业可以测评、选择应征者，可以很快得到一份详尽的人才分析报告。在招聘的后台处理系统里，企业可以更快地得到更多的招聘工作分析报表。

（2）员工在线评估

由于网络缩短了企业之间以及领导与员工的距离，主管可以很快看到每个来自各地的下属定期递交的工作计划并进行指导及监督。只要具备工作条件，员工只需按计划完成工作，员工评估及述职都在网络中实现，员工的工作地点已经不是很重要，这将大大提高员工的满意度。在线评估系统实时录入企业所有员工评估资料，其强大的后台处理功能将出具各种分析报告，为企业的管理改进提供及时的依据。

（3）在线培训

以网络为基础的虚拟学习中心将在一些大企业或专业的机构涌现，在线培训使得学习成为一个实时、全时的过程。在线培训将大大降低企业的培训成本，人力资源部更重要的工作将是强调员工要协作学习，自我管理，自我激励，并设计

---

① 赵曙明．全球化背景下的人力资源管理．首届中国人力资源管理大奖颁奖典礼上的演讲．www.365u.com.cn，2005-12-07

② 周斌．网络化的企业人力资源管理．企业经济，2002（7）

好及时有效的培训评估体系以保证培训的效果。企业将在线教育培训计划分布在网络上，员工均可更自由地选择自己想修的课程。

(4) 在线薪酬与福利体系

网络时代，员工可以在网络上查找与其能力相对应的薪酬，员工可以在线申请福利项目，了解他目前应享有的福利和他目前职位的待遇状况在社会以及企业内部的位置。这在网络时代不足为奇，在线的薪酬福利体系必须体现市场原则、公平原则，为了留住员工，企业需要建立强有力的企业文化。

(5) 网络沟通

网络使得信息沟通更为直接、广泛、有效。在企业内部网上，可以建有员工的个人主页，可以有 BBS 论坛、聊天室、建议区、公告栏，以及企业各管理层的邮箱，员工间的沟通、信息及资源的共享使得工作效率大大提高。当前，很多企业通过建立博客进行信息沟通以及知识管理，已经取得不错的效果。网络沟通降低了企业的沟通成本，提高了企业的工作效率，增强了企业人力资源能力。

企业通过内部人力资源管理的网络化，充分发挥网络的威力。美国思科(Cisco) 系统公司利用互联网解决方案成功维系了企业的灵活性和竞争优势，从供应链管理到员工沟通等所有业务都在互联网上完成。因此，企业发展速度超过了所有主要竞争对手，成为计算机行业有史以来成长最快和盈利能力最强的企业。在思科公司，以网络为基础的人力资源管理每年为企业节约5 800多万美元。思科的经验给中国的企业带来了启示。思科公司网络化人力资源管理的过程如下：

思科公司通过员工自助式人力资源系统让新员工了解公司的具体情况时，如公司的薪酬福利、保险计划、医疗服务、企业文化、自己的工作职责、职业生涯规划，甚至包括上级和同事是谁。依靠网络，员工可以通过自助的办法来获得关于企业内部和人力资源方面的信息。在思科，人力资源管理几乎全部通过网上进行，如某个部门需要招募新人，部门经理打开公司的招聘网站，填好资料，网络就能自动搜索并提供合适人选，经理通过筛选和在线面试，直到找到符合要求的员工。绩效考核和薪酬管理也是如此，有一个经理专属的网站，所有员工薪水资料都存在里面，其中包括 4 个重要模块：薪资、加薪、分股、分红奖金，谁拿多少钱，谁该加薪，网上清清楚楚。此外，还有培训网站，员工在什么阶段应参加什么培训？学哪些课程？效果如何？不仅员工自己知道，他的上司也是非常清楚。人力资源管理的网络化使思科的 HR 经理们从烦琐的纸上作业解脱出来。

互联网使思科公司处于一种高效运作的状态。在公司里，见不到各种纸张报表，所有的信息传递都通过网络快速完成。网络化的人力资源管理，不仅提高了工作效率，更降低了管理成本。节省费用的方面包括：员工名录免去了名册的印刷邮寄费用，并且降低了查询信息的时间；提交费用，消费报告的提交时间由原来的25天降低为3天；福利费用，所需的管理费用总额降低了50%；员工沟通费用，员工沟通时间大大降低（每人5分钟）；员工招聘费用，通过网络直接招聘，每份申请费降低了17%；培训费用，将差旅费（现场直播及课堂实地教学）降低；补偿管理费用，补偿管理的时间降低了25%；其他节约费用，避免雇用更多采购员、办事员或管理员。①

现代企业应充分把握时代的脉搏，充分利用网络带来的机会，将人力资源管理尽早向网络化转型，使之成为一种竞争优势。

9.1.2 虚拟经营下企业人力资源管理变革

虚拟经营打破了企业有形的组织界限，弱化实体组织结构形式，最大限度地利用外部资源。网络化企业是独立企业的联合体，因此，网络化企业的人力资源管理不仅仅局限于一个企业内部，而且涉及企业间及企业间合作过程中所组建的虚拟工作小组。

（1）组织结构、任务团队的变化

网络化企业是一种分布式组织，其成员企业是异地分布，成员之间的地域跨度可能非常巨大，通过通信系统及网络等信息基础设施的支持进行并行工程作业，打破了传统的以时间为序的串行工作方式。这种并行作业方式大大增加了网络化企业运作的灵活性和高效性，但使得网络化企业中的员工的工作地点、时间呈离散化趋势。由于网络化企业的动态性、分布性、自治性、自利性等特点，其组织人员的工作方式有较大的独立性，几乎每一成员都需独立自主地作局部决策，保持自治运转。由于网络化企业是企业间的临时组织并且随着项目的完成而解散，更加大了组织结构的模糊性。网络化企业的工作方式是基于项目的团队工作，员工将参与跨功能的组织。

（2）管理对象的变化

管理范围涉及网络化企业中的每一个企业，并且成员企业的核心能力具有独特的互补性。网络化企业是为了满足特定用户需求而建立起来的独立企业间的联合体。每一个成员企业具有自己独特的核心能力，均是具有专业化能力的企业单位，这与现今实体的企业功能完整化形成鲜明对比；组织的构成单位是以任务为导向的虚拟小组。虚拟小组由人、目标、连接三要素组成，人是最基本的存在要素；目标则是凝聚组织的向心力；连接指的是渠道、互动和彼此的关系。② 网络化企业的员工个体之间的关系为互补型、合作型、伙伴型，在分散的地点以网络化、数字化的沟通途径实现虚拟合作。

---

① 思科的网络化人力资源管理．中国劳动保障报，2004-09-01

② 李宇峰，朱平利．虚拟企业人力资源管理研究．物流科技，2004（8）

(3) 员工个体的变化

虚拟经营环境下，人力资本的地位发生了根本性的变革，劳资双方的“契约关系”逐渐演化为“盟约关系”。网络化企业的优势就在于整合各相关企业的核心能力，并通过配置人力资源组成虚拟小组发挥出来，成员多为知识型员工。知识型员工是美国学者彼得·德鲁克首先提出的，指的是那些掌握和运用符号和概念，利用知识或信息工作的人。这些知识型员工在工作方式、文化背景等方面存在大的差异，并且因为合作过程短暂及虚拟合作环境等因素的影响，成员间相互深入了解几乎不可能，在合作期间也会出现一些摩擦、隔阂和误解。

(4) 管理方式的变化

由于劳资双方关系的革命性变化，网络化企业的人力资源管理不能通过强制命令或权力来维系，人力资源管理逐步转变为以柔性化手段为主。鉴于网络化企业员工个体工作地点、沟通方式等的限制，对网络化企业员工应倡导自主式管理，实施弹性工作时间制等。企业网络化发展为人力资源虚拟管理搭建了平台，网络化的企业组织使人事管理能够朝专业化、集约化、规模化、经济化的方向发展。① 正如网络化企业错综复杂的外包关系，其人力资源管理也可以实现策略性外包化的虚拟管理。通过与咨询机构合作、通过人力资源顾问引进国内外先进的人力资源理念与方法，企业既可以集中自身的人力、物力、财力资源，关注核心竞争力的提升；同时，还能通过社会上人力资源专营机构得到更专业、更高效、更优质的服务，借助企业之外的人力资源服务市场使人力资源管理与开发水平实现跨越式的提升；此外，企业内人力资源管理人员与人力资源服务机构或人力资源管理专家的合作过程还有利于人力资源管理人员观念的更新及专业知识与技能的提升。

互联网技术日新月异的发展使美国企业的人力资源管理部门在行政管理事务方面所花的时间比重越来越小，一些人力资源服务可以越来越多地通过自助形式提供。人力资源管理外包现象在美国的企业中也越来越普遍。通过将日常的管理工作交给企业外包专业化程度更高的企业或者机构去管理，美国企业内部的人力资源管理者得以将更多的精力集中在对企业价值更大的管理实践开发以及战略经营伙伴的形成等功能上。如今在美国，很多企业已经把人力资源管理部门最基本的业务——工资发放外包给企业以外的专营业主，使得薪金支票发放率大为提高。同样，人力资源管理部门的福利与津贴管理业务、档案保存、工作安置与咨询以及信息系统等也外包给专营业主或专业咨询企业。很多美国企业还将招聘工作交给专营业主，让他们帮助企业对众多的应聘人员进行前几轮的筛选，但是最

① 陈婧．网络条件下人力资源管理策略——以浙江中小企业为例．北京经贸，2004(12)

终的决定权还是在企业手中。人力资源的虚拟管理一方面会提高双方的效率，享受各自规模经济而带来的好处，另一方面还会因此而降低企业的经营风险。因此可以说，在激烈的市场竞争中，人力资源管理虚拟化具有得天独厚的优势。

9.1.3 企业人力资源管理网络化模式

随着虚拟管理的进一步发展，人力资源管理部门，这个一向被认为是企业内部不可分割的部分，业务虚拟化的趋势日益明显。从实践上看，每一个企业虚拟的职能不尽相同，有的将整个员工福利管理全部虚拟，有的只是将其中单项福利管理进行虚拟，如退休员工的养老金管理、员工分红、员工人身保险和医疗保险项目等。企业人力资源管理网络化模式归纳起来主要表现在以下几个方面：

(1) 薪酬虚拟

工资的设计与发放向来是人力资源管理部门最基本的业务，但是很多企业认识到类似这些业务对企业的发展并无战略意义，因此它们把这项工作外包给专营企业去做。美国新泽西州罗斯兰德的自动处理企业一直是薪金发放的最大专营业主，这些年来业务量始终保持着高增长率。这些专营企业运作越来越规范，所提供的服务越来越到位，以满足各种企业的“个性化”需求。如位于纽约的全国员工福利中心，就可以通过其语音答复系统，向退休员工回答涉及其退休金及企业分红等方面的“个性化”问题。而我国多数机关、企事业单位也都由银行来代发工资，并把退休员工养老金的发放推向社会。企业将类似的薪金、福利规划与管理交给专业业主或专业咨询企业，一方面会提高双方的效率，享受因各自规模经济而带来的好处，另一方面还会因此而降低企业的经营风险。

通用电气公司（GE）是世界上最大的多元化服务性企业，同时也是高质量、高科技工业和消费产品的提供者。它的产品涉及从飞机发动机、发电设备到金融服务，从医疗、电视节目到塑料。2001 年 11 月 GE 公司与著名的人力资源咨询与服务企业——翰威特咨询公司签订长达 5 年的合约，由翰威特咨询公司帮助 GE 公司完成其下属 20 家子公司的薪酬管理，这其中包括绩效考核之后代为计算薪酬、代发工资等业务。GE 公司总裁杰夫·伊梅尔特先生表示：“这是种有意的尝试。薪酬由第三方发放，无疑增加了薪酬透明度，保证了公正。我们计算过，和翰威特咨询公司在薪酬管理这块的合作将取得成本下降 47.4% 的理想效果。”①

(2) 招聘虚拟

人力资源相关法律法规的变化，以及外部环境的不断变化给企业的招聘政策、招聘工作带来了较大的风险；同时网络化企业员工的流动性、弹性和可替代

① 转引自祝欣．企业虚拟人力资源管理研究．广东工业大学硕士学位论文

性也越来越强烈，因此，该项工作走向虚拟的程度也越来越高。招聘虚拟有两种方式①，一种是由外部中介机构在人力资源相关法律法规的约束范围内，根据企业所需人员的条件进行广泛、有效的筛选后，为企业提供较为合理的人力资源的配置，这种现象在国内外已屡见不鲜。如美国劳工部（U. S. Department of Labor）与各州职业代理机构合作创建的美国职业银行（America's Job Bank），经常保持着全国范围内的近25万个工作岗位存量。通过www. ajb. dni. us网站，美国职业银行将成千上万用人企业和求职者个人联系起来。此类中介机构、猎头企业在我国也大量存在。另一种方式是企业在自己的网站上辟有“职位空缺（Career Opportunity）”栏目。求职者若希望到某个企业去工作，就可直接访问该企业网点。网络招聘以其低成本、见效快、不受地域限制等特点得到越来越多国内外企业的青睐。

这种招聘方式不仅缓解了信息在雇用双方之间分布不对称的矛盾，也使双方获取信息的代价降到最低限度，从而让雇用双方的交易变得更加透明、更加准确，减少了招聘活动中的不确定性，增强了雇用双方决策的质量。可以预见，网上招聘和求职将成为未来社会发展的一大主流。

思科系统公司是全球领先的互联网设备供应商，它的网络设备和应用方案将世界各地的人、计算设备以及网络联结起来，使人们能够随时随地利用各种设备传送信息。该企业的招聘网页成为其强有力的招聘工具。招聘者可以通过关键词，检索与自己才能相匹配的空缺职位，也可以发送简历或利用思科公司的简历创建器在网上制作一份简历。此外，该网页还会让应聘者和其企业内部的一位志愿者结成“朋友”。这位朋友会告诉应聘者相关思科公司的情况，把应聘者介绍给适当的人，直到应聘者完成应聘程序。另一方面，思科公司的招聘网页不仅让积极求职者行事更简捷，而且它能把公司推介给那些满足于现职、从未想过在思科工作的人。

(3) 员工虚拟

员工虚拟的实质就是将对员工所拥有的智力、知识、体力的管理与对员工的管理分离开来。提供服务的一方享有员工管理的“所有权”，而另一方则只享有员工智力、知识或体力的“使用权”。员工虚拟目前主要有两类，一类是劳力虚拟，一类是智力虚拟。劳力虚拟主要是为企业提供体力劳动的服务，国内许多企业也实行工人雇用的弹性化。在柯达公司到来之前，厦门各劳务中介机构尚未出现这种模式。而柯达公司为了保证此方法顺利运作，积极寻找合作伙伴，同时不遗余力地灌输此概念，直到被接受为止。因此，一些劳务中介机构也随着柯达公司的发展而发展起来。而智力虚拟主要是指一些高级人才提供智力上、知识上的

---

① 戴恩民．民企用人拿起虚拟化管理利器．电子商务世界，2005（1）

服务，是一种典型的借用外脑的虚拟运作模式。导致这类人员虚拟的原因主要有三个方面：第一，企业智力资源的开发成本巨大；第二，企业智力资源的培育和开发与企业遇到的市场机会，即与企业的需要相比在时间上可能有一个滞后；第三，企业内部智力资源的供求矛盾。就企业智力资源的现状来说，一方面是企业对智力资源的渴求；另一方面是企业自身智力资源的严重不足，即使是在一些人才济济的企业也不例外。面对这种情形，借用外脑，利用企业外部智力资源，弥补企业自身智力资源的不足，智力虚拟由此应运而生。智力虚拟与劳力虚拟的区别在于，它们提供的是智力与知识服务，其人员多为企业外部的管理专家或技术专家，他们不只归属于一个企业，而是为众多企业所共同拥有。如美国的 IBM 公司、惠普公司多年来坚持充分利用企业外部的虚拟智力资源，它们常年聘请多位不同领域的技术专家、管理专家等组成企业的高级顾问团，参与研究和策划企业的发展以及讨论企业经营过程中遇到的问题，很好地发挥了企业内外智力资源互补的优势。

虚拟的智力和体力资源招之即来，既可以与企业内部的智力和体力资源相互配合、优势互补，又节省了大笔的人力资源培训与开发费用，企业以较少的投入得到了所需要的智力和体力。无论是从投入产出的角度来看，还是从适应多变的环境来看，人员虚拟都不失为企业可以既节省又迅速地聚集智力和体力资源为其服务的一条捷径。人员虚拟的出现从另一个角度来看，也打破了传统的组织界限和劳动契约关系，尤其是高级人才的虚拟化更是体现了知识、资源的“无疆界”。①

武汉广场自 1996 年开业至今一直保持中国百货单店销售额、利润两个第一，2003 年，武广实现销售 20 亿元，实现利润 1.6 亿元。武广模式与武广的大商场管理制度也纷纷受到同行效仿。2003 年 8 月 4 日上午，武汉广场两名部门经理踏上了赴九江的行程，他们受“租”于九江联盛集团，出任集团的副总经理。联盛集团系江西省六家民营企业集团之一，集团下属有联盛百货有限企业、联盛装饰工程企业、联盛策划广告企业和联盛房产开发企业。联盛集团买下一幢 11 层楼的房地产，欲将其中 6 层楼 3.6 万平方米的面积做主题购物广场，开成当地的“武广”，因此急切需要引入武广管理模式。联盛集团高层表示，他们希望通过这种人员虚拟的形式，借助武广这两名员工给联盛集团带来他们急需的武广管理模式。②

（4）培训虚拟

为了不断适应动态变化的环境，企业员工要具备不断学习的能力，因此，通

① 祝欣．企业虚拟人力资源管理研究．广东工业大学硕士学位论文

② 祝欣．企业虚拟人力资源管理研究．广东工业大学硕士学位论文

过企业培训不断提高员工技能是有效的手段。在美国，许多企业的培训工作除了依赖于专业咨询公司或高等院校外，还有一种更为时尚的培训方式就是企业内部网络化培训（Net-based Training)。这种方法以其高效便捷逐渐为众多的企业所接受，由奥尼科技顾问集团和《培训杂志》（Training Magazine）共同进行的一项调查显示，超过1/3的受访者（36%）目前都在参加企业内部网络以多媒体为基础的培训学习。美国大多数企业在内部网络上教育培训的内容一般包括讲义及参考资料、注册表格、意见问答区。学员可直接在网上提出问题，再由相关专家在网上提供答疑，最后在项目结束时进行一次集中监督下的考试。同时，这些基于网络的全国性人力资源开发活动也很活跃，如韦恩的“国际互联网编著程序”原是从他所建立的大学入学考试进修班网站衍生发展出来的，网上可以看到这一庞大的课程系统。据报道，瑞典政府也决定利用互联网推行员工培训计划，以适应信息化时代变化的需要。越来越多的实践表明，网络培训效率更高、更为方便，而且门类齐全，能满足多种行业的不同需要；而且由于多媒体通信手段的不断完善，学员可以在学习过程中随时与培训机构的老师进行对话和交流。此外，由于网络培训可以实现跨地区、跨国联网，也较容易获取各种新的知识和信息。

华为技术有限公司成立于1988年，专门从事通信网络技术与产品的研究、开发、生产与销售，专门为电信运营商提供固定网、移动网和增值业务领域的网络解决方案，是中国电信市场的主要供应商之一。华为在美国等全球40多个国家和地区建立了30多个分支机构，目前有员工22 000多人。华为总裁任正非2003年底表示：“新的一年中，华为的培训部门准备将旗下合作单位的人员培训和用户培训虚拟出去，一方面，每年有几千人的培训量，而且这个量还会不断增长，另一方面，由专门的企业来做华为产品培训，对华为产品的推广，社会的认知，包括人员招聘，都会很有好处。”华为公司已经决定将这笔价值4 000万元的培训业务虚拟给高校做，目前很多企业正在参与华为培训部门业务虚拟竞标，目标是代理华为在全国范围内的近200家合作单位的员工培训和针对用户的客户培训。

（5）跨文化虚拟

企业文化在国外被纳入人力资源管理的范畴，而在国内则往往游离于人力资源管理之外。一般的企业文化管理，是基于固定形式的某一组织内部来进行的，而虚拟管理无法实施单一的企业文化管理，它的运作需要引入企业外部的虚拟资源，从而不可避免地带来企业外部的文化。由于临时性的合作不可能有时间来培育十分完善的组织文化，它的管理经常会面临文化差异带来的障碍甚至冲突。虚拟管理实际上是对“一个以完成项目为目的的团队”进行管理，合作是参与各方共同的义务，因而要求形成目标一致的团队文化，有时，一个企业往往会出现若干个团队文化。不同的团队文化之间的沟通、协调问题将是跨文化管理的主要范畴。因此，在企业跨文化管理过程中，保持和培育成员企业的核心能力，以及对核心能力的载体人才进行培养、激励和发展是根本任务，这就要求各成员企业的所有员工应具有更多的知识和更强的适应能力，创造条件努力减少各种文化的摩擦，使之逐渐相互理解与融合，这无疑也是成功实施虚拟运作中不容忽视的一个要素。

9.1.4 网络化企业人力资源的特点

企业人力资源管理正经历着来自信息网络化、知识与创新以及组织的变革等各种力量的挑战与冲击，人力资源管理的创新与变革是保持竞争优势的重要条件。随着经济全球化的不断扩展，企业组织越来越趋向于精干灵活，越来越不固定于一定场所、时间与一定的成员，组织边界日趋模糊，人力资源管理模式与操作方式也必须与此相适应，做出相应的变革。在网络化企业中，其人力资源管理重视过程（Process）、信息（Information）和关系（Relationship）管理。“集智”是关键，协调是核心，信任是基础，沟通是手段，可以说，不重视人力资源的网络化企业，其巨大的优势将难以发挥。甚至可能因为内部的文化冲突、互不信任、协调不畅而进入困境。网络化企业人力资源具有如下特点①：

（1）人力集成化与虚拟化

网络化企业的核心企业根据市场信息，一旦产生一种产品方案，即开始虚拟制造过程。核心企业首先根据自身的人才资源优劣，和外部企业进行人才资源优势互补——“借鸡生蛋”，通过信息网络把来自不同企业的人员集合在一起，为一个共同的目标而协同工作。一旦网络化企业解体，这些来自不同企业、职位和法律关系互不归属的人员的合作关系即告结束，这种“集智”是网络化企业成败的关键。

（2）文化多元化

网络化企业的成员企业可能有不同的文化和不同的生活方式，通过丰富的信息手段以及信息交流平台的构建，不同文化间将有更多交流和理解，从而减少冲突，故应提倡允许不同文化和不同生活方式的共存。

（3）组织动态化

网络化企业由组建、生产、解体三个过程组成，其存在的时间完全取决于项目或产品，因此网络化企业具有动态性、暂时性，一旦项目或产品完成，网络化企业宣告结束或组建另一形式的网络化企业。

---

① 利益——合作与竞争的基点．每周电脑报，2005-11-08

(4) 结构虚拟化

由于企业自身资源有限，组织结构功能有限，为实现某一市场战略而组成的网络化企业，通过信息网络，组成企业虚拟联合体，“用最大的组织来实现最大的权能”。在虚拟的集成结构中，每个成员只充当其中某部分结构功能，是分布式动态虚拟联合结构，这样的企业结构和传统的组织结构相比，有较大的结构成本优势，大大提高了企业的竞争力。

9.2 网络环境中的人力资源竞争与合作

网络环境下，企业面临日益动态和竞争激烈的市场环境，为了应付市场的挑战，企业在竞争的同时，加强了企业之间的合作，企业间表现为竞争与合作的态势。企业并购、外包、第三方物流等新的合作方式已经在企业付诸实施。华为在国际化发展过程中，正是通过早期与国外通信巨头的竞争与合作，长期探索充满活力的企业机制，构建与世界级一流企业接轨的管理体系，才一步步迈向国际化。

2004 年 4 月 2 日，微软首席执行官斯蒂夫·巴尔默和 SUN 公司首席执行官兼主席斯科特·麦克利尼向全世界宣布：“微软和 SUN 将为产业合作新框架的设置达成一个十年协议。”当人们看到两个“巨人”，也是一对冤家亲密地坐在一起，就知道合作已经可以突破很多界限。众所周知，在过去的 20 多年中，微软与 SUN 之间从市场竞争、技术产品的竞争到人力资源的竞争，明争暗斗从来就没有停止过。但是现在双方合作了，巴尔默与麦克利尼亲密的样子比什么都有说服力。① 现在的合作伙伴和合作领域没有界限，曾经的竞争对手可以成为合作伙伴。在这个领域里是竞争对手，在另一个领域里又可以成为合作伙伴。这个时代，合作充分体现着各自利益的最大化及最优化。

9.2.1 人力资源竞争环境分析

全球经济一体化、信息网络化的时代特征和企业竞争格局决定了企业人力资源新导向。新竞争环境要求企业管理者必须以全新的视角来认识人力资源在企业发展中的作用。当前人力资源竞争环境表现在以下几个方面：

(1) 全球化改变了企业的竞争边界

经济全球化与贸易自由化带动下的全球经济一体化，使得企业成为国际市场竞争中的重要力量。为了在国际竞争中获取竞争优势，企业各部门的管理者和人力资源从业人士，必须以一种新的全新思维方式重新思考企业人力资源的角色与

---

① 陈亮．虚拟企业人力资源管理．系统工程，2003 (2)

价值增值问题。如许多跨国企业坚持的“思维全球化，用人本土化，行动当地化”原则就是全球化给企业带来的挑战。国际竞争的深化必然推动企业在全球内配置资源，更包括人力资源的全球配置。管理人力资源的难度、培训的难度、不同文化的冲突、跨文化管理，都将成为企业人力资源管理的重要问题。

(2) 网络化发展改变了企业工作环境和视野

信息技术的飞速发展，不仅提高了企业的经营生产效率，大大降低了交易成本与费用，而且对企业管理方式产生巨大冲击。例如，计算机网络和技术的运用，客观上重新分配了企业的内部权力；通信手段和网络技术的发展，使顾客和员工能在获得更多相关信息基础上，提高反应速度和灵活性，创造更多的机会；技术的发展将不断地重新定义工作时间和工作方式。信息技术的飞速发展，使得企业越发认识到创造技术的“人”的重要作用。越来越多的企业将会把人力资源管理工作提高到相当重要的程度。

(3) 知识化改变了衡量企业财富的标准和竞争规则

知识是企业不断可增值的资产，企业是创造、传递和运用知识的组织或是一种知识整合系统。所以，一个企业是否拥有可持续的知识创新，就成为连续推动企业提高绩效，提升并创造连续竞争优势的源泉。作为知识和技能“承载者”的“人”，代表了企业所拥有的专门知识、技能和能力的总和。虽然企业的科技水平和知识是可能存于无形之中，但代表企业知识、技能和能力水平的人力资源却是真实存在，并能加以管理、培训和开发的。所以，企业的人力资源就成为决定企业市场价值的关键因素。

(4) 企业竞争方式在知识经济时代发生根本性变革

企业的竞争将基于核心能力的竞争。技能与知识的结合，体现在企业的人力资源中，由此人力资源是形成企业核心能力的基础。而且，企业发展新的核心能力，必须不断建立在发掘自己的人力资源优势上，不断促进员工知识与技能水平的提升，才能确保企业的竞争力。

快速变化的竞争环境使得企业高层主管必须正视人力资源管理领域的变革，积极地进行职能转变与角色定位。已经有越来越多的企业在认识到建立自身的竞争优势关键是如何去建立并运行有效的人力资源管理。

9.2.2 网络环境中人力资源竞争的主要特征

随着经济全球化进程的加快，企业的生产要素已经在全世界的范围内加速流动和优化配置，这给许多企业的发展带来了难得的机遇，但同时也给企业带来了严峻的挑战和竞争的风险，为了在竞争中获胜，避免竞争风险的出现，企业应冷静地分析当今世界人才大战的特征。当前，企业人力资源竞争具有四个主要特征：竞争范围广泛、竞争关系复杂、竞争程度激烈和人才竞争方式多样。

（1）企业人才竞争范围更加广泛

在经济全球化条件下，企业人才可以在全球范围流动。信息技术特别是网络技术的发展，使得企业选拔人才、招聘人才和使用人才的信息可以迅速在最广泛的范围内传播，而任何一类的人才都可以通过网络寻找工作。另外，企业争夺的对象（人才）的范围也越来越广泛，企业竞争的焦点已经不是仅仅围绕企业的产品，而在知识、智力、科技创新等各个方面，企业需要的人才是全方位的，一切对企业今天和未来的发展起直接作用或间接作用的人才都是争夺的对象。具体来说，企业首先争夺的是能够引入人才和使用人才的人才，他们是优秀的企业家；其次是争夺具有科学技术研究能力，能够出科研成果并能转化为科技产品的人才；再次争夺的是能够把这些科技产品生产出来和卖出去的人才，最后争夺的是各类辅助性质的人才。有些人才争夺的对象已经完全出乎我们的想象，如美国微软企业争夺战打到了中小学生身上，要预定天才儿童，并为他们预付工资。无论从企业人才竞争的领域来看，还是从企业人才竞争的对象来看，在经济全球化条件下，在知识经济时代，企业人才竞争已经达到了范围最大化。①

（2）企业人才竞争关系更加复杂

由于企业人才竞争的范围十分广泛，因此，企业人才竞争的主体关系与主客体关系随之也复杂化，表现在人才竞争主体之间关系复杂化和企业人才的竞争对象复杂化两个方面。

在网络环境中，企业人才流动速度加快起来，人才的竞争参与度也越来越高。现在，企业人才竞争的主体关系已经十分复杂，有国有企业之间的竞争，国有企业与跨国企业之间的竞争，跨国企业之间的竞争，企业与政府、科研院所、高校等其他事业单位的人才竞争。这种复杂程度随着世界经济一体化程度的提高而不断加强，企业在世界上的人才竞争已表现为国家与国家之间、国家与地区之间、国家与企业之间十分复杂的人才竞争关系。

原来企业争夺的是与企业产品相关的科学技术人才，现在除了这类人才仍是争夺对象之外，更重要的是争夺能够吸引人才和充分用好人才的帅才，这部分人是有非常丰富的管理经验的企业家，还要争夺企业研究和咨询的专家，为企业间接出谋划策，还要争夺电子、网络、金融、生物、石化、新材料等重要行业的各类创业人才和奇才怪才，还要争夺企业的公共关系、经济谈判和销售人才，还要争夺那些具有强烈的创新意识的复合型人才，还需要争夺具有国际活动能力、开放型的人才，还需要争夺心理素质极好、适应能力和应变能力都很强的人才，还要争夺具有较强的信息运用能力的人才，等等。总之，凡人才皆纳入企业争夺人才的范围之内。

---

① 潘丰．目前我国企业人才竞争研究．现代情报，2005（9）

(3) 企业人才竞争程度更加激烈

企业人才竞争范围的广泛化与竞争关系的复杂化，导致企业之间人才竞争程度越来越激烈。由于范围更广泛，关系更复杂，企业为了争夺所需要的人才，必然会想尽各种办法，导致人才激烈竞争的气氛。这种越来越激烈的竞争气氛主要表现在竞争手段上，综合有如下一些人才竞争的手段，如表 9-3 所示。

表 9-3　　人才竞争的手段及作用描述

人才竞争手段	作用描述
提供高薪挖人才	高薪挖人才往往要付出经济上的沉重代价，具有相当大的人才投资风险，一般情况下，这种代价是值得的。
创造优厚条件吸引人才	这是企业人才争夺战中一些企业运用的带有综合性质、档次较高的手段，通过物质奖励与精神追求相结合，以满足人才自我价值实现的需求。
营造良好环境留人才	以上两种手段是主动出击争抢人才，营造良好的环境是为了留住人才。环境包括硬环境和软环境。硬环境是指舒适的生活环境；软环境指企业良好的人际关系，和谐的工作气氛。营造这样的环境不仅可以留住人才，而且还能充分发挥各类人才的最大潜能，为企业创造出更多的财富。
不惜一切抢人才	这是一些非正常的手段，甚至非法的或不道德的，属企业不正当竞争行为，容易引发法律纠纷。还有一些企业不顾自身的形象，当其他企业遇到困难时，趁火打劫抢夺人才。
国家、地方政府出面帮助企业争夺人才	这是企业利用外在力量，如当企业在人才竞争中需要帮助时，寻求国家和地方政府的支持，尤其是这种竞争在向国际延伸时，国家和地方政府采用的手段通常是制定各种优惠政策来吸引和留住人才。

企业人才竞争的手段还不仅这些方面，但就这五点来看，已充分体现了企业人才竞争的激烈程度。这里面已经包含了正常的、非正常的手段，经济的、非经济的手段，企业的、非企业的手段，合法的、非法的手段，对抗的、非对抗的手段，总而言之，能用的手段尽量用。

(4) 人才竞争方式多样化

以信息技术为基础的互联网造就了新的工作方式，职业岗位、虚拟研究所、网上学校等不断诞生，跨国异地办公、跨区在家办公、一人在多家企业兼职工作等过去不可想象的事情逐渐成为可能。同时，信息技术的广泛应用也缩短了科技人才雇用关系的距离，使人才竞争成为“零距离竞争”，如美国硅谷通过网络办公大量利用印度的电脑网络人才进行项目开发，不改变人的生活环境和习惯，而使项目开发昼夜连续进行，变“人才国际流动”为“人才跨国利用”，成为人才国际化竞争新趋势。网络的发展使得过去注重“圈住人才”、“留住人才”和“占有人才”的传统用人观念和科技人才政策受到严重挑战，人才竞争更加多样化，更加实用。①

综上所述，在经济全球化条件下，企业人才竞争的主要特征有四点，一是范围广泛，二是关系复杂，三是程度激烈，四是方式多样。激烈的人才竞争是最主要的特征，是其他特征的集中体现，而范围广泛、关系复杂是竞争激烈的原因所在。

9.2.3 网络环境中的人力资源合作

历史表明，竞争者之间的合作是解决人才短缺的最好办法。20世纪50年代，美国三大航空企业洛克希德公司（Lockheed）、麦道公司（McDonnell Douglas）和北诺公司（Northrop）为了获得政府合同进行激烈的竞争。当一个企业获得新合同时，就要面临着迅速雇用技术人员来工作的挑战。另一家企业由于没有得到合同或已经完成项目工程，又面临是否要辞退员工的问题。南加利福尼亚的许多企业在运作中采取租借雇员团队到其他企业工作的解决办法。比如，一个没有得到战斗机合同的企业将派出有技能的雇员团队到另一得到合同的企业去工作。洛克希德公司把这些租借的雇员称为国家发展租借雇员（LEND）。对于出租方可以获得很大的利润，保留了曾投资的核心员工，维持了为未来合同竞标的能力，租借出去的员工也获得了更多的技能。对于租界方来说，可以缓解人才短缺的问题，按时完成工程项目。②

当前，雇用合作的最好例子是人才联盟，起始于美国电话电报公司（AT&T），后来发展到30家大企业。AT&T起初的目的是为解决重组造成的事业问题，实现AT&T“共同纽带”的哲学，最后却演变成为再造职业生涯、孕育新经理人的沃土。经人才联盟辅导的人，有很多都得到了正式的职位，而且至少有15%获得了晋升。更令人高兴的是，竟然有许多人拒绝正式职位，宁可由人才联盟安排各式各样的短期工作，这样他们就可以四处游走，就有机会扩充他们的知识，提升技能，提高形象，扩大自身的影响。在精简和高失业的时代，人才联盟更像专家工作库。一些企业的技术人员过多，不得不精简，而另一些企业却在苦苦寻求这些技术人员。现在人才联盟扩大了它的章程，不但为员工提供审查、评

---

① 赵雪飞．全球视野下的人才竞争态势及对策探析．经济师，2006（3）

② 万希．留住人才一招：与竞争者合作．管理与财富，2002（2）

估的标准测试，而且还为员工提供与其能力相匹配的数家企业的工作，任其挑选。

目前，随着中国与国际化管理模式接轨进程的加快，以及适应技术进步和市场变化的步骤，网络化企业的人力资源部门在设法保留自己核心技术人员的同时，也在考虑如何最大程度地适应这种从技术到市场上的飞速发展。在经济发达国家，人才租赁成为解决上述问题的最佳途径，它在某些程度上类似于劳动力的储水池。经过人才租赁企业的调配，可以快速地在不同的企业间流动。最终达到人力资源在不同企业间合理配置的目的。

市场竞争实质上已不是企业与企业之间的较量，而是企业价值链上各相关企业组成的系统之间的竞争，即价值链与价值链之间的竞争。因此，企业的竞争优势并不完全取决于企业自身系统是否具有优势，而是取决于企业价值链系统是否具有整体优势。这要求企业树立合作竞争的观念，加强与价值链上各成员企业协同经营的意识，共同营造具有竞争优势的价值链。

9.2.4 基于人力资源合作的虚拟团队

虚拟团队是为了开发某种特殊的产品或者解决某一特殊问题而设置的团队，是信息时代的一种新的合作方式，其成员可以跨越时间、空间甚至组织边界，借助于现代信息通信技术进行交流、沟通。虚拟团队的成员一般由不同领域的专家组成，他们利用自己的专业知识相互协作，一般实行自我管理和自我指导。就时间而言，可以是短暂的，也可以是长期存在的。

虚拟团队是一种团队工作系统，具有团队特点，可以为企业建立一种提高效率、富有创造力。实现组织目标并能充分施展个人空间的生存与发展生态，在企业战略形成、客户价值的创造、整合优质资源等方面，虚拟团队均表现出了卓越的创新价值。随着网络化企业的发展，虚拟团队将占据十分关键和重要的地位，21 世纪企业成功的一个重要因素就是能高效率地使用虚拟团队。

(1) 虚拟团队的特征

由于虚拟团队跨越了时间、空间、组织的界限，成员不再依赖于一个有形的办公场所运作，而是主要依靠现代的信息通信技术实现远程的沟通与协作，因此缺乏传统实体团队成员间相互接触所具备的特点，而具有如下特征①：

①成员高度分散且差异大。虚拟团队成员可以来自不同部门、不同地区、不同企业甚至不同国家，空间距离往往会很大，面对面交往的机会较少，因此成员高度分散。而且由于虚拟团队成员在教育、文化、语言、时间方位及其专业上存在较大差异，所以在个体与个体间，个体目标与组织目标间容易发生冲突。

---

① 王忠．人事经理的新课题：迎接虚拟人力资源管理的挑战．人才瞭望，2004 (1)

②沟通协调的电子化。虚拟团队，由于分散在不同的地方，主要通过电子媒介，包括互联网、手机等来完成沟通协调，沟通效果可能比不上实体团队，而且交流的大多数是与工作有关的正式信息，成员间很少有工作之外的联系，不利于感情的培养。

③自我管理为主。虚拟团队由于成员的分散性，使其控制力度和及时程度有所减弱，容易造成工作不能及时完成，或不符合相应要求。因此，虚拟团队特别强调成员个体对项目或任务协调者所负的责任，以使项目或任务得以及时并按标准完成。

④资源的动态调配。虚拟团队成员具有空间和时间上的相对独立性，团队能够迅速整合不同地域的每个团队成员的核心竞争力以实现团队目标。也就是说，团队拥有很大的运作自由度，资源选择的余地比较大，优化程度比较高。可见，虚拟团队具有不同于传统的实体团队的特征和运行机制，相应地，其运作和管理也将面临新的问题和挑战。

(2) 虚拟团队合作面临的新挑战

虚拟团队的关键是人，因此，虚拟团队的人力资源管理是虚拟团队管理的重中之重。根据人力资源管理的工作范围，可以认为虚拟团队的人力资源管理是对虚拟员工进行招募、遴选、绩效评估、薪酬管理、激励和培训开发等战略性人力资源管理职能。作为一种新的组织形式，虚拟团队的人力资源管理在实践中面临着新的挑战，主要有：

①虚拟团队成员间难以建立较高的信任水平。对任何团队而言，成员间相互信任都会对团队绩效产生积极的影响。就虚拟团队而言，一方面，成员间缺少以前共事的经历和相互了解的机会，无法从任何直接或间接渠道获得对方可信的判断资料；另一方面，由于无法相互观察对方的工作行为和实际境况，因此可能造成较多的猜疑和误解。因此，发挥人力资源管理的作用，建立和维系成员间的信任是虚拟团队管理的核心问题。

②成员间文化差异大。虚拟团队由于成员散居世界各地，并可能来自不同的国家、种族和组织，文化差异问题尤为突出。语言、文化差异以及由这些差异造成的信息感知的差异对团队成员的交流产生很大障碍，容易使传递的信息失真，并引起摩擦和冲突，这将影响组织目标的顺利实现。解决文化差异，即跨文化管理需要人力资源管理工作做出很大努力。

③绩效评估难度加大。虚拟团队中知识工作的投入和产出的时空界限并不明晰，一个人的产出中往往有其他人的输入，加之工作过程无法直接监控，这就产生了如何对团队成员的工作绩效实施准确的评估并相应地给予公平的薪酬的难题。

④成员孤立感增强。虚拟团队成员间的空间距离减少了直接交往的频繁程

度，面对面交往的可能性降低，这会使团队成员产生孤立感和焦虑感，员工之间、上下级之间的关系疏远，缺少对团队目标的认同，严重影响到团队的绩效和凝聚力。

⑤成员流动率高。在以信任而非控制为主导管理思想的虚拟团队中，作为高价值的无形资产的代表者，虚拟团队的员工可以轻易离开现有的团队，员工流动将给团队带来极大的损失，如何避免这种损失也是虚拟团队人力资源管理亟待解决的问题。

⑥成员激励的传统途径失效。无论是纵向晋升还是横向工作丰富化，这些过去行之有效的个人职业生涯发展路径对现在的虚拟团队成员难以发挥激励作用。还有一些人可能同时拥有多个团队成员的身份，加之不少团队都是临时性的，如何激励团队身份感缺乏的成员也是人力资源管理面临的又一难题。

（3）实现虚拟团队合作的主要措施

面对新的挑战，虚拟团队的人力资源管理就必须采取新的对策，否则其巨大的优势将难以发挥，甚至可能因为文化冲突、互不信任、协调沟通不畅而陷入困境。为此，虚拟团队的人力资源管理可以考虑从以下几方面着手：

①选拔有相关能力的领导。与传统的组织结构相比，虚拟团队成员有更大的自主性，虚拟团队的领导不再是监督人，而是协调人，协调成员间的关系以及团队与外界环境的关系，因此，虚拟团队的领导必须具有相关能力。第一，他们必须能明确阐述对组织抱有的观点，并能创造出鼓舞人心的观念以激发能力和热情。第二，能够帮助团队改进工作，不借助于权威手段，靠原则（指导）而不是靠政策（控制）进行管理。第三，能够集中所有的工具、信息、资源辅助团队完成任务。第四，必须能够识别和消除阻碍团队实现目标的障碍，比如成员间的文化冲突、沟通不畅等问题。第五，能够从全局把握客户的需求，从而确定团队的业务。第六，能指导团队成员，并且帮助他们挖掘自身的潜力，同时要保持适当的权威平衡，确定成员应负的责任。第七，自己能做其他人员的角色榜样，展示团队成员和领导应有的行为准则，这些能力将是虚拟团队领导成功的必备能力。

②要有高素质的成员队伍。虚拟团队是基于信息技术的联盟，其成员必须具有一定的技术能力，除了专业的技术能力外，还需要精通各种交流工具，如电脑、网络等；跨时间、空间的工作决定了成员必须能及时做出关键决定，即必须有一定的判断能力；成员必须具有良好的人际关系能力，善于同远程的同事打交道，乐于与人分享知识；必须有主动精神，不需要鞭策就能将工作向前推动。拥有具有以上能力的团队成员，团队的管理将变得比较轻松。

③建立以信任为基础的团队文化。首先，建立以信任为基础的文化意味着承认个体，即对个体技能、态度、行为、文化背景的接受、认可和尊重，换言之，

虚拟团队文化是以强调个体作用为基础的；其次，培育知识分享的氛围。团队成员之间要信任，就要有信息和知识的分享；再次，团队领导应该以身作则，率先在团队中树立可信的形象。

④帮助团队成员克服孤立感。为了提高团队的信任感和团队的凝聚力，必须帮助员工克服孤立感，为此，虚拟团队应该利用现有手段采取一些措施，比如可以在企业内部网建立"网络咖啡屋"，让虚拟员工保持无拘束的交谈。这种网上聊天室不仅提供了天天交流的载体，从而减少孤立感，而且可以提供远程学习的途径，培养创造性。还可以创造一个团队的网页，除了提供进行正式业务沟通的场所，以及重要记录的储藏室外，还可通过网页上团队成员的照片、团队标志等使成员产生某种认同感。

⑤提高沟通效率。对虚拟团队来说，信息、知识的有效沟通和共享将大大提高整个团队的效率和创新能力。为实现有效沟通，首先应该利用虚拟团队拥有的技术建立尽可能广泛的沟通渠道，比如电子邮件、视频电视会议、网络会议、网上社区等正式或非正式的渠道；其次，解决文化差异所带来的困难；再次，通过标准化解决问题。另外，由于依靠技术手段的远距离沟通有其脆弱性，所以交叉运用多种沟通方式，如交叉运用电话、传真、E-mail，依靠网络视听电话及其他软件以防某种技术手段出现突发故障。总之，要建立起知识与信息共享的内部环境，同时注重培养知识与信息共享的文化氛围，最大限度地实现知识和信息共享。

⑥采用适合虚拟团队特点的激励方式。根据虚拟团队的特征，可以构建适应虚拟团队的激励模式，主要有以下几方面：首先是高薪。这是因为一方面虚拟团队成员往往是知识型员工，一般具有特殊技能；另一方面因其分散各地，要使其有效投入工作，控制较难，而金钱是其基本需要，高薪可以使成员个体有能力解决后顾之忧，如料理家庭等。其次，提供挑战性工作。知识型员工的显著特征是蔑视权威，忠诚于自己的专业甚于组织目标，成就感强烈，因此应向成员个体提供专业性强的挑战性工作。再次，提供适当的学习机会。由于虚拟团队往往是目标导向的，并且具有明显的动态性，所以成员个体的工作变动性大。为成员提供良好的学习机会，包括沟通技术和相应专门技能的培训和学习，本身就是为员工将来的职业生涯着想，虽然表面上与团队目标不符，但实际上却是一种较好的激励手段。另外，特色团队文化也是一种较好的激励手段。

9.3 网络化企业的人力资源配置

静态的人力资源优化配置观以特定环境为理论假设，研究了组织中的职位要求与人员能力的对应，以组织效益最大化为目标建立了若干模型，从定量的角度解释人力资源优化配置与组织竞争优势的关系。随着时间的推移，当人员或岗位要求发生变化的时候，要适时地对人员配备进行调整，以保证始终使合适的人工作在合适的岗位上。岗位或岗位要求，以及人都是不断变化的，人对岗位的适应有一个实践与认识的过程。动态的人力资源优化配置观就是要证明人与岗位的互相适应，在环境变换日益加剧的情况下，动态的人力资源配置对组织的重要性是不言而喻的。这种观点强调一个企业仅有人力资源的聚集是不够的，必须对人力资源进行有效合理的配置，才能发挥其最大效益。①

动态的优化配置观从人力资源微观配置的角度，使研究较多地进入了可操作层面。该理论将人力资源的优化配置与组织效能联系起来，从不同角度阐述了人力资源优化配置对组织效能的提升作用，以及在动态环境下人岗搭配发挥人力资源的最大潜力，并使组织效益最优化。可以说，动态的人力资源优化配置观较全面地揭示了人力资源作为一种战略性资源对组织效能的作用。实际上，人力资源优化配置对企业竞争力的提升是直观的，只要按照人力资源优化配置的原则进行人员的动态调配，企业的竞争优势就可以逐步形成并持续下去。基于网络化企业的特殊性，其人力资源配置可以按照分层配置与动态配置相结合的方法进行。

9.3.1 网络化企业人力资源的分层配置

人力资源的价值也遵循“二八原则”：20%的员工创造80%的价值，80%的员工只创造20%的价值；员工个人20%的时间创造80%的价值，80%的时间创造20%的价值。人力资源的价值是有差异的，人力资源管理的一项重要工作就是根据个人价值的特点，安排相匹配的工作，以实现企业价值和个人价值的最大化。网络化企业人力资源管理战略大体分为三个层次，第一个层次是网络化企业相关企业之间的人员配置；第二层次是网络化企业虚拟团体内的人员配置，也就是虚拟小组的建立；第三个层次便是拥有先进技能和特定知识的员工个体。②

①网络化企业相关企业之间的人员配置。网络化企业之间的配置，主要表现在盟员选择以及盟员信任关系的建立。Charie Handy 在《信任与虚拟组织》一文中指出，由于在虚拟组织中人们经常不能会面，因此信任包括对内部雇员、外部雇员以及供应商和顾客的信任，它是虚拟组织运行的前提。当组织中存在信任时，组织中的交易成本大大降低。网络化企业组建之间可通过对可选的合用成员进行信誉评估，选择信誉好的企业作为合作伙伴，这也同时有利于约束合作中各成员的行为，为了实现长期使用，必须建立良好的企业信誉。网络化企业的相关

---

① 丁孝智，周楠．人力资源优化配置与企业竞争优势研究述评．西北师大学报（社会科学版），2006（1）

② 范慧丽，郑园园．虚拟企业的人力资源管理战略．改革与战略，2003（11）

企业是独立运营的关系，企业间只是短暂的合作关系，存在严重的投机主义倾向。因此，网络化企业相关企业间建立信任机制对成员之间的使用及虚拟经营优势的发挥都是非常重要的。虚拟经营优势的发挥关键就在于成员企业间的相互信任。每一企业都相信彼此会为虚拟企业贡献出自己的一切，包括提供拥有核心能力的人力资源。这种信任建立在目标高度一致和利益共享的基础上，信任也被认为是防范机会主义行为的最为有效的机制。

②网络化企业虚拟团体内的人员配置：虚拟小组的建立。虚拟小组没有实地的办公地点，而且大部分成员之间有不同的文化背景，语言也不同，甚至成员之间从任务开始到结束，也未见过面。正因为虚拟小组成员有着如此巨大的差异，其间的摩擦、隔阂、误解很多，因此小组必须有一个明确的目标。在共同目标的指引下，许多沟通障碍和困难就可以降低和减少。虚拟小组是网络化企业的组成单位，以任务为导向，虚拟小组成员的配置直接影响到任务的执行效果。因此，在成员配置过程中，应注意成员间知识的互补性及合作效果的预先评估。网络化企业应该从实际情况出发，全盘考虑各种影响因素，合理确定利益分配的最优结构，促使各成员企业实现最佳合作、协同发展。为确保网络化企业整体利益的实现必须首先保证个体利益，并使各成员企业参与网络化企业所得到的利益应大于单独行动所获得利益，否则会出现中途背叛现象。

③拥有先进技能和特定知识的员工个体。鉴于网络化企业员工个体作为知识型员工及工作地点、沟通方式等的限制，对网络化企业员工应倡导自主式管理，实施弹性工作时间制等。增加知识型员工与企业长期发展的联系程度，提高员工对整个企业决策的参与程度，把企业的长期发展与骨干员工职业生涯设计联系起来，提倡长期激励。在分配上，应当按知识分配，强调知识和技术的获取对员工价值的增值作用。网络化企业应该对员工充分信任，企业管理者不是命令者而是协调者。协调者将用远景、授权、宽容、沟通等手段让员工满意。网络化企业由于工作地点、合作等虚拟化的特点，人力资源管理部门无法对所有员工形成直观和客观的认识，所以在与员工的协调过程中，充分的沟通是非常必要的。

9.3.2 网络化企业人力资源的动态配置

网络化企业间可以在企业活动的各个环节，如供应链、生产和销售等方面开展动态合作，因此，对网络化企业的人力资源管理应该采取一种系统和权变的管理思想，即网络化企业根据合作内容和模式要求，按照组织效益和员工个体效益二者兼顾原则，实现组织和员工双赢的策略，网络化企业应在各个合作阶段动态地管理合作组织所使用的人力资源；通过建立基于 Internet 的 HRM 计算机应用系统来解决及时沟通和考核等问题，保证网络化企业能够有效地了解和控制其人力资源利用和实际工作进展等情况。根据网络化企业运作的生命周期理论，即酝酝酿期、组建期、运作期和解体期等四个阶段，一般情况下，网络化企业的各个阶段是有前后顺序关系的，如图 9-1 所示①。从系统管理的思想做好网络化企业人力资源的管理，在每个阶段都应有相应的 HRM 工作，因此，与每个阶段相对应的人力资源配置应该具有动态性。

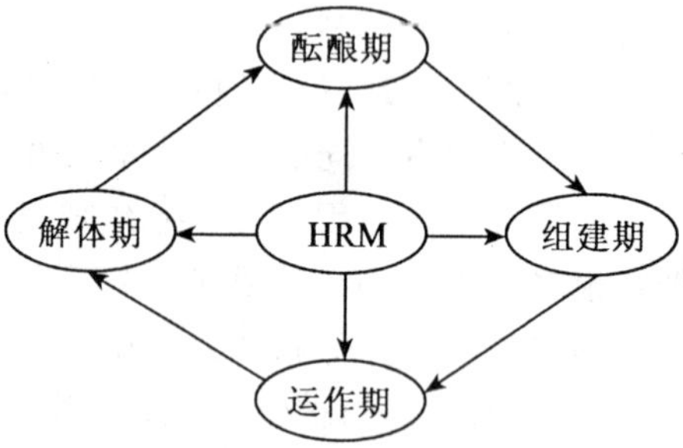

图 9-1　网络化企业各阶段和 HRM 的关系

①酝酿期的 HRM 活动。网络化企业的核心企业在酝酿期主要有市场机遇识别、核心能力识别和战略模式识别等三项活动，这三项活动是前后联系的，这三项活动中的每一项都与核心企业的现有人力资源数量和质量密切相关。当核心企业捕捉到一种市场机遇时，首先要对自己的核心能力进行识别，包括技术能力、设备加工能力、管理能力和人力资源能力等多方面，当企业具有进入该市场的主要核心能力但不是全部核心能力的时候，企业可能会选择网络化企业的合作模式。在企业的核心能力中，人力资源能力是最重要也是最基本的一种能力，因此，核心企业在酝酿期必须非常认真地估计自己的人力资源数量和质量能否把握住市场机遇，这是网络化企业合作成功的关键因素之一。核心企业根据市场机遇和自身核心能力的情况，做出相应的拟组建网络化企业的工作分析和人力资源规划，形成专门的 HRM 文件，为网络化企业的下一阶段运作及其 HRM 活动打下基础。

②组建期的 HRM 活动。网络化企业在组建期阶段涉及比较多的工作，主要是网络化企业合作伙伴选择、组织模式选择、资源重组、信息系统建设和敏捷性度量等方面。网络化企业的竞争优势来源于各成员企业的互补性资源和集成能力，因此，选择合适的合作伙伴是网络化企业成功的一个关键因素。网络化企业在组建期的 HRM 是一项非常重要的工作，为此，需要建立网络化企业的 HRM 机构，专门负责和协调网络化企业合作过程中的人力资源的招聘、培训、配置、

① 刘晓红，徐扬，刘小明．虚拟企业的人力资源系统管理．经济体制改革，2002（3）

使用、考核、激励和遣散等事情，并重点配合网络化企业的组建开展员工招聘与甄选、员工培训与开发等工作。一般来讲，网络化企业 HRM 的主要领导者由核心企业推荐产生，要求候选人具有 HRM 专业知识、较强的领导才能、宽阔的胸怀和良好的敬业精神，而且该候选人应该领导或参与了核心企业对网络化企业的工作分析和人力资源规划等重要工作，这样的话可以有利于网络化企业有效地开展 HRM 活动。网络化企业在员工招聘与甄选的时候要特别强调候选人的择业动机和敬业精神，并综合考虑其基本素质和职业技能等方面的因素；员工培训与开发主要考虑进行与现行工作有关的内容，在不影响现行工作进行的前提下，应适当兼顾员工的个体职业发展。

③运作期的 HRM 活动。网络化企业在运作期内的主要管理工作之一是对人力资源的管理，包括信任管理、任务分配与协调和运作监督等。具体来讲，就是对员工安排与使用员工考核和员工激励等方面的工作。在员工安排与使用方面，应避免只重视来自核心企业的员工提拔和使用，而应该是给予所有员工同样的晋升和使用的机会；在员工考核方面，应以工作绩效作为主要考核内容，适当兼顾另外三方面德、能、勤的考核；在员工激励方面，应尽可能进行事业、感情和待遇三方面的综合激励，避免唯物质主义、金钱主义，充分考虑到员工的精神追求，对于优秀的员工，核心企业或其他成员企业可以录用为本企业的正式员工，以建立一种组织与员工长期协调的劳动合作关系。

④解体期的 HRM 活动。网络化企业解体期阶段管理的主要内容有项目中止识别、利益分配、解体后事务处理及综合绩效评价等。解体期的 HRM 活动主要是员工利益的兑现、员工遣散和避免劳动争议，同时各成员企业为下一轮新的网络化企业进行酝酿，对经过合作的优秀的人力资源通过多种方式保持联系和进行广泛合作。表 9-4 总结了网络化企业各阶段的 HRM 活动内容①。

表 9-4　**网络化企业各阶段的 HRM 活动内容**

HRM 阶段	主要活动内容	主要承担者
酝酿期	核心企业现有人力资源的估计、工作分析、人力资源规划	核心企业
组建期	建立 HRM 机构，员工招聘与甄选、员工培训与开发	网络化企业

① 刘晓红，徐扬，刘小明．虚拟企业的人力资源系统管理．经济体制改革，2002（3）

续表

HRM 阶段	主要活动内容	主要承担者
运作期	员工安排与使用、员工考核、员工激励	网络化企业
解体期	员工解散，下一轮的网络化企业的酝酿期或组织期	网络化企业 新核心企业

9.3.3 网络化企业人力资源配置中出现的问题

网络化企业的人力资源具有虚拟化，主要是通过信息网络把来自不同企业的人员集成在一起为一个共同的目标而协同工作。它能够聚集大量优秀人力，可以动态地利用世界各地的人才，集中人力资源优势，但在人力资源配置过程中也面临着一些问题①。

①目标一致的问题。网络化企业是一种网络型的组织，在这种组织中往往不存在长期固定的合作。企业间的合作往往是为了及时响应市场机遇或完成某个单个企业无法完成的项目而结成的暂时联盟。在这个联盟中，网络化企业整体的效益将受到各成员企业所付出努力的影响。网络化企业的合作者们更关心的是自己的具体目标，而不是整体的看不见的目标，因此，由于目标的不一致，在人力资源配置过程中可能并不会提供优秀的人才。

②相互信任的问题。由于虚拟企业成员没有在一起工作过的经历，成员的合作也只是暂时的合作，机会主义并不能得到有效的抑制，因而他们可能相互猜疑、互不信任，这样带来的一个直接结果就是一项工作不可能有效完成。

③员工的孤独感问题。成员地理位置上的分布性，使成员间难以进行“面对面”的直接交流，容易造成员工在工作上的孤独焦虑心理，从而影响工作效率。而信息交流有利于合作者之间的沟通，消除隔阂，增进了解。特别是由于成员的企业文化、管理模式等方面存在差异，更应提倡相互间的交流。

④文化差异问题。企业文化有鲜明的个性，它制约和影响着员工的行为。不同企业和地域的员工会带来不同的企业文化和区域文化，而语言的差异、风俗习惯的差异、思维观念的差异会给员工之间的合作带来很大的障碍。

⑤员工的招聘、甄选以及员工的培训与开发等方面的问题。由于网络化企业是以市场机遇为导向的，所以，原则上要求招聘与甄选的员工是具备相当技能且

① 商宪丽．虚拟企业人力资源管理问题和对策探讨．全球科技经济瞭望，2005（3）

能够适应工作需要的人。这样，员工来源在一定时间和范围内可能很难满足网络化企业的需求。在员工培训和开发方面，网络化企业人力资源管理一般追求的是短期效益行为，认为员工培训和开发计划是多余的，因此也难以实施有效的员工培训和开发。

⑥人性化的人力资源管理制度问题。为了保障网络化企业的正常运行，往往要签订大量的合同。网络化企业制定的人力资源管理制度，从内容上看，大多是对成员的工作规则、奖惩制度、利益分配等方面的限制性规定，而不是从“以人为中心”、充分调动成员的积极性出发，来规范员工的行为。

⑦激励机制问题。激励就是在满足个体某些需求的情况下，个体付出很大的努力去实现组织目标的某种意愿。就网络化企业而言，有效的激励能调动成员企业的积极性。但网络化企业中的成员远比实体企业中的成员复杂得多。比如：对于一个企业来说，工资可能是其调动员工积极性的关键因素，但每个企业由于文化不同而导致员工对工资的态度不同，有的企业的员工除了希望加薪外，也很重视培训和接受新教育。

9.4 网络化企业人力资源管理中的激励

网络化企业集成了各成员企业的核心竞争能力，而从事核心竞争能力工作的那部分员工是企业中掌握最重要专业技能、核心技术的员工。他们在各成员企业中居于不同于一般普通员工的重要位置，是企业最重要的智力资源。无论他是从事研发的科技工作者，还是深谙市场的销售人员，或仅是从事生产工作的技术能手，我们统称他们为知识工作者。当传统企业向网络化企业过渡时，企业员工的性质发生了变化，人的地位和作用也都发生了变化，相应地，企业激励机制也应当发生变化。

9.4.1 网络化企业激励设计应注意的问题

网络化企业作为一种组织形式，网络化企业中的人员必然会更关注个人的成长、工作自由和成就感。至于金钱财富，在网络化企业阶段，人们早已满足生理需要，且知识工作者金钱财富已有收入的基数，已经很大，所以金钱财富的递增所产生的边际激励效用不大。知识型员工在要求获得一份与自己贡献相称的报酬的同时，他们更加重视能够促进他们不断发展的、有挑战性的工作，他们对知识、对个体和事业的成长有着持续不断的追求；他们要求给予自主权，使之能够以自己认为有效的方式进行工作并完成他们的任务。因此，企业对知识型员工激励不能以金钱为主，而要以成就和成长为主，最重要的是创建有利于个人成长和发挥的环境；其次，在管理方式中，坚持自主管理，这样一方面可以保证人员工作的自主性，一方面可以使工作成果更具独立性，易于计量，从而增加人员的成就感。具体来说，对知识型员工的激励政策包括以下几个方面①：

①让知识型员工与企业结成战略性伙伴关系。比尔·盖茨曾说："我们这种企业，如果失去了科技与人才的支持，衰败就在一夜间。"对知识型员工在身份和地位上充分进行肯定是激励他们的最好方法。首先要让员工在改善自己的工作环境和调整工作内容上有实际的发言权；其次在报酬方面，知识型员工一方面获得工资报酬，另一方面作为技术及改革的创新者，与企业出资者、经营者共同分享企业成功，参与企业利润的分配，成为企业的主人，还应当让知识型员工参与企业决策过程，让他们真切感受到企业对他们的尊重与信任，从而以极大的热情投入到工作中去。

②网络化企业整体利益与个体利益的一致。激励机制设计的直接目的是为了调动成员企业的积极性，最终目的是为了实现网络化企业的整体目标，激励机制的优化运行需要在较低成本的条件下达到激励相容，也就是同时实现成员企业个体目标与动态联盟整体目标，使个体利益和动态联盟整体利益达到一致，因此要有一个组织目标体系来指引成员企业个体努力的方向。

③激励机制设计的效率标准。网络化企业激励机制的设计要使得网络化企业的运行富有效率。效率准则要求在费用相同的两个备选方案中，选择目标实现较好的一个方案；在目标实现程度相同的两个方案中，选择费用较低的一个方案。决定网络化企业激励机制运行效率的是机制运行所需要的信息。信息交流贯穿于激励机制运行的始终，当网络化企业在寻求激励的诱导因素集合时，需要对成员企业的个体信息进行了解，成员企业之间必须进行信息交流，通过信息交流可以将诱导因素与个体需要连接起来。

9.4.2 网络化企业激励方法

网络化企业激励与传统企业相比，应注意以下问题：

（1）目标激励

在网络化企业的虚拟团队中，可以通过共同目标发挥诱引、导向和激励作用。首先，在虚拟团队建立之初就应该尽量让每个团队成员充分了解团队的宗旨和目标。了解目标包括其深度和准确度，这对于跨越时空和组织的边界，具有不同文化背景的虚拟团队成员来说，存在非常复杂的沟通问题，但它又是最重要的问题。其次，强调"分享"。在明确虚拟团队任务后，虚拟团队领导与成员一起协商将目标进行分解，形成各项任务，每一位成员根据自身专长，承担一定的任

---

① 肖淑红，童欣．激励性管理——企业人力资源管理的内核．江西科技师范学院学报，2002（5）

务。最后，注重过程控制。成员之间要经常沟通整个团队当前的运行状况，要求成员不断进行自我检查，并纠正与目标和宗旨的偏差，在没有时刻监督的情况下，让目标充分发挥其权威性①。

(2) 信任激励

网络化企业的虚拟团队，由于缺少每天面对面交流的机会，所以信任既难以建立又容易失去。团队成员只要某方面出现不诚实的行为，就可能会引起他人的疑心，由于缺乏面对面交流所传递的情感、态度等各方面的润滑剂，晕轮效应在虚拟团队中发挥的作用远比传统组织中大，这样团队其他成员可能对该成员的其他方面产生不信任感，使团队工作受阻。因此，信任激励旨在通过建立人与人之间的信任关系，建立信息沟通平台，强化信用和声誉对成员个体的重要性以及建立相应的约束机制进行引导。

①信任人员。信任激励的根本就在于信任人员以及他们的能力。在以任务为导向的虚拟团队中，信任不仅仅表现在对个人诚实和正直的信任，还必须包括彼此信任对方的能力，信任对方对团队目标的忠诚，否则就无法互相合作，实现既定的目标。

②信任成员提供的信息。对于以信息技术为平台和支撑的虚拟团队来说，信息的通畅与准确直接影响成员的相互信任程度，对目标的信任程度。片面、不正确、误导和延误的信息来源，正是导致不信任产生的重要原因。

③强化信用和声誉对成员个体的重要性。虚拟团队主要靠信任来维系成员间的关系，在完成网络化企业目标的过程中，有些企业经不起个体利益最大化的诱惑，采取机会主义，出现泄露战略、信息、技术或中途轻易离开团队等情况，来追求自身效用最大化，给团队造成巨大损失。在企业界日益注重信用和声誉的时代，这种背信弃义的行为无疑会给企业的发展带来很大的影响，将使它在竞争合作的过程中陷于孤立的状态。

④建立相应的约束机制。虽然我们强调信任的重要性，信用和声誉等隐性激励因素也会促使虚拟团队成员自我约束，但“信任从来不是完全充分的”。调动成员的积极性，规避成员的道德风险，仅靠信任关系的维系和隐性激励机制的建立是不够的，还必须建立起有效的约束机制。这种约束机制可以在组建网络化企业之前通过企业间协商，从而达成各种协议，这些协议对成员应该具有法律上的约束作用。

(3) 授权激励

在网络化企业中，核心企业根据目标来组建虚拟团队，特定的任务则需要具

---

① 陶厚永．协同电子商务环境下的虚拟企业构建与管理研究．合肥工业大学硕士学位论文

备特定知识和技能的人才来完成。团队成员的专长领域，往往决定了他在以任务为导向的虚拟团队中所扮演的角色。虚拟团队中每位成员根据自身专长承担一定的任务，这样，具备专业技能和知识的人，就拥有了比在传统组织中更多的独立自主权和决策权。虚拟团队成员的特点也决定了在虚拟团队中不能进行集权管理，而要进行更多的授权，让成员更好地挖掘自己的潜能，展现自己的才华，实现自我价值。

（4）利润分享激励

虽然对虚拟团队成员激励的重点是工作内在激励，但在市场经济条件下，经济报酬是网络化企业中衡量成员个体价值大小和成就高低的重要尺度，因此，对虚拟团队成员必须采用有激励作用的薪酬制度。众所周知，虚拟团队是一个整体，团队的产品是由集体成员合作共同生产出来的，其中任何一个成员都是团队中不可或缺的组成部分。由于其中每一个成员的真实贡献不可能精确度量，并且要激励成员勤奋工作，使团队利润最大化，这样就需要实行一种将个人努力与虚拟团队整体业绩相联系的报酬制度。如果团队整体利润高，则每位成员所得报酬就高；如果团队整体利润低，则每位成员所得报酬就低。马丁·韦茨曼（Martin Weitzman）的利润分享制度正是这样一种特殊的群体激励制度，它把激励机制建立在团队产出的基础上，使得受益对象是全体成员，从而促进每位成员为了获得更多利益而努力工作，增强虚拟团队的竞争力。

利润分享制度进一步增强虚拟团队成员主体意识，使他们对团队目标和团队利润目标产生更高程度的认同感，使成员更加关心团队的发展，努力工作，因而有助于提高团队的市场竞争力。在利润分享制度下，虚拟团队所有成员的利益是一致的。在分享比例一定的情况下，虚拟团队利润水平的提高，意味着其中每一位成员的所得利益都会增长；而如果虚拟团队任务无法完成，造成亏损，则所有虚拟团队成员利益都受损。由于所有成员都是利益、风险的承担者，一个人的劳动报酬与团队中其他每个成员的工作勤奋程度建立了一种直接的相互依赖的关系，每个成员都有监督其他成员勤奋的动力，这无疑减少了虚拟团队的监督成本。在虚拟团队中，各项任务是相互依存从而完成整体目标的。如果纯粹采用考核个人的绩效从而决定其报酬的方式，那么团队成员必然会为了获得更多报酬，引起被关注而竞争，并以自我价值的实现而感到荣耀，这种分别获得报酬的方式会鼓励独立和竞争。

9.4.3 网络化企业激励机制的构建

网络化企业是伴随着现代通信技术和计算机网络等信息技术发展起来的，同传统企业相比，其产品具有高附加值，网络化企业运转的好坏更加依赖于人员素质的高低和人力资源的有效整合。因此，网络化企业的人力资源管理要建立有效的激励机制，这样才能对人力资源进行有效的管理。网络化企业必须根据其自身的特点采取相应的激励机制。

(1) 激励机制的形成

网络化企业存在核心企业和成员企业，核心企业作为激励主体，成员企业为激励客体。网络化企业的激励机制可以定义为：在网络化企业中，核心企业和成员企业之间通过激励因素相互作用的方式。网络化企业激励机制的设计是指核心企业为实现网络化企业目标，根据成员企业的个体需要，制定适当的行为规范和分配制度，以实现成员企业资源的最优配置，达到网络化企业的组织利益和成员企业个体利益的一致。网络化企业激励机制设计的实质是核心企业通过理性化的制度来规范成员企业的行为，调动其积极性以达到对网络化企业的有序和有效管理。

激励机制体现在网络化企业的利润分配制度和行为规范上。分配制度将诱导因素集合与网络化企业的目标体系联系起来，即达到特定目标所规定的绩效标准将会得到相应的利润分配。行为规范将成员企业的个体因素与网络化企业的目标联结起来。行为规范规定了成员企业个体以一定的路径来达到网络化企业目标。网络化企业激励机制的设计要使网络化企业运作得更有效率，而决定激励机制运作效率的是机制运行中所需要的信息。通过信息交流可以将诱导因素与个体需要连接起来。

(2) 网络化企业激励模型的建立

图 9-2 所示的模型中，动态联盟组织目标、激励诱导因素集合、盟员企业个体因素集合构成了网络化企业激励机制的三个基点，而这三个基点通过信息共享、利润分配合同、联盟组织行为规范三条路径联结在一起，构成了一个完整的企业动态联盟激励模型①。

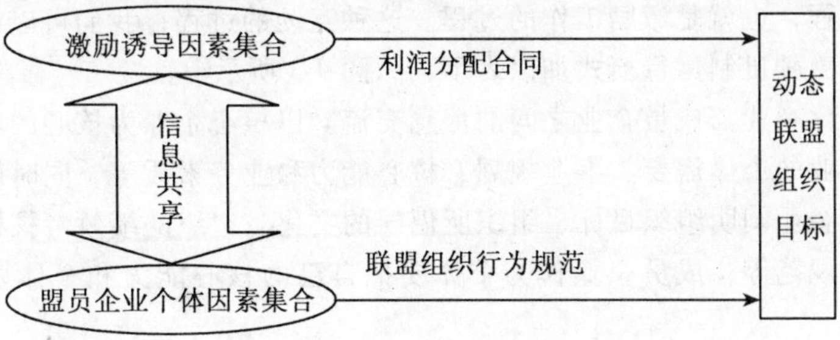

图 9-2　网络化企业激励模型

① 贾平，陆德平．企业动态联盟激励机制的设计与运行探讨．煤炭经济研究，2005 (10)

网络化企业的组织目标必须与成员企业的工作绩效相衔接，成员企业的目标要相融于网络化企业的整体目标。

利润分配合同是网络化企业激励机制的核心问题，这是经济性的诱因，将委托代理理论应用到网络化企业中，建立网络化企业利润分配模型，并以此设计合理的利润分配合同作为最优的激励机制。

除了利润分配诱因以外，联盟的前景、先进的管理方法、企业文化、品牌效应、发展机会、市场机遇等等都可以成为有吸引力的诱导因素。

成员企业个体因素集合包括个体需要、成员企业文化等个体加入网络化企业动机的一些因素，还包括成员企业自身所拥有的核心能力、业务素质、潜力等因素，这是决定成员企业对网络化企业贡献大小的因素。网络化企业在建立激励机制时，需要将影响成员企业文化的一些措施纳入激励机制的运行体系。

网络化企业激励涉及信息共享，一方面使网络化企业能及时、有效、准确地把握成员企业的各种动机和工作动机，从而确定相应的分配形式；另一方面，通过信息共享，成员企业可以了解组织有哪些分配资源，以及怎样才能获得自己所需要的分配资源。因此，信息共享是联结个体需要动机和诱导因素的路径。

网络化企业中一定的行为规范是使成员企业的核心能力在网络化环境中发挥作用以及成员企业加入网络化企业的一个重要前提，正如巴纳德所说的协作意愿，一个组织也只有通过一定的行为规范，才能将不同的个体努力引向组织目标。行为规范建立在成员企业个体业务素质和核心能力的基础上，个体通过遵守行为规范可以实现一定的组织目标，进而得到自己所需要的利益。同时，行为规范也可作为控制和监督成员企业工作的依据。因此，行为规范成为个体能力和素质与组织目标之间的一条路径。

（3）网络化企业激励的实现

根据网络化企业激励机制的定义，激励的实现体现为联盟组织和成员企业之间的互动过程，也就是激励工作的过程。这种互动的过程，我们可以借助于基于信息交流的激励机制运行模式加以表示，如图 9-3 所示①。

①网络化企业与成员企业之间的信息交流。以核心企业为核心的网络化企业了解成员企业的个体需要、事业规划、核心能力和业务素质等，同时确定组织目标并向成员企业阐明组织目标、组织所倡导的文化、组织的绩效考核标准、分配资源和行为规范等；成员企业作为个体要把自己的核心能力和个体要求表达出来。

②网络化企业与成员企业的行为选择。通过信息共享，网络化企业根据成员

① 贾平，陆德平．企业动态联盟激励机制的设计与运行探讨．煤炭经济研究，2005（10）

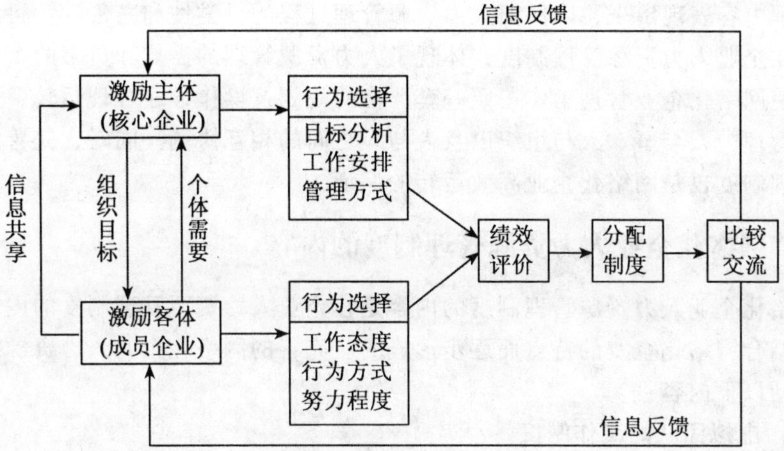

图 9-3 基于信息交流的激励实现

企业的具体情况做工作安排、提出努力的目标和考核办法，采用适当的管理方法；成员企业采取适当的工作态度、适当的行为方式和努力程度进行工作。

③绩效评价。对盟员企业取得的阶段性成果进行评价，以使联盟组织和盟员企业双方再进行适当性的调整。

④利润分配。这是激励机制的核心，成员企业要配合网络化企业对自己的工作绩效进行评价并以此作为分配的依据。

⑤比较与交流。成员企业将自己所获得的分配资源与其他成员企业进行比较，衡量是否满意和公平；通过比较，若成员企业觉得满意，将继续进行网络化企业合作；若不满意，可以与网络化企业进行建设性的磋商，以达成一致意见；若不能达成一致意见，双方的契约关系将中断。

9.5 网络化企业人力资源的制度保障

网络化企业由于组织的地域分散性和人员结构的松散性使得 HRM 工作弱化。多数网络化企业，特别是组建网络化企业的核心企业认为不便于开展整体的 HRM 工作，所以并没有实施工作分析、人力资源规划、员工培训和开发等系列工作。当前网络化企业人力资源中急需重视的问题有：文化冲突；信任度低；协调不畅；沟通困难；整合乏力。① 因此，建立网络化企业的人力资源管理制度非

① 陈亮．虚拟企业人力资源管理．系统工程，2003（2）

常必要。网络化企业人力资源管理制度是遵循一定的管理原则，并通过一整套完善的管理内容表现出来，以保证人力资源管理过程的科学性和完善性。科学合理的网络化企业人力资源管理制度，体现了人力资源管理的需要和员工的个人利益需求，使网络化企业管理工作按照一套严格的规划及操作程序合理运转，达到人力资源管理中人与事、人与组织以及人与人之间的相互协调。同时，完善的人力资源管理制度也是网络化企业高效运转的保证。

9.5.1 网络化企业人力资源管理制度的内容

网络化企业人力资源管理制度的内容是在企业人力资源管理制度的内容的基础上，结合网络化企业的特点而逐步形成的。完善的网络化企业人力资源管理制度应包括以下内容：

(1) 虚拟团队的工作制度

为了加强网络化企业人力资源管理工作的规范化和科学性，一是要对虚拟团队工作人员的统计及报表进行管理；二是要对虚拟团队人员档案进行管理。

(2) 网络化企业人力资源管理部门职责的规定

网络化企业人力资源管理部门的职责应依据网络化企业实际需求的不同做出不同的规定。一般情况下人力资源管理制度必须首先规定人力资源部门的职责和权限，并以此为基础开展企业的人事管理工作。

(3) 员工考核制度

所有的工作都是以最大限度地提高工作效率为目的的。对工作的考核是对员工工作结果的评价，涉及员工的薪酬、奖励和晋升调整以及辞退等项工作，这项工作的实施依据是以对工作的考核结果为评价标准，公平的管理取决于对工作业绩效率考核的公平性。网络化企业也应该在开展合作项目的过程中，对合作人员进行考核，提高团队效率。

(4) 网络化人力资源调整管理制度

根据考核的结果以及实际的需要，虚拟团队中人员的调动，属于网络化企业人力资源管理调整的范围。人力资源调整管理制度的目的就是使调整后的员工工作能够按照规范化程序运行。

9.5.2 网络化企业的信任保障

尽管信任是建立网络化企业的一个重要特性，然而在网络化企业中建立伙伴间的信任关系却面临着较大的困难。首先，网络化企业基于一个特定的市场机遇而形成，它要求对市场机遇的快速响应，为此，核心企业在选择成员企业的时候，考虑得更多的是企业所拥有的核心能力或为实现该市场机遇而需要的关键资源。所以，当网络化企业组建后，各成员企业可能会面临较多自己以前没有合作过的新伙伴，如何迅速地建立起伙伴之间的信任关系就成为网络化企业面临的最大问题之一。其次，网络化企业伙伴间地理位置上的分布性使得伙伴间的信息共享比较困难，对伙伴间的交流产生了很大的阻碍。在网络化企业中，合作伙伴一般比较分散，缺乏并难以进行“面对面”的直接交流。最后，由于各成员企业可能来自不同的地区和国家，有着不同的企业文化和背景，所以伙伴间在相互合作、交流中容易出现企业文化、管理观念上的冲突，这也给伙伴间信任关系的建立和维持带来了一定的困难。

(1) 网络化企业伙伴间信任的四种形式

通常情况下，网络化企业伙伴间的信任可以分为四种形式或等级①。

①基于威慑的信任（Deterrence-based Trust）。即各伙伴按照各自所承诺的去完成自己的任务，因为他们害怕被惩罚。

②基于认知的信任（Knowledge-based Trust）。即伙伴间相互了解，双方都可以理解和预测对方的行为。

③基于共识的信任（Identification-based Trust）。即指伙伴间有共同的目标和共同的价值取向，相互间就像是一个统一的实体。

④敏捷信任（Swift Trust）。即网络化企业伙伴在建立上述三种信任关系的基础上，为迎合某一市场机遇而在较短时间内建立起的信任关系。一般地，网络化企业伙伴间的信任将遵循上述四种信任形式，并随着合作进程呈现出一个不断上升的过程，如图9-4所示②。

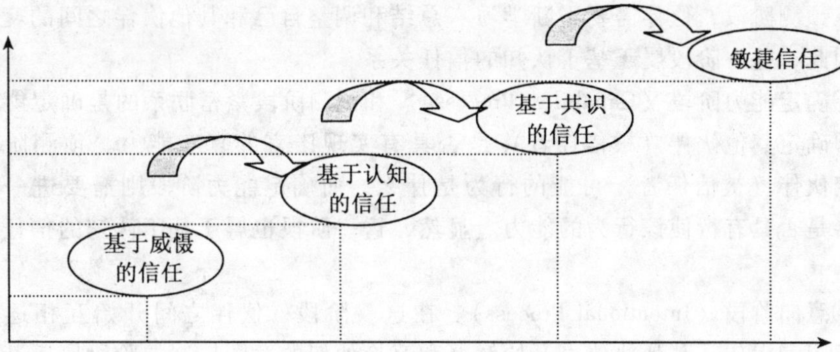

图9-4 网络化企业伙伴间的信任形式（等级）

当网络化企业刚刚建立时，伙伴间首次进行合作，彼此间并不熟悉，则伙伴

① 陈剑，冯蔚东．虚拟企业构建与管理．北京：清华大学出版社，2002

② 陈剑，冯蔚东．虚拟企业构建与管理．北京：清华大学出版社，2002

间属于一种基于威慑的信任关系，即通过合同或契约，使得违约成本远大于收益而迫使合作伙伴履行承诺的行为。随着合作的进一步加深，信任关系可以上升到基于认知的信任。当伙伴间的合作关系已经相当稳定，则信任关系可以上升到较高层次，即基于共识的信任。进一步的，随着伙伴间合作的深入，网络化企业伙伴之间可以建立起一种敏捷信任关系，即为了一个商业机会，网络化企业伙伴可以实现迅速集结，并通过紧密协作，在有效的时间内建立起良好的信任关系，以迎合和把握快速变化的市场需求。

（2）网络化企业中信任机制的建立过程

尽管不存在一个信任机制建立的标准模式，同时网络化企业环境中信任关系的建立有别于“面对面”信任关系的建立，但网络化企业伙伴间的信任机制完全可以遵循一定的过程模式来建立，并在这个过程中不断得到确立和维持。一般的，网络化企业信任机制的建立可以分为五个阶段。

①测量阶段（Calculative Process）。在这个阶段，伙伴之间对可能的机会主义行为（不信任行为、败德行为）的机会成本和可能回报进行测算和衡量。如果测量结果表明，伙伴采取不信任行为（败德行为）被其他伙伴发现而导致的机会成本（损失）高于其回报时，伙伴将趋向于遵守一些共同的准则，这时伙伴间可以实现相互信任。

②预测阶段（Prediction Process）。在此阶段，伙伴（信任者）会利用其他伙伴（被信任者）过去的行为信息来预测其将来的行为，通过不断重复“预测”、相互验证和经验共享，伙伴可以拥有准确预测对方（被信任者）行为的能力。在预测阶段，伙伴需要不断学习、总结和调整自己和其他伙伴之间的交互行为，因此，这一阶段属于基于认知的信任关系。

③确定能力阶段（Capability Process）。和预测阶段紧密联系的是确定能力阶段，即确定其他伙伴（被信任者）是否具有实现诺言的真实能力。预测阶段只是确定伙伴（被信任者）可能的行为是什么，而确定能力阶段则需要进一步确定伙伴是否具有行使该行为的能力。显然，这一阶段也属于基于认知的信任关系阶段。

④意向阶段（Intentional Process）。在这一阶段，伙伴之间开始互相透露自己的意图和渴望，其他伙伴也开始解释和互换他们的意图。这一阶段属于基于共识的信任关系，此时伙伴彼此共享网络化企业的目标、标准、规范和价值，甚至允许其他伙伴充当自己的代理。在这一阶段，对共同目标和价值的认可将大大增进伙伴间的信任。

⑤转移阶段（Transference Process）。转移阶段包括信任关系从一些已得到信任的第三方向其他伙伴的转移。这时，假如第三方认为某伙伴值得信任，则其他伙伴也将认可这种信任关系，因此，信任已经开始从一个信任的伙伴向其他伙伴

转移、扩散。转移阶段属于信任关系的较高阶段，在这一阶段，即使伙伴之间彼此从未接触过，但依靠可以信任的第三方，依靠历史上的经验信息，伙伴之间可以迅速达成某种程度的信任，这种信任是既非基于认知、也非基于威慑和共识的信任，故将其称为“敏捷信任”。对于为了一个商业机会而组成、并随着机会的消失而迅速解体的网络化企业而言，敏捷信任关系的建立尤为重要，因为网络化企业伙伴必须在较短时间内建立起较好的信任关系，以保证网络化企业目标的实现。表 9-5 表述了建立信息关系的过程以及信任的形式①。

表 9-5　建立信息关系的过程以及信任的形式

建立信任的过程	信任的形式	“面对面”环境下影响信任建立的因素	网络环境下的挑战
测量阶段	基于威慑的信任	投资的资源总量 商誉 联系的紧密程度 关系的时间长短	暂时的、短生命周期的组织 成员来自不同实体组织 缺乏对网络边界的认识
预测阶段	基于认知的信任	关系的时间长短 基于任务的交互频率 对话的次数	暂时的、短生命周期的组织 信息共享存在一定的障碍
确定能力阶段	基于认知的信任	开放性 决心 专家技术与经验	伙伴本身不具备解决冲突的高层协调能力
意向阶段	基于共识的信任	动机和价值的清晰表达 关系的时间长短 背景的相似性 对话的次数	短期关系 伙伴之间跨组织
转移阶段	敏捷信任	基于角色的固定分工	难以清楚定义角色分工 较多强调知识与技能

9.5.3　网络化企业人力资源管理的契约保障

网络化企业的成员都处于平等地位，因此存在控制度低的问题。控制度低带

① 陈剑，冯蔚东．虚拟企业构建与管理．北京：清华大学出版社，2002

来的直接后果就是流动性问题，包括成员的退出以及成员中技术人员的流失。核心成员的中途退出会导致项目延误，甚至网络化企业的瓦解；一些核心技术人员的流失，将直接导致成员核心能力的削弱，进而影响网络化企业的进程。目前，建立契约机制是网络化企业常用的手段，具体的如合同、协议书等。然而，尽管通过契约方法可以规范网络化企业成员和人员的行为，减少合作风险，但是，由于信息的不对称、目标利益的多重性和异地分布性，网络化企业的契约管理和监控仍存在着很大问题。

组织的建立和维持依赖于各组织所共同遵守的制度规范。因此，在网络化企业中应尽可能制定出一个公平、合理、双赢的协议或合同。由于各个伙伴都是一个独立的利益团体，在涉及投资额度、收益分配等利益问题时，需要通过伙伴间的协商来确定。建立公平、规范的制度，关键就是要让各自独立的伙伴在网络化企业中感到彼此之间是相互平等的，并在相互理解的基础上，明确其责任、权利和义务。

（1）契约的方法

契约方法是指借助正式的契约手段来规范各企业的行为，如合同、协议书等。网络化企业的各企业间为了共同利益而组成临时性的伙伴关系，在组织结构上形成了一个“网络”结构，各个企业间也将形成一种“契约网”结构，尽管网络化企业中契约的执行和控制有一定的困难，但是通过契约方法能够规范网络化企业各企业间的行为，减少合作风险。这就要求各企业做到①：第一，在信息的不对称方面。一个企业对自身所负责工作的认识以及自身真实的资信状况与其他企业相比都具有信息优势时，在制定合同中，不要把契约向有利于自身利益的方向引导，而要诚实地与其他企业合作。第二，在目的多重性方面。组成网络化企业的各企业往往是具有独立地位的企业实体，他们有各自不同的利益，其加盟网络化企业的目的也具有多重性。因此，网络化企业在运行过程中难免会出现利益不一致的冲突状况。此时，就靠一纸契约来解决企业间的日常性矛盾和工作冲突是远远不够的，这就需要各企业间的平等协商和相互信任。第三，在地域分散性方面。参与网络化企业的各企业的地理位置较为分散，这给网络化企业的契约管理和控制带来困难。一旦出现违反契约的行为，网络化企业的核心企业难以采取有效措施进行补救，不但影响了共同的赢利目标，而且多方都会遭受损失。因此，各企业要遵守契约的法律效力，经营过程中，严格按照契约的有关条款执行，发生争议，要通过对话方式和平解决，这样，才能实现多赢的目标。

通过契约来规制企业行为，这种规制建立在互相信任的基础上，是关系性缔约活动，这种契约具有长期性特征（和企业的统一规则相似）；同时，网络化企

① 迟红娟．虚拟企业关系管理的探讨．集团经济研究，2005（13）

业运作因项目而定，合作对象也因项目而定，随着某一项目的完成，原合作关系（双边规制）解除；若有新的项目，则彼此再进行合作，双边规制再次继续下去；否则，就暂时中断。所以，网络化企业运作的契约关系又具短期性特征（和市场规制相似）。也就是说，网络化企业运作的契约兼具长期性和短期性（居于企业与市场之间）的特点。这种特点的含义是：一个建立在信任基础上的长期契约关系（可能是默认契约），实际履行起来则时断时续（根据需要而定）。

（2）行为的方法

行为方法指的是借助协商、沟通等行为手段，增进各企业间的相互理解和信任，使得各企业自觉规范自己的行为。一般来说，行为的方法包括如下原则和内容①：第一，信任。作为行为方法最重要的一个原则和内容，信任关系的建立可以避免网络化企业中的管理僵化，降低其结构成本，可以大大减少网络化企业内部的交易成本，也可以大大降低协调工作量，并促使企业间以灵活的方式相互调整彼此的合作态度和行为，从而有利于在网络化企业中形成稳定的、具有创造性的伙伴关系。第二，沟通。建立信任关系是一个长期的过程，期间需要良好的沟通。网络化企业可以利用信息技术进行间接的沟通，也可以采用面对面进行直接沟通。网络化企业中良好沟通方式的建立是成员间建立相互信任、获得成功的先决条件。第三，道德规范。参与网络化企业的伙伴要遵循一定的共同的商业道德规范。如果网络化企业中各企业只为自己利益着想，将会增加网络化企业运行风险发生的可能性。一旦忠诚关系不能维持下去，对网络化企业的全体成员都将是一种损害。第四，取长补短。网络化企业中的每一个企业都需要承认自身的不足，并为网络化企业带来自己最擅长的能力，相互之间取长补短、同舟共济，降低出现投机行为的风险。第五，控制的新型性。在网络化企业中，一方面要强调控制的必要性；另一方面也不能扼杀网络化企业的灵活性，而灵活性是网络化企业的最大优势。这就需要在企业间的“联结区域”实施有效控制，这样才能保证网络化企业中的各企业实现协同工作；同时也需要明确网络化企业整体目标，并授权各个企业“自治”管理。

---

① 迟红娟．虚拟企业关系管理的探讨．集团经济研究，2005（13）

10 网络化企业信息沟通与信息保障

管理中有两个70%，一个是管理者70%的时间用于沟通，另一个是管理中70%的问题与沟通障碍有关。美国曾对500家公司中的191名总经理做过调查，发现导致失败的最主要原因并非技术能力的欠缺，而是沟通问题。在信息技术蓬勃发展、企业规模日益扩大、地域机构趋于分散的今天，因沟通不力带来的问题会更加突出和严重。

10.1 网络化企业信息沟通途径与方式

网络的应用不仅改变了信息沟通的方式，还提供了完成高效管理所需要的技术手段，从而从根本上改变了传统的管理方式，使得大企业特别是大型跨国公司的内部交流与管理变得更富有成效。可以说，今天的管理已离不开现代信息技术和网络。例如，微软对全球业务高效的管理就与它对信息技术的采用密切相关。微软公司在全球50多个国家和地区拥有分公司和办事处，比尔·盖茨和史蒂夫·鲍尔默对每个分公司的销售业绩与经营状况了如指掌，并能保证他们制定的全球战略得到有效的执行，依靠的就是信息技术和网络沟通方式。① 随着企业对信息技术投入的增加，可供企业选择的沟通方式越来越丰富，企业沟通与交流的工具、模式等不断发生改变，速度、效益将会空前提高。

10.1.1 网络化企业信息沟通的含义及作用

充分有效的信息交流是网络化企业发展的关键之一。信息技术以及网络技术的发展，企业对内对外的信息沟通活动都发生了深刻变化，网络化企业的信息沟通与传统企业的信息沟通在内涵与作用上都有所区别。

(1) 网络化企业信息沟通的含义

沟通是信息凭借一定的载体，在信息发送者和信息接收者之间进行传递的过程。对网络化企业而言，信息沟通包含了多重含义。

---

① 张招存．扁平化组织与网络化沟通——现代企业组织结构的目标模式．甘肃科技，2003（12）

沟通的第一层含义是媒体。媒体是信息传播的渠道，是信息沟通的物质基础，如果沟通缺失了媒体，沟通将无从谈起。同时，媒体本身的质量，也会影响信息的内容和信息传递的效果。网络化企业的沟通是跨地域、跨组织、跨文化的沟通，沟通媒体质量的高低决定着网络化企业运营效果的优劣。高媒体维度说明通信媒体能够确保信息定点、及时、准确地传送，可以为网络化企业的任何成员在任何时间、任何地点与其他成员合作时提供保障。低媒体维度说明网络化企业赖以生存的沟通平台不存在，通信媒体不能实现成员之间的顺畅沟通，等待网络化企业运营结局的只能是失败。

沟通的第二层含义是互动。媒体所传递的最基本信息能否达到最佳的效果，关键在于它能否得到回应，能否实现互动。网络化企业是核心能力的动态联合体，它以计算机网络为运营平台，它要求最有效地使用媒体以实现信息的互动。网络化企业互动的过程实际上就是工作的过程，互动是为了任务的完成。互动可以打破组织的限制，使网络化企业的能力得到大幅度的延伸，同时网络化企业任务的完成、目标的实现也有赖于互动。互动一般是通过正式沟通来建立的。

沟通的第三层含义是关系。关系是互动积累的效果，它是在复杂的人类互动、实践中获得的学习和情绪，以及对未来互动的向往等内容的总结。互动形成一定的关系，关系的发展促进和维持了网络化企业的运营。关系主要反映了在网络化企业各成员之间促成团结，建立关系的那些内容，它涉及各成员在实现共同目标的过程中如何建立彼此间的关系，如何维持网络化企业的凝聚力和向心力。关系是网络化企业高效沟通的衡量标准之一，它主要是通过非正式沟通来建立的。

(2) 网络化企业信息沟通的作用

现代管理大师巴纳德指出，作为正式组织的协作系统，不论其规模大小或级别高低，都包含了三个基本要素，即协作意愿、共同目标和信息的沟通①。组织的存在及其活动是以信息沟通为条件的。个人协作意愿和组织共同目标只能通过信息沟通才能将两者联系和统一起来，形成动态的过程。网络化企业当然也不例外，网络化企业的共同目标和各成员的协作意愿虽然在网络化企业的创立阶段已经初步形成，但对许多具体问题的认识和工作过程的协同还需要通过信息沟通来进一步深化。信息沟通是协作意愿与共同目标之间的桥梁，它可以有效地将各成员的协作意愿与网络化企业的共同目标有机地结合为一体。从某种意义上说，如何在网络化企业各成员之间建立有效的信息沟通，就成了网络化企业管理的重心，也成了网络化企业运营的关键。网络化企业信息沟通的具体作用如下②：

① 崔佳颖．管理沟通理论的历史演变与发展．首都经济贸易大学学报，2005（5）

② 祁明德，縻仲春．虚拟企业信息交流模式研究．价值工程，2004（2）

①强化各成员企业对共同目标的认同。网络化企业成员对共同目标的认同是网络化企业成功的先决条件。目标虽有巨大的感召力，但共同目标的达成不是一蹴而就的，它需要一个过程，这个过程就是沟通。通过信息沟通，可以使网络化企业形成良好的合作氛围，强化对共同目标的认同，在一定程度上缓解成员的道德风险问题，使各成员自律、努力地完成任务，兼顾网络化企业的整体利益。

②提高成员之间的信任程度。网络化企业的成员来自不同的区域，属于不同的组织，有着不同的文化背景，时空的距离、文化的差异客观上造成了成员之间缺乏了解，彼此之间有一种信任危机。解决这个问题的最佳办法就是沟通。通过沟通，消除误解，求同存异，相互理解，增强信任。信任对整个网络化企业的运行有很大的促进和激励作用，它是网络化企业成功的有力保证，同时也是一种宝贵的社会资本。

③明确成员的角色和责任意识。明确成员的角色和责任是网络化企业运行的基础。每个成员在网络化企业中扮演着特定的角色，在网络化企业的价值链中发挥着独特的功能。虽然，在契约的缔结过程中，已经初步界定了各成员的角色和责任，但随着企业的运行、环境的变化，成员的角色、行为必然会出现某些偏差。如果对这些偏差听之任之，最终会给整个网络化企业运行造成很大的影响，甚至会功亏一篑。所以，在网络化企业的运行发展过程中，必须不断地强化成员的角色和责任意识，而这个过程关键依赖于有效的沟通。

④强化成员的协作意识。网络化企业的每个成员都具有核心能力，但仅凭每个成员的单打独斗将不太可能取得巨大的成功，也不会发挥出 1 +1 >2 的整合效应，因此，各成员必须相互协作，这就要求每个成员不仅要明了自己的角色和责任，还要清楚地知道自己与其他成员的关系，以及自己怎样才能有效地配合其他成员的工作。而这一切，没有充分有效的沟通，是不可能实现的。

10.1.2 网络化企业的主要沟通方式及交流模式

信息技术的发展容易使人产生错误的观念，即认为 IT 技术将是网络化企业主要的，甚至是唯一进行信息交流的方式。事实上，企业的信息交流方式很多，不同的交流方式具有不同的意义，根据 Rachid Zeffane 和 Bruce Cheeks 的经验研究，在口头交流、书面交流和通过计算机交流等交流方式中，由于组织结构、任务特点、人员地位等不同因素的影响，这些交流方式在企业中具有不同的作用和使用特点。不同的信息交流方式适合于不同的管理者，错误的信息交流方式会降低人们获取高质量信息的能力。Elloit Maltz 研究了书面交流、电子交流、电话和面对面交流与获得的信息质量之间的关系，发现不同的信息交流方式获取的信息质量存在明显的差异①。所有这些研究表明，网络化企业应重视不同的信息交流方式，以取得高效的沟通质量。

(1) 网络化企业的主要沟通方式

网络化企业进行信息交流的具体方式很多，这些方式大体可归纳为两种：面对面交流，包括会议、面谈；利用信息技术手段进行的交流（以下简称“IT 交流”）。两种交流方式各有不同的特点。网络化企业通过面对面交流，交流双方能够获得即时反馈，能够得到大量的信息暗示，以提高获取信息的质量，有利于充分理解获取的信息，从而提高沟通的效用，有利于促进交流者之间相互信任关系的建立，这一点在网络化企业的经营中尤为重要。同时，与 IT 交流相比，面对面交流适于非标准化、战略性信息的沟通。面对面交流的主要缺点是信息传播速度慢，而且对处于异地的成员来说，时间成本和差旅费用可能较高。

利用 IT 技术进行信息交流，可以不受时间、地域等因素的限制，并根据需要信息交流的范围随意地扩大或减少，信息传递速度快，交流广泛。随着 IT 技术的发展，在各种网络沟通工具的支持下，产生了不同的网络沟通方式。当前，在网络化企业间进行网络沟通的方式主要有以下几种，如表 10-1 所示②。

表 10-1 **主要网络沟通方式比较表**

比较项目 / 信息沟通方式	主要优点	主要缺点	适用范围
电子邮件（E-mail）	目标明确，发送速度快，传达准确，保密性强	接收不及时，需要反馈、等待	有特定传递主体或要求保密的信息
电子公告牌（BBS）	信息内容丰富，发布和接收信息便捷，信息公开透明	保密性差，信息鱼龙混杂且传播速度快	需要向员工或其他相关人员发布的信息和需要讨论或征集意见的问题等

① 包国宪，李文强．虚拟企业的沟通分析模型．兰州大学学报(社会科学版)，2005(2)

② 董玉芳，王德应．基于网络技术的企业管理沟通：选择与组合．江淮论坛，2005(5)

续表

比较项目 信息沟通方式	主要优点	主要缺点	适用范围
网络电话、传真	沟通及时，反馈无需等待，内容清晰，成本低等	通话时间有一定限度，对沟通内容也有一定要求	紧急性、需要当即回复的内容简短、容易表达清楚的信息沟通
网络会议系统	召集会议方便，省时、省力	互动效果不如传统会议、参会人员的精力投入不充分	不同地域人员参加的非大型会议或需要紧急召开的由分散在各地人员参加的会议
即时通信产品	方便、即时互动、时效	受沟通对象是否在线的约束	员工或领导与员工之间工作之余的情感沟通

由于信息技术的发展，网络化企业越来越多地倾向于采用 IT 技术进行信息交流；但是企业活动的复杂性以及各种信息交流方式的不同特点，决定了网络化企业不可能以 IT 交流去完全代替传统的面对面交流方式。网络化企业只能根据不同交流方式的特点和成本效益分析，采用不同的交流组合方式以达到最高交流效用。技术在不断发展和进步，还会有更多、更好、更方便灵活的网络化企业信息沟通方式出现，网络化企业要根据沟通需要和要求，对这些方式进行选择和组合，因为单一的方式很难取得理想的效果。

（2）网络化企业的交流模式

根据“拉斯韦尔公式”，信息交流的一般模式是：信息源——信息通道——信息用户——效果。网络化企业的信息交流模式在遵循这一基本原理的同时又有其独特的特点，如图 10-1 所示。

在网络化企业信息交流模式中，借助于 IT 交流和面对面的信息交流方式，最终促成网络化企业的发展。网络化企业信息交流就是识别、选择合作伙伴，促成网络化企业良好运作发展的过程。这一过程具有如下特点：①核心企业是网络化企业的发起人，在信息交流中发挥很重要的作用，包括：评估合作伙伴在合作之前和在网络化企业中所表现出的能力；作为网络化企业项目的协调管理者，建立和维持网络化企业成员间的信任关系以及作为网络化企业成员之间的联系

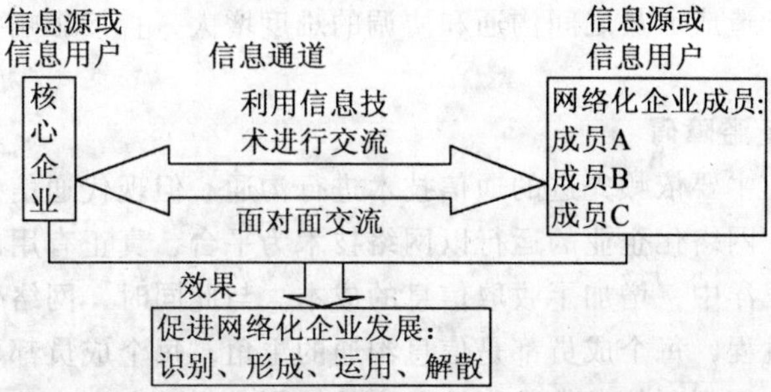

图 10-1 网络化企业的信息交流模式

点①；②处在信息通道两端的信息源和信息用户均由核心企业和成员企业组成，核心企业和成员企业既是信息交流过程中的信息源，同时又是信息用户。

从模型中可以看出，信息交流是网络化企业形成发展的基础，网络化企业信息交流模式是一个双向交流模式，在网络化企业的发展中，不仅核心企业选择评价成员，同时成员企业也在选择评价核心企业。

10.1.3 网络化企业信息沟通的障碍

信息沟通对网络化企业的顺利运营至关重要，但要实现有效的信息沟通却困难重重，它不仅要受到传统企业沟通影响因素的影响，还要面临网络化企业运营环境的特殊挑战。

(1) 时空差异障碍

网络化企业是不同区域若干个独立企业核心能力的动态联合体，网络化企业沟通面临的挑战首先就表现为时空的差异。时空差异具体表现在工作时间差异（如弹性工作制和各成员所处区域的时差等）、面对面沟通的缺乏（主要依赖于远程沟通）和非正式沟通减少（远程沟通仅限于正式的与工作内容有关的沟通）。这些时空差异极易导致成员之间的关系趋于疏远，并导致成员缺乏对网络化企业共同目标的认同②。

(2) 组织和文化差异障碍

组织和文化是一种很微妙、很复杂的影响因素，它对网络化企业沟通所造成的挑战主要体现在三个方面：由于网络化企业成员所处区域的不同带来的语言障碍；由于不同企业文化和区域文化带来的信息感知方面的偏差；企业成员行为习

① 祁明德，糜仲春．虚拟企业信息交流模式研究．价值工程，2004 (2)
② 祁明德，糜仲春．虚拟企业信息交流模式研究．价值工程，2004 (2)

惯、价值观念等方面的差异。组织和文化方面的差异，在信息沟通过程中容易产生摩擦和冲突，造成成员之间沟通和协调的难度增大，直接影响共同目标的顺利实现。

（3）信息泛滥障碍

网络化企业主要依赖先进的通信技术进行沟通，但现代通信手段会带来信息泛滥的负效应。网络化企业的运行以网络技术为平台，真正有用的信息在传递中被淹没在信息汪洋中，增加了收取信息的成本。与此同时，网络化企业信息交流是双向交流的过程，每个成员都是信息沟通的主角，每个成员都可以成为信息的发源地，因此如何判断信息的准确性和完整性便成为一个极为迫切的问题。对网络化企业成员来说，信息的泛滥要求他们增强自身的辨别能力。此外，各成员在网络平台上进行信息沟通，虽说网络平台具有高度的综合性和多媒体处理能力，但信息的高度图像化和直观化也会导致成员逻辑思维能力的下降。网络化企业通过网络等现代通信技术来传递信息，这样的沟通方式往往会呈现出单一化、程式化的思维模式。它一般只能交流事情的结果是什么，而无法启发成员对过程和解决问题的方法的思考，这无疑将削弱各成员的深层次思考力。

（4）技术瓶颈障碍

网络化企业的沟通所采用的主要技术和手段包括：电话、传真、电视电话会议、网络视听、电子邮件等，这些通信技术和手段本身具有很大的脆弱性。建立综合信息集成环境以及良好的外部通信环境是网络化企业组建的前提，这些环境用来解决网络化企业中任何成员可以在任何时间、任何地点与其他成员一起工作的技术问题，但是由于各成员企业通信基础的差异，限制了成员之间信息的自由交流，影响了沟通的效果。与此同时，网络化企业成员的技术熟练程度的不同，容易导致信息单向流动或反馈不及时，也会影响沟通效果。

针对网络化企业沟通中的时空差异问题，要采取多创造沟通机会的对策：

①强调沟通的连续性。由于在网络化企业背景下缺乏面对面交流的机会，成员应该加倍努力保持沟通不间断，使各成员能够不断地从其他成员及协调指挥委员会方面取得信息。

②鼓励非正式沟通。非正式沟通对网络化企业的顺利运行非常关键。因此，网络化企业必须高度重视并鼓励成员之间的非正式沟通，如定期举办网络聊天会、网络座谈会、网络辩论会等，建立员工个人关系的沟通，在工作之余适当增加幽默、玩笑等方面内容的沟通，使成员之间的关系更加紧密和默契。

③制定沟通规范和沟通指南。协调指挥委员会必须建立具体的沟通规范和沟通指南，以契约的方式硬性规定每个成员在一定时间内使用电话、传真、网络视听、电子邮件的次数，这样一方面可以使沟通顺畅，成员之间建立良好的合作关系；另一方面可以使协调指挥委员会随时掌握成员间的沟通情况，及时处理沟通

中的违规行为。

针对网络化企业沟通中的组织和文化差异问题，采取营造沟通软环境的对策①：开展文化敏感性培训和尽量选择具有互补性文化的成员组建网络化企业。

针对信息泛滥问题，采用标准化的对策：坚决推行信息标准化和倡导信息丰富化。

针对技术瓶颈问题，采用加强技术投入的对策：尽量采用先进的通信设备，坚决消除"技术盲"，交叉运用多种沟通方式和沟通手段和保证标准协调一致。

10.1.4 网络化企业的沟通管理

网络化企业的高效沟通要借助于媒体、互动和关系这三个维度来实现，以此为基础，可以建立网络化企业的沟通分析模型。

媒体维度是沟通模型的基础平台，高媒体维度是网络化企业高效沟通的基本要求，以高媒体维度为假设前提，根据互动维度和关系维度的高低将网络化企业划分成四种类型：完美型、机械型、俱乐部型和麻木型（见图 10-2）②。

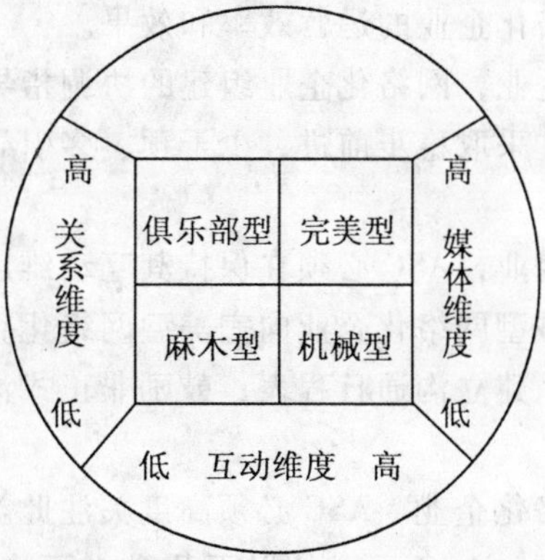

图 10-2　网络化企业的沟通分析模型

完美型的网络化企业，其沟通的互动维度和关系维度都很高，这意味着各成员之间不但可以建立和谐的社会关系，也可以顺利高效地完成任务，实现共同目标。这样的沟通是非常有效和成功的。

机械型的网络化企业，其沟通的互动维度高，关系维度低，这说明各成员侧

① 包国宪，李文强．虚拟企业沟通面临的挑战及对策．科技进步与对策，2005（2）

② 包国宪，李文强．虚拟企业的沟通分析模型．兰州大学学报（社会科学版），2005（2）

重于目标、任务的完成，而忽视成员之间建立良好的社会关系。虽说这种类型的网络化企业可能会顺利地完成任务，实现共同目标，但以目标任务为导向的网络化企业如果缺乏必要的社会关系，缺乏凝聚力和向心力，它将是非常脆弱并且很容易崩溃的。

俱乐部型的网络化企业，其沟通的关系维度高，互动维度低，这说明各成员侧重于彼此间建立良好的社会关系，注重增强网络化企业的凝聚力和向心力，而不注意目标、任务的完成。这种类型的网络化企业有可能获得一时的成功，但由于缺乏对完成任务所需条件的实质性关注，最终他们则很难实现预期的目标。

麻木型的网络化企业，其沟通的互动维度和关系维度都很低，这意味着它们在沟通过程中既不关心在相互之间建立良好的社会关系，也不关心目标、任务的完成情况，完全把自己当作“局外人”来看待。由于这种类型的网络化企业没有有效的沟通，很难进行有效的工作，完成目标、任务的概率几乎等于零，这种网络化企业的沟通是绝对失败的。

沟通分析模型中维度的高与低是两种极端情况，现实中的网络化企业完全可能处于两者之间。针对不同沟通类型，可以采取不同的对策来提高网络化企业的沟通效果，进而提高网络化企业的运营效率和效果。

对于完美型网络化企业，网络化企业组建的协调指导委员会（ASC）要保持现状，在稳定中求发展，采取稳步前进、少干预、多引导、多鼓励的方法来实现共同目标。

对于机械型网络化企业，ASC 必须在保持其互动维度的同时，致力于提高沟通的关系维度，促使机械型网络化企业向完美型网络化企业转化。提高关系维度可以从以下几方面入手：建立沟通日程表；鼓励非正式沟通；进行文化敏感性培训。

对于俱乐部型的网络化企业，ASC 必须高度关注此类企业的互动维度，使其向完美型网络化企业发展。ASC 可以从以下几个方面来着手提高沟通的互动维度：确保目标、利益的一致性；坚决消除“技术盲”；推行信息标准化；加强监管。

对于麻木型的网络化企业，ASC 可以从提高互动维度和关系维度两个方面着手，两手都要抓，两手都要硬，使其向完美型网络化企业转化，也可以从两个维度中的任何一个来着手，比如先从关系维度着手，使麻木型网络化企业首先转变成俱乐部型网络化企业，接着再侧重于互动维度，使其最终转化为完美型网络化企业。

10.1.5 网络化企业实时信息沟通机制的构建

信息沟通过程由信息发送者、信息传送媒介物、信息接收者几个基本要素组成，企业传统的信息沟通过程如图 10-3 所示。

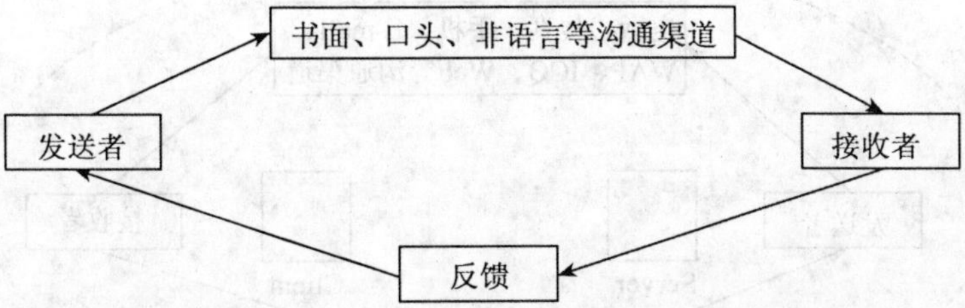

图 10-3 传统信息沟通过程

传统的信息沟通机制立足于口头（如交流、讲座、讨论会、电话）、书面（如报告、备忘录、信件、文件、内部期刊）、非语言（如声信号、光信号、体态、语调）等传统沟通渠道，更多地局限于企业内部各机构与员工之间将信息发送者与信息接收者联系起来，对企业信息沟通具有积极作用，但也存在缺点，如容易造成信息失真、信息传递效率低、缺乏反馈等，阻碍了企业内外部的信息沟通。因此，传统的信息沟通机制容易给企业带来工作效率低下、内耗成本增加、商业机会失去、员工协作能力减弱、合作伙伴质疑、客户忠诚度降低、企业知识赤字增加等弊端，致使企业在竞争日趋激烈的市场中寻求发展受到阻碍，降低企业的竞争实力。

随着全球经济一体化进程的不断加快，信息技术的飞速发展，企业市场环境将发生根本性的变化，对信息的及时掌握和充分利用已成为当今企业管理成功与否的重要因素。电子商务的逐渐成熟，为信息沟通机制的建设提供了一个便捷的平台，企业可以充分利用最新的网络技术和全方位的通信手段，构建以服务器、网络和服务为核心的高效信息管理平台，使企业运营中的各类“信息沟通”。可以快速、实时、有效地完成。从而确保企业的高速运转，以便在激烈的市场竞争中获胜。按照这一目标，电子商务时代网络化企业实时信息沟通机制框架建立，如图 10-4 所示①。

电子商务条件下的企业实时信息沟通机制具有以下特点：沟通渠道以电话、传真、手机、E-mail、ICQ、Web、客户端提醒、视频会议等电子媒介为主，但并不排斥传统的信息沟通渠道；通过网络有效地整合了企业内部信息流和企业外部信息流，组成一个可综合利用、可智能控制的沟通网络，丰富了企业的信息源；信息流动数字化、网络化、标准化、直接化和透明化；快速传递，信息量大，可以同时实现少到几个人、多到成百上千人之间的信息实时交互；能够确保

① 蔡舒．论企业电子商务实时信息沟通机制．科技创业月刊，2004（11）

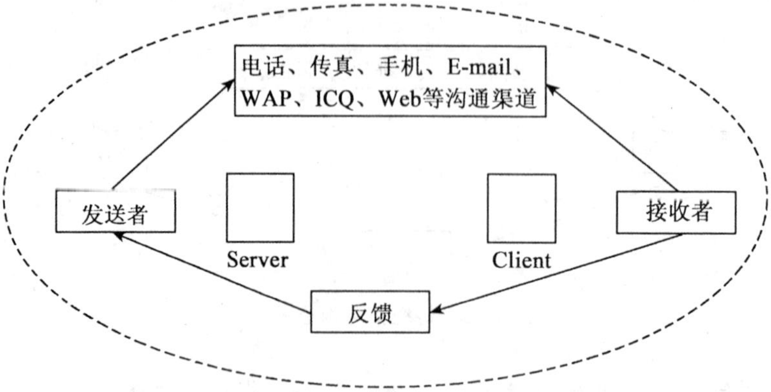

图 10-4 网络化企业实时信息沟通机制

用户在适当的时间之内以适当的形式取得适当的信息，提高信息的实时传递反馈效率；能综合企业 OA、CRM、ERP、MIS，实现与合作伙伴天衣无缝的协作；无论是员工，还是合作伙伴、客户、供应商，均能动态地接收或主动访问企业的信息资源，实现人与人的快速交互；便于对信息沟通进行标准化、智能化管理。

10.2 企业网络化发展中的管理信息系统的变革

企业数字化、网络化的高速发展，改变了企业经营管理模式、思考方式和工作方式。面对日益复杂的竞争环境，企业的管理思想、管理方法不断创新，企业管理信息系统也在不断向网络化方向发展。

10.2.1 网络化企业管理环境的改变

进入 20 世纪 90 年代，信息技术的应用成为世界经济增长的重要驱动力。信息技术的大变革，使企业克服距离、时间、资源和区域边界等诸多方面的限制，融入经济全球化、竞争国际化的世界经济发展潮流中，企业管理环境因而不可避免地受到了巨大而深刻的影响，具体表现在如下几个方面：

(1) 信息和知识成为管理的对象

网络时代，通过 Web 技术、多媒体技术、数据仓库、数据挖掘工具、网上搜索引擎等工具浏览、获取、分析信息相对容易，Internet 的连通性使信息可以全共享、高速传递。丰富、准确的信息大大降低了企业经营管理活动中的不确定性和盲目性，提高了快速应对市场的能力。在日趋激烈的国际竞争中，知识密集型产品的不断发展使企业的生产经营更多地依靠智力，靠人才创新产品，人力资源发生质的变化。因此，不仅仅是常规的生产销售方面的信息，智力资源也进入管理的范畴，即所谓知识管理，如施乐公司让优秀技师们记录下他们用来解决实际难题的窍门，提交给一个专家小组，审查通过后有关记录被存入一个公用知识数据库中，并及时扩充、更新，从而其他技师就可以通过网络及时利用这些经过认可的有效实际经验。总之，在现代生产体系中，知识和信息已经成为重要的生产资源，对信息资源和人们信息活动的管理正在逐步成为企业管理的重心。

(2) 管理信息系统的集成与开放式发展

随着经济的发展和计算机技术的进步，企业的网络系统开始从大的集中式主机系统向点对点、分布式处理的计算机系统转换，利用局域网、广域网连接终端、PC 机和工作站，采用 Windows 之类的图形用户界面操作系统。目前，一方面，企业集成化管理系统把过去独立的生产管理系统、财务管理系统、人力管理系统等“孤岛”转换为单一的、面向企业整体的体系结构，改变企业部门间相对封闭的工作方式，实现了企业数据的全局共享，提高了企业资源的综合运营能力；另一方面，网络互联技术实现了管理信息系统从自我封闭式向对外开放式的转变，使企业能对内外资源统筹管理，利用网络共享核心能力，实现企业间协作、优势互补。新一代技术，如 Web，由于它具有系统平台无关性，因此能在不同的操作系统及网络中运行，方便地扩充到企业外部的合作伙伴及客户，同时也提供给应用系统一个简化、低廉、具有标准化用户界面的客户端，使企业摆脱了过去那种高成本的专用主机系统的操作管理方式。

(3) 管理组织结构的扁平化与网络化

现代企业金字塔型的分级管理组织结构不利于横向之间的信息沟通，易产生官僚主义和低效率。相应地，企业信息系统的各个组成部分被分割成“信息孤岛”，相互之间难以交换数据。这种管理模式很难适应当今的市场形势需要。在网络环境下，纵横交错的计算机网络改变了企业上传下达的垂直信息传递方式，企业组织机构趋于扁平化，中间管理层被弱化，高层决策者直接与执行层接触，执行层可以根据实际情况及时进行自主决策，执行层的自主权加大，充分调动了基层执行者的积极性。得到群件技术支持的工作小组模式被广泛采用，工作小组比大型的组织机构灵活，反应快，工作效率高，能根据市场需要快速而有效组合、部署、重新调整工作重心，任务完成后可迅速解散，适应灵活生产的需要。“网络化企业”、“虚拟团队”的出现，表明未来企业还将力图摆脱对组织的依赖性，企业建立网络化组织，通过网络寻找资源与结盟，视客户情形或扩大或缩小企业规模，企业的内外边界日益模糊。

(4) 管理内容的信息技术依赖性

有研究表明，当今企业成功的运作主要靠五个关键性因素：4C + IQ，4C 指资金（Capital）、协作（Cooperation）、用户（Consumer）和通信

(Communication)；IQ 指运用知识和技术，创造高附加值的产品。在电子商务时代，这五个关键性因素都离不开信息技术的支持。通过连接电子转账系统、电子税收征管和电子报关的网络进行资金的划拨和结算，大大加快了企业资金的流动，强化了货币的符号化特征。互联网络提供了快速组建“虚拟团队”和共享资源的能力，实现了处于不同地域的员工与合作伙伴的远距离工作和合作。与此同时，网络为企业与用户提供了一个全新沟通平台，可通过网络与客户交换意见、提供与产品相关的技术支持，还可针对个别需求提供一对一的定制化营销服务，比如，让购车的客户在网站上设计所需车的颜色、配件，让买服装的客户在网站上自行设计服装款式与花色的组合等，真正做到“度身订做”。

10.2.2 网络化发展中的企业管理信息系统的变革

随着计算机软硬件技术的发展，企业管理信息系统也在不断吸收新的管理理念，扩大管理范围，逐步发展。企业管理信息系统的发展经历了订货点法、MRP、MRPⅡ、ERP 等发展阶段，目前正向 ERP Ⅱ 协同电子商务发展。企业管理信息系统的发展历程可用图 10-5 表示①。

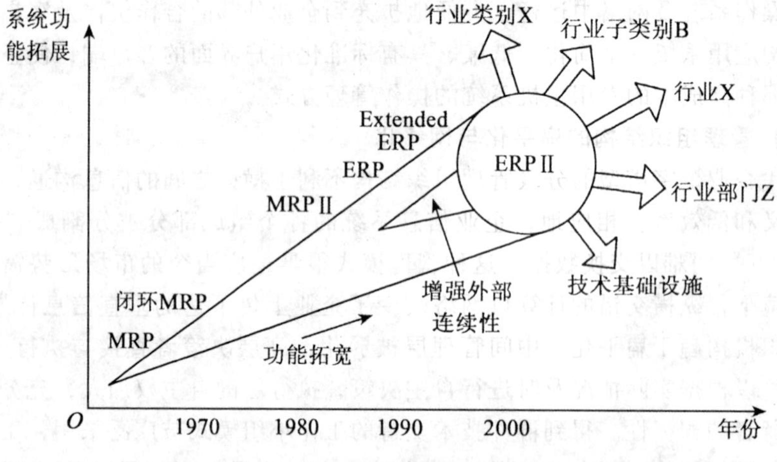

图 10-5 管理信息系统的变革历程

针对图 10-5 中的每个阶段，可归纳出每个阶段的内容及关注的重点，如表 10-2 所示。

---

① 徐宏斌，薛恒新，吴士亮．企业管理信息系统研究综述．科学学与科学技术管理，2005（4）

表 10-2 管理信息系统内容的变化

MRP 阶段 (Material Requirement Planning)	物料需求规划 ERP 的最初形式 代表企业对投入生产所需的原物料进行的规划 可控制标的只有生产中的直接物料成本
MRPⅡ阶段 (Manufacturing Resource Planning)	生产资源规划 对物料以外的各种生产资源，进行全面性的考量与规划 由单一物料的规划进展到对整体生产资源，如人力、机器设备、相关设施 可控制标的包含了所有制造成本
ERP 阶段 (Enterprise Resources Planning)	建立以流程整合导向的信息系统 透过作业研究的模型技术，企业中所有资源的使用都可以加以规划 代表着企业中的制造资源与服务资源均可使用计算机进行最佳化
ERPⅡ阶段	由数据库中所累积的资料可以开创出一种新的竞争优势 新的应用应运而生： 企业智能（Business Intelligence，BI） 平衡计分卡（Balanced Score Card，BSC） 顾客关系管理（Customer Relationship Management，CRM） 知识管理系统（Knowledge Management System，KMS）

对 MRP 和 MRP Ⅱ很多书籍已经进行了介绍，这里我们只对后两个阶段进行简要说明。

(1) ERP 阶段

1990 年，美国 Gartner Group 公司分析员 L. Wylie 在《ERP：设想下一代的 MRPⅡ》的分析报告中首次提出了 ERP 概念①。相对 MRPⅡ而言，ERP 在功能和技术方面都进行了很多的扩展。在技术方面，采用图形用户界面（GU1）、关系数据库、第四代程序语言、客户机/服务器体系结构，支持多数据库及软件数据库集成；在功能方面主要是从企业经营拓展的角度来拓展应用系统，如多行业、多币种（跨国经营）、生产报告/分析报告图形化、内部集成（设计/核心业务系统/数据采集）、外部集成（客户信息、电子采购）等。Gartner Group 公司在 1993 年发表的《ERP：远景设想的定量化》会议报告中明确指出，ERP 是“管理整个供需链”，权衡供需链上各个实体的价值，实现对制造、财务、客户、

① 陈启申．ERP——从内部集成起步．北京：电子工业出版社，2004

分销和供应商的业务流程管理。该阶段企业所处的是一个以客户为中心的、动荡的、全球化的外部市场，企业之间的竞争已不是在单体企业层面上的竞争，而是企业所参与的供应链（供应链网络）层面上的竞争。同时，企业之间的兼并、重组、联合潮流方兴未艾，大型企业集团和跨国集团不断涌现，要求企业与伙伴企业之间、企业内部之间基于合作团队的全局角度调配企业资源。这些既要独立、又要统一的资源共享管理需求是 MRPⅡ无法解决的。该阶段企业所处的技术环境中最重要的特点之一是 Internet 及 Web 技术的迅速普及，同时在企业内部各部门之间、企业与合作伙伴之间、企业与最终客户之间进行信息共享与交换需求的驱动下，最终催生了基于 Internet 的企业信息系统；同时，分布式对象技术、组件技术逐渐走向成熟，各种新技术、新标准大量涌现，并出现了适于多层应用的开发平台，所有这些对开发新一代的企业 MIS 系统提供了良好的创新环境。当前企业 MIS 系统处于从 ERP 向 ERPⅡ过渡的阶段。现阶段的 ERP 系统与 20 世纪 90 年代初的 ERP 系统相比，在管理的跨度及管理的深度上都大大拓展了，因此，也被称之为“扩展 ERP”、全面集成方案、e-Business 平台等。

(2) ERPⅡ阶段

众所周知，21 世纪的竞争已经不再是单一企业之间的竞争，也不是单一企业链与企业链的竞争，而是企业群体与企业群体之间的竞争。为了获得整个系统的价值最大化及竞争优势，越来越多的企业以结成战略联盟体的方式参与市场竞争，它们越来越重视整个供应链及整个企业联盟体内的资源整合与协同。为了有效地实现企业间的协同管理，ERPⅡ的概念应运而生。ERPⅡ的概念是 Gartner Group 公司于 2000 年在 ERP is Dead-Long Live ERPⅡ报告中首次提出的。① Gartner Group 给 ERPⅡ下的定义是：ERPⅡ是通过支持和优化企业内部及企业之间的协同运作与财务过程，以创造客户和股东价值的一种商务战略和一套面向具体行业领域的应用系统。ERPⅡ系统包含 6 个基本特征，分别从业务、应用和技术方面定义了其战略取向（见表 10-3）②。

相对于传统的 ERP，ERPⅡ在角色、领域、功能、过程、构架、数据等各方面都进行了扩展，从表 10-4 可以看出，ERPⅡ在这六大方面都远远超越传统 ERP③。

① B. Bond, Y. Genovese, D. Miklovic, et al.. ERP is Dead-Long Live ERPⅡ [J]. Gartner Group Research Note, 2000-10-04

② 吴强. ERP 走向消亡，ERPⅡ异军突起. ERP 世界网，2002-09-26

③ Brian Zrimsek. Taking the Pulse of ERP [J]. Gartner Group. 2002

表 10-3　**ERPⅡ系统的特征**

特征	具体内容
ERPⅡ的作用	从传统 ERP 的资源优化和业务处理扩展到利用企业间协作运营的资源信息，并且不仅仅是电子商务模式的销售和采购。
领域	ERPⅡ的领域已经扩展到非制造业。
功能性	超越传统通用的制造、分销和财务部分，而扩展到那些针对特定行业或行业段业务。
业务处理	从注重企业内部流程管理发展到外部联结。
系统结构	与单调的 ERP 系统结构不同，ERPⅡ系统结构是面向 Web 和面向集成设计的，同时是开放的、组件化的。
数据处理方式	与 ERP 系统将所有数据存储在企业内部不同，ERPⅡ面向分布在整个商业社区的业务数据进行处理。

表 10-4　**ERPⅡ对 ERP 的扩展**

	ERP	ERPⅡ
作用	企业内部管理优化	参与价值链/协作商务
领域	制造业/分销	所有行业
功能	制造、销售、财务等	跨行业、行业段和特定行业
处理	内部业务	外部联结
结构	封闭、单一整体	开放、组件化
数据	内部产生和使用	内外部发布和采用

由此可以看出，ERPⅡ重点强调并解决两个方面的问题：①面向具体行业。ERPⅡ应用是根据具体的领域（行业群）和具体的行业（例如，包装消费品行业、服装业、采矿业等）而专门设计与开发的，行业应用深度更加专业化；而传统的 ERP 则没有考虑到各个领域和各个行业的特性。②强调企业之间的业务协同，而传统的 ERP 则更强调企业内部的业务协同。这两个方面同时也是 ERPⅡ区别于 ERP 的关键所在。网络技术给 ERP 应用带来的最明显的变化就是大大延伸了系统的应用范围。ERP 原是主要解决企业内部流程的应用系统，由于网络技术的引入，ERP 系统可以更加容易地与上下游的供应商和客户紧密地联系在一起。事实上，这种“ERP 系统”已经不是原来定义的 ERP 系统，它提供的是延伸到覆盖整个供应链的解决方案。

通过以上的比较分析，可以发现 ERPⅡ是对 ERP 的一种扩展和提升。从管理对象来看，企业间交易的对象是企业内部交易对象的扩展，利用面向对象的方法可以把企业与外部资源的整体优化配置看成是企业对象之间的操作和交易，ERPⅡ对企业间的计划、组织、领导和控制是从企业资源对象向企业间资源管理的扩展。

从管理任务来看，ERPⅡ的管理任务包括了对客户的任务、对股东的任务和对合作企业的任务，管理模式中的管理方案是跨企业的供需平衡、BOM 聚合、企业间的财务核算等。

而 ERPⅡ比起 ERP 来，对企业提出了更高的要求，它不仅要求企业能够优化配置企业内部的各种资源，而且把供货商、客户、股东都当成独立的交易实体处理，因此供货商、客户、制造企业等可以作为交易对象来获取其中的资源。综上所述，ERPⅡ的基础还是 ERP，尽管 ERPⅡ与 ERP 的管理模式是基本相似的，但二者具有的是不同的目标市场。

10.2.3 基于 Internet/Intranet 管理信息系统的层次结构

管理信息系统常见的模式有客户机/服务器模式（Client/Server，简称 C/S）和 Web 浏览器/服务器模式（Browser/Server，简称 B/S）。C/S 模式主要由客户应用程序（Client）、服务器管理程序（Server）组成。客户应用程序是系统中用户与数据进行交互的部件。服务器程序负责有效地管理系统资源，其主要工作是当多个客户并发地请求服务器上的相同资源时，对这些资源进行最优化管理。C/S 模式的结构如图 10-6 所示。

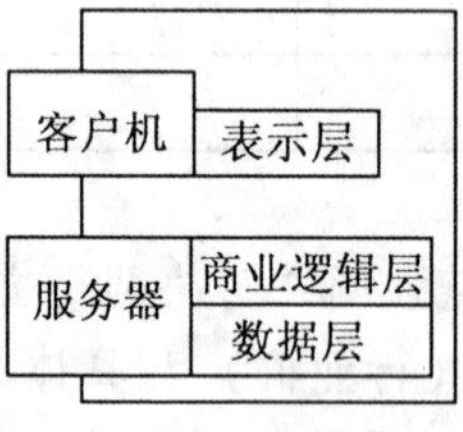

图 10-6　C/S 模式的结构

B/S 模式是一种以 Web 技术为基础的新型的管理信息系统的平台模式。把传统 C/S 模式中的服务器部分分解为一个数据服务器与一个或多个应用服务器（Web 服务器），从而构成一个三层结构的客户服务器体系，其结构如图 10-7 所示。

B/S 浏览器与服务器结构是网络条件下广泛使用的计算机管理信息系统，例

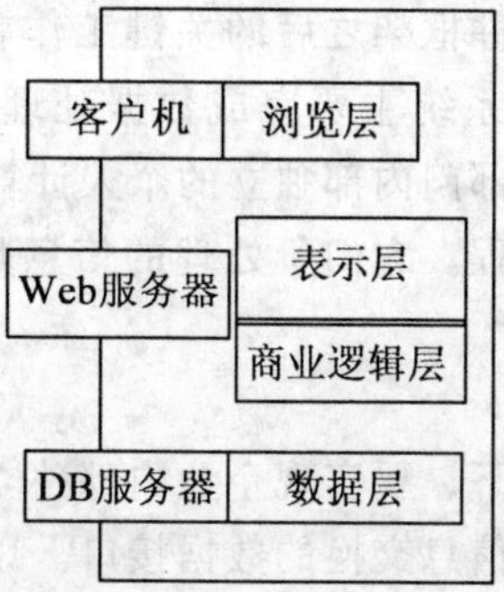

图 10-7 B/S 模式的结构

如 Web 服务器与浏览器，FTP 服务器与浏览器等。B/S 结构尽管安全性没有C/S 高，但它的服务共享性能要比 C/S 范围广，可以实现全球共享，因此被因特网广泛采用。随着浏览器与服务器模式安全性的提高和网络带宽的不断提升，这种结构是管理信息系统的发展方向。实施供应链管理的企业在构建管理信息系统时，要正确处理各种关系，并充分考虑各种因素的影响程度。根据企业所处环境、自身条件和营销策略，建立一种现代企业的管理信息系统，这包括企业经营观念、方式和手段的转变，它将产生新的深层次变革。在基于 Internet/Intranet 的企业管理信息系统中，计算机（个人计算机、工作站、服务器）可以既是 Internet 的节点，又是 Intranet 的节点，它们之间范围的界定由服务范围和防火墙限定，基于 Internet/Intranet 的供应链企业信息组织与集成模式，这也就是基于 Internet/Intranet 集成化的管理信息系统网络结构模型。我们可以将此结构模型的管理信息系统分成三个层次①。

（1）外部信息交换

企业首先应当建立一个 Web 服务器（Internet 和 Intranet 软件的主要部分）。通过 Internet，一方面完成对企业在不同地域的分销商、分支机构、合作伙伴的信息沟通与控制，实现对重要客户的及时访问与信息收集；另一方面可以实现企业的电子贸易，在网上进行售前、售中、售后服务和金融交易。这一层的工作主要由企业外部的 Internet 信息交换来完成。企业需要与交换对象签订协议，规定信息交换的种类、格式和标准。

（2）内部信息交换

管理信息系统的核心是企业的 Intranet，因为企业的事务处理、信息共享、

① 王裕明．企业管理信息系统与电子商务整合研究．上海管理科学，2003（3）

协同计算都建立在 Intranet 之上，要与外部交换信息也是以 Intranet 组织的信息为基础。因此，企业建立硬件框架之后的关键工作就是要决定在 Internet 上共享信息的组织形式。信息处理系统主要完成数据处理、状态统计、趋势分析等任务。它们以往大部分由企业部门内部独立的个人计算机应用系统组成，主要涉及企业内部所有部门的业务流程。它们所处理的信息是企业内部 Intranet 信息共享的主要对象。

(3) 信息系统集成

集成化供应链管理环境下，要实现企业内部独立的信息处理系统之间的信息交换，就需要设计系统之间信息交换的数据接口。以往企业各部门的信息系统之间往往由于系统结构、网络通信协议、文件标准等环节的不统一而呈现分离的局面，而通过 Internet 的“标准化”技术，Intranet 将以更方便、更低成本的方式来集成各类信息系统，更容易达到数据库的无缝连接，使企业通过供应链管理软件使内外部信息环境集成为一个统一的平台整体。基于 Internet/Intranet 集成基础上的管理信息系统的技术特点表现在：

①基于 TCP/IP 协议和 WWW 规范，在技术上与 Internet 同源；

②主要功能是加强企业内/外部信息沟通，共享资源，协同信息处理能力；

③双向、全面，而且是不分地域、不限时间的信息沟通；

④对内可全面支持企业的经营管理决策和日常办公事务处理工作，对外可形成企业对外信息发布和产品宣传以及营销策略的工具；

⑤超文本链接简化了信息查询和检索。

10.2.4 电子商务与企业管理信息系统的整合

企业管理信息系统的主要目标是通过内部业务信息流的计算机处理，包括对信息的收集、整理、加工、传输和运用等，使得各职能部门之间的业务协作关系更为有效，业务流程更为合理，处理速度更快。由于网络的出现，企业的组织机构和内部管理模式开始发生变化。由金字塔结构向扁平化发展，企业各职能部门之间变成直接的联系，中间环节减少，信息反馈更加及时。

(1) 企业管理信息系统的网络化发展

电子商务的出现，企业内部管理更加关注客户和市场发展，因此，企业必须更加重视对外部的信息要求，由业务部门通过多种渠道直接和企业外部的有关部门建立联系。为了适应这种方式，基于内部业务的企业管理信息系统的构建需要朝着开放的、全球化的方向发展，如销售管理系统能够接受网上电子订单；合同管理系统能够通过电子数据交换 EDI 方式建立企业与企业之间的贸易合作；财务管理系统能够通过银行和认证机构处理电子支付；营销管理系统可以通过网上进行产品信息发布和广告宣传等。这就要求企业内部的管理信息系统 MIS 和电子数据交换 EDI 系统都应用到 Internet 网络中，首先必须将企业内部的 MIS 变成企业内部网 Intranet，然后将企业间的 EDI 系统及其他专线连接系统发展成为企业外部网 Extranet。这样企业的一切管理都变成 Internet 的方式，从企业内部的任何一个部门都可以顺利进入公共网络，而在公共网络的任何角落也可以看到权限允许范围的企业信息，最后进一步设立企业网站和主页，建立电子商务系统，企业内部的各种信息通过电子商务系统在 Internet 上发布，同时电子商务系统接收的 Internet 上的信息，可以传到企业内部的管理信息系统中。电子商务是以 Internet、Intranet 和 Extranet 作为载体的，因此，现代企业管理信息系统必须构建成适应电子商务模式的系统，并与电子商务系统连接形成一个集成的系统。图 10-8 描述了企业网络化发展中的信息技术架构①。

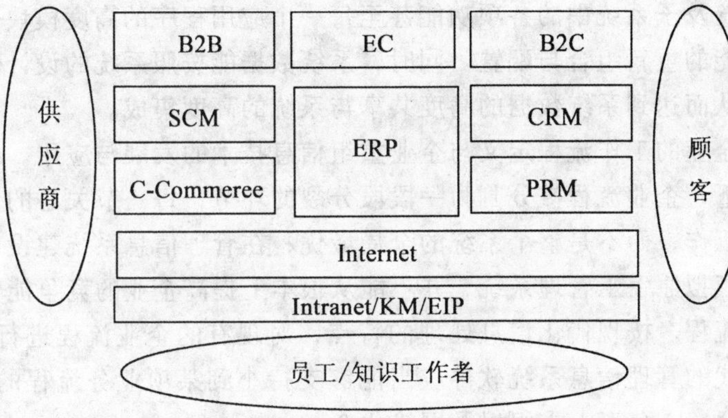

图 10-8　企业网络化发展的信息技术架构

（2）电子商务对集成化企业 MIS 的功能要求

网络的发展，使得电子商务对企业管理信息系统提出了集成化的要求，集中表现在如下几个方面②：

①跨平台运行、支持多种应用系统数据交换。企业信息化进程不断加速，各种管理信息系统在企业中不断得到成功应用。为了有效利用已有投资，企业将要求新系统能够与原有系统进行集成与数据共享。在电子商务时代，企业间的数据交流与交换将有助于企业提升整个供应链的竞争力。随着管理思想与方法的不断发展，用户需求的变化使得任何管理信息系统都无法完全满足用户的实际要求，

① e 化企业与企业资源规划 . http：//www. im. cju. edu. tw

② 范守荣，郭晓军，余祖德 . 电子商务与集成化企业管理信息系统 . 经济与管理，2004（1）

因此新型的企业MIS应当具有一个易于扩展的业务框架结构和标准的对外接口，从而使得对软件的维护、扩展以及二次开发变得非常容易。实现真正意义上的跨平台运行，即要求同一套程序编码可以在多种硬件平台和操作系统上运行，以便企业可以根据业务需要和投资能力选择最佳平台，并且帮助企业顺利实现不同应用水平阶段的平滑过渡。

②分布式应用系统、支持智能化的信息处理功能。电子商务时代的企业MIS软件系统将是超大规模的，它不再是集中在同一局域网络服务器上的系统，而是支持分布式应用和分布式数据库的分布式应用系统。同时，电子商务时代带来的巨大信息量需要管理信息系统具有一定的智能化处理功能，从而协助人们有效地完成各项管理工作。

③系统高度模块化、高度集成。企业MIS软件系统在设计和开发过程中要保证各子系统及子系统中的各项功能甚至每一个应用程序的高度模块化，以便实现对系统功能的重新组合与配置。同时，系统数据能按照系统的设计传递到相关的模块中，从而达到系统数据的高度共享与系统的高度集成。

④支持企业的工作流程定义与企业重组信息技术的发展与应用。在传统的劳动分工原则下，企业流程被分割为一段段分裂的环节，每一节关心的焦点仅仅是单个任务和工作，而不是整个系统的全局最优；在管理信息系统建设中仅仅用计算机系统去模拟原手工管理系统，并不能从根本上提高企业的竞争能力，重要的是重组企业流程。按现代化信息处理的特点，对现有的企业流程进行重新设计。电子商务时代的管理信息系统软件应当能够支持小到某项业务流程的重新定义，大到企业的合并、分离、重组以及网络化企业。

（3）电子商务环境下集成化企业MIS的构架

在电子商务时代，企业MIS应在企业资源计划（ERP）的基础上，充分利用Internet技术，将供应链管理、客户关系管理、商业智能、电子营销、知识管理等系统全面集成，实现资源共享和数据共享。电子商务时代的企业MIS构架如图10-9所示①。

在这种模型下，客户可以直接通过Internet在网上了解产品的规格型号、性能、价格以及使用方法，可以通过电子方式给生产商下订单。生产商通过ERP系统下达物料采购和生产制造指令，再通过电子方式完成物料采购、资金支付。经过生产制造，最后将商品按时送交客户，并可在网上完成交易结算。它使供应商、生产商、分销商、客户通过供需链紧密集成，实现物料不间断流动，从而实现零库存。这样，企业就能最大限度减少经营成本，快速响应客户需求，提高企

① 范守荣，郭晓军，梁云．企业发展电子商务的内部环境条件研究．商业研究，2005（5）

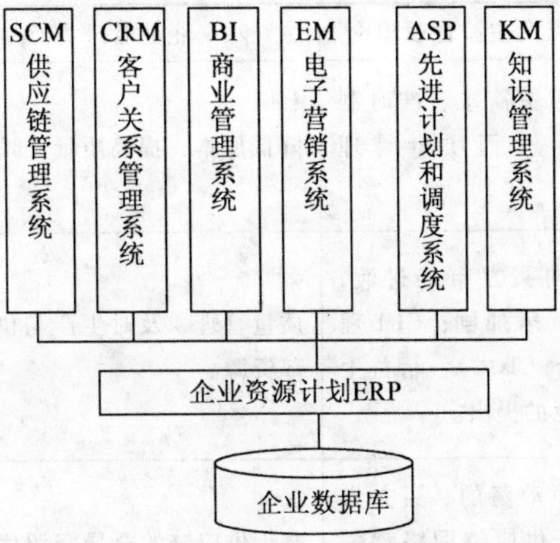

图 10-9 电子商务时代的企业 MIS 构架

业市场竞争能力和经济效益。

10.2.5 网络化企业管理信息系统的优化

企业管理信息系统在发展过程，遵循着一定的发展规律，随着发展阶段的不断演化和技术的日益成熟，也呈现出集成化的发展趋势。企业 MIS 发展过程中的内在规律可从管理、技术及应用通用性三个视角来探寻，从而来指导新一代企业 MIS 的研发。

(1) 管理

与其他基础学科不同的是，企业 MIS 系统的发展很大程度上受企业管理实际需求的影响，这种实际需求主要依赖于企业的外部市场特点。从前面关于企业 MIS 发展的历程可看出，MIS 发展中的每一阶段都与当时的社会经济发展水平、企业所处经营环境息息相关，而每一阶段中出现的新的管理理论、方法、技术，将成为企业 MIS 发展的催化剂，推动企业 MIS 向企业管理纵深方向拓展。由表 10-5 可看出，企业 MIS 发展各个阶段的管理重点及目标与企业的外部市场特点息息相关，并及时吸收、集成了各种可用的先进管理理念与方法①。

基于管理的研究视角，可以预测当前企业信息系统将向着应用系统集成化、商务运作协同化方向发展。应用系统集成化将由企业内局部集成、企业内全局集

① Cynthia Challener. Extensions in e-Business, SCM and CRM Are Key for ERP Vendors. http://www.findarticles.com, 2004-06-02

表 10-5　　企业 MIS 发展阶段、企业管理环境与企业管理重点

阶段	外部市场特点及主流管理理论	企业管理重点/企业 MIS 目标
MPR	卖方市场：相关需求、准时制生产（JIT）、全面质量管理（TQM）等。	降低成本，提高质量，减少浪费。
MPR Ⅱ	从卖方市场向买方市场过渡，企业之间的竞争加剧；CIM 理念、约束理论（TOC）、精益生产（LP）理论的提出。	质量管理，及时生产与供应，充分利用企业内部资源。
ERP	竞争激烈的、动荡的、买方为中心的、基于供应链网络竞争的全球化市场；大量管理理论与方法涌现（AM、VE、BPR、CRM、KM 等）。	基于供应链的全局资源优化、增强企业系统的结构及运营柔性，快速抓住市场机遇，培植企业持续创新环境。
ERP Ⅱ	竞争激烈的、动荡的、买方为中心的、基于供应链网络竞争的全球化市场；大量管理理论与方法得到企业认同及积极实践。	持续增强企业组织及运营柔性，培植并持续增强企业核心竞争能力，提高企业知识创新及管理能力。

成向企业间协同集成的方向发展；商务运作协同化将由企业内各部门之间协同、基于业务流程企业内的流程协同向基于业务流程合作企业的全局流程协同方向发展。

（2）技术

企业 MIS 系统总是及时吸收、利用计算机软硬件技术发展的最新成果，而新出现的计算机及通信技术又推动了新的管理思想及管理运作方式的变革。可以肯定，这种趋势将持续下去。基于技术发展的研究视角，企业 MIS 系统将向着决策支持智能化、系统功能组件化、系统架构 Web 化、研发定制平台化等方向发展。

在决策支持层面，企业 MIS 系统将由 MRP 阶段的基于文件技术的、业务操作层次的初步的决策支持，到 MRP Ⅱ 阶段基于数据库技术的以业务数据查询为基础的基于方案模拟的决策支持，向着 ERP/ERP Ⅱ 阶段基于业务规则预警平台技术的基于数据仓库（DW）和联机分析处理（OLAP）的数据深度挖掘技术的

决策支持的智能化方向发展。

在系统功能架构形态层面，企业 MIS 系统将由 MRP 阶段的功能整体式架构、MRPⅡ阶段的功能模块化但业务流程逻辑固化、目前 ERP 阶段的功能套件化及配置参数化，且业务流程逻辑初步柔性化，向着 ERPⅡ阶段的基于业务组件的、消息和软件服务架构的、可动态重构的业务协作系统方向演化。

在系统技术架构层面，企业 MIS 系统将由 MRP 阶段的单机架构、MRPⅡ阶段的基于主机及多终端的主从式架构、ERP 阶段的基于客户机/服务器（C/S）架构向着 ERPⅡ阶段的基于多中间层的浏览器/服务器（B/S）架构方向发展。

在系统研发与定制层面，企业 MIS 系统将由 MRP/MRPⅡ阶段的基于操作系统及集成开发平台（IDE）的系统研发层次、ERP 阶段的基于服务器（如 Web 服务器、应用服务器）平台的研发层次向着 ERPⅡ阶段的基于业务操作系统（BOS）的支持 MIS 快速研发定制的平台方向发展。

（3）应用的通用性

从应用系统的通用性视角对企业 MIS 系统的发展历程进行考察，可看出企业 MIS 的发展历史是一个从个案企业专用型、跨行业通用型到特定行业通用型的方向发展，各阶段的优缺点见表 10-6①。

基于应用通用性的视角，可看出企业 MIS 系统将向着满足不同行业企业管理个性化需求的方向发展。这要求企业 MIS 产业界能够借鉴成熟行业的发展经验，采用系统化复用技术，以大规模生产的经济效果，快速地满足不同行业企业的个性化管理需求。

集成型信息系统是当前企业信息系统的主要发展方向之一。电子商务的全面实现需要信息基础设施的支持，ERP 系统是电子商务所需的信息基础平台。目前 ERP 系统正在朝协助企业向集成化转型并在实质水平上支持电子商务运作的方向发展。② 可以说 ERP 应运而生正是迎合了现代企业对集成化的需求。在企业集成化的概念之下，ERP 系统把与企业活动有关的数据、运作模式和系统功能联成一体，支持和促进企业集成化管理。ERP 系统支持的功能包括客户关系管理（CRM）、供应链管理（SCM）和电子商务等。一个成功的管理信息系统离不开基础信息集成手段、运行环境的集成方法、功能模块的集成式开发和组合以及作为管理信息系统最终服务对象的应用集成环境。

---

① 薛恒新，黄慧君，杜尧等．基于版本批量定制的 ERP 产品和实施服务研究．南京理工大学学报，2003（5）

② 许立达．管理信息系统及其学科发展．管理学家，2006-04-28

表 10-6　企业 MIS 发展与应用通用性比较

阶段	通用性水平	主要优点	主要缺点
个案企业专用型	无通用性可言	针对目标企业量身定制，针对性很强	研发费用高、研发周期长、系统不成熟、风险极高、无版本演化过程
跨行业通用型	通用性水平很高，MIS系统具有跨行业普适性	单套成本降低，软件稳定性提高；基于可配置参数实现跨行业通用性，基于版本进行产品演化	系统复杂、结构与功能冗余；特定行业的针对性不够；刚性强、实施与定制困难、运行期难以调整
特定行业通用型	通用性水平很高，MIS系统在目标行业内具有普适性	具有跨行业通用型阶段的所有优点，同时提高了目标行业的针对性	对该阶段的研究及实践尚不够深入，跨行业集成的机制及相关的标准有待提出及完善

10.3 网络化企业的信息集成与资源整合

在企业集成战略和集成技术的支持下，对网络化企业组建决策过程中的所有模块进行有机的集成，将盟主企业和伙伴企业中支持网络化企业组建决策的共享信息集成在一起，从而避免由于资源不能共享所形成的“自动化孤岛”和“信息孤岛”，为网络化企业的组建提供有效的信息支持。

10.3.1 网络化企业信息管理的复杂性分析

从信息的来源、信息所属的功能活动、信息的使用范围、信息所处的层次、信息的结构特征、信息的生成方式等角度来描述网络化企业的信息组成，如图 10-10 所示①。

从信息的来源看，网络化企业的信息分别来自社会，来自盟友，来自成员企业。来自社会的信息主要指市场、新技术、新产品等方面的信息，如促成网络化企业成立的市场机遇就是从社会或说是从市场上来的。网络化企业是市场机遇的产物，也可以说是信息的产物，更多地体现在对信息的捕捉和交流上。在网络化企业的运行中存在大量的信息，这些信息在核心企业和各成员企业之间要进行大

① 张旭梅等．敏捷网络化企业 21 世纪领先企业的经营模式．北京：科学出版社，2003

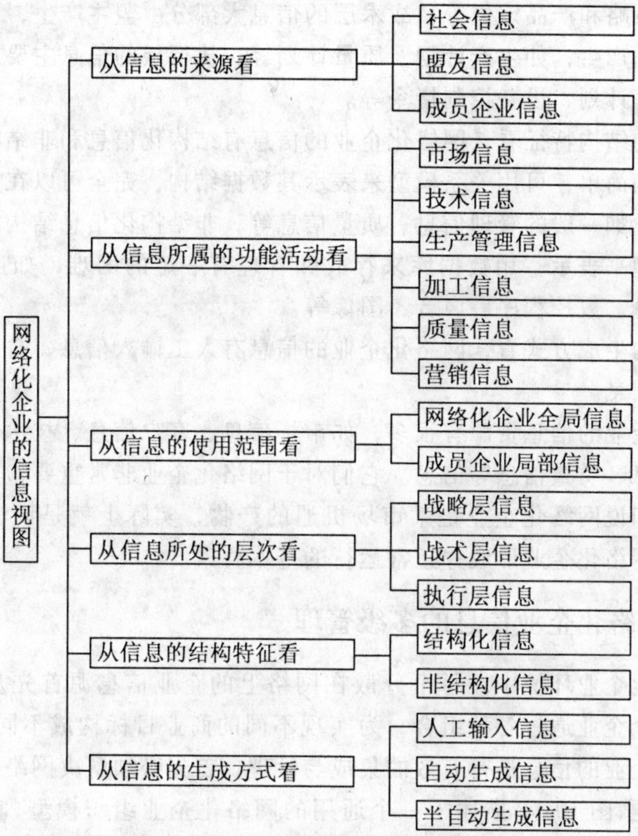

图 10-10　网络化企业的信息视图

量的交换。

根据信息所属的功能活动，网络化企业中的信息可划分为市场信息、技术信息、生产管理信息、加工信息、质量信息和营销信息等。

从信息的使用范围看，网络化企业的信息有网络化企业全局信息和成员企业局部信息。全局信息也称公共信息，这类信息要在网络化企业的各个成员之间传送、交换和共享，如物料需求清单（BOM）、生产计划等信息。全局信息大多要通过 Internet 传递，Internet 环境是网络化企业必不可少的基础支撑。局部信息也称私有信息，这类信息只在成员企业内部传送、处理和使用，不与其他成员发生关系，如设备控制、操作状态等信息，也可能是成员企业想保密的某些信息，如财务状况等。

从信息所处的层次看，网络化企业的信息有战略层、战术层和执行层三个层次的信息。战略层的信息主要由核心企业产生，如网络化企业的战略目标、战略规划、联盟策略和产品定位等；战术层的信息大部分由盟主产生，也可能有些和成员企业共同产生，如生产计划、质量计划等；执行层的信息主要由各成员企业产生，如分解计划、设备控制指令等。

从信息的结构特征看，网络化企业的信息有结构化信息和非结构化信息。结构化信息结构简单，可用关系模型来表示其数据结构，完全可以在关系数据库中存放与管理，如一般的管理信息、质量信息等；非结构化信息结构复杂，一般无法用关系模型来表示，用数据库来存放和管理有一定的困难，如产品的几何模型、工艺信息、数控程序、声音、图像等。

从信息的生成方式看，网络化企业的信息有人工输入信息、自动生成信息和半自动生成信息。

网络化企业的信息资源有很多，如市场信息、客户信息、技术信息、管理信息、加工信息、质量信息等信息。它们对于网络化企业非常重要，是网络化企业的灵魂。我们说网络化企业是某市场机遇的产物，实际上就是说它是信息的产物，信息是网络化企业形成并正常运行的基本要素。

10.3.2 网络化企业信息的多级管理

在网络化企业环境中，每个分散在网络上的企业信息源首先从属于某个企业，同时多个企业通过各种组合，为实现不同的商业目标构成不同的企业联盟。要对网络化企业的信息进行有效的集成与管理，首先必须解决网络化企业的信息多级管理问题，图 10-11 描述了一个通用的网络化企业组织模型，它包括 3 个层次：资源管理层（Resource Management Layer）、联盟管理层（Alliance Management Layer）和联盟协作层。

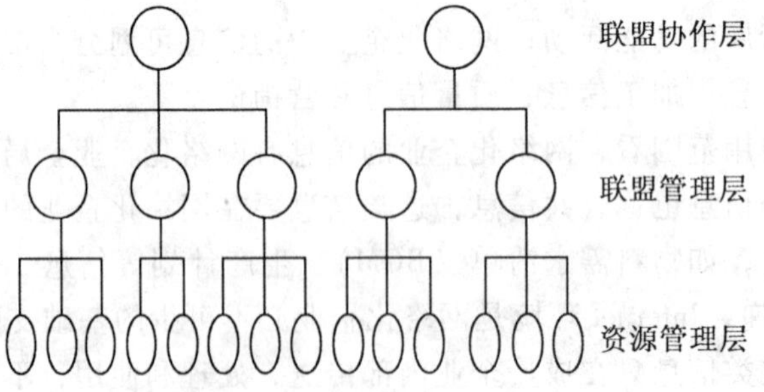

图 10-11 网络化企业组织模型

①资源管理层。管理企业信息源、多媒体信息、企业内部信息等。企业资源

被包装成企业信息对象（EIO），这些 EIO 物理上分散于网络化企业网中，逻辑上从属于不同的联盟组织。

②联盟管理层。随着企业合作的深入，联盟内各盟员希望彼此进一步合作，实现资源共享的盟员可能是参加联盟的企业（称为成员企业），也可能是已构建好的子联盟。每个成员企业可以管理多个 EIO。

③联盟协作层。对参加网络化企业的所有企业联盟进行管理。通常，在两个联盟面临共同利益时，需要通过联盟协商交换和共享部分信息。

一般而言，信息管理的冲突主要是资源管理层与联盟管理层之间的冲突。从企业资源的自治性角度考虑，资源管理层将企业管理的 EIO 的信息分为私有信息和公有信息。私有信息只允许管理 EIO 的企业内部使用，而公有信息是企业提供给外界的共享信息。企业对提供公有信息享有充分的自治性，表现如下：有权控制 EIO 的对象引用，决定是否将 EIO 公开给其他用户；有权决定是否将 EIO 的部分信息输出给参加联盟的部分企业；可为不同的联盟成员提供不同的输出信息。

从联盟对信息管理的角度考虑，联盟内信息被进一步划分为联盟内的私有信息、保护信息和公有信息。私有信息只允许信息在联盟内共享；保护信息允许信息在联盟伙伴间共享（若几个联盟加入到联盟 X 中，则联盟 X 内的子联盟彼此间称为联盟伙伴）；公共信息通常包括联盟历史介绍、联盟成员简介等公开信息，允许所有注册到集成系统中的联盟成员或企业成员使用。

当联盟管理层的私有信息或保护信息与资源管理层的公有信息存在交集时，信息管理将发生冲突。信息管理冲突在网络化企业中普遍存在。每个信息源从属于不同的企业和联盟，竞争要求信息只能在小范围、部分的企业联盟间共享。联盟管理层必须享有对联盟成员充分的管理权限，任何不利于联盟的行为都将被制止。但是网络化企业要正常运作，就不得不实现大量异构的系统和软件构件的互操作，方便地存取分布在不同区域的内部工程信息或存在于大型数据库/知识库中的外部信息。在一个开放分布的环境中，处理如此庞大的数据必须借助有效的信息基础结构的支持，这种结构能够支持分布式环境中的系统互操作及成员企业的经常性变动。

10.3.3 网络化企业的信息集成内容与特征

实施网络化企业的关键在于企业能够快速地对市场的需求变化做出响应。这种快速响应的含义不仅包括对信息系统、控制系统、制造系统、资源配置，甚至包括企业组织结构的快速调整能力，而且更包括企业及其各个子系统能够在调整之后迅速生产出适销对路的产品，快速投放市场赢得竞争。所以，一个好的网络制造系统，应该具有高度柔性（可重构性、可重用性、可扩展性等）的软系统

（信息系统、控制系统、组织结构等）和硬系统（制造单元、通信网络、硬件资源等），以提高企业的快速应变能力；同时，还应具有高度集成化的信息管理系统、过程管理系统和先进的制造过程仿真及评估系统。

由此可见，信息交换对于网络化企业联盟的各成员来说是必要的，也是必需的。因此，网络化企业必须进行信息集成，实现资源时空的有效整合。开放性、可扩展性、异构兼容性是实现企业的集成化管理的重要目标。当代日益发展的信息技术正对企业生产方式和组织管理模式的变革产生重大影响，网络化企业如何进行信息集成已经成为关键的研究课题。

不同的企业、不同的应用环境，集成系统具有不同的结构和功能。按照覆盖范围分，可以将企业集成分为企业局部集成、企业内部整体集成和跨企业的集成；按照系统之间耦合的紧密程度，可以将企业集成分为松散集成和紧密集成；从集成的方向上，又可以将企业集成分为横向集成和纵向集成；从集成的深度上，可以将企业集成分为信息集成、过程集成和知识集成；此外，企业集成还可以分为物理集成、应用集成和业务集成。

网络化企业的信息集成包括企业本身的信息集成、新的网络信息与基本库的集成、专家知识与企业基本库的集成①，网络化企业必须充分利用集成环境中的所有因素。

第一，企业本身所有信息的集成。企业本身的情况、销售情况、客户情况以及企业的各种数据库等，形成规范化的适于网上检索的企业基本库，并通过超级链接建立基本库之间的相互关系。

第二，新的网络信息与基本库的集成。在企业、销售商、客户等相互联系过程中会不断地增加新的内容，企业通过网络搜索也可获得新的信息，同时有些数据库的数据也会随着时间的变迁而改变，这样就需要将新内容及时增加到各种基本库中，并与企业基本库集成。

第三，专家知识与企业基本库的集成。每个企业在实践过程中会留下许多经验数据和意见，这些会成为专家知识形成经验数据库。同时，企业在利用专家知识与客户、销售商的反馈信息后，进行重新设计开发及各方面的改进，各种数据库被不断归纳、修正和改进等，形成更完整和准确的信息。这些信息也必须及时集成到企业基本库中。

很明显，网络化企业的信息集成具有它自身的许多特点，主要有②：

①信息量大，交换频繁。其中中小企业一般实现两级管理，纵横向信息交换

---

① 杜伟．虚拟企业信息问题研究．情报科学，2004（4）

② 王骏．基于STEP-XML的网络化企业信息集成及信息安全的研究．华中科技大学硕士论文

频繁，数据量大，其中CAD/CAPP/CAM每日信息交换量一般都在4GB以上。如果是大企业，交换的信息量就会更大；

②信息传输需要实时、动态地进行，如在加工过程中，信息的传输要根据加工的过程需要进行传输，可能存在时断时续的信息传输过程；

③结构复杂，一般有多种软硬件平台、多种计算机辅助集成技术（CAX）软件系统，不同系统之间需要进行安全的数据交换；

④网络制造中的签名机制有它自身的特点，如：CAD绘制的图必须经过设计人员、审核人员和工艺、标准化签字后方为有效；

⑤制造过程的不同环节对信息的需求是不一样的，各环节之间有些信息可能是相互保密的，如产品定价时，成本核算员需要的是明细表，而不是设计图纸；

⑥在网络制造过程中，客户需要对制造企业的相关信息进行访问，需要保证这种访问是透明的，既可以在本地，也可以在网络连接的其他机器上进行。

针对网络化企业信息集成的特点，网络化企业的信息集成有以下安全需求：

①可靠性。它是指系统在规定的时间内和规定的条件下完成规定功能的概率。这是网络化企业集成系统信息安全的前提。由于网络制造过程不同于一般电子商务，其信息传递是一个连续的过程且涉及的信息量十分大，一旦中间某个环节脱节，系统不易察觉，尤其是在协商过程和生产环节，其结果会造成整个制造过程失败，甚至更严重的后果。

②可用性。它是指合法用户根据需要可以随时访问系统资源，是一种面向用户的安全需求。基于网络化企业成员可能位于世界的不同的地方，各部门的工作时段不同，因此必须保证系统资源能随时随地可用。

③访问控制。它是指对资源使用的限制，它规定了用户对数据的访问授权和用户对访问对象执行某项操作的授权。通常访问控制可分为3类：强制性访问控制、自主访问控制和基于角色的访问控制。

④机密性。它是指信息在网上传送时，不易被截获，即使被截获，信息的截获者也无法在短时间内破译这些信息。

⑤认证和授权。即要求信息的接收者能确定信息的来源，弄清楚与自己沟通的对方确实如他所表明的身份；能够鉴别信息的发送者是否被授权发送此条信息，确保个人没有超过其被授权的范围。

⑥完整性。即应严格保证数据在传送过程中始终是完整的。消息的接收者应能验证在传送的过程中消息没有被修改，入侵者不可能用假消息代替合法消息。

⑦抗抵赖性。它是指发送者事后不能虚假地否认他发送的消息。以网络化企业为组织方式的网络制造系统是一个完整的体系，在一个任务的整个制造过程中存在着事前分析、任务的分解、完成和事后的评价等几个环节。为了在事后的评价过程中正确地评价每个环节的得失，确保任务的每个成员无法否认他曾发送过

的消息，该系统必须有相应的机制来保证事后的抗抵赖性。

10.3.4 基于 Web Services 的网络化企业信息集成

Web Services 可以有效地解决网络化企业集成的问题。传统的 CORBA 等技术存在着难以克服的缺点：使用的协议要求系统客户端与服务器端紧密耦合，CORBA 与 DCOM（分布式对象模型）之间难以通信；CORBA 和 DCOM 的远程服务调用难以穿越防火墙；CORBA 只能实现部分的跨平台性，DCOM 无跨平台特性。这些局限性使得 CORBA 和 DCOM 无法完全实现网络化企业集成。Web Services 克服了这些缺点，吸收了面向服务的所有优点，与 Web 有机地集成，可以成为网络化企业的平台。

（1）从应用系统的演变看 Web Services 的提出

应用系统的演变经历了如下几个阶段：纯粹以数据为中心，使用关系数据库储存和分析数据，Information On Demand。在 Internet/Intranet 技术出现后，数据的使用性更加多样化，但是必须集成不同的使用需求、不同平台、不同操作系统。① CORBA 技术是一个解决集成异构平台的组件技术，但在集成其他组件模型（如 COM/COM +）时，需要各种 Bridge 技术来帮助。但是 Bridge 技术不是一个开放的标准，因此用 CORBA 集成 Internet/Intranet 这样一个多元的应用环境是非常困难的。

因而，提出这样一种机制（即 Web Services）：这种机制可以让各种不同的实现技术都能遵循，以对外提供实现技术所提供的功能；那么客户端可以使用 SOAP 技术来封装交换信息，并且使用这种技术来调用实现技术的标准服务。

（2）Web Services 的含义及相关技术

目前对于 Web Services 的概念并没有一个严格的定义，一般认为，它是一种可以通过 Web 发布查找和调用的新型的应用程序。Web Services 的主要目标是跨平台的可互操作性。不是重新定义了一个全新的构架，而是最大限度地利用现有的技术，建立在诸如扩展标记语言（XML）、简单对象访问协议（SOPA）、Web 服务描述语言（WSDL）等一系列的开放标准之上。这一系列标准定义了应用程序如何在微机上实现互操作。

扩展标记语言（Extensible Markup Language，XML），是由 World Wide Web Consortium 的 XML 工作组定义的。这个工作组是这样描述该语言的：XML 是 SGML 的子集，其目标是允许普通的 SGML 在 Web 上以目前 HTML 的方式被服务、接收和处理。XML 被设计成易于实现，且可在 SGML 和 TML 之间互相操作。XML 提供了标准的数据封装技术，让数据的交换跨越了各种平台，操作系统和

① 石宇强．基于 Web Services 技术的企业动态联盟研究．机械，2005（32）

开发工具。XML语言可以集成各种不同的应用系统。

简单对象访问协议（Simple Object Access Protocol，SOAP）：SOAP提供了一种可扩展的XML协议，它是一个定义怎样传送消息的XLMDTD，只要用SOAP发送一个服务请求，就会获得服务。SOAP提供了标准的RPC（Remote Procedure Call）方法调用Web Services；SOAP还支持文档形式的应用程序，在这类应用程序中，SOAP消息是XML文档的一个包装，这种形式的SOAP应用程序很灵活，许多新的Web Services就是利用这一特点来构建使用RPC难以实现的任务。SOAP是异构平台和通信协议。SOAP使用XML作为封装和交换信息的标准，可以在能解析和处理SOAP封包的不同平台中使用。SOAP使用现存任何的标准通信协议（HTTP、SMTP或是IIOP等）作为实体沟通的机制。SOAP机制集成各种不同应用平台。

可用SOAP技术来集成异构平台，或是开发分布式应用系统。但是，面临着这样一个问题：虽然通过SOAP技术可以封装交换信息，但是不同的实现技术如何调用其他实现技术提供的服务呢？这个问题是Web Services需要解决的。

Web服务描述语言（Web Services Description Language，WSDL）：WSDL也是一个XMLDTD，它与编程语言无关，且以标准为基础，适合于描述可从不同平台以不同编程语言访问的Web Services及其函数、参数、接口及返回值，这使用户能够创建客户端应用程序与之进行通信。WSDL定义了服务的位置，以及使用什么通信协议与服务进行通信。

通用描述、发现和集成（Universal Description，Discovery，and Integration，UDDI）：UDDI提供了一个注册的协议，Web Services可以经过注册使潜在用户能够轻易地找到这些服务，了解所提供的服务，然后与提供者联系，以获得更多的信息。网络化企业是由多个盟员企业组成的异构、分布式环境，要把这些企业的信息、业务集成在一起，必然要用到各种集成技术，Web Services技术更好地解决了异构系统集成的问题。

（3）Web Services的构架图

Web Services体系结构基于服务提供者、服务注册中心和服务请求者三种角色之间的交互。交互涉及发布服务描述、查找服务描述、绑定服务描述三种操作。这些角色与操作一起作用于软件模块及其描述。服务提供者定义Web Services的服务描述，并把它发布到服务请求者或服务注册中心，服务请求者使用查找操作从本地或服务注册中心检索服务描述，然后使用服务描述中的绑定细节与服务提供者进行绑定并调用实现交互。对于技术来说，实现了计算的三个必要特征：封装、松散耦合、动态绑定，其中为分散的应用间、属于不同组件模型的组件间进行通信提供了可能，是技术的基础；用于定义组件接口与协议绑定；

服务于服务组件的注册，应用系统可以使用动态地发现所需要的服务①。Internet 通过标准协议，在世界范围内把不同网络连接起来，不论是服务的提供者还是应用者，都可以不受硬件的约束，而自由地使用网络服务。然而，由于各个应用程序是用不同语言开发的，并且运行在不同的平台上，很多商业应用程序在与其他程序的互操作性上仍存在一定的问题。因此，就需要一个用于不同应用程序间互相沟通的标准方法。

Web Services 提供一种一致化的编程模型，以一种通用的方法使各种原来不可能集成的应用程序集成在一起，而不受特定平台和编程语言的限制，其主要特征为：完好的封装性；松散耦合；使用协约的规范性；高度可集成能力。Web Services 可以用于任何类型的 Web 环境（Internet，Intranet 或 Extranet）。XML 是 Web Services 平台中表示数据的基本格式，它与平台无关。Web Services 是一种基于标准的 Web 协议的 XML 消息。Web Services 的体系结构及三个操作中所包含的技术如图 10-12 所示：

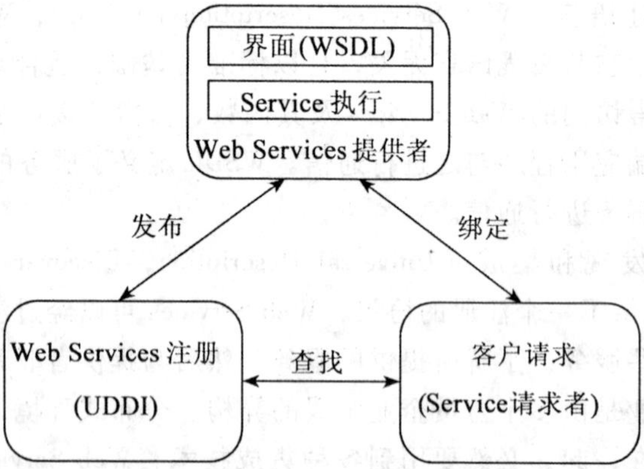

图 10-12　Web Services 的体系结构

发布操作：Web Services 提供者可以向 Web Services Registry 注册自己的功能和访问接口；

查找操作：Service 请求者可以通过 Web Services Registry 查找特定的服务；

绑定操作：Service Requestor 绑定 Web Services 提供者来使用可用的服务。

(4) 网络化企业集成系统的功能

网络化企业综合集成系统需具备如下功能：网络集成管理、数据集成管理、

① 仇丽青，赵庆祯．Web Service 在动态联盟中的应用．计算机应用与软件，2005（11）

应用集成管理。①

①网络集成管理。在该网络系统中，用户节点可以按照系统赋予的资源存取权限共享系统固有的信息进行信息交流活动。系统将提供网络安全管理措施，防止非法用户对受限访问资源的访问管理。主要完成如下功能：

网络的动态配置与组织：管理员定义任务系统，根据任务自动分配系统资源，用户可以依据权限访问系统资源，参与研讨。

用户账户管理：提供用户分级管理，包括身份确认、访问级别分配、访问时机控制等机制。

网络范围内的共享资源的存取管理：以用户分级管理为基础，控制用户对系统资源有层次的存取访问。

安全管理：提供有效的信息保密和安全的措施。

②数据集成管理。数据集成管理的意义在于为系统的各类用户提供一个屏蔽了数据源在网络上的分布状态、异种数据格式等属性的数据管理，使用户可以在网络环境中无损地访问系统中的各种信息及数据。主要完成如下功能：分布数据管理，数据源的表达、存储和管理。

③应用集成管理。应用集成管理是指系统能够管理分布的应用系统，实现"即插即用"的"软件总线"式的集成环境的可以共享的应用程序提供给用户调用访问。主要完成以下功能：可执行资源的远程调用，主要是实现对模型的远程应用远程调用的结果共享，实现对模型运算结果的保存及共享。

（5）基于 Web Services 的网络化企业信息集成

应用软件往往具有自己的知识库或数据库，有些部门和单位对同一信息的认识并不完全一致。Web Services 的出现可以改变这种情况，用 Web 服务集成是无缝的。应用 Web Services 可以在网络化企业实现：

不同类型的应用软件（如 ERP、CAD 等）都有自己的数据类型。Web Services 以 XML 消息或文档作为载荷，可以描绘特定的交换或输入输出数据。XML 转换可以作为 Web Services，通过提供词汇和数据类型之间转换的功能函数实现不同类型数据的转换。

在网络化企业产品开发过程中，UDDI 注册能够为贸易合作伙伴或参与者提供大量的信息；同时，可以使用 UDDI 模型或其他 Web Services 来为动态集成参与者提供丰富的信息。

在产品开发中，不同的 Web Services 可以通过集成放到一起并且组成一个新的 Web Services。这种功能模型的一个突出的优点就是支持服务的并行和分布式

---

① 彭本红，吴晓伟，孙绍荣．动态联盟的复杂性及其综合集成研讨厅．科研管理，2005（5）

计算，它对于要求执行不同应用的 Web 服务来说显得尤为必要。

在网络化企业的产品开发过程中，动态交流是很重要的，尤其是长期的任务。一个企业联盟如果要完成一个复杂的大型任务，联盟中不同的合作组织和决策者随时都想知道任务的进程，在任务中应用 Web 服务就可以达到这一目的。同时，Web Services 也适合短期任务，它可以提供特定任务的执行情况和开发过程的历史。

由此可见，把 Web Services 技术应用于网络化企业具有很大的可行性，可以充分提高企业运作效率，增强企业的凝聚力。针对网络化企业的特点，初步提出了应用 Web Services 的网络化企业信息集成的框架图①，如图 10-13 所示。

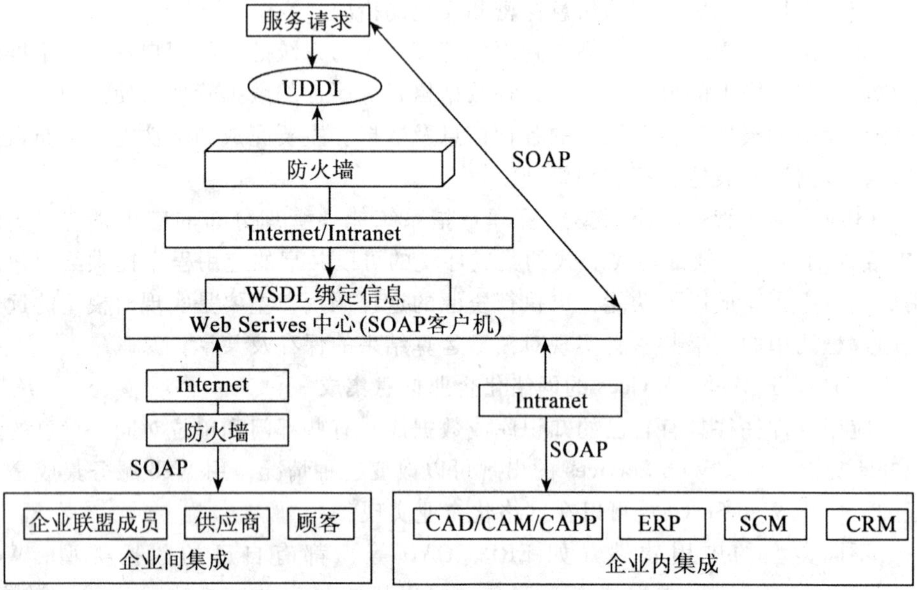

图 10-13 应用 Web Services 的网络化企业框架

应用 Web Services 后，网络化企业的工作步骤为：

用户发送服务请求，Web Services 中心从 UDDI 注册处查找所需服务；

服务的定位和 WSDL 绑定的 Web 服务信息被发送到 Web Services 中心；

请求者调用相关应用系统或顾客、供应商、企业联盟成员发布的 Web 服务，如 CRM 系统发送的 Web 服务包含企业员工个人信息（姓名、性别、E-mail 地址

---

① 韩西娜，廖文和，沈建新．应用 Web Service 实现虚拟企业集成的研究．机械制造与自动化，2004（4）

等)，服务请求者可以调用相关 Web Services，这个操作是通过 SOAP 完成的；

最后，相关信息被发送给服务的请求者，服务的请求者绑定服务的提供者，使用服务。若干彼此间松散耦合、自身内部紧密耦合的不同应用模块集成为一个理想的系统，能够满足企业联盟伙伴间实时交流和控制产品开发过程的要求，通过基于网络的服务，分布于不同地点的企业盟友可以冲破时空的界限，使整个企业联盟高效地完成任务。

在网络化企业中应用 Web Services，还可以通过询问某一过程执行的状态来分析特定贸易伙伴间的合作情况、企业盟友执行任务的情况，以便通过实时的跟踪来判断合作伙伴的能力。顾客也可以通过服务请求实时地了解自己所需产品的开发情况，随时作出调整，以免任务完成后再作不必要的大调整。另外，值得一提的是，由于网络化企业内部有大量的数据需要保密，而 Web 服务是基于网络的，为防止由于别有用心的人和黑客的攻击扰乱企业的正常运作，就需要注意安全问题。就安全性来讲，包括访问控制的安全性和通信的安全性两个方面。通信的安全性是指通信双方数据的保密性和数据的完整性，即数据在双方传输过程中重要的、私有的信息不会被透露并且不能被破坏；访问控制的安全性主要包括对用户或系统身份的验证和对历史的跟踪记录，即不能让冒名顶替者获取双方的数据并保证交易的不可抵赖性。Web Services 的安全性可通过 SSL、XML 加密，XML 数字签名等技术来实现，把各种安全技术与 SOAP、WSDL、UDDI 有机的结合，为企业正常运行提供一个安全保障。同时，在与 Internet 连接的时候，安装防火墙，确保网络化企业内部机密数据及资料不被破坏和窃取。

10.4 网络化企业信息沟通与信息保障平台建设

网络化企业的信息沟通是一个矛盾和不确定的过程，从某种角度而言，联盟信息沟通可以被看成围绕其不确定性所开展的信息处理过程，在这一过程中始终贯穿着网络化企业信息需求与信息能力的矛盾运动。

10.4.1 网络化企业运作过程中信息保障的意义

日本在第二次世界大战后能用短短的 15 年时间走完欧美国家 50 年走过的路程，在很大程度上是因为它充分吸收外来信息并进行创新，注重吸收信息是实现后来者居上的必要条件。而在我国，国务院发展研究中心和国家统计局（关于技术创新问题）对国内部分省市1 945家企业的调查结果表明，企业缺乏技术信息和市场信息是技术创新的主要阻碍因素之一。企业不但发觉信息缺乏，而且发觉信息来源渠道少。有关问卷还表明，过去几年里，企业关于开发或引入新产品（工艺）的信息，主要来自于企业内部的研究与开发部门、用户和同行业中其他企业的产品，而高等院校、科研机构、技术市场及技术咨询部门尚未成为企业的重要信息来源。这说明，创新主体迫切需要相关信息，这种缺乏必要信息的局面亟待改变。技术创新是在一系列信息刺激下引起的，因此信息保障在网络化企业技术创新过程中有重要的作用。

(1) 信息保障对网络化企业技术创新构想的孵化作用

日本学者野中郁次郎（1995）在考察企业技术革新过程时发现，信息充分对员工创新具有积极意义，他认为具有创造力的员工不仅拥有与其固有业务有关的信息，而且还拥有许多额外信息。知识联盟企业在技术创新过程中，由于各成员企业的地位、利益、能力以及知识水平的不同，导致对企业创新目标的理解以及所掌握的信息的差异。在萌发创新构想的过程中，只有相关的有质量的信息累积到一定的数量，以及实时信息的及时补充才能保证选择正确的创新目标。正如美国前总统卡特所言："精确有用的信息就如同我们身体所需要的氧气，经常提供重要信息的火花，会点燃创造和发明的天才之火。"为此，需要知识联盟企业彼此间相互交流，统一认识，沟通信息，自觉地协调创新者的工作活动，以保证创新构想的出现。

(2) 信息保障对网络化企业技术创新市场化的推动作用

信息保障是企业与外部环境之间建立广泛联系的纽带。企业创新的最终目的就是将创新成果或物化的商品推向市场，向社会转移扩散，以获取更大的利益和效益。由于创新活动具有不确定性的基本属性，而信息恰好能够起到消除这些不确定性的作用。因此，有针对性地收集、积累和利用信息可以提高创新活动成功的概率。技术创新所需要的信息往往不可能是既定和现成的，随着创新实践的发展，随着研究的深入，需要不断地填充新的知识和信息。

(3) 信息保障对网络化企业技术创新的加速作用

技术创新是一项高度依赖信息运动的活动，信息保障可以不断地充实和丰富创新的思路和方法。因此，信息保障是技术创新的生命线，不仅在从事技术创新活动的组织机构内部需要实时地、全方位地从外部收集、吸收信息，作为组织创新活动的依据，而且在组织与外部环境的边界也需要源源不断地获取新的知识和信息。技术创新活动从决策到实现的过程应该是处在完全信息条件之下的，即掌握创新所需要的全部信息。但是，实际上创新活动自始至终都是在不完全信息条件之下进行的，即从事创新活动者不可能掌握与创新活动相关的全部信息。所以，这就需要在技术创新的全过程中源源不断地为创新活动提供可靠的信息保障。

10.4.2 网络化企业的信息保障分析

网络化企业技术创新存在着不确定性，而信息是减少这种不确定性的保障。

网络化企业技术创新的信息保障系统应该建立在联盟企业技术创新的信息需求基础上。

(1) 网络化企业技术创新的信息需求

在网络化企业条件下，企业技术创新的信息需求主要有以下几个方面：

①技术信息。在网络化企业条件下，企业技术创新主要是联结更多的技术力量，采用技术领先的战略来占领市场，因而技术信息是联盟企业开展创新活动的前提。技术信息的内涵非常丰富，不仅包括与本企业生产相关的新理论、新方法、新技术、新设备、新工艺、新流程等信息，还包括引进技术的成熟程度，有关条件，配套能力，预期效益以及开发更新所依赖的技术标准、要求、诀窍、设备、人员、成本等方面的信息。信息专家在潜移默化中对研究过程进行"纠偏"，使研究者的方案设计与目标更加吻合。随着现代技术的飞速发展，技术信息也在不断更新，这就需要联盟企业对新技术信息进行不断的开发利用。

②市场信息。网络化企业技术创新的最终成果是需要市场化的，所以需要有关竞争者、客户以及市场环境等方面的信息。在技术创新决策过程中，这些信息有重要的作用。对于企业技术创新来说，"为前人所未为"，有关技术创新的市场信息第一手资料尤其重要。在市场信息采集的初期，大量原始市场信息进入研究者的视野，在不同的需求下，以各种状态、层次排列组合。由于所处的框架、体系不同，信息的陈述方式不同，所以信息的本质含义往往蕴藏在表征背后。只有在确定了题目、体系、结构、层次、表达方式、验证对象以后的信息资源才有利用的价值。因此，在采集市场信息时，不仅要注重技巧，而且要把握鉴别信息的本体意义。

③业务信息。网络化企业技术创新的研究者所需的信息要紧紧围绕技术科学研究创新的需要，同时还与联盟企业的业务范围和业务流程有关。在研究初期，信息工作者要尽快了解研究者的问题以及解决问题的关键步骤，并尽可能提供有关信息，使研究者了解业务模型内的基本情况。对所提问题进行定位。业务信息的提供与使用，使研究人员与信息人员的沟通成为可能。同时，凭借这些信息，研究者的决策便有了坚实的基础和极强的可行性。另外，业务信息还受联盟的决策制度、技术支撑、人文信息的影响。这些来自于不同成员企业的思想之间、数据之间、方法之间的交流，实际上表现为一组组状态不同的信息之间的交流。

(2) 网络化企业条件下的信息保障障碍

在网络化企业条件下，企业技术创新在信息资源和知识的来源上更加广泛，所以其技术创新的信息保障问题得到一定程度的解决。但是，由于在信息保障的过程中存在外界干扰和大量障碍现象，它们有时甚至成为技术创新中的最大问题。因此，要保证创新的成功，就必须找出信息保障的障碍因素。在网络化企业的企业技术创新过程中，信息保障的障碍主要来自个人、组织和技术三个方面。

①在信息保障的个人方面，个人信息需求的表达以及寻找信息的能力是保证创新者获得必要信息的基础。个人信息需求分为表达出来的信息需求和未表达出来的信息需求，即显性的信息需求与潜在的信息需求。在技术创新过程中，正确表达自己的信息需求是创新者成功实施技术创新方案的前提。然而，由于创新者个人经历、文化水平、信息能力、专业知识、理解程度不一致，导致信息需求表达上的不完整性、不确定性和片面性，影响了技术创新中的信息保障。而人为设置一种沟通障碍，如创新者处于保密的考虑，在信息需求表达方式上或模糊或隐晦，也会使信息保障无法正常进行。还有，创新人员会更多地依靠自己的力量来检索信息，但是由于大部分的创新技术人员都不是专业的信息工作者，由此带来了信息保障的检索障碍。检索策略的障碍是指创新者在编辑检索策略时所产生的各种障碍。检索策略贯穿于检索行为的全过程，其完善与否直接影响检索效果，影响技术创新所获得的信息完整程度，有时甚至影响技术创新的成败①。

②在信息保障的组织方面，网络化企业的组织结构会对创新信息的有效获取产生影响。一方面，网络化企业的各个成员连接的紧密度是影响信息保障的主要因素。虽然形成了联盟，但各个成员企业在组织上还是各个相对独立的机构，各个机构的信息如果不进行有效的整合，将成为信息保障的一个组织障碍。另一方面，成员职工的地位差别和层级是组织因素的两个方面。技术创新需要创新者经常与领导者进行广泛接触，听取和收集他们对创新思路的意见和建议。然而，由于不同地位的人在沟通时，地位高的通常处于沟通的主导地位，地位低的则处于被动地位，影响了信息的正常沟通。与此同时，技术创新还需要企业有一个良好的组织结构，而组织结构的层级对信息保障也会产生很大的影响。层级越多、越复杂，信息保障的效率就越低，信息失真率就越大。研究表明，企业董事会的决定通过副总裁、部门主管、工厂经理、第一线工长和职工五个等级后，信息损失平均达80%。

③在信息保障的技术方面，网络化企业都通过因特网或者是企业外部网将各个成员企业从物理上联结起来，但是，由于各个成员企业的数据库结构的不一致，给信息保障工作带来了麻烦。同时，由于创新者不能熟练地利用现代信息技术设备获取所需要信息，企业信息技术设备的性能远没有得到充分发挥，这就使得大量极具价值的数据库难以有人问津。技术因素的另一方面是语言因素，企业技术创新需要借鉴外国的先进技术，把握国外同类产品的性能、结构、质量及其发展趋势。

(3) 网络化企业信息保障的措施

针对网络化企业条件下的信息需求和信息保障的障碍，信息保障的措施来自

① 袁勇志．中国企业家创新行为障碍．管理世界，2002 (5)

以下几个方面的考虑：

①技术措施。要努力推进联盟企业的信息化建设。网络化企业的信息化是信息技术在各个成员企业领域里逐渐广泛深入运用的过程，是联盟信息沟通和知识共享的客观需要，提高整个联盟的信息化水平可以大大增强为企业技术创新提供信息保障的能力。在网络化企业组建过程中，网络协同环境需要支持企业间的信息共享，这些共享的信息包括知识信息、协商消息以及决策数据信息等。网络协同支持的信息共享是在系统知识管理的基础上，用户通过应用程序在环境中的服务器组中访问共享数据，同时可以提供给其他用户共享的信息或者数据。

目前，我国已有部分企业率先启动了信息化进程，强化了市场竞争优势。如青岛海尔集团 7 年间共投入3 500多万元用于企业信息化工作，先后建成了 CAD/CAM/CAE 系统、MRP Ⅱ、内联网和因特网应用等工程，极大地增强了竞争实力。网络化企业的信息资源在企业中具有规模、范围、速度和网络经济性，企业科技开发人员利用现代通信工具查询、跟踪与本专业、本项目相关的内容和发展动态，信息技术措施对促进企业技术创新的信息保障起基础性作用。

②组织措施。在传统的组织中，信息被储藏在每一个层次下，而在以网络化企业为基础的企业技术创新系统中，就需要鼓励每一个成员企业的员工来分享企业的各种信息。所以，在组织建设上，需要有开放、高速的信息扁平组织来摆脱那种以工作分工、声望和层次来垄断信息的态度。在网络化企业的背景下，企业的架构应有别于工业时代的架构，由于环境性质已发生根本性的变化，企业必须具有有效信息加工并迅速做出反应的能力。所以，建立顺畅的信息保障的组织，就是要使领导者懂得，信息是企业领导经营、管理和决策的重要依据；使技术创新者明白，搞技术创新、发展生产都需要信息作保障。一方面，要创造一个有利于信息沟通的环境，发挥信息在技术创新中应有的价值；另一方面，在企业内部减少组织机构层级，逐步推行扁平式管理，减少信息沟通的屏障，确保信息传递的完整性与真实性；再一方面，在联盟企业之间，要建立各种各样的正式的与非正式的信息交流平台。

③人才措施。在网络化企业中，要注意培养高素质的企业信息人才，科学配置企业创新团队。培养和造就高素质的企业信息人才队伍是企业技术中创新信息保障的基础与前提。为此，美国企业普遍设有信息主管，并有专门的职能部门来负责信息管理工作。企业领导者必须重视发挥现有科技人员的作用，挖掘他们的智慧和才能，并在培养上下工夫。如对他们进行情报信息教育、计算机网络技术培训等。其次，积极引进和吸收信息人才，并对他们进行专业培训，使其成为高素质复合型人才。同时，积极营造人才脱颖而出的宽松环境，这其中包括改善工作环境和生活条件，勇于将优越条件向他们倾斜。

10.4.3 基于知识联盟的企业技术创新的信息保障系统构建

网络化企业技术创新的信息保障系统可从以下几个方面进行构建：

(1) 信息保障系统

根据系统论的观点，网络化企业技术创新的信息保障系统是包含多个层次的复杂运动的大系统，每个层次上又含有个数不等的要素。其中各要素、各层次（子系统）之间有严密的关联性。网络化企业技术创新的信息保障系统是整个联盟技术创新系统的一部分，并且是一个内容丰富、层次清楚、结构严密、相互依存、相互制约的不断运动的有机整体。该信息保障系统还同周围环境（顾客、竞争者、供货者、政府等）之间存在着动态的相互作用的，并且有内部和外部信息的反馈网络，能够不断地自动调节，以适应环境和自身的需要。

网络化企业技术创新的信息保障系统是对技术创新提供信息支持与帮助的各种力量的集合。它包括两个层次的内容：一是企业自身的信息保障支持，二是企业信息保障的社会支持。而每一个层次都包含两个方面：信息技术保障子系统、信息资源保障子系统（如图 10-14 所示）。

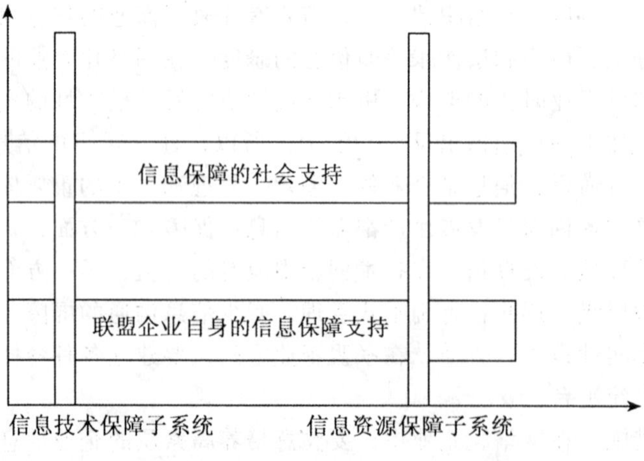

图 10-14 网络化企业的信息保障系统

企业技术开发支持体系由多层次、多个要素构成，只有各个层次和要素之间相互配合、彼此协调，才能产生积极的协同效应，因此，网络化企业技术创新的信息保障系统呈现为一个立体层次结构。对于信息保障的社会支持，要构建知识社会的大环境，包括信息技术的基础环境、资源环境和人文环境。在联盟自身的信息保障支持方面，要在信息技术方面完成跨组织技术平台的整合和与企业信息化平台的集成；在信息资源建设方面要完成联盟成员间的信息资源和知识资源的整合。

(2) 信息技术保障子系统构建

信息技术的高度发展为联盟企业在更大范围内寻求可利用的信息资源提供了可能。通过充分运用信息网络技术，建立松散的、虚拟的技术创新网络，进一步模糊了企业的界限，扩大了企业的信息边界，使企业内外信息资源相互配合，集成出更大的综合优势。信息技术保障系统的构建包括两个方面：

①网络化企业自身的信息技术平台构建。网络化企业自身的信息技术平台的构建要加强企业信息化，建立一套完善的相当于企业的数字神经网络的企业信息处理、传播反应系统；构建知识联盟的技术基础。

②网络化企业信息技术保障的社会平台构建。技术创新的社会化信息保障体系构建必须以数字技术为技术手段，以网络环境为业务平台，以文献信息资源共建共享为核心内容，因此，现代信息技术是整个社会化信息保障体系基本技术手段之一。目前在技术方面要解决的问题主要有：信息的存储、管理软件和长期安全保存手段等问题以及网络的高可靠性、安全性、动态、灵活的边界控制问题；再就是信息加工处理、智能化搜索引擎、多媒体信息的表达、电子商务工具、新型统一的用户界面（或平台)、多语种、多媒体等方面的技术问题。信息技术保障的社会平台构建包括国家网络基础结构的建设、与世界各国信息交流的基础技术平台的建设等方面。

(3) 信息资源保障子系统构建

网络化企业技术创新的信息资源保障系统可以分为联盟企业自身的信息资源保障系统和网络化企业的社会信息资源保障系统。所以，其信息资源保障系统的构建涉及两个方面：

①联盟企业自身的信息资源保障系统构建。联盟企业自身的信息资源来自于各个成员企业内部 R&D 部门及营销、生产等其他部门。联盟企业信息资源保障系统的职责是根据联盟企业技术创新目标，利用内联网、内部简报、统计报表等手段系统收集各个成员企业内部各部门的信息。借助联盟的外联网、日常业务交往、定期会议等途径收集与本企业有协作关系的机构信息，如销售商、供应商、金融单位、合作企业和科研院所等的信息。具体地说，网络化企业信息资源保障系统构建包括各个成员企业信息门户、联盟信息资源库以及知识图的建设等一些方面。

各个成员企业信息门户的构建。各个成员企业信息门户（EIP）在网络化企业中起到集成信息的作用。由于基于互联网的网络化企业的构成复杂，每个利益相关者需要与多个其他利益相关者进行沟通与联系，构成网状的联系结构。通过企业信息门户，各个利益相关者可以通过统一的通道进入信息中心，获得并提供相关的信息，而后台集成多种应用系统的企业信息门户则能够处理这些信息并存储到相应的地点，当然还提供检索等多种功能。门户技术可以分为三个层次。第一层次是支持门户的基础架构，包括流程与工作流、内容与数据管理；第二层次是基于门户的软件，通过企业知识门户（EKP）或企业信息门户（EIP）的软件将结构化和非结构化的数据进行整合；第三层次是各种门户应用软件，指企业应用门户（EAP），包括合作者门户和垂直型解决方案等。EIP 中的信息管理模块集成进入企业信息门户的信息，提供了全面知识管理的框架，允许企业在任何地点和时间新建、存储和创建文档并共享信息。所有的文档都可以经由 Web 浏览器搜索并获得，并将不同登记的文档赋予不同权限的人。更重要的是，为每个员工提供个性化的知识信息门户，在这个个性化的门户中，员工只能找到与他职位和权限相关的信息。信息管理模块的特色就是与其他模块的协同性，系统中任何一个文档或文件都不是孤立的、静态的文档。当用户找到一篇文档的时候，就可以找到与这个文档有关的所有信息。

联盟信息资源库的构建。联盟信息资源库是技术创新的另一个信息资源的保障子系统。其中包括各个成员企业的基本信息，如公共关系信息、年度报告、出版物、企业总体介绍等；组织结构信息，如地址、代理商、分公司、服务中心等的信息；产品和服务的信息，包括技术专长、服务特点；关于专利，商标，版权，使用其他企业技术、方法许可证的信息等。联盟信息资源库建设的一些最基本要求是组织信息资源并让其有效。如果想让联盟信息资源库成为学习的工具，那么它必须被很好地组织和更新，易于进入或查询，还要保证联盟信息资源库中信息的精确性。可惜目前有一些信息资源库中，数据一经输入，它们即使已经过时或能被更精确的数据替代，而仍未被更新。同时还有让所有联盟企业的员工可以直接进入知识库，特殊的部分可能因为数据的敏感性而需要口令或其他安全措施。每一个员工不必经过同意就可进入他工作中所需的信息资源库中去，否则就和及时学习原则相背离。

联盟知识图的构建。知识图可以指出知识的位置，但并不包括知识，知识图可以是真正的地图、知识“黄页”或者是巧妙构造的数据库，它是一个向导而非知识库。开发知识地图包括找出联盟组织中的重要知识，然后以清单或图片的方式公布它们，并显示在哪儿可以找到它们。知识图的基本目的是告诉组织中的人们，当他们需要专门知识时到哪里去找。知识联盟如果拥有一幅好的知识图，员工们就可以方便地找到知识源。通过联盟的知识图，技术创新人员可以跨越企业和部门界限以获取他们所需的知识。创建知识图所需的信息通常已在组织中存在，但它们往往以分散的、未成文的形式存在。每个雇员的头脑中都有一小块地图，知道他自己的专长以及到哪里去获得特定问题的答案。创建知识地图就是把这些个人和成员企业的小知识地图结合在一起。开发知识地图经常采用调查的方法，即询问员工使用什么样的知识以及在工作中他们从什么地方能获得所需的知识。通过对这些问题的答案进行分析，并把它们结合在一起，于是就把一些私人的地图组装成知识联盟的公共地图。

②网络化企业的社会信息资源保障系统构建。社会信息保障系统是网络化企业获得创新信息资源的重要部分。一方面，网络化企业技术创新的信息并不是自动流向企业的，它是企业在社会信息资源保障系统主动搜寻的结果。网络化企业要从社会信息系统广泛收集相关信息，到有关市场、科研、生产乃至日常生活中去收集第一手资料和有利于企业技术创新的原始信息。另一方面，社会信息资源保障系统也会为联盟的技术创新提供主动信息服务。网络化企业技术创新的社会信息资源保障系统构建由一个国家的政府来完成，是国家信息资源基础建设的重要部分。它包括以下一些工作：

建立不同类型的数据库。当前，政府许多部门都建立了粗具规模的数据库，图书情报部门、新闻出版部门、档案部门以及民间等均藏有大量自然信息资源和准信息资源。只要对它们稍作加工，就可为联盟企业的技术创新服务。高校、科研部门、政府机关还有大量二次文献，一些教授、官员、企业家还有许多可资借鉴的经验数据库。若把这些基本信息都利用起来，建立起不同类型的数据库，联盟企业的技术创新就会有一个层次不同、形式多样、规模不等的庞大的信息资源网络作为保障。

要积极开发面向联盟企业的信息服务工作和定题情报服务工作。企业进行技术创新，不仅需要企业内部信息服务部门的大力支持，同时也需要企业外部信息服务部门的鼎力相助。图书馆和情报机构作为文献信息服务中心有着丰富的信息资源优势（如专利、文摘、索引、期刊、标准等）、先进的信息设施优势和大批的信息人才优势。而其馆藏具有专业性、系统性、完备性、实用性强等特点。这些优势和特点为图书馆和情报机构开发信息资源，保障文献信息的有效、快速传递，促进信息产品转化提供了有利条件。因此图书馆和情报机构应大力开发各类信息资源，加强对信息的深加工（编制专题索引、情报调研、定期服务），丰富企业创新信息，减少企业技术创新综合成本。同时，充分利用已配置的现代技术设备，建立特色数据库，把信息资源变成一种战略物质；建立网络终端，利用因特网为企业技术创新开展网络信息咨询服务。企业也可以与图书馆和情报机构建立长期合作关系，甚至知识联盟，定期收取最新信息，以拓展对联盟企业技术创新的信息保障的渠道。

建立相关的技术创新的信息中介组织。联盟企业固然是创新的主体，但是每个企业都不免会与企业外的信息中介组织进行沟通，将各类创新信息资源结合在一起。可见，信息中介组织在知识联盟的企业技术创新网络中的作用是巨大的。目前，我国的信息中介组织远不能在技术创新大潮中起到应有的作用；而且我国对中介组织在国家创新体系中的功能定位是不准确的，认识也不到位。要发挥信息中介组织的作用,必须加强对各类信息中介机构作为技术创新的有力工具的支持,努力协助信息中介机构提高服务质量。当然,中介机构本身也要有根本性的转变,我国信息中介服务结构处于市场化的转折阶段,服务水平低,这是制约我国中介服务发展的重要因素。为促进信息中介机构的发育,政府可采取多种方式、途径帮助信息中介机构培训人才,提升层次,以便为联盟的技术创新创造条件。①

(4) 安全的信息保障机制的确立

计算机支持的协同工作（CSWC）环境必须具有良好的安全性和可靠性，不仅要支持信息及数据的安全传输，还要保证分布式系统的正常运行，这需要信息保障机制支持。在支持网络化企业的 CSWC 环境中，一般采取下列机制保证信息的安全。

①账号管理。CSWC 中的用户通过本身的标志（账号）进行数据访问和信息发布等操作。CSWC 中的账号管理权归网络化企业组建决策的核心即盟主企业，盟主企业根据每个用户的置信度赋予其相应的访问权限。

②防火墙技术。目前，防火墙技术已经非常成熟，防火墙已成为用户网络和互联网相连的标准安全隔离设备。在支持网络化企业组建的 CSWC 环境中还要考虑存取控制，定义安全政策、认证机制、内容的安全性、网络地址转译、加密技术等。

③数据校验技术。为了保证 CSWC 环境中信息传递的安全性，传送的数据包必须加入完善的数据校验技术，除数据外，数据包中还应该包含身份鉴别与标志信息、访问控制权限、数据保密信息、完整性信息、系统的可用信息等。

① 江永真．论高技术产业发展与信息服务．科技管理研究，2001（4）

11 网络化企业知识管理与创新发展

网络化企业的知识可分为企业内部知识和企业间网络知识两种。其中，企业间的网络知识（Net Knowledge）是存在于企业知识系统之间的组织性知识和隐性知识的有效互动形成的共同知识。企业内部知识包括个人知识、团队知识和企业知识。网络化企业的个人知识（Personal Knowledge）属于个体知识，团队知识、企业知识、企业间网络知识都属于集体知识（Collective Knowledge），这些集体知识既不能脱离组织中的个体知识而存在，又不仅仅是个体知识的总和，而且可能还具有单个个体知识所没有的知识特性。在企业系统中，个体隐性知识是组织知识形成的基础，团队通过整合各种个性知识形成团队知识。个体知识向团队知识转化通常有两种方式：其一是个体知识的显性化，使知识能够在团队中有效传播、交流和分享，最终形成团队知识；其二是通过社会化，例如模仿和教授等手段，从而使个体隐性知识转化为团队隐性知识。同理，企业知识的形成也是如此，通过不同团队间及它们的成员间的互动形成企业知识。成员企业知识系统间的显性知识和隐性知识的有效互动和企业间知识的整合形成了网络化企业的网络知识。对网络化企业来说，知识是影响其运作效率的关键问题之一，要提高运作效率必须进行知识的有效管理。

11.1 网络化企业的知识管理内容与体系

网络化企业的知识管理主要涉及敏捷网络化企业中知识的生产、传播、使用和保护等主要活动的计划、组织、控制与协调，涉及对网络化企业知识系统中个人知识、团队知识、企业知识以及网络知识的管理。可以将敏捷网络化企业的知识分为企业内部知识和企业间网络知识的管理，从企业内部来看，知识管理主要内容包括：知识生产（含制造、获取、整合、更新）、加工、转移与运用的管理。其基础性管理措施包括：建立知识管理部门和知识管理制度；构建企业的知识库；建立尊重知识和共享知识的企业文化和管理机制；把知识作为资产来管理等。目前，对企业内部知识管理的研究较多，因此不再赘述。

11.1.1 网络化企业的知识管理内容

然而，从企业间网络知识的管理来看，其知识管理的内容与企业内部知识管理的内容存在一定的区别，笔者认为，网络化企业知识管理的主要内容有以下几个方面：

（1）知识生产的管理

网络化企业知识的形成主要是通过知识的互动实现的。知识的互动方式包括知识的整合、知识的重组、知识的激活等。

①知识的整合。知识的整合是将各个企业原有的知识体系进行联合和补充，汇合为组织间知识。因此，知识整合是敏捷网络化企业成员间组织优势知识的互补、叠加和延伸，知识的整合使敏捷网络化企业产生了解决问题的新思路。企业组织间存在的各自专门知识及互补性为知识的整合提供了可能性。

②知识的重组。知识的重组是在知识扩散的基础上形成的企业间组织知识的互动，通过合作，相对成熟的知识在敏捷网络化企业中扩散，将企业间知识进行重组，从而有效地拓展了新知识。知识重组的实质是在原有知识的基础上对知识的再利用，由于合作，这种利用得以超越组织的边界，在更广的范围内实现。

③知识的激活。知识的激活指通过合作来促进知识的彼此相互交流和分享，从而增加知识间相互碰撞的机会，产生边缘知识或者将原有价值低的知识升级为价值高的知识。

（2）知识的传播和共享

知识的传播和共享是知识管理的核心，对于网络化企业更是如此，其根本原因是知识的传播和共享有利于网络化企业知识水平的提高，从而提升其整体竞争优势。但是，知识的传播和共享有时因为涉及各自的核心能力而受到限制。网络化企业的知识传播和共享前提是知识的识别，对与企业核心能力相关联的知识不应该传播和共享。

（3）知识的运用

知识的运用包括知识存量、知识吸收能力（学习能力）、知识利用能力的协调等，其目标是最终产品在各个环节上能使知识得到保证，实现功能的协调和优化。

（4）网络知识的基础性管理

它的具体内容有：网络化企业间关系管理，知识传播和共享机制设计、联盟文化管理，基于现代信息技术和 Internet 技术的通信网络管理及知识库管理等。①

---

① 戴恩民．敏捷虚拟企业的知识管理．中国企业战略传播网．http：//www. ampeam. org

11.1.2 网络化企业知识管理的原则

网络化企业的知识管理是为满足网络化企业特定经营目标，跨组织边界的，由各成员共同参与的，对知识产生、传播、共享、利用过程及其机制的设计、控制和开发。传统企业的知识管理往往只是一个企业内部的知识管理，对于网络化企业，这种跨组织边界的半市场化企业联盟，知识管理和一个企业内部有很大的不同，因为必须牵涉不同企业间的知识交换和流动。同时，从理论上来说，基于一个企业的知识管理也属于网络化企业知识管理的范畴，因为这是企业间跨组织管理的基础。因此，网络化企业内外部知识资源的流动和共享，新知识的创造和获取，知识与业务的结合就是网络化企业的知识管理的三大目标。为了实现这三大目标，网络化企业内部知识与外部知识的管理应依以下原则进行：

(1) 网络化企业内部知识管理遵循原则

一般来说，企业内部知识管理应遵循以下原则：

①有效原则。在企业知识的创新及商品化方面以最小投入获取最大市场价值，即让企业知识发挥最大效益。

②战略原则。由于知识是企业的战略性资源，知识的有效管理是保证企业长期目标实现的战略手段。因此，知识管理是企业战略管理中的核心内容，应提升到战略的高度来计划和实施。

③系统原则。各成员企业为了共同的目标而组建成网络化企业，网络化企业的知识来自于各个企业。因此，不能孤立地看待企业的知识管理，应以系统的观点来制订知识管理战略，协调各企业的知识存量、学习能力、创造力等，使各企业的知识间形成互补，从而产生“1+1>2”的效应。因为只有当知识管理与人力资源、组织结构、信息技术和竞争战略等相互协调时，企业才能获取最大效益。

(2) 网络化企业间知识管理遵循原则

对于网络化企业间网络知识的管理，笔者认为除了以上一般网络化企业知识管理应坚持的原则外，还要坚持以下几个方面的知识管理原则：

①知识保密与共享均衡原则。知识在敏捷网络化企业中的传播、共享和运用的前提是敏捷网络化企业成员必须明确哪些知识可以共享，哪些知识应该保密。一方面成员要保护自身的核心知识，保证企业的核心能力和竞争优势；另一方面也要积极参与网络化企业间的知识交流和共享，降低彼此间获取和创造知识的成本，在交流和共享知识的同时使自身获取新知识，不断丰富自身的知识库。

②协调性原则。敏捷网络化企业的高效率运作要求其成员的知识存在互补性，在知识存量、知识学习能力和知识创造力等方面具有协调性，在知识共享、交流等方面具有企业文化与经营理念的一致性，因此，在建立敏捷网络化企业时

要充分考虑以上因素，选择合格与合适的企业作为合作伙伴。

③开放性原则。要建立一个开放的网络化企业平台，让所有成员能把自己适合交流和共享的知识添加到知识平台中去，丰富网络化企业的知识存量，同时也必须及时跟踪、吸收和利用整个网络化企业体系以外的知识。通过对这些知识进行整合、重组、激活等互动行为变各方优势为整体优势。

④加强共享原则。知识不遵循收益递减法则，具有收益递增的特性。知识使用得越多，产生效益越大。因此，敏捷网络化企业间加强知识共享可以降低彼此间获取创造知识的成本，提高知识运用的效率，进而提高它们对市场的反应速度与质量①。

11.1.3 基于网络化企业生命周期的知识管理流程分析

网络化企业的生命周期经历了酝酿、组建、运作、解体四个阶段。在不同的生命阶段中，知识管理都有其相应的活动流程。

(1) 酝酿阶段的知识管理

在酝酿阶段盟主企业分析市场机遇的同时，还要与自身的知识能力水平进行比较，进行分析：

①知识需求分析。盟主企业在识别市场机遇的基础上，分析为响应市场机遇，企业应该具备的知识和能力。

②知识供给和匹配分析。盟主企业进一步分析自身的知识缺口，并通过社会知识网络搜集相应的知识资源，若评估所获得的社会知识资源通过集成后能满足市场机遇的需要，便进入下一阶段。

(2) 组建阶段的知识管理

各成员企业的互补性知识资源和网络化企业自身的集成能力是网络化企业的竞争优势的来源。因此，选择合适的知识型合作伙伴是网络化企业成功的关键。盟主企业要制定合作伙伴选择的评价指标体系和综合评价方法。在评价指标的选择上应该突出知识资源的重要性。制定的评价方法要充分考虑到知识的相容性等非定量影响因素。

网络化企业运作之前必须对成员企业的知识资源进行优化重组。资源重组过程的重要前提工作是网络化企业建模。网络化企业模型是以形式化或信息化的形式对网络化企业进行抽象描述，是分析、仿真、优化网络化企业功能、过程、活动和行为的基础。

通过各成员企业知识管理系统连接的网络进行沟通是网络化企业进行知识管理的基础。因此，网络化企业的知识管理系统必须具有重构性、可重用性、可扩

① 戴恩民．敏捷虚拟企业的知识管理．中国企业战略传播网．http：//www.ampeam.org

充性、即插即用性等面向企业资源共享与优化合作的复杂特性，才能进行有效的集成。

（3）运作阶段的知识管理

网络化企业根据各成员企业所具有的知识能力来分配任务，并制定任务相应的完成期限和质量要求等。由于各成员企业的知识资源和任务难以刚好完全匹配，可能会存在冲突，所以网络化企业运作过程中还需要对任务和知识进行协调。

信任管理是网络化企业进行有效知识共享的前提。其内容包括：建立联盟内容信任评审体系和互相信任的产生机制，以及用来防止相互欺骗和机会主义行为产生的约束机制等。

在网络化企业运作过程中，通过各种整合手段对网络化企业知识进行过滤和积蓄。知识的整合基于共同语言所扮演的角色，共同语言促使员工间有效率地分享和整合各种不同的知识。当各成员企业彼此原来不熟悉对方的知识时，共同语言表现出不同的形态，如语言、其他形式的沟通符号、专业知识的共通性。

网络化企业中各成员企业间通过网络、面对面的沟通等多种途径来达到整个网络化企业内部知识的交流与分享。网络化企业中跨组织界面的知识交流和共享，通过知识杠杆作用，获取知识的协作价值与倍增价值。

知识的利用是网络化企业进行一切知识活动的目的。网络化企业运作过程中必然伴随着新知识的产生，由此决定了网络化企业必须运用知识进行创新活动。网络化企业知识的利用是在各成员企业间进行知识整合、知识交流与共享的必然结果。

（4）解体阶段的知识管理

网络化企业是利益驱动的，且网络化企业成功依赖于各成员企业的知识资源以及它们之间所进行的知识共享后所获取的知识创新。因此，在进行利益分配时，既要考虑各成员企业所共享的自身专有知识的价值，更要考虑成员企业在联盟合作过程中与其他合作伙伴所共享的知识程度。

网络化企业目标的完成意味着知识创新活动的结束和知识产品的生成。知识产品是网络化企业各成员企业知识的应用和创新的结果，因此，在网络化企业解体前，需要界定该知识产品对各成员企业的产权归属问题。

在网络化企业知识管理绩效评估时，要同时考虑对网络化企业“私有利益”和“共有利益”进行系统的评估。私有利益是由网络化企业联盟行为而带来的各成员企业自身的利益，这一部分利益不被其他参与者所共享。共有利益是由各个成员企业的联盟行为所产生的集体利益，这部分利益由所有成员企业共享。

11.2 网络化企业文化建设

管理学家彼得·德鲁克曾说，管理虽然是一门科学，一种系统化的并到处适用的知识，但同时也是一种文化。正因为如此，自企业文化理论产生以来，便备受关注，成为现代管理理论发展的主流。网络时代，经济的动态性、竞争性、创新性、快速增长性大大加快，使得企业文化也随之发生深刻的变革。企业利用各种现代信息技术手段，有效地改变了传统企业文化建设信息闭塞、内容贫乏和手段单一的局面，为企业文化建设提供了广阔的发展空间。

11.2.1 网络时代的企业文化

随着网络技术的迅猛发展，信息的传输范围和传播速度都有了显著的提高，在客观上营造出一种以信息和知识为基础的高效率、开放性、竞争性的企业文化氛围，这正是网络时代要求的企业文化。

经济的全球化与信息的网络化，使企业面对一个全新的竞争环境和经营形势，速度成为企业打败竞争对手、获取优势地位的有效武器。企业之间的竞争越来越表现为时间的竞争而非规模大小的竞争。有效地缩短研发时间，降低产品生命周期，满足客户需要，以新技术获取优势地位成为企业关注的重点。正如美国Cisco系统公司的企业文化所言："在将来的商战中，不再是大鱼吃小鱼，而是快鱼吃慢鱼。"时间成本成为网络经济时代最重要的成本概念。

基于互联网的虚拟市场的形成，产生了企业的虚拟经营，这种经营方式是企业在内部资源有限的情况下，为取得更大的竞争优势，仅仅保留企业中最关键、最具优势的功能，把其他功能虚拟化，借助外部资源进行整合，以期最大限度地发挥外部资源的优势。因此，与虚拟环境相适应的虚拟文化将成为网络时代企业文化的重要特征，这种虚拟文化要求企业具有灵活、柔性、合作、共享、快速反应、高速输出等特质。

(1) 网络化企业的文化特征

网络化企业文化是绝大多数参与成员都认同的价值观念、道德标准和行为规范。网络化企业文化不是一种强制或者强权文化，它是由各成员的企业文化整合而成的一种大同文化。网络化企业文化剔除了传统企业文化中具有鲜明特征的物质文化层、行为文化层中的大部分内容，弱化了制度文化层、精神文化层中的不适合网络化企业运作的一部分内容，凸显了迎合网络化企业运作特征的核心精神层面的东西，并添加了具有时代意义的新价值观、新精神，辅以改进了的适合网络化企业运作的行为规范作保障，创造出的一种具有广泛适应性的新型的企业文化。这种企业文化的核心和灵魂就是整体价值观念，整体价值观念是将各成员企业的价值观念整合、沉淀、结晶而形成的大家认同的价值观念。

①文化的多元性。网络化企业的成员来自世界各地，有着不同的文化背景、价值观念和行为方式，相互间的差异较大。同时网络化企业是以计算机网络为运行平台的，网络的全球开放性、资源共享性、多元性、自由性等基本特征，必然会导致各成员的观念模式、行为模式等呈现出多元化的形态，这必将对网络化企业文化产生潜移默化的影响。另外，传统企业文化的一元化、单一模式与网络本质不相容，网络化企业文化的多元性正好迎合和适应了网络本质的要求，它更多地呈现出不同企业文化的直接碰撞与冲突，同时也更多地呈现出不同企业文化间的变迁与整合。

②文化的平等性。对网络化企业的成员来讲，每个成员相对于其他成员都是重要的利益相关者。他们地位平等，共享领导权，即使网络化企业的协调指导委员会（ASC）也不能凌驾于任何一个成员之上，这就决定了网络化企业的治理结构是共同治理，而不是单边治理；网络化企业组织结构扁平化，中层管理的协调和监督功能被计算机网络所取代，ASC可以和网络化企业的每一个员工自由沟通和联络，消除了最高领导层和基层员工之间沟通的障碍；网络的平等性、自由性和非权威性等特征，与传统的等级制度格格不入。这些因素共同促使网络化企业文化具有明显的平等性。

③文化的自律性。在网络空间中，由于网络化企业的经济行为具有虚拟性、瞬时性和异地性的特征，所以在网络社会的具体运作中，要想保证相应规范的合理遵守将是十分困难的，任何一种强制措施或相应规范技术所取得的成效，都只能是暂时的、局部的，而根植于网络本质的开放性、自主性、多样性、共享性、平等性及非权威性特征与相应网络需求这一对基本矛盾之上的相关价值冲突将会贯穿于网络化社会的始终。面对这种生存和发展的环境，网络化企业文化的自主性特征开始凸现出来，它不仅要求企业积极而自觉地确立其道德主体的地位，而且更加强调企业所有员工地位平等，承认每个人的自主价值，倡导人们的首创精神。所以，网络化企业文化是一种自主文化。另外，网络化企业治理结构是以“共同治理”为显著特征，不同的成员组织共同参与到企业治理中来，结合其以往的治理经验，互通长短，在“共同治理”下，也使得网络化企业中更有可能产生平等和开放的新型企业文化。最后，由于网络化企业内部的管理层级趋向扁平化，传统的中层经理的监督和协调功能已经被计算机网络所取代，人员间上下左右的沟通和联络渠道变得更为通畅简捷，这必然有助于企业内人与人之间平等友好气氛的形成，进一步推动良好企业文化的建立。

网络化企业存在于网络社会中，根植于网络的本质特征将贯穿于网络化企业运行的始终。在网络社会中的成员由于网络的掩护而高度虚拟化，它们的表现比在现实中更加难以掌控，这就使网络化企业成员的道德风险问题急剧膨胀，再加上网络化企业具有动态性、敏捷性、整合性和异地性等特征，要想使各成员都认真自觉地遵守契约中规定的行为规范将是不可能的。为了适应这种运行和发展的新环境，网络化企业文化的自律性特征开始凸现，它要求网络化企业各成员积极而自觉地确立其道德的主体地位，剥除伪装，不用外力的强制或约束，自我管理，自我控制，尽其所能完成任务，努力实现共同目标。可以说，网络化企业文化就是一种自律文化。

④文化的开放性。网络化和全球化强化了网络化企业的开放意识，铸就了时代所需要的开放精神。网络化企业是为了适应市场环境的变化而出现的一种全新的组织形式，它是时代的产物。它依靠网络技术整合了若干个不同区域、不同组织、具有核心能力的企业，使不同的成员企业通过网络平台互相学习、交往和借鉴，从而使整合不同的网络化企业文化具有很强的开放性。任何成员都可以在网络化企业文化中找到自己企业文化的影子，任何新时代的精神、价值观念都可以融合进网络化企业文化，网络化企业做到了兼收并蓄，求同存异，取长补短，扬优避劣。另外，经济的全球化也在不断地强化网络化企业的开放意识，封闭就是落后，封闭就是死亡，网络化企业文化融合了时代最需要的开放精神。

⑤文化的动态性。网络化企业本身就是一个动态联盟组织，它是以市场机遇为基础组建的，参与企业可以同时或先后加入不同的网络化企业，也可在运作中动态地加入或离开网络化企业。一旦目标实现，共同的利益基础不存在了，网络化企业就要解体，当新的机遇出现时，网络化企业就会重新组建，这就保证了网络化企业的灵活性和对市场反应的快捷性。因而，网络化企业要保持市场主导者的地位，就不可能通过像传统企业那样的长期竞争优势来实现，而是通过创造一连串的短期竞争优势，即“创造性毁灭”来实现。与此同时，网络化企业的战略思想随着企业组织形式与结构、市场环境的演变而发生转变，由“你死我活”的竞争观念转变为“合作共赢”的竞争观念。所以，网络化企业文化不是一个静态概念，它是动态的。网络化企业组织的动态性决定了网络化企业文化的动态性。

⑥文化的协作性。网络化企业是基于核心企业和成员企业的各自核心竞争力基础上，通过一定的契约关系结合在一起的动态联盟。实际上网络化企业是靠价值链联系起来的，网络化企业内在的各个个体通过自己的价值活动来创造利润，它们的合作有着共同的利益基础，是一种相互情愿的互惠行为，不存在欺骗和侵占。在网络化企业的运作过程中，必然充满各种各样的协作关系，如：生产计划与协调、成本控制、质量管理以及后勤保障等的合作和协调。因此，与之相对应的企业文化也是处处体现出一种协作性文化。这种协作性文化强调企业中凡事以合作精神为先，以不破坏企业整体运作为前提，营造一种讲求普遍和谐的企业内部环境。

(2) 网络化企业的文化作用

企业文化在企业中的作用已经被实践所证明，而对于网络化企业组织来说，由于各个成员之间并没有统一的所有权，其合作更需要一种软性的约束，网络化企业文化可以起到这种约束的作用，同时能起到凝聚的作用。总的说来，其作用大体有以下几点：

①减少不同企业员工之间的交流成本。员工已经成为企业的最主要资产，文化的一个作用就是融洽人们之间的交流。在网络化企业组织中，不同企业的员工由于隶属于不同的环境，在进行交流时，会有一定的障碍阻止他们之间的顺畅交流，而消除障碍是需要一定成本和时间的，良好的网络化企业文化可以在一定程度上缓解这种交流的障碍。

②减少交易费用。自从科斯的产权理论建立以来，交易费用就成为界定市场与企业的一个重要标准。网络化企业作为一种倾向于市场的组织，由于实体间的交易更为频繁，交易费用也更为重要。在此情况下，利用虚拟组织中的各企业建立良好的网络化企业文化，形成一个虚拟的内部交易体，将企业间的交易虚拟为实体间的交易，这样就降低了交易费用，从而增进了网络化企业组织的竞争力。

③良好的网络化企业文化能够加速网络化企业组织核心竞争力的形成。以核心竞争力理论为基础，在网络化企业中，每个企业都有自己独特的能力，即核心竞争力，但是这并不足以保证整个网络化企业组织拥有向顾客提供优异价值的能力。网络化企业组织的核心能力并不是单个网络化企业组织中单个成员核心能力的简单加总。网络化企业就如一个盛水的木桶，每个企业就如作为木桶原材料的木板，仅仅将木板拼凑起来并不能成为一个水桶，需要木板之间的钢箍将它们相连，只有坚韧有力的钢箍将木板有力地结合才能形成一个坚固的木桶。而文化正是起到钢箍的作用。

11.2.2 网络化企业文化的建立

对于网络化企业文化的建立，可以用从整体上和构成上两个方面进行分析。

(1) 网络化企业文化建立的指导原则

从整体上说，主要强调以下几点指导原则：

①更加强调不同企业之间的相互学习能力。网络化企业文化在很大程度上是一种学习性的文化，这也与学习性组织相对应，在竞争日益激烈的今天，学习能力的高低在很大程度上决定了一个企业的成败。同样，网络化企业组织的文化更加强调学习的重要性，特别是在各企业之间没有很强的硬性约束的情况下，能否快速、准确地学习到合作伙伴的长处是能否建立优秀的网络化企业文化的重要因素。

②以人为本。在网络经济条件下，网络化企业与传统企业一样，都是人格化

的经济组织。它仍以获利为动力，并以是否获利作为能否生存和发展的根据，这是一个铁的法则。同时，又存在着一个至关重要的价值问题，即怎样获利以及通过获利是否有利于社会的进步与人的发展。这一涉及网络化企业经营的目的与手段的价值问题，正是网络化企业伦理的实质所在。网络化企业正是满足了新时代人的需求而出现的。市场经济肯定了主体追求利益的合理性，企业以追求利润最大化为目标，或者更进一步，把追求社会效益和促进社会发展作为目标，这两种目标都是合理的。但网络化企业组织作为实际上存在的一组企业的联合体，要想能够继续经营，其底线就是能够获得一定的收益，为顾客提供价值是为了达到这个目的的一个手段。相对于所有权统一的单个的实体组织，网络化企业组织对员工的约束更多的是需要一些规章之外的软约束。为了达到这个目的，就需要网络化企业组织做到以人为本，这正是形成良好的网络化企业文化的必备条件。因此，以人为目的价值目标在网络化企业内部表现为全面理解人，尊重员工的人格，重视员工的价值，发挥员工的才智；在网络化企业外部表现为以消费者需求为核心，全心全意服务于消费者。

③和谐原则。网络化企业与协作企业都有各自的文化特征、经营理念。所处环境等各有不同，所形成的企业文化也必然各具特色、互有差异。不同企业文化之间的冲突也就在所难免，但这并不意味着它们之间没有兼容的可能。随着世界经济趋向一体化，市场经济在不同区域开花结果，其基本规则逐渐为不同区域的企业所认同和遵循。这种全球化的趋势必然对企业价值观念的变革产生深刻的影响：市场经济实质上是一种个体化、自主化、多元化的经济，它的存在和发展必然要求有个体观念和自主观念相适应并提供保障，因此，企业行为规范的全球化将导致企业核心价值观念中基础性观念的全球化。

核心价值观念是指不同区域的企业的价值观念在核心层面或基础层面上是趋同的。这具体表现为：平等、公正、法制、市场、科技等核心价值理念逐渐为处于不同国家、地区的企业所认同和接受。这些核心价值观念也就构成了现代企业价值观念的核心内容。这里我们强调核心价值观念的全球化并不是只肯定一种价值观念模式而排斥不同企业文化的个性，因为这不仅与网络化企业文化的本性和网络的本质相违背，而且会使价值观念缺乏生机和活力。企业的价值观念体系是多层面、多维度的立体结构，不同企业的共同规定性只是相对于最基础层面而言，在非核心层面上则保持着各自的特殊性。所以，网络化企业在这种共同规定性的基础上与外来企业文化互相融合和创新，从而体现出自己的特色，实现不同企业文化之间的和谐共存。

④从他律走向自律原则。一般而言，企业在他律条件下的经济伦理行为具有动摇性和不完善性的特征：企业在无形的市场之手、政府规定以及市场法律等强制性下产生的经济伦理行为只表明行为自身、行为效果是符合道德的，但并不表

明行为者的行为动机是符合道德的；另一方面，一定的经济行为在合乎道德的问题上，处在一种不稳定的状态。这种符合道德的行为，其实是在市场调节起作用的地方产生的，然而在市场失灵的状况中，原来那种在面对市场规律不能不这样做的情况下选择的道德行为就可能转向不道德的行为。虽然传统企业在自由度方面无法与网络化企业相比，但是网络化企业同样受到市场经济规律的支配，同样存在着经济行为不完善性和动摇性，只是程度不同罢了。然而，网络化企业在遵守市场经济规律的同时，还要遵守网络秩序。网络空间中行为的虚拟性、瞬时性和异地性等使法律打击力度减弱，难度增大，而新的适合网络空间的立法具有明显的滞后性。由上述可见，纯粹出于外在强制力的符合伦理性的经济行为不是完全意义上的道德行为，也正因为如此，它们才是不稳定的、不可靠的，一旦外在的强制力失去了，它就可能立即变为不道德的行为，变为不符合伦理的经济行为。如果经济伦理行为只是在自律的条件下产生，那么，它们就会克服在他律条件下产生的经济行为的不完善性和动摇性，因为，如果经济伦理行为是在自由状态下自由选择的结果，是自觉自愿选择的结果。那么，它不仅没有强制性而且不可能出现动摇性，网络化企业文化的自主性特征促成了企业从他律转向自律。而网络的自由本性为网络化企业从他律转向自律提供了基点。除此之外，网络化企业要培养经济伦理习惯，而培养经济伦理习惯包含两个方面内容：从外在方面说，要加强经济伦理教育和网络伦理教育；从内在方面说，应该注重经济道德修养。最后把经济伦理和网络伦理习惯上升为一种信念。

⑤强调科学精神原则。从开放性的角度来看，网络化企业文化的塑造过程是在与外来企业文化的冲突、碰撞、融合中展开的，所以网络化企业组织中不同的企业实体特别是那些强势企业，其管理者在努力形成良好的网络化企业文化的过程中必须能够平等地对待不同的企业文化，抱着融合、吸收的观念去对待不同的企业文化。这就要求网络化企业组织中的实体企业应具有海纳百川的胸怀，不能因为自己在网络化企业组织中的支配地位或者强势地位而完全排斥外来企业文化。对于网络化企业组织中处于中西两方的实体企业来说，在中西企业文化的交流过程中，中国现代企业应该学习西方企业文化的科学精神。中西企业文化主要的差异就是善与真的差异，即理论、科学与伦理、道德的差异。中国传统企业文化侧重于善的方面，而西方企业文化侧重于真的方面，认为真是善的基础。由于中国传统企业主要强调善而忽视了真，在企业文化上表现为：重文化管理轻科学管理，重人情轻制度，重管理（更多表现为管人、治人）轻技术创新，重经验轻理论，重常规轻创新。总而言之，在企业文化管理活动中，柔性有余，刚性不足，应补钙，而钙源就是在善的内容中要有真的基础。网络化企业组织是从传统企业的母腹中成长起来的。它的成长历程不仅仅是在企业组织形式上的蜕变，更重要的是对传统企业文化不断创新的过程。因此，网络化企业要加强与协作企业

间的相互了解与交流，吸纳对方企业文化的精华，补充企业所需的营养，从而发展成为经过融合后更为优秀的企业文化。

⑥树立求变的观念。网络化企业组织是一个动态的组织，不断地有企业加入到其中，同时淘汰掉不适合的企业，相应的网络化企业文化也要进行调整。网络化企业文化是一个动态、开放的结构体系。所以，网络化企业要不断对企业文化进行调整更新，坚持与时俱进。企业文化的调整主要是指在现有的企业文化范围内对其结构进行调整，以使其结构更优化，更能适应网络化企业组织的发展。调整的内容主要是对网络化企业文化中不同的原则进行重新定位。企业文化的更新，主要是指对现有企业文化进行全面的或部分的改换，以使其内容更合理。网络化企业文化的调整与更新并不是完全分离的，在很多情况下是结合在一起的。调整可能引起更新，更新也可能引起调整。企业文化是根据价值观念建立的，所以企业文化的调整与更新首先是价值观念的调整与更新。我们知道价值观念是内化于人心灵深处的定势和信念，要改变这种深层的心理结构，人的心理会本能地反对，因而存在一定的障碍。另一方面，企业文化一般都被制度化。企业文化的制度化从一定意义上说就是它们所体现的企业文化的保护机制。虽然网络化企业文化的调整与更新是艰难的，但都是不可避免的，更是必要的。因此，问题不在于网络化企业文化要不要调整和更新，而在于怎样调整与更新。对此，有几个问题是值得注意的：首先，必须增强对不断调整和更新价值观念必要性的意识；其次、增强反思和批判现行企业文化的意识。总之，在变中求发展，在发展中求变，做到价值观念常新，企业常青。总之，塑造网络化企业文化要立足于现实，放眼世界，借鉴世界优秀企业文化，兼顾中国传统企业文化，在批判、选择、综合的基础上创新，以建立一种具有兼容性、开放性、创新性的动态企业文化。

（2）网络化企业文化建设要点

企业文化是在特定文化背景之下的产物，它无法脱离所处时代的政治、经济及文化环境，因此，一个企业所形成的企业文化总是或多或少地带有它所处的社会文化的印迹。网络化企业是在国际互联网蓬勃发展的环境中成长起来的，所以它的企业文化必然表现出网络世界的虚拟化和网络化特征。网络化企业必须根据特定的合作伙伴、自身的发展历程寻求适合自身特征的企业文化，而不是通过照搬其他企业或者引入某种固定模式来建设自身的企业文化。

①诊断。研究各个企业的价值观，掌握它们文化状况的翔实资料并进行文化诊断，对各企业中已有的企业价值观、企业精神、道德风尚、企业制度等因素进行分析评价，找出共性和差异，明确适合和不适合特定网络化企业发展的因素。

②确立。在分析诊断的基础上确定网络化企业的价值观，并围绕所确立的价值观建立相应的企业目标、企业制度、企业道德等，从而构建企业文化的整体框架。为了便于来自不同伙伴企业的员工共享企业文化，还应该把企业文化的精华

用简明扼要、精练确切、能为大多数员工接受的语言表述出来。

③强化。网络化企业文化定格以后，应该进入企业文化建设的推进和强化阶段。在这一阶段，企业需要通过各种途径、利用各种方式宣传和强化员工的企业文化意识，力求使企业文化深入人心。

④完善。有计划、有针对性地对网络化企业文化进行评价，并结合实际进行调整、丰富和补充，以便使网络化企业文化体系日趋成熟和完善。网络化企业文化建设在不断地调整、完善之后逐步迈入正轨，步入良性的发展循环过程之中，从而推动网络化企业生产经营的顺利发展。

如同企业文化一样，网络化企业文化也是在实践中逐渐形成的。但是由于网络化企业中各个实体企业的松散性，结合网络化企业文化的构成，良好的网络化企业文化形成是一个循环往复、不断完善的过程，详细地说，要想建立良好的网络化企业文化，其建立过程主要有以下几步：

首先，核心企业以自身企业文化为基础，结合整个网络化企业以及提供的产品、服务的特点，形成初步的网络化企业文化的内涵的基本假设，并利用自身的优势进行传播。在传播的过程中，对其他成员企业的企业文化进行总结。

其次，在初步的基本假设基础上，结合成员企业的企业文化特点，帮助其进行改造，使其企业文化与内涵的基本假设达成一致。如果出现大部分企业的企业文化与其内涵的基本假设不一致，而且改造非常困难，此时，或者修改内含的基本假设，或者重新寻找新的成员企业，即重组网络化企业。

最后，核心企业作为管理者，对自身的企业文化以及其他企业的企业文化进行微调，形成初步的共同认可的网络化企业文化。网络化企业文化的建立至此可以说完成了第一个循环，然后可以进行第二次、第三次……逐渐完善，形成良好的网络化企业文化。网络化企业文化的形成过程中，网络化企业自身的发展，以及环境的变化，都会对其产生影响，特别是当变化比较大时，需要核心企业认清形势，做出快速反应。及时改变网络化企业文化的走向。在网络化企业文化的形成过程中，更重要的是还需要利用经济手段和机制作为保障，因为各企业之间没有隶属关系，单纯的沟通、宣教往往没有作用。企业间更重要的是契约关系，因此，需要：①各企业沟通，在共识的基础上自律。②制度约束，要在合同、制度等中，约束违背网络化企业文化导向的行为。这对网络化企业文化的形成至关重要。③核心企业示范、影响。

（3）网络化企业文化差异的协调

动态联盟成员企业文化差异的协调，实际上就是让不同文化背景（竞争导向及和睦导向）的联盟成员企业的员工在项目合作中相互理解，相互尊重对方文化，并创造出文化协调度很高的合作。我们认为协调的最终解决必须依靠合作动机的合理对应、各合作方优势的互补、检验合作动机的实现程度来达到合作动机的满意实现。在实践中，我们应找出动态联盟成员企业文化差异协调的步骤和基本方法。

动态联盟成员企业文化协调准备阶段的任务是寻求动态联盟成员企业的合作动机的合理对应，充分发挥文化协调在动态联盟合作方面的导向功能。其中，愿景共设鼓励成员企业克服各种困难、抛弃局部利益相互合作。只有各合作方致力于共同关心的愿景时，才能最大程度上减少内部耗损。所以，文化差异协调的首要任务就是在愿景共设中通过春风长吹、润物无声的方式，建立并宣传共同感。愿景共设的过程受成员企业各自能力的影响，合作各方的实力差距大小决定了在文化协调基本模式方面的不同。竞争导向企业文化及和睦导向企业文化在愿景共设方面会产生前者倾向鼓动，后者倾向感染的不同影响。

基于协调的动态联盟成员企业文化协调拓展，可充分发挥文化协调在动态联盟成员企业的企业改造和推进联盟可持续发展方面的作用。

①能力进化。动态联盟文化差异协调关键的任务之一就是建立动态联盟，进行长期合作的能力进化。能力进化应该通过两个途径实现：组织重构和管理转变。组织重构是一个文化协调过程，动态联盟的方式多种多样，有联合生产、联合销售、共生型、联合研制开发、策略联盟及各种混合类型，球队组织的特性比较符合动态联盟的文化协调特征，具体则应该通过组建网络、团队和临时小组来进行组织学习、实施头脑风暴、刺激想象，从而向实现文化差异协调的组织改造。联盟管理的转变核心在于由以产品为中心结盟转向以知识为中心，结盟成员企业在各自的生存环境中都学会了一系列的隐性知识（高度个人化的知识、企业员工合作实践产生的知识、企业专门化知识和企业的外部关系），这些知识比简单的产品更具持续竞争能力，动态联盟的文化差异协调应该更加注重隐性知识的转移、挖掘、更新和创造。

②文化更新。动态联盟文化差异协调的目的最终是要进行文化的更新，使处于与异质企业文化合作的时候能够摆脱不安的感觉，达到既保留自身文化特征，又不妨碍有效充分的文化沟通的目的。从动态联盟整体来看，文化差异的协调同联盟经营活动紧密结合；联盟对外形成整体的合作形象；联盟内部实现了学习共享和相互信任；联盟内部个体创新和团队建设有机结合；成员企业间的合作成为多赢合作。从联盟成员企业来看，成员企业具有灵活的适应能力，能够敏锐察觉和容忍文化差异的存在，能够产生化解矛盾、促进沟通的强烈愿望；成员企业具有理性的协调意识，愿意实行换位思考，充分理解其他成员企业的行为，求同存异，克服偏见；成员企业具有高超的行为技巧，能够有效地进行深入沟通并建立信任关系，通过观察、模仿等方法调节自己的行为，最终适应文化差异情况的沟通。

11.2.3 网络化企业文化的创新

网络化企业是一个包含多重文化的社会组织系统，文化差异问题将会从不同的侧面影响组织目标的顺利实现。这就要求网络化企业的组建和维系必须充分了解和尊重各企业成员的文化差异，在相互沟通、理解、协调的基础上求同存异，努力形成一个共同认可、目标一致的组织文化，从而消除成员之间的习惯性防卫心理和行为，建立良好的信任合作关系。通过充分的沟通与尊重，消除习惯性防卫，建立信任关系，是构建虚拟团队的重要环节。因此，建立网络化企业的文化，并进行不断创新，有助于网络化企业人力资源管理。

(1) 网络化企业文化创新的内涵

网络化企业的文化要摆脱单一文化的来源，把多种因素引入企业文化体系之中，更好地维系网络化企业中人与人之间的和谐、合作和互动关系，从更深层次上推动网络化企业的创新。网络化企业需要对各企业文化的知识内容、意识形态和文化氛围进行创新，创新的一个直接结果是导致网络化企业创新文化的产生，从而使网络化企业的发展具有独特的文化底蕴支撑。①

①创新人本管理的网络化企业文化。人本管理的概念是建立在对人的基本假设之上的，"管理人"的假设实际上就是把人看成是一个追求自我实现、能够自我管理的社会人。网络化企业中的组织成员更具有追求自我实现、进行自我管理的要求，所以对人的管理就不能仅仅是关心人、激励人，而应该注重开发人的潜在能力，以人的全面的、自由的发展为核心，创造相应的环境、条件和工作任务，以个人自我管理为基础，以网络化企业的共同愿景为引导，创新出一整套全新的管理模式。

②创新网络化企业的质量文化。创新网络化企业的质量文化是网络化企业发展的要求，更是知识经济对网络化企业文化的要求。网络化企业的产品竞争首先是质量的竞争，质量是产品的基础品质，在此基础上追求的是产品个性化的竞争，相应的质量文化的内涵也就包括对满足用户个性化需求的质量控制。

③创新网络化企业的制度文化。网络化企业的制度文化不同于一般企业的制度文化，由于网络化企业强调协作和协调，所以不能采用一般企业采用的严格的规章制度来保障企业运作的正常实施，而是应该采取更灵活的、更具有弹性的制度来引导虚拟员工发挥他们的能动性，创造出更高的生产效率。

(2) 网络化企业文化创新的过程

网络化企业文化创新的建立、发展和形成需要一个渐进的过程，主要包括如下三个阶段：

---

① 杨昌辉．虚拟企业的构建与管理研究．合肥工业大学硕士论文

①创新基础的形成阶段。在这一阶段，网络化企业开始逐步认识到创新对企业发展的重要性，着手引进技术开发人才，组建研究开发部门，并拿出一定比例的资金作为文化创新的投入，逐步具备了文化创新的基本要素。

②创新基础的扩散阶段。网络化企业具备的文化创新基础必须通过互联网向网络化企业中的其他部门扩散。在这一阶段，网络化企业的员工在多种途径的影响下开始认识到创新对于网络化企业以及其自身的重要价值，从而普遍提高创新意识，文化创新观念开始形成。

③创新战略的形成阶段。网络化企业的核心管理层从战略的角度出发，在规范制定、方案选择与优化、前景预测等重大问题上为网络化企业的文化创新做出整体性、长期性的思考与决策，并注重网络化企业活动的全球化、网络化等问题。

经过上述创新基础的形成、创新基础的扩散和创新战略的形成三个阶段，网络化企业的创新文化框架基本形成。但是，文化创新是无止境的，网络化企业文化创新的建设也必须随着网络化企业的不断运作而不断丰富和调整，实现质的飞跃。

（3）网络化企业文化创新需要注意的问题

企业文化创新是指整个企业价值观、企业精神、企业目标、企业制度、企业道德等的转变，在这一转变过程中，核心问题是企业价值观的转变，而这一转变的实现又关键在于企业文化创新的策略。尤其是对于网络化企业来讲，在企业文化创新的过程中应该注意如下几个方面的问题：

①应该突出网络化企业的特质。网络化企业面临着竞争激烈的市场，只有具备鲜明的时代特色，在发展过程中体现其组建的优越性，才能应对未来的市场竞争，所以，网络化企业的文化创新必须注重自身特质的体现。

②应该注重对个性化的满足。网络化企业在很大程度上的任务是满足用户和员工的个性化需要，所以企业文化的创新也需要把个性化放在首位，只有这样才能保证网络化企业的竞争能力。

③应该调动员工自身的动力。网络化企业中的成员具有高度的能动性，而且网络化企业的文化是由网络化企业全体成员的共同愿景构成的，所以，网络化企业的文化创新也必须调动员工的积极性和创造性，共同实现企业文化的创新。

11.3 网络化企业的知识构成与知识管理

市场竞争的日益激烈使商业环境发生了较大的变化，也给传统的管理经营方法带来了挑战，企业组织形态逐渐朝着高效、开放、合作的方向演化。计算机技术、信息技术的发展和网络的普及使网络化企业这一新型组织形式顺应竞争要求而产生。网络化企业是具有不同资源与优势，为把握市场机遇，通过信息网络将拥有该机遇所需的相应资源集成起来而形成的网络化分布动态组织。它随市场机遇产生而产生，随市场机遇实现而结束。作为企业核心竞争力的集中体现，知识存在于网络化企业不同的成员企业中。对于由不同企业以计算机网络为支撑形成的网络化企业而言，要使每个成员企业取得最大利益，关键在于很好地共享、利用、整合这些知识。对网络化企业来说，知识是影响其运作效率的关键问题之一，要提高运作效率必须进行知识的有效管理。①

一般情况下，知识管理往往只讨论基于一个企业内部的知识管理，对于网络化企业，这种跨组织边界的半市场化企业联盟，其知识管理和一个企业内部的知识管理有很大的不同，因为必须要牵涉不同企业间的知识交换和流动。

11.3.1 网络化企业中的知识与知识结构

知识是网络化企业的核心资源，成员企业间不可避免地要涉及知识的传播、交流、共享与整合。尤其对于知识联盟性的网络化企业来说，其成员企业之间的合作是建立在知识资源基础之上的，因此对知识的有效管理就显得更为重要。

传统企业知识分为两类，一类是易于整理和进行计算和存储的知识，称为显性知识；一类是存储在企业员工脑海中的知识，是员工经验的体现，称为隐性知识。在传统的组织中，企业采用各种不同的方法和手段来获取隐性知识或显性知识，目的在于将这些知识积累并产生新的知识使之用于新的项目，从而为企业带来增值。

而在网络化企业中项目要取得成功，每个成员企业应该在一定程度上贡献自己拥有的知识，并将它们很好地集成起来。但是，在网络化企业环境中，每个成员企业都有一套自己的管理知识的方法，要实现各成员企业知识的共享，就要解决好各成员企业知识管理方法的不兼容性，使它们无缝连接。一般来说，显性知识比较容易与伙伴企业共享，但是隐性知识的隐蔽性使之较难被网络化企业创造、控制和共享。网络化企业的基本问题之一就在于创造能供所有伙伴企业理解、使用和共享的知识库。②

在网络化企业中，从网络化企业的组织结构来看，其知识可分为企业内部的知识和企业之间的网络知识两种。其中，从层次上来划分，企业内部的知识包括：个人知识、团队知识和企业知识。而网络化企业间的网络知识（Network Knowledge）是存在于企业知识系统之间的显性知识和隐性知识的有效互动形成的共同知识，是企业之间知识整合的结果，这种整合和互动会产生共同知识

① 戴恩民．敏捷虚拟企业的知识管理．中国企业战略传播网

② 程敏．虚拟企业的知识管理系统构建．商业研究，2005（13）

(Common Knowledge)。网络知识是基于企业内部知识之上的，它可能根据网络化企业运作形式的不同而表现出从各个企业内部知识层次上产生。在这四个知识层次中，个人知识（Personal Knowledge）属于个体的知识，其上面的三层属于集体知识（Collective Knowledge），并且每一层都建立在下层知识的基础之上，并产生出新的知识特质。

在网络化企业中，个人知识属于个体知识，团队知识、企业知识、企业间网络知识都属于集体知识，这些集体知识既不能脱离组织中的个体知识而存在，又不仅仅是个体知识的总和，而且可能还具有单个个体知识所没有的知识特性。

总的来讲，网络化企业网络知识结构特点主要有：

①它是基于各个成员企业的内部知识之上而产生的共享知识。

②对于这个知识的管理难度更大，必须依赖于组织之间的共享、合作与交流，更强调组织的控制与协调。

③网络知识边界相对模糊，对其的利用和发展，不仅受到成员企业的彼此合作能力和知识吸收能力的制约，也受到合作氛围与合作文化的影响。

相比企业间的网络知识而言，企业内部知识属于一般企业知识管理的范畴，目前已受到广泛关注，并且研究较多。而前者是网络化企业知识管理特有的内容，目前研究得还很少。

知识分为隐性知识和显性知识，并且二者可以相互转化。对于网络化企业的知识的四个层次而言，每一层次同样可分为隐性知识和显性知识，并且这两种类型在不同层次中相互转化，产生出新的不同层次的知识。下层知识是上层知识的基础，上层知识通过整合下层知识而形成自己的知识，如图 11-1 所示。

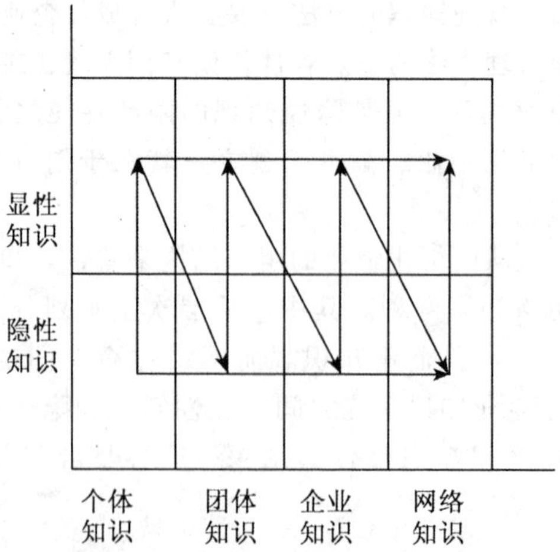

图 11-1　网络化企业知识的转化关系

在企业系统中，个体隐性知识是组织知识形成的基础，团队通过整合各种个体知识形成团队知识。个体知识向团队知识转化通常有两种方式：其一是个体知识的显性化，使知识能够在团队中有效传播、交流和分享，最终形成团队知识；其二是通过社会化，例如模仿和教授等手段，从而使个体隐性知识转化为团队隐性知识。同样，企业知识也是通过类似的方法形成，通过不同团队间及它们的成员间的互动形成企业知识。成员企业知识系统间的显性知识和隐性知识的有效互动和企业间知识的整合形成了网络化企业的网络知识。当动态联盟结束后，这种集体知识会根据合作的层次和深度不同而转化为其他三层企业内部知识。

网络化企业的知识可以从知识的来源、知识所属的功能领域、知识的使用范围、知识所处的企业经营层面、知识的认知角度、知识的生成方式等角度来具体描述。

根据知识的来源，网络化企业的知识有来自商务环境、来自盟主、来自成员企业和来自新成立的网络化企业的知识。来自商务环境的知识主要指市场、新技术、新产品等方面的知识，即网络化企业对宏观环境的把握能力。网络化企业是市场机遇的产物，更多地体现在对知识的捕捉和交流上。

根据知识所属的功能领域，网络化企业的知识可划分为客户知识、技术知识、生产管理知识和产品知识等。客户知识主要指存在于客户中的知识，企业通过对客户知识的把握，理解客户需求，发现潜在客户和新的市场机会。技术知识指与产品及技术要求有关的知识。生产管理知识是指与生产计划、生产调度有关的知识，存在于业务过程中的决策知识、业务环节的协调知识等。生产管理知识是业务过程精简、高效的有力保证。如何提供对业务过程的支撑，是将知识管理融于网络化企业日常业务过程的关键。产品知识指嵌入在产品或服务中的知识，如产品的用户指南等知识型产品、知识型服务等具有很高知识附加值的知识，其赢得市场和客户的关键是产品和服务中所蕴涵的知识。

从知识的使用范围看，可分为网络化企业的全局知识和成员企业的局部知识。全局知识作为公共知识在网络化企业的各个成员之间传送、交换和共享，全局知识一般通过 Internet 传递。局部知识也称私有知识，这类知识作为成员企业的核心竞争力一般只在企业内部共享，不与其他成员发生关系。

从知识所处的企业经营层面看，网络化企业的知识有战略层、战术层和执行层的知识。战略层知识主要由盟主产生，包括网络化企业的战略目标、企业规划、联盟策略、产品定位等相关知识，通过知识管理帮助企业发展和创造新的产品和市场，通过创造和挖掘特定的知识资产实现企业业务转型。战术层知识大部分由盟主产生，也可能与成员企业共同创造。执行层的知识主要由各成员企业产生，通过实施知识管理更好地了解企业知识的状况，为员工的培训和教育创造更好的环境，在研发活动中更好地分享经验和知识，在网络化企业内部形成有效的专家网络。

从知识的认知角度分类，网络化企业的知识有显性知识和隐性知识。显性知识包括结构化数据库、非结构化文档等，隐性知识指隐含在员工中的某种技能。

从知识的生成方式看，网络化企业的知识有人工输入知识、半自动生成知识和自动生成知识。人工输入知识完全靠手工方式或系统提供的人机界面输入到系统中，以进行交流、协作、分享、应用和创新。自动生成知识通过计算机应用程序自动生成，不需要人工的干预，如基于 Agent 的技术实现决策智能、背景分析以及智能代理。半自动生成知识不完全由系统生成，需要进行修改、转换等人工干预。①

11.3.2 网络化企业创新发展中的知识管理

网络化企业的知识管理应该在一定的模型基础上去开展相应的业务活动，同时网络化企业的许多相关业务活动也应该以网络化企业的知识管理模型为基础。现在我们从网络化企业知识管理的需求出发，在网络化企业知识管理模型类型定位和战略定位的基础上，研究网络化企业的知识管理模型的构建。

（1）网络化企业知识管理体系

知识管理模型的研究是人们对知识管理了解的不断深入的过程。浙江大学吴晓波教授等人的研究总结出 20 世纪 90 年代以来知识管理模型对象的发展主要可以划分为以下 3 种类型。

①基于知识的管理模型（Knowledge Based Model，KBM）：以“知识”为目标，重点研究“知识”的特点，在组织中存在的形式、层面、动态流动的机制等。KBM 研究的主要内容包括组织知识的类型、形式及知识的流转机制。最有代表性也最具奠基性的要数日本学者 Nonaka 于 1991 年首次提出，并被广大学者所认为是一种行之有效的研究组织知识的产生、转移、再造的“知识创新”模型——SECI 模型②。Nonaka 从显性知识与隐性知识的角度在个人、团队、组织 3 个层面对知识进行分析，提出了 4 种“知识创新”进程：社会化，外部化，联合化，内部化。显性知识和隐性知识并非静止不变，它们可以相互转化。SECI 模型的核心内容就是如何通过这种循环转化而形成一个螺旋形上升的知识创新过程，建立一个知识创新型公司。

Hedlun 对 Nonaka 研究的组织层面作了拓展，并描述了不同知识类型在相应组织层面的表现形式；Earl 从数据、信息与知识的区别对知识特性做了详细论

① 许孟丽．网络化企业知识管理系统的模型研究．大连海事大学硕士学位论文

② Ikujiro Nonaka. The Knowledge Creating Company [J]. Harvard Business Review, 1991 (Nov. -Dec.)

述；Carayannis 将知识类型从组织学习、组织认知的角度做了进一步的深化；Inkpen & Dinur 虽未给出知识转移的具体路径，但却根据知识的特性提出了个人知识向组织知识转移的趋势，为进一步的知识转移战略研究奠定了基础。现列表分析（见表 11-1）。

表 11-1　　基于知识的管理模型对比分析表

提出者	知识类型	组织层面	流动机制
Nonaka（1991）	隐性知识、显性知识	个人、团队、组织	"SECI" 四个创新进程
Hedlun（1994）	隐性知识、显性知识	个人、团队、组织、组织间	汲取、扩散与 "SECI"
Earl（1998）	显性知识、隐性知识、蓄意忽视的知识、无意忽视的知识	组织内	
Inkpen & Dinur（1998）	隐性知识、显性知识	个人、团队、组织	从各人所拥有的隐性程度较低的知识向知识的显性程度较高的组织知识转移
Carayannis（1999）	了解所拥有的知识、了解未拥有的知识、不了解未拥有的知识、不了解所拥有的知识	组织内	了解未拥有的知识—了解所拥有的知识；不了解未拥有的知识—不了解所拥有的知识

②基于知识管理工具的管理模型（Knowledge Tools Based Model，KTBM）：以"如何管理知识"为目标，从组织的某一层面，如组织环境、组织结构、组织知识，或管理过程的某一环节，如决策、战略制定等方面入手，研究如何对知识进行高效合理的管理。"如何管理知识"是 KTBM 研究的核心内容，这一阶段的主要模型大多是 KBM 模型的延伸与扩展。Nonaka 与 Konno 在 SECI 模型的基础上进一步提出了 4 种"场"①：知识的动态流转及相互作用的空间，包括源发

① Ikujiro Nonaka. The Concet of "Ba"：Building a Foundation for Knowledge Creation[J]. California Management Review，1998（3）

场（Originating Ba）："隐性知识—隐性知识"，员工之间对彼此的感觉、经验、情绪及思维共享的空间；互动场（Interacting Ba）："隐性知识—显性知识"，关键的因素是对话与比喻的引用；网络场（Cyber Ba）："显性知识—显性知识"，虚拟世界的交流空间，通过分配、传递和利用现有的显性知识创造新的组织知识；练习场（Exercising Ba）："显性知识—隐性知识"，促使显性知识隐性化的空间。"场"的提出旨在为组织创造一种知识交流的环境，为"知识螺旋"的产生提供条件。因此，如果说 SECI 模型是对"知识"自身的一种机理研究，则"场"的模型是从企业组织的角度出发，研究如何创造一个良好的组织环境来促进知识创新的进程。那么，主动地在组织中创造相应的"场"要比直接管理知识的流转进程更加有效。

Edvinsson 在知识领域的研究是以 1991 年首次提出首席知识长官（CKO）而出名。他将知识看作是组织的资本，从组织资本的角度研究知识价值的评估以及组织知识资本的管理。他提出了一个核心模型①，描述组织知识资本的 4 个构成要素：人力资本、商业资产、结构资本及知识产权，并对知识创新过程中这 4 个要素的相互作用、流转机制进行了研究。

Snowden 在认知论、符号论、语言学的基础上对知识管理的实施作了一系列研究。提出了一套行为导向的知识管理系统，从隐性知识与显性知识、知识资本、信任度、目标或期望与结果的不确定性这 4 个因素进行分析，认为它们相互的作用与影响来自于一系列的组织行为——对知识的运用，而不仅是知识的静态存储。员工是知识尤其是隐性知识的载体，员工之间的信任程度是知识动态流转的前提，组织的内部结构与外部系统为显性知识的转移和存储提供了支持。② 因此，如何从组织行为的管理来提高知识管理效率是 Snowden 研究的主题。基于组织行为管理过程中的不确定性，Snowden 从决策论的角度对组织环境下的知识管理模型进行设计，强调了知识管理过程中的不确定性。Despres and Chauvel 从知识类型、组织层面、时间、组织环境 4 个方面构建了知识管理的活动分布图，从操作层面对知识管理的活动作了概述。组织管理由一系列活动组成，在组织层面组织管理活动的重心也不同。对于个人知识，知识管理的核心是学习，个人发展及能力的培养；团队层面，在知识存储与应用上强调的是虚拟团队、实践社区的知识交流，并采用标杆管理的方法管理知识的识别与获取，促使隐性知识显性化；而在整体组织层面，强调的是发现知识，分析现有和潜在的组织知识，为组

① Edvinsson Leif, Paul Sullivan. Developing a Model for Managing Intellectual Capita [J]. European Management Journal, 1996(4)

② Snowden David. Creating a Sustainable Knowledge Programme [A]. Proceedings from Optimizing Knowledge Management Conference [C]. London: UR Ltd, 1999

织知识的存储建立数据仓库。

③基于组织绩效的管理模型（Organizational Performance Based Model, OPBM）：以“提高组织整体绩效为目标”，对知识的研究已不仅停留于其自身的特征、知识管理工具，而是对知识如何影响组织的整体绩效、核心竞争力、持续竞争优势进行研究，即组织的功能、结构、领导、技术、人力资源等各因素如何与知识管理交互作用、协调发展。

Carayannis 提出了组织知识网络的概念，一个支持、监控、获取、评价和不断丰富组织认知能力进程的知识管理网络①，以对智力资产的评价开始，以主要持股者所获取的利益为依据，提出一套科学的评价系统，包括知识产生、知识保护、知识转移及知识再生几个阶段，根据预期目标及各阶段的特征逐一进行评价。最终目的是明确并获取需要的相关知识，以知识资产的各种形式存储，采用组织技术和信息技术的手段最大化地获取和应用知识，促进“元知识”的发展和学习。

Wiig 是知识管理研究的先驱者之一。他的著作中汇集了大量与知识管理相关的概念和论点，最为著名也最具代表性的是知识管理框架②：将知识的分析、处理，知识的决策，管理的综合性活动比喻为知识管理框架的三条“支柱”。它阐述了知识管理活动的核心内容，包括知识的获取，确立知识的价值和积极的知识管理，可以称之为 Wiig 的三足鼎立模式。同时，它也指出了知识管理的基础，即知识的产生、显性化、运用和转移——对知识的广泛理解。在 Wiig 的著作里，他详细地描述了知识管理，给企业管理者提供了像“菜谱”似的知识管理方法。

Van Buren 建立的智力资本管理模型，如图 11-2 所示。

该模型将知识管理与组织绩效相结合，以组织的财务目标和知识资本存量的变化来评价组织的知识管理。模型的提出将组织的知识管理从最初的对知识本质、特性、流转机制的研究扩展到整个组织的管理中。不仅仅是研究知识资本的构成，Van Buren 还将现有智力资本存量作为输入变量，通过组织管理各因素的作用，如部门职能、组织结构、领导、企业文化、人力资源等，提高原有智力资本存量，组织的财政绩效。模型的核心是管理作为一种杠杆对组织智力资本存量的改变，更重要的是为组织形成以知识为基础的核心能力③。

如果将“知识”定义为一个“点”的话，纵观以上浙江大学吴晓波教授等人的研究总结归纳的三种知识管理模型，KBM 是对“点”的研究，KTBM 是对

---

① Ikujiro Nonaka. The Concept of “Ba”: Building a Foundation for Knowledge Creation [J]. California Management Review, 1998 (3)

② Wiig Karl. Knowledge Management Foundations (Vol. 1) [M]. Texas: Schema Press, 1993

③ 吴晓波，郭雯，刘清华．知识管理模型研究述评．研究与发展管理，2002 (6)

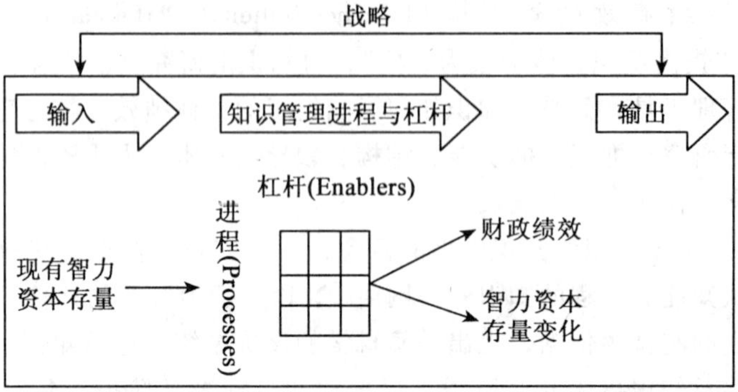

图 11-2 智力资本管理模式（Van Buren，1999）

“面”的研究，而 OPBM 则是一个立体三维空间的研究模型。网络化企业的知识管理模型研究类型应定位为一个立体三维空间系统的研究模型。

(2) 网络化企业知识管理的战略定位

网络化企业知识管理本身是一个长期而复杂的系统工程，在构建网络化企业知识管理模型之前，应该对网络化企业知识管理模型进行战略定位。

知识管理战略一般分为两类。一类是知识管理的编码战略，对一些企业而言，将经过精心编码的知识储存在数据库中，以供企业员工方便地调用；另一类称为知识管理的个人化战略，在某些企业中，知识跟创造知识的人员密不可分，知识主要通过人员之间的交流实现共享。在此，电脑的主要作用是帮助人们交流，而非储存知识。选择企业的知识管理战略并不能随心所欲，而必须考虑下列问题，以帮助自己选定基本的知识管理战略：

比如，企业提供标准化产品还是定制产品？若提供标准化产品的企业，其销售产品少有变化，宜采用知识管理的编码战略。而提供定制产品或服务的企业，其工作重点在于满足特定顾客的独特需求，因这些需求存在较大差异，编码知识的作用不明显，所以应该考虑个人化的知识管理战略模式。

又如，企业的产品是成熟产品还是创新产品？基于成熟产品的企业，因其产品开发和销售过程包含多种为大家所熟知的工作和能够编码的知识，故适合配以知识管理的编码战略。反之，建立在产品创新基础上的企业，最好配以个人化的知识管理战略。

网络化企业究竟采取何种知识管理战略？目前还没有定论，但鉴于网络化企业是由具有开发某种新产品所需的不同知识和技术的不同组织组成的一个临时企业联盟，以满足产品多样化和个性化需求，其生命周期较为短暂，所以从企业间（而不是着眼于个别企业）的视角看，个人化的知识管理战略是不容忽视的：即通过鼓励知识员工的交流对话以便丰富个体的知识储备和实现知识共享。

综上所述，网络化企业知识管理战略应分解为网络化企业中成员企业知识管理战略定位和网络化企业间的知识管理的战略定位两个方面分别研究。

①网络化企业中成员企业知识管理的战略定位。传统企业一般采用两种知识管理战略：一种是编码战略，企业知识经过精心编码被存储在数据库中，企业员工可以方便的调用，适用于显性知识管理。另一种是个人化战略，知识主要通过人员之间的直接接触实现共享，在这种战略中，电脑信息技术的主要作用是帮助人们交流，而非存储知识，适用于隐性知识管理。

网络化企业是一个动态联盟，对于成员企业而言，每个企业有各自的经营方式、管理方法和企业文化，它们在加入网络化企业之前，都有一定的知识管理方式、方法和战略。所以没有必要也不可能让每个企业都建立一致的知识管理战略。但是作为网络化企业的一员，必须参与知识的交流与共享，所以对每个成员企业的知识战略而言，必须考虑与外界的知识交流和共享，设计适用于个人、团队、企业各层次的多样的知识共享与交流渠道。由于各个企业的具体环境和文化不同，对于可以交流的知识，最好采用知识编码战略，同时以个人化战略为辅。

②网络化企业间的知识管理的战略定位。网络化企业的运作管理往往是基于项目的，把一个项目分解成不同的任务，分配给各个企业来完成。从整体来看，把各个任务组织起来的是业务流程，通过业务流程的驱动，在价值链上的每个点上，企业间相互进行知识的交流与共享，具体表现为知识的产生、传递、利用、创新。所以，网络化企业间的知识管理战略应该以过程为主，即一种基于过程的知识管理战略。

一方面，知识的流动是通过业务过程来驱动的，同时业务过程是知识产生的源泉。另一方面，知识的生产、分享、利用、创新本身也是一种过程，知识管理包含了对这种过程的管理。这种战略可以通过对知识过程进行改善和重新设计，发挥知识的最大效用，促进业务过程的优化和改善。并且还有利于网络化企业知识管理系统的设计，对业务过程的分析是网络化企业知识管理系统的切入点，来自于业务过程的知识可以更精确地存储在知识管理系统之中。

在网络化企业中，业务执行的具体单位是跨组织边界的虚拟团队。知识的共享和传递也是在虚拟团队间进行，知识的创造也是由虚拟团队来完成的。网络化企业的知识既有隐性知识又有显性知识，同时团队的交流既有标准化的信息流交流，又有社会化的人与人之间的交流。这样往往要求编码战略和个人化战略的同时实施，把这两个战略作为子战略结合进基于过程的知识战略中，称之为基于过程的集成式知识战略和基于过程的交互式知识战略。这两类子战略都可以运用于网络化企业的知识管理当中。相比较而言，网络化企业中隐性知识的交流受到企业文化、环境的影响很大，个人化战略实施的难度比较大。

③网络化企业知识管理的发展定位。网络化企业本身是一个复杂性系统，网络化企业的知识管理更是错综复杂，仅仅通过一两个模型无法全面把握网络化企业的知识管理；同时，网络化企业要依托网络来运行，其知识管理被渗透到网络化企业具体的运作过程的每一个环节中，而对于最终的网络化企业而言，其知识管理是一个系统工程，需要网络、业务和具体系统平台的全面支撑。因此，结合以上的模型类型定位和战略定位，应从网络化企业的网络运行环境、具体业务运作过程和系统支撑平台三方面构建全方位系统的网络化企业知识管理模型体系。

具体而言，网络化企业知识管理模型体系由三大模型组成，即网络化企业知识管理的网络模型、网络化企业知识管理的过程模型和网络化企业知识管理的系统模型。

其中网络化企业知识管理的网络模型是从网络化企业的网络运行环境出发而构建的知识管理模型，该模型是其他模型的基础模型；网络化企业知识管理的过程模型是从网络化企业具体业务运作过程出发构建的知识管理模型，该模型贯穿于网络化企业的全业务过程中，是建立在网络化企业知识管理网络模型基础之上，是一个动态过程的知识管理模型；网络化企业知识管理的系统模型是从系统工程的角度来构建的网络化企业知识管理模型，该模型将以网络化企业知识管理网络模型为基础，以网络化企业知识管理的过程模型为主导，将网络化企业知识管理网络模型和网络化企业知识管理的过程模型纳入到其整体框架下。

其中，在网络化企业知识管理模型体系中最为核心的模型是网络化企业知识管理的系统模型。该模型在理论上整合了网络化企业知识管理网络模型和网络化企业知识管理的过程模型；在实现上又体现了网络化企业知识管理网络模型和网络化企业知识管理的过程模型的功能作用。网络化企业知识管理的系统模型具体主要包括网络化企业知识管理系统功能模型、网络化企业知识管理结构模型以及网络化企业知识管理系统技术支持模型。

11.4 网络化企业知识管理的实现

网络化企业的知识管理是建立在网络化企业自身的运行基础上，并为网络化企业的运作服务的，而对于网络化企业的运作而言要依托网络化企业间的各种网络，网络化企业知识管理本身则更离不开网络化企业间的信息基础平台。所以构建网络化企业知识管理的网络模型是构建整个模型体系的基础。

11.4.1 企业网络和知识网络

企业网络与知识网络有着密切的联系。企业网络涉及企业的组织安排，知识网络是企业面对的各种知识尤其与企业相关的知识的联网。企业网络可以在实体上确立一个范围，主要是企业之间的相互联系，而知识网络涉及面很广，也包括国家的知识开发、积累、传递的各种活动，国家及国际上的信息网络是知识网络的重要部分，企业在经营中借助现代信息网络的作用可以充分利用知识网络来增加自己的竞争力。

企业知识网络主要指存在于企业外部的、与经营有关的知识，对成员企业外部知识的获取、编码和运用是企业适应外部环境、分析外部环境、利用外部条件的基础。企业外部知识传统上属于企业的经营环境，包括企业宏观环境和行业状况、现实和潜在的市场信息、客户档案、客户特点、竞争对手的情况以及可能对企业造成影响的外部各种变化，外部知识对于企业营销活动特别重要，企业战略管理也必须依据外部知识的获取。

但是传统企业对外部知识的获取缺乏系统性，因为成本非常高，只有那些大企业的市场部门、情报部门或战略部门才会系统地收集外部信息。随着知识经济的到来，计算机网络技术使信息收集的成本大大降低，许多小企业也开始充分利用信息网络获取外部知识。此外，企业边界日益模糊，企业能否经营得好需要围绕企业边界面进行管理与创新，尤其是建立与管理好对网络化企业发展至关重要的知识网络，可以极大地提高企业面对竞争环境变化的反应能力。

因此，网络化企业的外部知识网络有几重含义。首先，网络化企业公司建立基于全球计算机网络的、有针对性的知识网络，帮助各相关成员企业收集外部知识，进行决策。其次，网络化企业可以建立围绕业务运作的、基于成员企业间网络的知识网络，通过这一网络成员企业的各个经营职能，或由内部完成，或由外部完成，知识网络将直接关系企业经营效率状况。

知识网络是组织为适应知识管理的需要，有效弥补知识管理运作中存在的知识缺口，而基于组织知识链中的知识管理环节与能为其提供所缺知识的外部组织进行合作所相应构成的网络体系。网络化企业知识网络包括如下构成要素：

①网络化企业核心成员。通常在网络化企业知识网络中会存在一个积极引导知识共享活动的核心组织，其他组织则是以与核心组织的合作而融入知识网络中。网络核心组织所开展的各项知识管理活动贯穿于整个知识网络的运作过程中。知识网络的构建成效通过由网络核心组织的最终受益来体现。

②网络从属组织。它是指基于某一领域的知识与核心组织开展知识共享活动的组织，其中包括企业、企业群体、科研院所、大学、咨询机构等在内的各类形式的组织。各从属组织所开展的合作活动可能只涉及知识网络运作中的一部分。

③知识管理活动。涉及知识网络中各个合作组织自身开展的一系列知识管理活动。

④共享知识资源。包括具有参考价值的信息、专有技术等在内的可共享的各类知识。

⑤信息网络平台。它是知识网络的运行基础，是促进知识资源共享的技术基础，主要是由网络协作工具、交互系统、智能代理、电子社区、智能路由器等组成的信息网络体系。

知识网络的构建充分实现了网络化企业中来自不同资源和领域的知识跨越空间和时间的整合，有效地弥补了成员自身的知识不足，克服了知识供应主体与知识使用主体之间存在的知识缺口。

11.4.2 基于知识网络的知识管理

围绕网络化企业中成员企业间经营的知识网络与成员间的关系网络是一体的。根据各成员企业间网络在网络化企业中所承担的任务和角色不同，这些网络可以包括供应商网络、客户网络、专家网络、信息网络、合作网络、与政府有关部门的网络等等。这些网络中存在着大量的知识可以被利用，转化为网络化企业的知识。因此，网络化企业应充分利用这些网络，加强对网络中知识的管理，最大限度地利用网络知识。

具体来讲，常见网络知识管理主要有如下内容：

①供应商网络。供应商是企业经营的重要环节，直接涉及企业的成本管理，因此，企业要加强对供应商的管理，建立供应商网络，以降低企业运营成本、提高产品质量。供应商网络的知识管理主要包括对供应商信息的收集、对供应商的分类、供应商档案的建立和更新以及与供应商的日常联系等。

②客户网络。客户提供了企业生存的一切，在知识经济条件下，企业客户网络管理的目的是为了培养忠诚的产品客户，充分利用客户提供的知识进行创新。客户网络的知识管理主要包括对用户信息，如客户喜好、客户细分、客户潜在的需要、客户联系方式等的收集及编码，对客户需求的深入挖掘，根据客户的需求定制产品等。

③专家咨询网络。专家大多具有多年的实际工作经验或在某一领域有极高建树，掌握着大量的知识和信息，因此要建立健全专家咨询网络，充分利用专家的知识，并大力挖掘隐含在专家中的隐性知识，为网络化企业发展服务。专家网络的知识管理主要包括专家知识的管理，具体为收集和挖掘不同类型专家的分类，与专家建立良好合作关系及对专家联系方式的管理等。

④企业相关信息网络。信息网络管理主要指对与企业技术、发展相关的宣传网络管理，技术信息源网络管理，相关产品信息网络管理，市场信息网络管理，相关展览和交易会信息等关系企业发展的信息网络管理。

知识网络的构建目标是通过共享的知识在网络化企业成员间的转移，有效克服各成员企业知识缺口，利用知识网络的运作，最终实现知识网络中各组织的共同收益。为实现这一构建目标，严格意义上的知识网络应遵循以下构建原则：

①互利互惠原则。知识网络实质上是一种知识资源的共享机制，它应通过知识资源的共享和转移，使各参与组织从中获得收益。这是知识网络构建的前提条件，也是知识网络运作的内在动力。

②集中优势原则。参与知识网络运作的组织应具备为其他组织提供相应或缺知识，实现组织间知识领域的优势互补。

③风险最小化原则。知识网络的构建应该建立在相互信任的基础上，以最大程度回避或减少由于核心能力外泄、丧失知识、技术产权等情况给各合作组织以及知识网络整体运行所带来的风险。

④动态性原则。知识网络的构建是一个动态协调过程。核心组织必须依据外部竞争环境的变化及运行中存在的问题，及时调整知识网络的成员构成及合作模式，以提高知识网络的运作成效。

11.4.3 网络化企业知识管理网络模型构建

构建知识网络，实质上是建立核心组织与各个从属组织之间基于知识管理的合作关系，其构建方法在有些方面类似于联盟企业的构建方法，整个构建过程可分为以下四个方面：

①确定知识网络构建的具体目标。这一过程主要根据网络核心组织的战略目标，分析该组织运作中存在的知识缺口，明确组织所需知识的具体类别，最终确定知识网络的具体构建目标。

②选择网络从属组织。该过程是根据知识网络构建目标进行从属组织的选择，并开始构建知识网络框架。从属组织的选择应该体现优势互补、风险最小化原则。

③组织合作模式的详细设计。这一过程需要明确各组织基于合作所应开展的各项知识管理活动，以及合作领域、合作方式和知识资源的共享方式与手段等，进一步丰富知识网络的框架。

④知识网络运作反馈。基于知识网络运作成效及存在的问题进行再思考，其目的在于妥善解决问题，提高运作成效。若运作收效不大，则可通过两种途径加以解决：一种途径是重新选择从属组织，构建新的知识网络；另一种途径是调整组织合作模式，弥补其缺陷。

在网络化企业中，可以根据其成员组织在知识管理运作中的知识缺口，构建以核心企业为网络的，包含咨询机构、科研机构、行业伙伴等在内的各种类型的从属组织的知识管理网络，如图 11-3 所示。

图 11-3 中企业 A、B、C、D 代表了四种典型的从属组织与核心组织的知识链存在较强的知识互补关系，并基于自身知识链中的知识管理活动与核心组织开展协作式知识管理。通过知识网络，核心组织将获取所需的各类知识（如 IA、

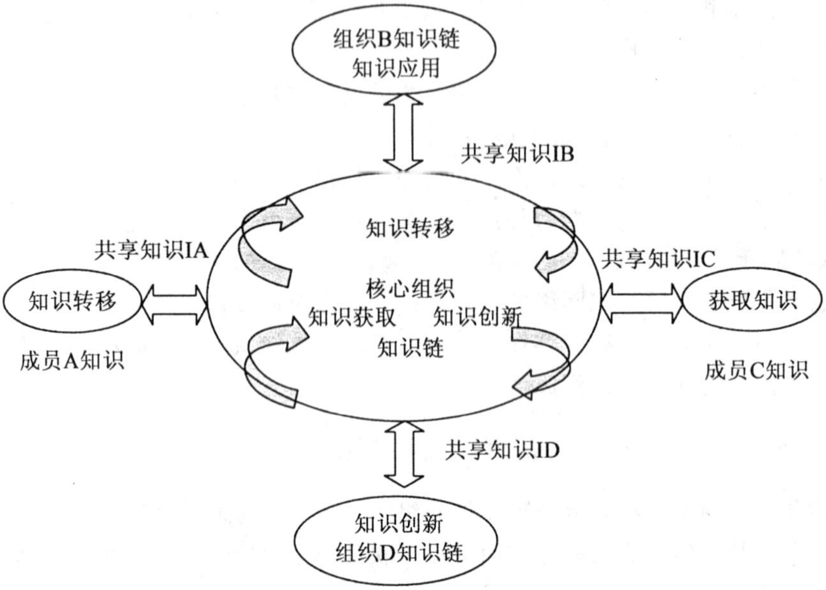

图 11-3 网络化企业知识管理的网络模型

IB、IC、ID……），并将其融入到组织内知识链的运作中，从中赢得利润。而各个网络从属组织也可获得直接或间接收益。

网络化企业各成员伙伴在地理位置上是分散的，可以是不同地域，不同国家。各业务伙伴各自独立运行在异构、分布的平台上。由于新产品的生命周期越来越短，企业为了要以新产品抢占市场，必须要不断地开发新产品。为了适应新产品的需要，合作伙伴会不断变更，业务过程也会作相应的调整，以降低成本，缩短时间，提高产品的性能和质量。

网络化企业知识管理过程建立在网络模型基础上，由各个企业通过网络模型协同工作来完成。在这个复杂的过程中，各个成员的知识通过交流与共享，以支持网络化企业业务过程。伴随着业务过程，对网络化企业的知识管理也表现为对知识过程的管理，也就是对知识在网络化企业间的产生、交流、共享、利用和创新的管理。在这个过程中，知识和信息流程、实物流程一样，呈现出知识流程。

11.4.4 基于动态过程的网络化企业知识管理的推进

网络化企业的业务过程本身是动态的，同时对于网络化企业而言在过程定义阶段，常常会出现如下情况：

①由于整个过程的复杂性，不可能定义所有可能的工作步骤和过程控制；

②不可能用编程语言描述所有可能出现的条件选择和可能的路径;

③很可能错误地理解了现实世界的业务过程，于是过程本身就没有能够很好地反映真实情况，而在执行过程中发现了这些错误，必须进行修改;

④系统所要求的资源在现实世界得不到满足，发生冲突;

⑤所预料的某些任务的执行的结果与实际产生的结果不相吻合;

⑥所需求的业务环境与过程执行中的业务环境发生变化。

所有这一切都导致了在项目的执行过程中会出现动态性，称作紧急情况。这种紧急情况不是通常在编程语言中用一些例外处理的条件选择所能解决的。例如，顾客临时改变了需求，或者某个特殊的零配件不可能获得，或者某些所需要的资源短缺，于是需要重新设计、重新组织合作伙伴。为了适应新的情况，过程的结构就要在执行过程中动态地修改，而且修改的结果必须进行记录、保存，以便于追溯（Traceability)，作为业务过程的历史资料、经验知识供以后借鉴。所有的合作伙伴都要重新学习修改过的过程，不断地调整自己，然后继续执行工作过程所规定的任务。

紧急情况下动态过程对过程模型的在线修改使得过程的在线定义、学习和执行搅合在一起了，正是这种搅合扩展了传统工作流的定义。工作流是指当任务或信息按照过程规则从一个参与者传到另一个参与者执行时，全部或部分业务过程自动化。通过把过程定义、执行和柔性地协同紧急情况集成在一起，把工作流的定义扩展到了柔性的协同。而不完全依赖于结构化的预定义也就是说在工作流定义阶段并不追求对业务流程的完美定义，允许存在不完全的、不一致的过程结构留待执行的过程中再不断地完善。

有两种形式的过程知识，第一种是潜在的/内在的知识。个人的经验，个人对于领域的一些心照不宣的理解，例如，个人对于如何完成项目、如何工作的认识。团队对于某一事务的共同的理解，这些理解隐含在他们日常工作的习惯中，或者在他们的潜意识中。这些知识存在于意识中，不可捉摸。每个人都有自己对事物的认识，不同的人有不同的观点。在网络化企业中任何一个人要想成为所有领域的专家是不可能的。只有通过团队的协同交互，个人的潜在知识才能得到提取、分析并综合成为整个企业的资源。

第二种是明确表示的知识。对潜在的知识进行记录，使它们形式化，表示为业务过程。这种外部化了的知识中含有团队成功执行任务的详细内容，而且它还和“为什么”（Why)，“如何”（How）有关，而不仅仅表示“什么”（What)。这样所获得的业务过程就是外部化了的过程知识。经过评估之后，这个业务过程可以作为模板存储在过程库中。

(1) 网络化企业动态过程中的知识管理

对过程知识的管理贯穿于整个产品的生命周期。可以分为四个阶段:

第一阶段，通过协同交互获得与具体项目相关的知识。认识项目的性质、目标、结果、延续时间、使用哪些资源（包括人力资源和设备）、各协作伙伴所扮演的角色以及这些角色之间如何协同工作。这些都是企业实现目标、完成任务的重要资源。

第二阶段，外部化合作伙伴的共识。使之成为记录下来的清晰的知识。这就是通常所说的企业建模阶段。企业的过程知识表达成可读的、可视的图形化的过程结构。建模的过程可以以过去的某个过程模型为参考（Referencing）进行某些修改，也可能对过去的某个过程模型进行部分替换或者用另外的模型中的部分进行重新组装（Combining），也可能从头开始建立（Creating/Representing）一个全新的模型。过程知识包括产品（项目的结果）、组织和人员（人力资源）、工作流程和任务逻辑以及系统的结构、平台、人机界面和工具。这个模型能很清楚地表明：各任务执行的顺序，谁执行哪个任务，每个任务中使用哪些资源，每个任务究竟如何执行以及为什么要这么执行。这样一个计划已经不仅仅是常规地完成一个任务的工作计划了，它是一个知识的集成器，它集成了各合作伙伴的经验、知识，企业的规则、文化，日常的工作习惯、模式，甚至于专业知识。

第三阶段，企业的业务过程的知识向所有参与者传播。要让每一个合作伙伴以及企业内部的每个参与者都学习企业的知识。

第四阶段，正式执行——知识起作用。正式执行和模拟执行的区别仅在于放人了工作对象和具体的属性值。工作对象是任务执行过程中要处理的应用数据。当过程实例运行时可能会遇到动态紧急情况，要对模型进行修改以适应新的情况所有的参与者必须通过学习调整他们自己，以适应新的过程。这时过程的定义、学习和过程的执行就搅合在一起。当产品交付顾客使用以后，顾客可能会发现一些问题并给出反馈意见，对这些反馈意见进行分析，找出原因。如果原因出自工作流程，那么就要对过程模型进行修改，或者作必要的说明。

当前对这种企业知识管理系统的支持主要来自两个方面的努力。它们是：工作流（Workflow）领域、计算机支持协同工作（CSCW）领域。工作流领域主要研究的是对过程活动的协调、调度，对人们工作过程的追溯。最近工作流领域开始从工作流管理的角度出发把目标集中在对柔性、可调整（Adaptive）的过程的支持上，允许模型在过程的执行中作改变。例如 Mobile，BaanC，WIBO，ADOME，AIS Work Ware 等系统都或多或少地提供了对动态、柔性处理的支持。CSCW 领域主要研究的是为团队提供通信和协同的支持，最近也把注意力集中到了对一些更加不固定的、没有很好定义的紧急过程的支持上。从协同的角度出发，使得过程的定义和执行更加柔性并获得集成，例如，COORDINATOR，COW-FISH，Chips，XCHIPS 等系统都能提供共享的信息空间支持业务过程的动态、协同的定义和执行。

（2）基于动态过程的知识管理模型构建

网络化企业的知识并不是自发而形成的，需要经过一系列管理过程，借助内因外因的支撑，并在一定的外围环境下产生；同时，基于以上对网络化企业的动态过程，以及动态过程的知识及其管理的分析，构建的知识管理模型如图11-4所示。该模型强调网络化企业知识要经过对成员企业知识的识别、搜集、组织、共享、学习、应用、创新这一循环过程来扩散和创造，而知识在网络化企业中顺利形成和转移还有赖于每一阶段一些内外因素的支撑，同时，诸如稳定可靠的技术保证、良好的沟通手段、合理的规划组织以及合作学习的文化氛围等则是网络化企业高效管理知识的外围环境保证。

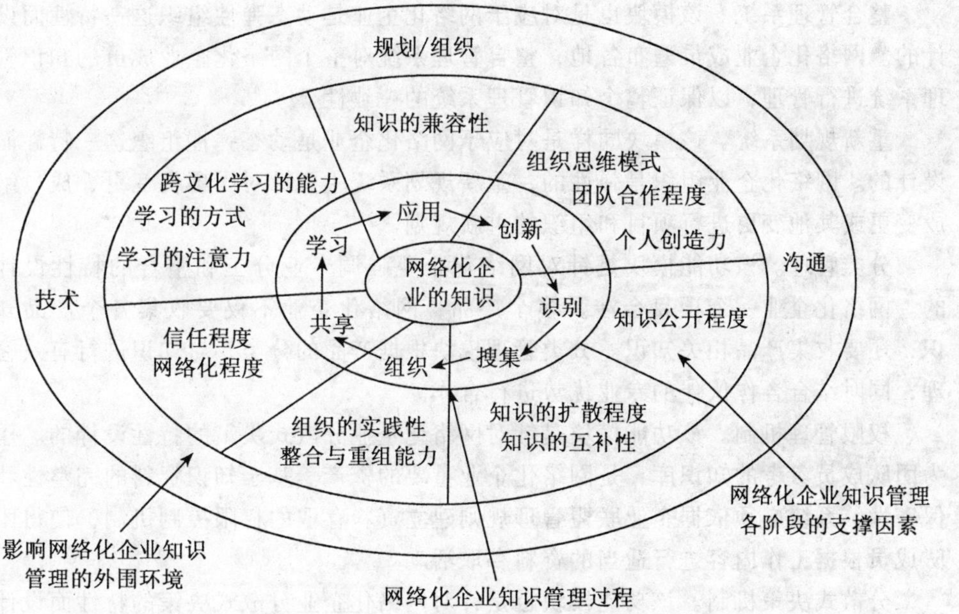

图11-4　基于网络化企业的动态过程的知识管理模型

11.4.5　网络化企业知识管理的系统化实现

以网络化企业知识管理的过程模型为主导，可以将网络化企业知识管理网络模型和网络化企业知识管理的过程模型纳入其整体框架下，从而实现网络化企业的知识管理。该模型具体由功能模型、结构模型和技术支持模型组成。

（1）网络化企业知识管理系统功能模型

与传统企业相比，网络化企业实行知识管理要复杂很多，不仅要求具备传统企业独立的知识管理系统，还要根据网络化企业的特性增加知识管理功能。根据上一章对网络化企业特性和运作模式的分析结果，笔者设计了网络化企业特性相对应的知识管理的功能模块，网络化企业的特性和各模块功能的对应关系见表11-2。

项目管理系统。该模块是针对网络化企业以项目为基础的流程管理这一特性而设计的。网络化企业是以项目为基础组建的，项目管理系统包括多个应用模块，通过它们，主导企业能对项目的进度、成本、质量进行控制。

合作伙伴选择机制。该模块对应于网络化企业是动态弹性组织这一特性。在网络化企业的组建过程中，选择合作伙伴至关重要，直接关系到项目的成败。合作伙伴选择机制包括涉及领域的企业数据库、信用等级状况、专业领域合作伙伴选择评估机制，等等。

整合管理系统。该模块也是对应于网络化企业是动态弹性组织这一特性而设计的。网络化企业成员遍布各地，整合管理系统对整个网络化企业成员的知识管理系统进行管理，以保证整个知识管理系统的一致性。

重新规划系统。该模块同样是对应于网络化企业是动态弹性组织这一特性而设计的。网络化企业组织是弹性的，重新规划系统主要针对因项目变更、成员组成变更或其他变更进行项目和组织的重新规划。

分类管理。该功能模块是针对网络化企业强调专业分工和整合的特性设计的。网络化企业一个项目会涉及多个产品，网络化企业不仅要收集各个产品知识，还要收集产品相关知识。分类管理模块根据产品的分类，对知识进行有效管理，同时结合合作伙伴的专业优势进行合作。

权限管理机制。该功能模块是针对网络化企业分散式决策的特性设计的。作为团队成员参考的知识库，是网络化企业重要的资产。基于知识资料的完整性和保密性，系统必须依据企业联盟管理规则建立资料存取的权限控制机制，使得团队成员根据工作内容进行适当的资料存取活动。

分散式决策机制。该功能模块也是针对网络化企业分散式决策的特性而设计的。网络化企业的成员在其专业领域内具有很高的决策自主性，拥有足够的权限决定采用何种技术或方法完成任务。这种机制使网络化企业聚集了各项专业领域的顶尖企业，发挥了该动态组织的独特优势。

沟通与协调机制。该功能模块是针对网络化企业跨空间协同合作的特性设计的。网络化企业成员依据专业分工及整合原则来执行项目相关活动，活动之间关联性十分密切，因此团队成员间的沟通与协调非常重要，必须保证网络化企业分散作业有一套有效的跨企业沟通与协调机制。

表 11-2　　网络化企业的特性和各模块功能的对应关系

对应的知识管理应用层模块	网络化企业特性	模块的功能
项目管理系统	以项目为基础的流程管理	主导企业能对项目的进度、成本、质量进行控制。
合作伙伴选择机制	动态弹性组织	包括涉及领域的企业数据库、信用等级状况、专业领域合作伙伴选择评估机制，等等。
整合管理系统		对整个网络化企业成员的知识管理系统进行管理，以保证整个知识管理系统的一致性。
重新规划系统		主要针对因项目变更、成员组成变更或其他变更进行项目和组织的重新规划。
分类管理	强调专业分工和整合	根据产品的分类，对知识进行有效管理，同时结合合作伙伴的专业优势进行合作。
权限管理机制	分散式决策	依据企业联盟管理规则建立资料存取的权限控制机制，使得团队成员根据工作内容进行适当的资料存取活动。
分散式决策机制		使网络化企业聚集了各项专业领域的顶尖企业，发挥了该动态组织的独特优势。
沟通与协调机制	跨空间协同合作	保证网络化企业分散作业有一套有效的跨企业沟通与协调机制。
知识分类论坛	资源、信息和知识的共享	设立讨论区、公告栏、留言板等，通过网络化企业员工的参与，达到知识的收集、共享与创新。
信息管理系统		对信息进行价值甄别和管理，保证团队成员间信息渠道的畅通。
网络培训		设置相应的课程，培养虚拟团队需要的人才，完成知识、技术等的分享，有效提高团队的绩效。
统一平台管理系统	不同的企业环境	通过统一的、开放式的管理平台进行跨企业的不同环境的管理。

知识分类论坛。该功能模块是针对网络化企业的资源、信息和知识的共享特性设计的。知识分类论坛设立讨论区、公告栏、留言板等，通过网络化企业员工

的参与，达到知识的收集、共享与创新。

信息管理系统。该功能模块也是针对网络化企业的资源、信息和知识的共享特性设计的。网络化企业成员间每天要产生大量的关联信息或其他信息。信息管理系统对信息进行价值甄别和管理，保证团队成员间信息渠道的畅通。

网络培训。该功能模块同样是针对网络化企业的资源、信息和知识的共享特性而设计的。通过网络培训，设置相应的课程，培养虚拟团队需要的人才，完成知识、技术等的分享，有效提高团队的绩效。

统一平台管理系统。该功能模块是针对网络化企业不同的企业环境特性而设计的。在网络化企业分散且协同的作业环境下，联盟成员的工作环境、工作方式、资料存储格式、知识管理风格都不一样，因此系统必须通过统一的、开放式的管理平台进行跨企业的不同环境的管理。

（2）网络化企业知识管理系统结构的优化

网络化企业实施知识管理要取得成功，不仅要开发对应网络化企业特性的知识管理应用模块，还必须实现知识价值链的增值和循环，通过建立系统实现二者的结合。可将网络化企业知识管理系统结构设计为如下四层，如图 11-5 所示。

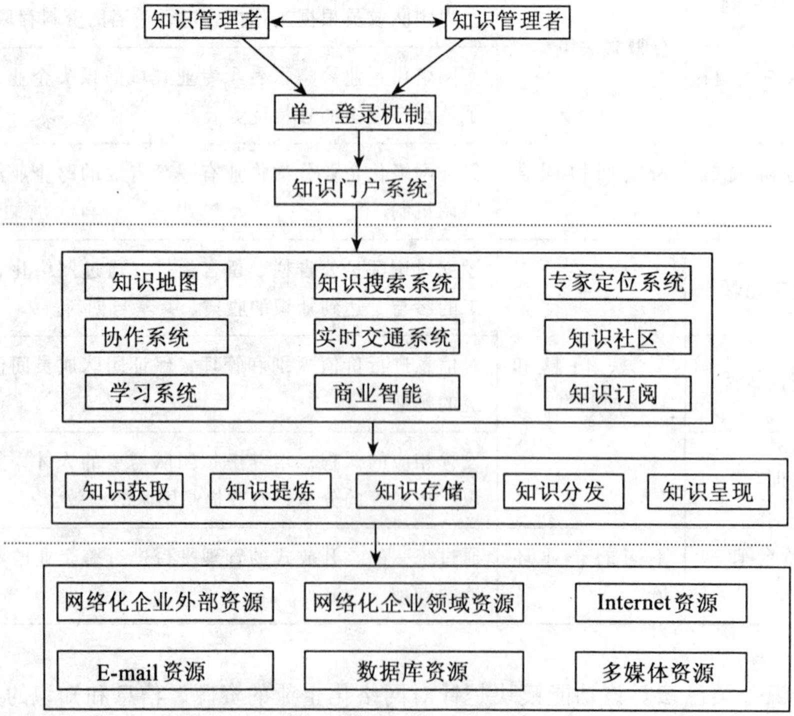

图 11-5　网络化企业知识管理系统结构模型

①资源层。资源层表示了知识的来源，它包括网络化企业内部知识资源和外部知识资源，由统一的知识库构成，负责数据、知识存储的管理，包括数据和知识分布式管理、内容响应检索请求、安全管理等。知识资源有结构化和非结构化之分，在存储知识时除建立通常的关系数据库外，还要建立半结构化的数据库系统，如文件、资源库和多媒体资源库。领域资源通常是盟主和成员伙伴的业务知识，一般指企业的核心竞争力，对这部分资源要求较高的安全技术。Internet 资源没有固定的形式，既可以按一定的模式存入关系数据库，也可作为半结构化知识存入 Web 存储系统中；用于网络化企业成员伙伴之间或成员企业内部的E-mail资源，其知识结构化不明显且生命周期较短，也可存入 Web 存储系统中。

②业务功能层。建立在资源层基础上，为应用层和表示层提供服务，建立上层应用与底层服务之间的联系，实现底层数据的传输和存储功能。负责实现各种知识管理和业务管理的功能，通过业务功能层驱动知识价值链的实际增值和循环。由上一小节功能模型分析，业务功能层由对应网络化企业特性的 12 个知识管理应用模块组成。具体包括项目管理系统、合作伙伴选择权限管理机制、整合管理系统、重新规划系统、分类管理、权限管理机制、分散式决策机制、沟通与协调机制、知识分类论坛、信息管理系统、网络培训和统一平台管理系统。

③应用层。应用层建立在资源层和业务功能层之上，负责网络化企业知识管理的处理应用逻辑，是知识管理系统的核心。它实现通用的知识管理功能，包括知识地图、知识搜索系统、网络化企业协作系统、学习系统、实时交流系统、知识社区和知识订阅中心等模块。业务层是知识管理系统的中间层，提供用以知识生产及知识集成的中间层服务。在知识生产方面有知识获取服务、知识分类服务、知识存储服务、工作流服务以及知识生命周期管理服务等。知识获取服务提供知识调查和提炼工具，能够从数据中提取规则，从文本中提取概念；知识分类服务通过知识分类方法为知识地图的构造提供标准；工作流服务能够在合适的时间、合适的条件下向合适的知识工作者发送合适的信息和知识；知识生命周期管理服务能对知识内容进行版本控制。知识集成通过数据仓库服务、EAI 数据集成服务以及智能代理服务实现知识的分发和呈现。

④表示层。表示层是连接用户和系统的接口，用于实现用户界面，负责响应用户操作，并显示处理结果。主要通过知识工作者之间的交流、协作实现知识共享、应用以及创新。表示层的主要模块是网络化企业知识门户系统，它是网络化企业知识管理系统的用户界面，是用户访问知识管理系统的唯一入口。网络化企业知识门户对盟主企业和成员企业已有的内部及外部知识进行整合，使企业、客户、合作伙伴可以从单一平台访问、获取、分析、存储所需的个性化知识，并做出有效的业务决策。

知识门户系统通过及时地向用户提供个性化的知识来优化企业运作。

为了满足网络化企业知识管理系统中不同企业不同部门的复杂计算环境以及不同的功能需求，同时还要求支持企业地理位置的分布性，网络化企业知识管理系统的技术支持模型应是一种具有可重构、可重用和规模可变性的知识公共平台。

根据网络化企业知识管理系统对技术支持的需求，以 Internet 这个开放、分布的信息空间为基础，在安全认证机制保证下，进一步和电子商务系统、办公自动化系统、ERP 系统以及客户关系管理系统相结合，以网络化企业的建立、运作、重构为核心，网络化企业知识管理系统技术支持模型如图 11-6 所示。该模型以知识桌面为界将 VEKMS 分为内和外两个层面，即连接各类人员的网络和技术支持系统功能的信息技术。

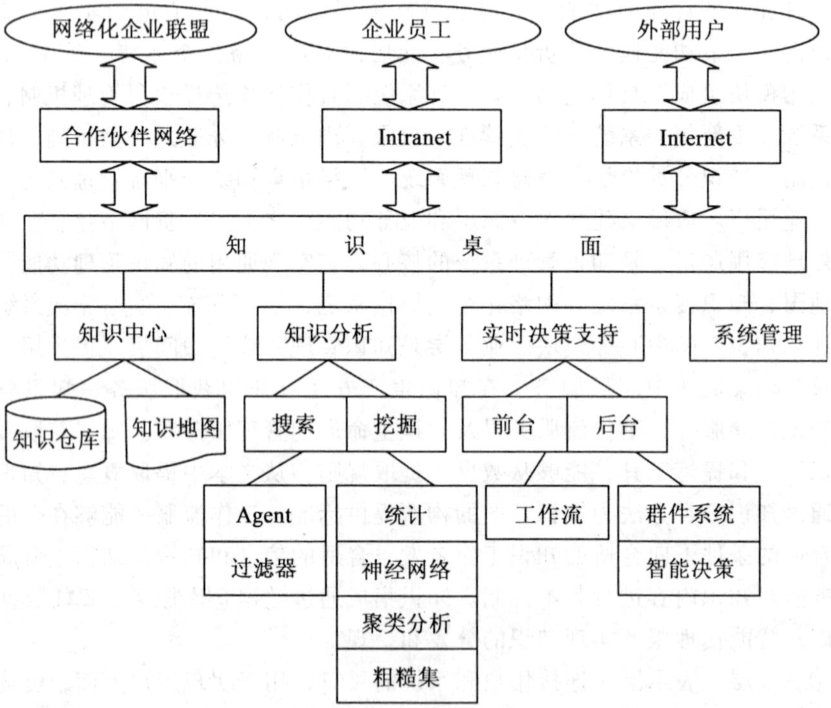

图 11-6　网络化企业知识管理系统技术支持模型

根据网络化企业中成员企业之间不同程度的融合，知识工作者访问网络化企业知识管理系统的途径由 3 部分组成：Intranet，它是用于连接成员企业内部系统的虚拟网络，是员工在企业内部传递、共享和利用知识的相互合作的途径；Internet，它是用网络将外部客户和网络化企业连接起来的逻辑结构，可以使用多种交互访问途径如 Web 页面、语音、网络电视、网络寻呼等管理和汇集各种知识，实现知识的提供和收集；合作伙伴网络，它是用于成员企业之间的虚拟网络，可以为企业之间的相互协作提供潜在的、可供开发利用的知识资源，有效地和其他组织进行知识交流和共享。

内层是网络化企业知识管理的模块设计和支撑工具。它包括以下几个部分：

知识中心是知识管理系统的核心，主要由知识仓库和知识地图组成；

知识分析主要是指利用一些方法对知识进行搜索或知识挖掘；

实时决策支持包括工作流和办公自动化等前台系统及各种后台决策支持系统(DSS)；

系统管理包括对知识管理平台的管理、安全及目录的管理等。

网络化企业知识管理系统的技术支持模型，主要包括知识中心、知识分析、实时决策系统以及系统管理等功能模块。

参 考 文 献

1. Martin, W. J.. The Information Society. Aslib, 1988
2. Home, E. E.. The Infrastructure of an Information Society. North Holland, 1982
3. 诺拉等著；施以芳译．社会的信息化．北京：商务印书馆，1985
4. 胡昌平．评西方的“信息社会”理论．国外情报科学，1992（2）
5. 覃征，汪应洛等．网络企业管理．西安：西安交通大学出版社，2001
6. 王方华，吕巍．企业战略管理．上海：复旦大学出版社，2002
7. 马士华著．供应链管理．北京：机械工业出版社，2003
8. Yu E. Zheng, H. Joseph Wen, David C. Yen. CRM in B2B e-Commence. Information Management & Computer Sercurity, 2003（11）
9. 杨莉，宁宣熙．基于 Web 服务的 B2B 集成系统的设计．机械制造与自动化，2005（3）
10. 彼得·圣吉．第五项修炼——学习型组织的艺术与实务．上海：三联书店，1994
11. 马克思恩格斯选集（第 3 卷）．北京：人民出版社，1995
12. 郑英隆．市场经济信息导论．西安：西北工业大学出版社，1993
13. 弗雷德·R. 戴维著；李克宁译．战略管理（第 8 版）．北京：经济科学出版社，2001
14. 李兴山．现代管理学：观念·过程·方法．北京：现代出版社，1998
15. Barrenechea, M. J. 著；陈玲译．未来商务的 Oracle 模式．北京：机械工业出版社，2003
16. 李志能．智力资本经营．上海：复旦大学出版社，2001
17. Kenneth Preiss, Steven L. Goldman & Roger N. Nagel. 21st Century Manufacturing Enterprises Strategy: An Industury-Led View. Iacocca Institute, Lehigh University, 1991
18. William H. Davidow & Michael S. Malone. The Virtual Corporation: Structuring and Revitalizing the Corporation for the 21st Century. Harper Business, A Division of Harper Collins Publisher, 1992
19. John A. Byrne. The Virtual Corporation. Business Week, February 8, 1993

20. Steven L. Goldman Roger N. Nagel. Kenneth Preiss. Agile Competitors and Virtual Organization. Van Nostr and Renhold, 1994
21. 毕波．试论虚拟企业．中国工业经济，2001（5）
22. 孙宇翔．国外关于虚拟企业的研究与应用状况．经济纵横，2004（12）
23. 郭长宇，李向阳．虚拟企业概念诠释．哈尔滨工业大学学报（社会科学版），2003（2）
24. 唐兴华．构建虚拟企业　提高国际竞争力．企业研究，2000（11）
25. 陆先明，叶飞．虚拟企业实例分析．现代管理科学，2004（4）
26. 楚雪平，刘建亭，崔凤奎．动态联盟组建机制．新技术新工艺，2005（1）
27. 谢列卫．产品的并行开发模式及提高并行度的方法．机械科学与技术，2001（3）
28. 叶丹等．敏捷虚拟组织形态及描述方法．高技术通讯，1997（7）
29. 叶宏．动态联盟：信息资源开发中新的运作模式．情报杂志，2005（1）
30. 夏静波，张鸣龙．虚拟企业伙伴选择的决策流程构建．经济经纬，2005（1）
31. 高晚欣．构建虚拟企业的理论思考．学术交流，2004（3）
32. 贾平，官五云．信息技术与企业动态联盟．科技与管理，2004（2）
33. 贾旭东．虚拟企业组织运行的基础环境与模式研究．兰州大学学报（社会科学版），2005（2）
34. 尚利，姚进，沈显峰，陈昆．支持中小企业区域性动态联盟的ASP解决方案．计算机集成制造系统——CIMS，2004（5）
35. 赵捧未，窦永香，徐国华，刘怀亮．动态联盟企业信息系统的概念和结构．航空制造技术，2002（8）
36. 房平，费树岷．虚拟企业的目标管理模式探讨．东南大学学报（哲学社会科学版），2003（3）
37. 陈兵兵．SCM供应链管理——策略、技术与实务．北京：电子工业出版社，2004
38. 赵炜，张浩，施俊．面向虚拟企业的供应链管理研究．组合机床与自动化加工技术，2002（1）
39. 杨中华．戴尔模式及其在中国发展的思考．中外企业文化，2003（7）
40. 胡开顺，姚小群，叶邦彦等．动态联盟供应链的结构模型及其规划设计．中国制造业信息化，2003（1）
41. 郑江波，赵黎明．基于动态联盟的敏捷供应链．组合机床与自动化加工技术，2004（3）
42. 陈伯施，曾建平，马燕．虚拟企业革新供应链．软件世界，2004（9）

43. 马姝婵，郭颖，马臻臻．从供应链的构建模式谈供应链的协调．物流科技，2004（10）
44. 邱建松，陈运娟．供应链协作动因和协作机制研究．价值工程，2003（5）
45. 魏晓宁，李延霞．浅谈供应链物流管理．物流科技，2003（3）
46. 陈铭．虚拟物流中心与虚拟供应链的建构．软科学，2005（1）
47. 刘志学．关于供应链物流管理的一些认识．物流技术，2002（3）
48. 邹富发，张光宇．浅析供应链战略联盟．江苏商论，2005（3）
49. 冯根尧．虚拟企业能力资源的综合集成与生产决策．中国管理科学，2002（2）
50. 高阳，曾小青．基于敏捷制造的虚拟企业多智能体协同生产管理．武汉理工大学学报（信息与管理工程版），2003（3）
51. 陈剑，冯蔚东．虚拟企业构建与管理．北京：清华大学出版社，2002
52. 马士华，林勇等．供应链管理．北京：机械工业出版社，2002
53. 张青山，马军．虚拟企业生产计划与控制问题研究．工业工程，2002（6）
54. 石春生，李锦胜，屈军峰．基于动态联盟的工作团队设计．现代管理，2002(9)
55. 蒋红梅，陈荣秋．虚拟企业任务分配的一种方法．高技术通讯，2002（12）
56. 钱亚东，郑国君等．网络化协同设计过程管理方法和工具．科研管理，2004(1)
57. 马雪芬，戴旭东，孙树栋．面向网络化制造的制造资源优化配置研究．计算机集成制造系统——CIMS，2004（5）
58. 蒋志强，冯锡兰等．基于 Web 的异地协同生产计划与控制策略研究．制造技术与机床，2002（11）
59. 石春生，张春风．动态联盟——企业实现大规模定制生产的有效途径．管理科学，2003（5）
60. 许埗，苏秦．虚拟企业生产过程质量保证模型．工业工程与管理，2002（2）
61. 冯良清，丁莉英．基于信息流的虚拟企业质量管理体系框架与应用研究．机电产品开发与创新，2004（5）
62. 冯良清，刘卫东．基于虚拟企业生命周期的质量管理．工业工程与管理，2005（3）
63. 沈磊，李光锐．面向动态联盟的业务流程再造．重庆大学学报（自然科学版），2004（3）
64. 李志强，赵瑾．信息技术与制造企业的价值链重组．淮阴师范学院学报，2003（1）
65. 姜旭平．网络营销．北京：清华大学出版社，2003（8）
66. 凯特·麦多克斯等著；汪东等译．网络商务——构建数字商业．北京：经济

管理出版社，2001
67. 吕英斌，储节旺．网络营销案例评析．北京：清华大学出版社，2004
68. 余世英．网络环境对企业经营和营销的影响．中南财经政法大学学报，2004（6）
69. 余世英．书业网站的建设与推广策略．图书情报知识，2006（2）
70. 邵兵家，于周奎．客户关系管理——理论与实践．北京：清华大学出版社，2004
71. 梁秀峰．网络财务建设与实施的探讨．中山大学学报论丛，2005（5）
72. 张瑞君．E 时代财务管理（第 2 版）．北京：中国人民大学出版社，2004
73. 明时乾．互联网时代的财务管理——网络财务．北方经贸，2004（3）
74. 张霞．论现代企业集团的资本运营模式．商业经济，2006（3）
75. 王雪娜，顾凯平．资本运营与风险投资浅议．经济论坛，2006（7）
76. 吴政，王雯婧．电信企业资本运营模式分析及思考．经济师，2005（9）
77. 周晓．风险投资对技术型无形资产的处理．中国科技投资，2006（4）
78. 熊波，陈柳．论风险投资与高新技术企业公司治理结构．当代财经，2006(4)
79. 周瑾．论我国 IT 企业发展与风险投资．现代管理科学，2006（1）
80. 唐新贵，陈德棉．风险投资与网络业的发展．科学管理研究，2004（10）
81. 禹进勇．IT 企业如何借力风险投资．信息空间，2004（4）
82. 陈晓红等．战略型资本运营．长沙：湖南人民出版社，2003
83. 罗良忠．公司收缩性资本运营理论与实务．北京：中国民主法制出版社，2006
84. 曹洪军．资本运营新论．北京：经济管理出版社，2004
85. 戴维·格拉德斯通，劳拉·格拉德斯通著；孙涤，郑荣清译．风险投资手册．上海：上海人民出版社，2005
86. 克里斯托弗·哥利斯著；郑立群，张彤译．企业与风险投资．天津：天津大学出版社，2004
87. 黄勋敬．E 时代：HRM 走向前台．IT 经理世界，2001（6）
88. 周斌．网络化的企业人力资源管理．企业经济，2002（7）
89. 李宇峰，朱平利．虚拟企业人力资源管理研究．物流科技，2004（8）
90. 陈婧．网络条件下人力资源管理策略——以浙江中小企业为例．北方经贸，2004（12）
91. 彭晓辉．中国的人力资源管理模式与民营企业的发展．邵阳学院学报（社会科学版），2005（6）
92. 陈亮．虚拟企业人力资源管理．系统工程，2003（2）
93. 戴恩民．民企用人拿起虚拟化管理利器．电子商务世界，2005（1）

94. 利益——合作与竞争的基点．每周电脑报，2005-11-08
95. 潘丰．目前我国企业人才竞争研究．现代情报，2005（9）
96. 赵雪飞．全球视野下的人才竞争态势及对策探析．经济师，2006（3）
97. 万希．留住人才一招：与竞争者合作．管理与财富，2002（2）
98. 王忠．人事经理的新课题:迎接虚拟人力资源管理的挑战．人才瞭望,2004（1）
99. 丁孝智，周楠．人力资源优化配置与企业竞争优势研究述评．西北师大学报（社会科学版），2006（1）
100. 范慧丽，郑园园．虚拟企业的人力资源管理战略．改革与战略，2003（11）
101. 刘晓红，徐扬，刘小明．虚拟企业的人力资源系统管理．经济体制改革，2002（3）
102. 商宪丽．虚拟企业人力资源管理问题和对策探讨．全球科技经济瞭望，2005（3）
103. 肖淑红，童欣．激励性管理——企业人力资源管理的内核．江西科技师范学院学报，2002（5）
104. 贾平，陆德平．企业动态联盟激励机制的设计与运行探讨．煤炭经济研究，2005（10）
105. 迟红娟．虚拟企业关系管理的探讨．集团经济研究，2005（13）
106. 张招存．扁平化组织与网络化沟通——现代企业组织结构的目标模式．甘肃科技，2003（12）
107. 崔佳颖．管理沟通理论的历史演变与发展．首都经济贸易大学学报，2005（5）
108. 包国宪，李文强．虚拟企业的沟通分析模型．兰州大学学报（社会科学版），2005（2）
109. 祁明德，糜仲春．虚拟企业信息交流模式研究．价值工程，2004（2）
110. 董玉芳，王德应．基于网络技术的企业管理沟通：选择与组合．江淮论坛，2005（5）
111. 包国宪，李文强．虚拟企业沟通面临的挑战及对策．科技进步与对策，2005（2）
112. 蔡舒．论企业电子商务实时信息沟通机制．科技创业月刊，2004（11）
113. 徐宏斌，薛恒新，吴士亮．企业管理信息系统研究综述．科学学与科学技术管理，2005（4）
114. 陈启申．ERP——从内部集成起步．北京：电子工业出版社，2004
115. B. Bond，Y. Genovese，D. Miklovic，et al.. ERP is Dead-Long Live ERP Ⅱ. Gartner Group Research Note，2000-10-04

116. Brian Zrimsek. Taking the Pulse of ERP. Gartner Group, 2002
117. 王裕明．企业管理信息系统与电子商务整合研究．上海管理科学，2003（3）
118. 范守荣，郭晓军，余祖德．电子商务与集成化企业管理信息系统．经济与管理，2004（1）
119. 范守荣，郭晓军，梁云．企业发展电子商务的内部环境条件研究．商业研究，2005（5）
120. 薛恒新，黄慧君，杜尧等．基于版本批量定制的 ERP 产品和实施服务研究．南京理工大学学报，2003（5）
121. 张旭梅等．敏捷虚拟企业 21 世纪领先企业的经营模式．北京：科学出版社，2003
122. 魏想明．虚拟企业信息管理的复杂性分析．管理学报，2005（2）
123. 杜伟．虚拟企业信息问题研究．情报科学，2004（4）
124. 石宇强．基于 Web Services 技术的企业动态联盟研究．机械，2005（32）
125. 仇丽青，赵庆祯．Web Service 在动态联盟中的应用．计算机应用与软件，2005（11）
126. 彭本红，吴晓伟，孙绍荣．动态联盟的复杂性及其综合集成研讨厅．科研管理，2005（5）
127. 韩西娜，廖文和，沈建新．应用 Web Service 实现虚拟企业集成的研究．机械制造与自动化，2004（4）
128. 袁勇志．中国企业家创新行为障碍．管理世界，2002（5）
129. 江永真．论高技术产业发展与信息服务．科技管理研究，2001（4）
130. Ikujiro Nonaka. The Knowledge Creating Company. Harvard Business Review. 1991（Nov. -Dec.）
131. Ikujiro Nonaka. The Concept of "Ba": Building a Foundation for Knowledge Creation. California Management Review, 1998（3）
132. Edvinsson Leif, Paul Sullivan. Developing a Model for Managing Intellectual Capita. European Management Journal, 1996（4）
133. Snowden David. Creating a Sustainable Knowledge Programme. Proceedings from Optimizing Knowledge Management Conference. London: UR Ltd, 1999
134. Wiig Karl. Knowledge Management Foundations（Vol. 1）. Texas: Schema Press, 1993
135. 程敏．虚拟企业的知识管理系统构建．商业研究，2005（13）
136. 吴晓波，郭雯，刘清华．知识管理模型研究述评．研究与发展管理，2002（6）

